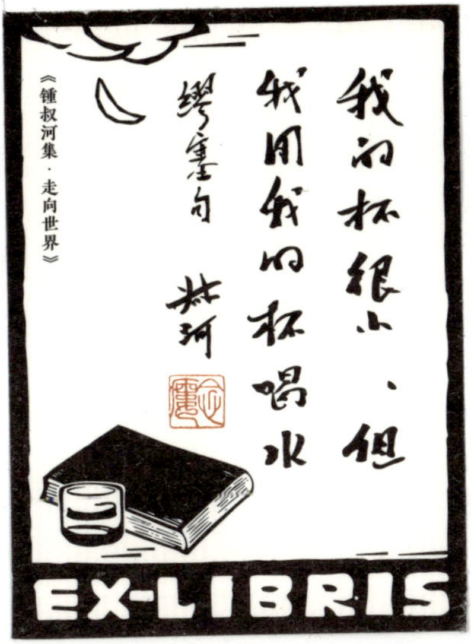
我的杯很小、但
我用我的杯喝水
缪塞句
叔河
《锺叔河集·走向世界》
EX-LIBRIS

# 走向世界

# 锺叔河集

The collected works of Zhong Shuhe

1

# 走向世界

岳麓書社 · 长沙

我的杯很小，但我用我的杯喝水。

——缪塞

# 著者说明

《走向世界》，中华书局一九八五年初版，有副题“近代中国知识分子考察西方的历史”（台北百川书局一九八九年据此印行繁体直排本），二〇〇〇年再版，二〇一〇年三版时，副题改为“中国人考察西方的历史”。今删去副题，收入《锺叔河集》，改由岳麓书社出版。

原书二十三章，前三章概述古时中西（中日）交通的历史，后二十章分别论说一八四七至一九〇七年五十年间自林鍼至钱单士厘旅西（旅日）诸人的记载和影响。现将写张德彝的原第七和第十一两章移入《从东方到西方》，改写成“张德彝的八次述奇”辑中的第一、二、三篇，存二十一章。

此次还对全书各章进行了或多或少的增补，并订正了某些误植失校之处。如第一章“地生羊”表中的“洞女禁限”和“古龟慈王”，便改正为“洞女叶限”和“古龟兹王”了。

原有钱锺书序，仍置于卷首；李侃序系因《中华近代文化史丛书》而作，丛书未成，今即移去。原有代跋《中国本身拥有力量》，亦移入《从东方到西方》书中。

二〇二一年三月　锺叔河

［图一］《走向世界》的四个版本

右起（一）中华书局一九八五年版　（二）台北百川书局一九八九年版
（三）中华书局二〇〇〇年版　（四）中华书局二〇一〇年版

## ［图二／图三］钱锺书多次修改序文

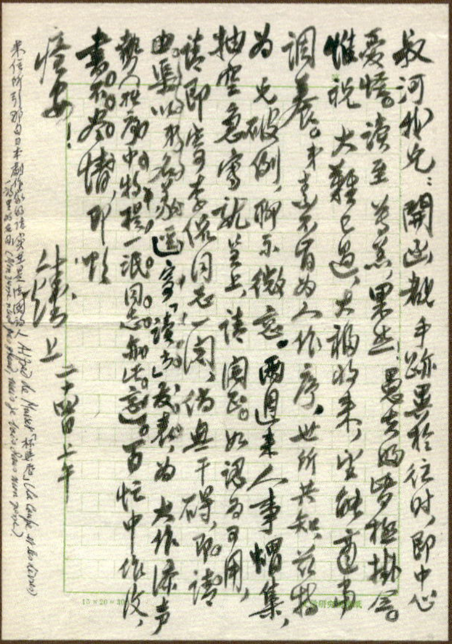

叔河我兄：開函覩手跡，異於往時，即中心憂惜。讀至[illegible]，果[illegible]腸梗阻[illegible]。惟祝大難已過，大福將來，[illegible]調養。來書[illegible]為大作序，世所共知，我於為文破例，聊示微意。兩周來人事煩集，抽空急寫，就正[illegible]，請閱[illegible]，如認為可用，請即寄李侃同志一閱，倘無干礙，即請由渠以我名義逕寄《讀書》發表，為大作[illegible]。[illegible]百忙中作序，書不盡情，即頌

痊安！

鍾書上 二十四日上午

來信所引那句日本劇作家的話實是法國詩人 Alfred de Musset「杯與唇」(La Coupe et les Lèvres) 一詩裏的名句 (Mon verre n'est pas grand, mais je bois dans mon verre.)

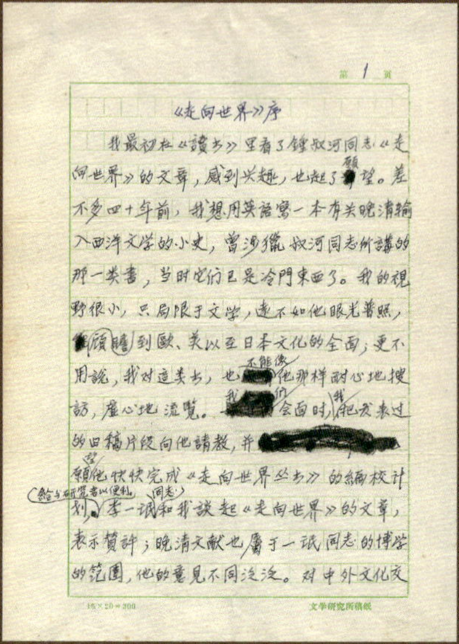

第 1 頁

《走向世界》序

我最初在《讀书》里看了鍾叔河同志《走向世界》的文章，感到兴趣，也起了[redacted]願望。差不多四十年前，我想用英語寫一本有关晚清輸入西洋文学的小史，曾涉獵叔河同志所講的那一类書，当时它们已是冷門東西了。我的視野很小，只局限于文学，遠不如他眼光普照，[redacted]顧瞻到歐、美以至日本文化的全面；更不用說，我对這类书，也[redacted]不能像他那样耐心地搜訪，虛心地流覽。我[redacted]们会面时，我把发表过的旧稿片段向他請教，并[redacted]望他快快完成《走向世界丛书》的編校計划，給与研究者以便利。李一氓同志和我談起《走向世界》的文章，表示贊許；晚清文献也屬于一氓同志的博学的範圍，他的意見不同泛泛。对中外文化交

15×20＝300　文学研究所稿紙

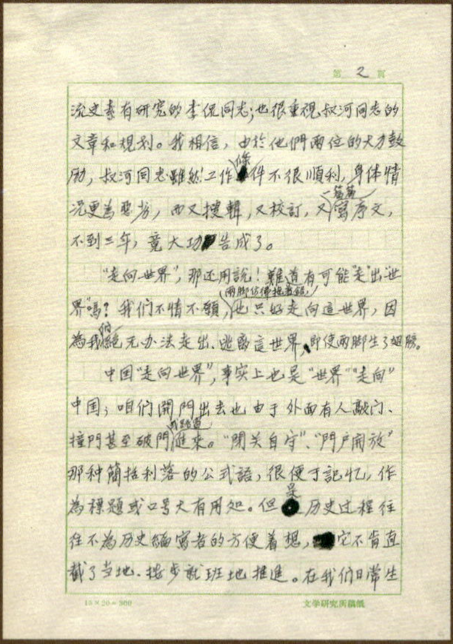

第 2 頁

流史素有研究的李侃同志，也很重視叔河同志的文章和規划。我相信，由於他們兩位的大力鼓励，叔河同志雖然工作[redacted]條件不很順利，身体情况更為惡劣，而又搜輯，又校訂，又寫一篇篇序文，不到三年，竟大功[redacted]告成了。

"走向世界"，那还用說！難道有可能"走出世界"嗎？我们不情不願，（兩脚仿佛拖着鐐）也只好走向這世界，因為我們絕无办法走出、逃出這世界，即使兩脚生了翅膀。

中国"走向世界"，事实上也是"世界""走向"中国；咱们開門出去也由于外面有人敲门、撞門甚至破門而闖進來。"閉关自守"、"門户開放"那种簡括利落的公式語，很便于記忆，作為標題或口号大有用处。但[redacted]是历史过程往往不為历史編寫者的方便着想，[redacted]它不肯直截了当地、按步就班地推進。在我们日常生

15×20＝300　文学研究所稿紙

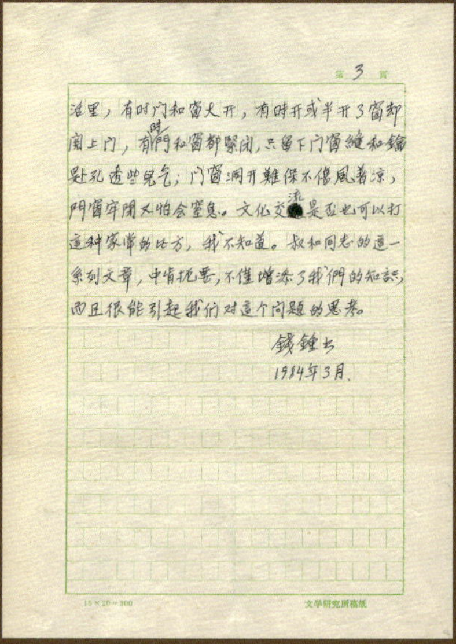

第 3 頁

活里，有时门和窗大开，有時开或半开了窗却關上门，有時門和窗都緊閉，只留下门窗縫和鑰匙孔透些兒气；门窗洞开難保不傷風着涼，門窗牢閉又怕会窒息。文化交[redacted]流是否也可以打這种家常的比方，我不知道。叔和同志的這一系列文章，中肯扼要，不僅增添了我們的知識，而且很能引起我们对這个问题的思考。

钱鍾书

1984年3月.

15×20＝300　文学研究所稿紙

（上）一九八四年三月二十四日寄来序文第一稿（三页）

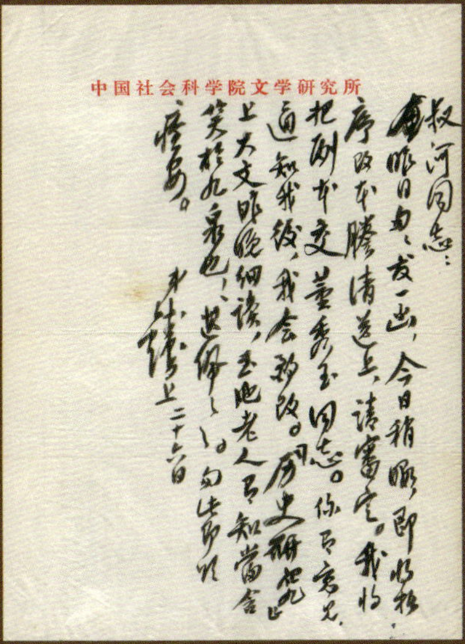


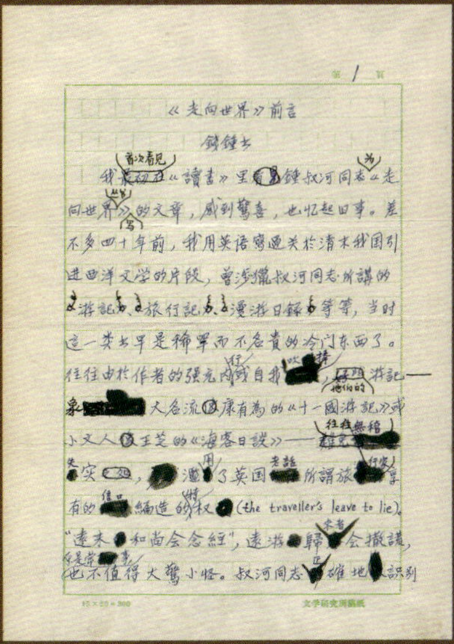

（上）两天后（三月二十六日）寄来第二稿（只拍摄首页）

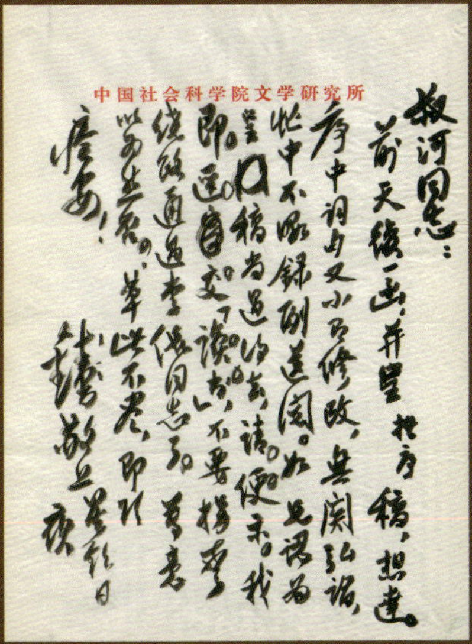


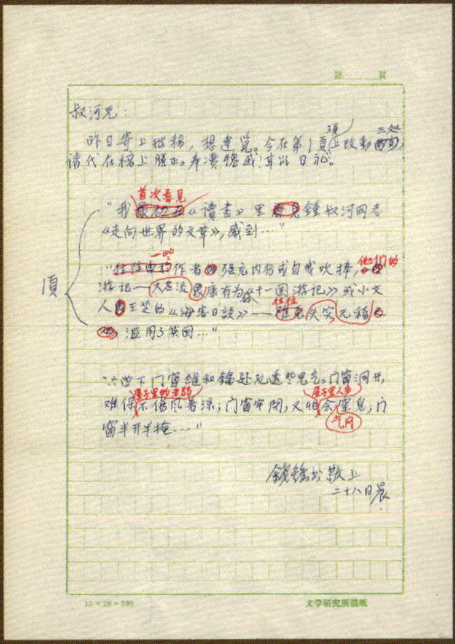

（上）两天后（三月二十八日）寄来信件嘱改字句

[图四] 林鍼、斌椿和志刚

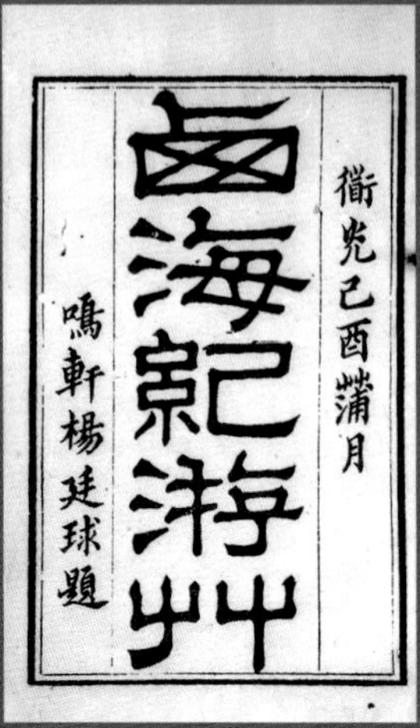


（上）林鍼《西海纪游草》

（上）斌椿《乘槎笔记》

（上）志刚（左六）与张德彝（右四），中立者为蒲安臣（Anson Burlingame）

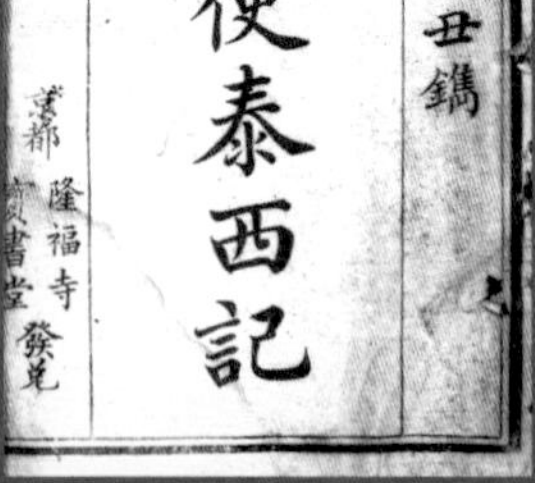


（左）志刚《初使泰西记》记述蒲安臣使团出使欧美各国经过

［图五］罗森、容闳、王韬、李圭

（上）罗森一八五四年随船至日本
（当时日本人的写真）

（上）容闳一八五四年毕业于
耶鲁大学时的摄影

（下）海外漫游（一八七〇）回国后
的王韬

（下）李圭一八七六年参观
费城世博会的实录

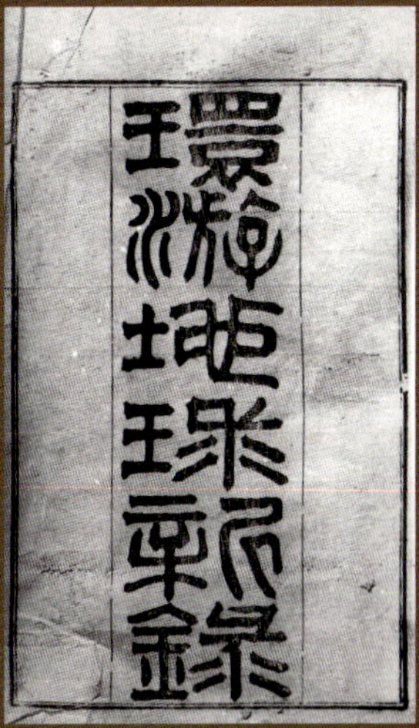

[图六] 郭嵩焘、刘锡鸿和曾纪泽

(上)郭嵩焘

(郭刘曾三像均为英国铜版画)

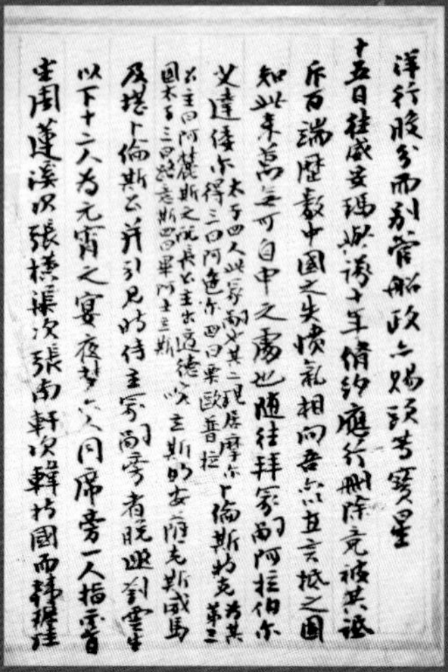

洋行股分而别有船政之端该书窦星
十五日往威妥玛处谈十年修约应行删除竟被其谈
斥百端历数中国之失愤气相向吾亦以直言抵之因
知此事万无可自申之处也随往拜家尔阿拉伯尔
义达陵 [illegible]
[illegible]
及堪卜伦斯公并引见的侍主家尔阿旁者既与刘云生
以下十六人为元宵之宴夜分六人同席旁一人指云
生周莲溪以张横渠次张南轩次韩[illegible]国而韩[illegible]

(上)郭日记一页,记与英人议“条约应行删除”,“愤气相向”

(下)刘锡鸿

(下)曾纪泽

［图七］黎庶昌、徐建寅、薛福成、黄遵宪

（上）黎庶昌《西洋杂志》法译本

（上）徐建寅

（下）薛福成

（下）黄遵宪

［图八］康有为、梁启超和钱单士厘

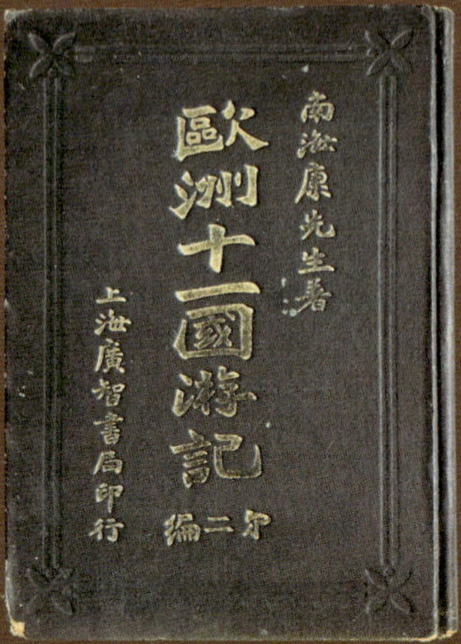


（上）康有为《欧洲十一国游记》

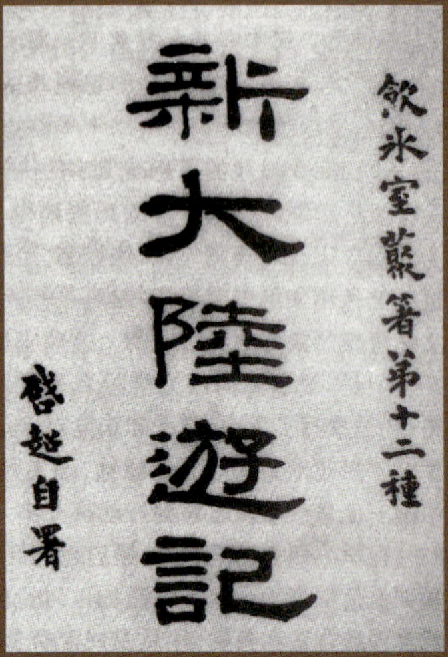


（上）梁启超《新大陆游记》

（下）钱单士厘晚年在北京

（下）《癸卯旅行记》日译本

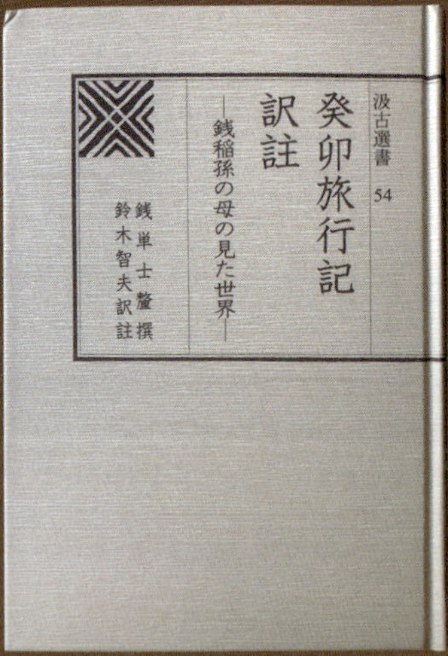

# 目　录

**·图版目录·**

# 钱锺书序

我首次看见《读书》里锺叔河同志为《走向世界丛书》写的文章，就感到惊喜，也忆起旧事。差不多四十年前，我用英语写过关于清末我国引进西洋文学的片段，常涉猎叔河同志所论述的游记、旅行记、漫游日录等等，当时这一类书早是稀罕而不名贵的冷门东西了。我的视野很窄，只局限于文学，远不如他眼光普照，察看欧、美以及日本文化在中国的全面影响；我又心粗气浮，对那一类书，没有像他这样耐心搜罗和虚心研读。一些出洋游历者强充内行或吹捧自我，所写的旅行记——像大名流康有为的《十一国游记》或小文人王芝的《海客日谈》——往往无稽失实，行使了英国老话所谓旅行者享有的凭空编造的特权(the traveller's leave to lie)。"远来和尚会念经"，远游归来者会撒谎，原是常事，也不值得大惊小怪的。

叔河同志正确地识别了这部分史料的重要，唤起了读者的注意，而且采访发掘，找到了极有价值而久被湮没的著作，辑成《走向世界丛书》，给研究者以便利，这是很大的劳绩。李一氓同志和我谈起《走向世界丛书》的序文，表示赞许；晚清文献也属于一氓同志的博学的范围，他的意见非同泛泛。对中外文化交流史素有研究的李侃同志，也很重视叔河同志的文章和他为湖南的出版社所制订的规划。我相信，由于他们两位的鼓励，叔河同志虽然工作条件不很顺利，身体情况更为恶劣，而搜辑、校订，一篇篇写出有分量的序文，不到三年，竟大功告成了。

“走向世界”？那还用说！难道能够不“走向”它而走出它吗？哪怕你不情不愿，两脚仿佛拖着铁镣和铁球，你也只好走向这世界，因为你绝没有办法走出这世界，即使两脚生了翅膀。人走到哪里，哪里就是世界，就成为人的世界。

中国“走向世界”，也可以说是“世界走向中国”；咱们开门走出去，正由于外面有人推门，敲门，撞门，甚至破门跳窗进来。“闭关自守”“门户开放”那种简洁利落的公式语言很便于记忆；作为标题或标语，又凑手，又容易上口。但是，历史过程似乎不为历史编写者的方便着想，不肯直截了当地、按部就班地推进。在我们日常生活里，有时大开着门和窗；有时只开了或半开了窗，却关上门；有时门和窗都紧闭，只留下门窗缝和钥匙孔透些儿气。门窗洞开，难保屋子里的老弱不伤风着凉；门窗牢闭，又怕屋子里人多，会气闷窒息；门窗半开半掩，也许在效果上反而像男女“搞对象”的半推半就。谈论历史过程，是否可以打这种庸俗粗浅的比方，我不知道。叔河同志的这一系列文章，中肯扎实，不仅能丰富我们的知识，而且很能够引导我们提出问题。

钱锺书　一九八四年三月

# 第一章 古人的世界

古人的世界，比起现代人来，确实要狭小得多。

二千三百年前，庄子作《逍遥游》，写大鹏自北冥徙于南冥，“怒而飞，其翼若垂天之云……水击三千里，抟扶摇而上者九万里”，真可谓汪洋恣肆，想象力发挥到了无以复加的程度。可是，当他的笔锋转向人间世，写到当时人们外出旅行的情形，却是“适百里者宿舂粮，适千里者三月聚粮”。如此之“游”，实在算不得什么“逍遥”。

庄子时代的一千里，大约相当于现代喷气客机半小时的航程。为了走过这么一段距离，包括做准备在内，竟得花上好几个月的时间。试问：在那样举步维艰的情况下，人们怎么有可能去想象和追求一个广大的世界呢？

因此，生活在亚欧大陆东头的中国人和西头的欧洲人，在公元一六六年以前，一直没有留下过直接接触的记录。对于古代中国人来说，遥远的西方从来不曾属于他自己的世界；所有来自远西的信息，完全是间接再间接的辗转传闻，每每和真相相差很远。

## 善眩之国

撇开周穆王西征会见西王母之类的神话不说，信史所载最早向西方“凿空”的中国人当是张骞(？—前114)。《史记》云：张骞“身所至大宛、大月氏、大夏、康居，而传闻其旁大国五六，具为天子言之……”。

大宛、康居都在今乌兹别克境内；大夏即 Bactria，为阿富汗北部古国；大月氏部族原游牧于敦煌一带，汉时亦西徙至阿富汗。张骞“身所至”限于这些地方，大约不出东经六十度。再往西，他就只能依赖“传闻”了。

大月氏的西边是安息，后称波斯，今名伊朗。张骞具言：“其俗土著，耕田，田稻麦，有蒲陶酒。……有市，民商贾用车及船，行旁国或数千里。以银为钱，钱如其王面，王死辄更钱，效王面焉。画革旁行，以为书记。”应该说，这些“传闻”还是比较属实的，因为张骞亲自到了大月氏，距安息还不太远。

安息再往西数千里是条枝，即安息人称阿拉伯为 Tajik 的对音，唐朝人写作大食。距离更加遥远了，“传闻”就难免失实。张骞言条枝“临西海，暑湿。耕田，田稻。有大鸟，卵如瓮。……国善眩。安息长老传闻条枝有弱水、西王母，而未尝见”。这些情况，有的固然还算属实，有的就不那么属实了。对“弱水”和“西王母”的解释，历来说法不一，恐怕只能从神话故事中去找寻答案。

波斯和阿拉伯本是充满神话故事的国土，是《天方夜谭》的故乡，是地地道道的“善眩之国”。“安息长老传闻条枝有弱水、西王母”，也就是“善眩”的一种表现。还是张骞这个中国人比较“务实”，老老实实承认自己“未尝见”到这些奇奇怪怪的东西。

《史记》又说，在张骞以后，汉朝“益发使抵安息、奄蔡、黎轩、条枝、身毒国”，安息国王并曾“发使随汉使来观汉广大，以大鸟卵及黎轩善眩人献于汉”。

黎轩在后来的史籍中叫作大秦，又叫作海西国，后世学者大都认为系中国人对当时地跨欧亚两洲的罗马帝国的称呼。抵黎轩的汉使并没有留下记载。《史记》记下的这些国名，也可能出自传闻。

所谓“善眩人”，就是会表演幻术的艺人。后来唐朝人杜佑(735—812)在《通典》中记述此事，称善眩人为“幻人”，谓其容貌“皆蹙眉峭鼻，乱发拳须”。张星烺先生遂据此云，“其为欧人已无可疑，……诚可谓为欧洲第一人足践中华之土者”。其实，杜佑晚于司马迁六七百年，未必掌握当时第一手资料。而现今出土的唐代“胡俑”，亦“皆蹙眉峭鼻，乱发拳须”，当系以居留长安的波斯人或中亚人为原型的，而这些人并不能称为欧洲人。安息使者“献于汉”的善眩人，恐怕只可能来自西亚，来自传统的“善眩之国”。

事实上，无论在张骞身前，还是在张骞身后相当长时期内，中国和欧洲并没有建立起直接的联系。汉使所到之黎轩，只可能是罗马帝国在西亚的属地。这些汉使不仅没有留下材料，甚至也没有留下姓名，于文化了无影响。中国对于欧洲，始终只有通过安息、条支等“善眩之国”辗转传闻得来的零星信息，如：

> 大秦国贡花蹄牛。其色驳，高六尺，尾环绕其身，角端有肉，蹄如莲花。……迹在石上，皆如花形。(《别国洞冥记》)

> 大秦国……宫室皆以水精为柱……有夜光璧、明月珠、骇鸡犀……其国西有弱水、流沙，近西王母所居处，几于日所入也。……有飞桥数百里，可度海北诸国。(《后汉书·西域传》)

如果仔细研究，也可以从这些记述中找到某些真实的影子。“水精为柱”，也许指罗马宫中普遍用作装饰的玻璃。“飞桥数百里”，也许指著名的罗马引水渡槽。但这些就像经过多次散射和折射的图像，正如《后汉书》作者范晔自己所说，“谲怪多不经”了。

古人对于远方世界的知识之缺乏，不只中国而然。希腊、罗马之言东方，“满纸荒唐”更有甚焉者。如希腊人克泰夏斯(Ctesias，公元前400年)云：赛里斯(希腊文Σηρεσ，拉丁文Seres，系从“丝”字派生之词，义为“产丝之国”，即指中国)人身高逾十三肘尺，寿逾二百岁。波桑尼阿(Pausanias，公元二世纪人)说：赛里斯人用小米和青芦喂一种类似蜘蛛的昆虫，喂到第五年，虫肚子胀裂开，便从里面取出丝来。……

Seres之名，说明此时确有一条连接中国和欧洲的“丝绸之路”，但白里内(Gaius Pliny the Elder，老普林尼，23—79)《自然史》说将丝绸“由地球东端运至西端”的，却并不是中国人，而是西域、大夏、波斯、阿拉伯、腓尼基和希腊等国的行商。这些行商像接力一样，从一个国家到另一个国家转输交易，给罗马的贵妇人提供“锦绣文绮”做衣料。至于“赛里斯人”，白里内称其“身体高大，红发碧眼”，显然只存在于商队和好奇者的想象之中，罗马城里的居民包括白里内在内是从来没有亲眼见到过的。不然的话，他就不会这样来形容“赛里斯人”了。

## SIREN与甘英

后于张骞两百多年的班超(32—102)出使，代表了古代中国规模最大的一次陆上的远征。据《后汉书·西域传》载，永元九年(97)，班超遣属吏甘英前往“大秦(海西)国”，“抵条支，临大海欲渡”，为“安息西界船人”所阻。《晋书·四夷列传》记甘英被阻的情形云：

> ……海水咸苦，不可食。商客往来，皆赍三岁粮。是以至者稀少。……(甘英)入海，船人曰：“海中有思慕之物，往者莫不悲怀。若汉使不恋父母妻子者，可入。”英不能渡。

著者认为，船人所说能令往者思慕悲怀至于“不恋父母妻子”的海中之物，当是希腊神话中以歌声惑人的巫女 Siren（周作人译作“舍伦”）。请看英雄阿宊修斯（奥得修）航海的经历（用周作人译文）：

> ……他须得路过舍伦们的岛。这些是巫女，样子像是鸟。她们唱得那么美妙，凡是听到她们的人都觉得不能不上陆去。她们坐在那里一个平原上，唱着歌。周围都是些人的干瘪的身体。他们走来听，坐下听着，直到他们死了为止。阿宊修斯……把所有的人的耳朵都用蜡堵好了，叫他们听不见什么。但是他自己却想要听，又要不受害。所以他叫他们把他缚在桅竿上，无论遇到什么事，都不要放他下来。
>
> 于是他们划桨前进。不久那舍伦们的可爱的歌声听得见了，阿宊修斯挣扎着想要自由，对他们叫喊放他下来。但是他们只向前划，直至听不到歌声才算安全了。

Siren 的故事，从荷马时代起，便在西地中海及其附近地区广泛流传。而在古代人的观念里，神话和知识是很难加以区别的。“安息西界船人”未必有意欺骗甘英，他也许确实看到不少人驾船入海没有返回，确实以为他们是被“海中思慕之物”迷住了。

康有为在《欧洲十一国游记》中，埋怨甘英不该放弃前往大秦的努力，他说：

甘英愚怯，辜负班超凿空之盛意。至今中西亘数千年不通文明，不得交易，则甘英之大罪也。其与哥仑布、墨志领、岌顿曲[1]之流，相反何其远哉。中国人而有此，至今国土不辟于大地，智识不增于全球，遂以一切让于欧人，皆英辈之罪也！

康有为把“中西亘数千年不通文明”完全归咎于甘英的“愚怯”，认为是甘英“辜负班超凿空之盛意”，亦即他缺乏作为一个探险家的心理素质的结果，显然有些过分。与其感情用事地埋怨甘英，倒不如用理智冷静地分析：在上千年的中西交通史上，甘英之“临大海欲渡”，何以继之者盖寡？如果后继者不乏其人的话，那么即使甘英“愚怯”，总还有其他比较不那么愚怯的甘英吧！

只要是客观地进行分析，我们就会发现：安土重迁和闭关自守，乃是以自然经济为主的农业社会的本质的表现。落后的生产方式，把人们牢牢地束缚在狭窄的地面上。宗法的、封建的、迷信的观念，禁锢着人的头脑，压抑着人的精神，使人变得内向和保守。从学者们的“中国而夷狄则夷狄之”，官吏们的“重去其乡，游宦不逾千里”，直到小百姓的“在家千日好，出外一时难”，这类古训和格言深入人心，成了指导人们生活的法则。在甘英之后一千八百年，郭嵩焘出使英国，还有人讥

① 墨志领即麦哲伦。岌顿曲即发现夏威夷群岛的克拉克(Clerke)。康氏系用粤语记音，故与通常译法不同。

之为“不容于尧舜之世”，惜其“何必去父母之邦”。这样，又怎么可能苛责一千八百年前的甘英呢？

而在西方，随着贸易、航海和世界性宗教的兴起，却有利于形成一种外向和开放的性格。尽管中古时期欧洲的文化一般地说低于东方，但在走向外部世界这件事情上，却不能不承认欧洲人的起步比中国人早。

后汉桓帝延熹九年（166），大秦王安敦（Marcus Aurelius Antoninus，一般译作马可·奥勒留）遣使自日南徼外献象牙、犀角、玳瑁；大秦与中国，“始乃一通焉”。有学者以为，所谓“安敦遣使”，乃是在叙利亚的罗马商人，循往印度的海路继续东行，过印支半岛时弄了一些当地土产，借安敦的名义到中国谋求通商。不管这个推测是否属实，欧人之至中国，总要比中国人到欧洲早得多。

从这次以后，正史记载西人之东来，还有：

公元二二六年（三国吴黄武五年），大秦商人秦论到交趾，交趾太守吴邈遣诣孙权。

二八〇至二九〇年间（晋武帝太康中），大秦王遣使贡献。

六三五年（唐太宗贞观九年），大秦景教“上德”阿罗本来到长安。景教为基督教聂斯脱利派（Nestorianism）在中国之名称。阿罗本大约为叙利亚人，此为西方基督教传入中国之始。

六四三年（唐太宗贞观十七年），拂菻王波多力遣使献赤玻璃、绿金精等物。唐太宗具国书回报，并回赠绫绮。随后在六六七、七〇一、七一九、七四二等年均有来使。

一〇八一年（宋神宗元丰四年），拂菻王灭力伊灵改撒遣使来献鞍马、刀剑、真珠。一〇九一年(宋哲宗元祐六年)，其使又两至。

“自日南徼外”和“到交趾”，说明这些欧洲的商人和使者们，多是从海路通中国的。并非欧洲人的才智和勇气一定高出甘英，只因为他们拥有比甘英多的航海技术和经验，知道如何战胜大海的风涛，也知道在海上其实并没有 Siren 那可爱得可怕的歌声。

## 大食的战俘

“大秦王安敦”的使者来到中国以后，又过了将近七个世纪，才有一个中国人再次到达亚洲西境并留下可靠的记载。这个人之去西亚，既非出于自动，亦非受官方派遣，只因为他是阿拉伯人的一名战俘。

杜佑《通典》卷一九一《边防典·西戎总序》记下了这件事情：

> 族子环，随镇西节度使高仙芝西征，天宝十载至西海，宝应初，因贾商船舶自广州而回，著《经行记》。

天宝十年即公元七五一年。是年，高仙芝统率的唐军，在怛逻斯(在今哈萨克斯坦南部)被阿拉伯人击败，随军的杜环也就成了阿拉伯人的俘虏，被带到阿拔斯王朝的都城(在今伊拉克境)，这里离地中海也就是所谓“西海”已经不远了。

唐朝军队是应中亚诸国之请去帮它们抵御阿拉伯(当时叫大食)侵略的。在《全唐文》和《册府元龟》里，还保存有当时康国(今撒马尔罕地)、安国(今布哈拉地)、石国(今塔什干地)、俱蜜(Comedi)和吐火罗(Tocharian)请援的表章。如康国王乌勒伽于开元七年(719)二月庚午遣使上表曰：

> 臣是从天主普天皇帝下百万里马蹄下草土类奴。臣种族及诸胡国，旧来赤心向大国，不曾反叛，亦不侵损大国，为大国行裨益事。从三十五年来，每共大食贼斗战……大食兵马极多，臣等力不敌也。臣入城自固，乃被大食围城。……伏乞天恩知委，送多少汉兵来此，救助臣苦难。(《册府元龟》卷九九九)

中国和西域——中亚诸国，有着悠久的文化联系。唐朝建立以后，从贞观到开元都是“盛世”，政权统一，国力强盛，又进一步在西域—中亚扩大了自己的影响。那是一个中国人的自信心比较强，向外看得比较多的时期。

和隋唐大一统差不多同时，伊斯兰—阿拉伯亦在西亚崛起。阿拉伯人于进攻君士坦丁堡受阻后，转而向东方扩张，终于成为唐朝的劲敌。

中亚诸国本来多倾向唐朝，但高仙芝的贪婪横暴，使事情转向了反面。《旧唐书》记怛逻斯之战的背景及唐军败绩的情形云：

> 初，仙芝给石国王约为和好。乃将兵袭破之，杀其老

弱，虏其丁壮，取金宝瑟瑟驼马等，国人号哭，因掠石国王东献之于阙下。其子逃难奔走，告于诸胡国。群胡忿之，与大食连谋，将欲攻四镇。仙芝惧，领兵二万深入胡地，与大食战，仙芝大败。会夜，两军解，仙芝众为大食所杀，存者不过数千。

这一战不仅是唐朝在西域开始丧失影响的转折点，也是唐朝的国运由盛而衰的转折点。战后四年，安禄山拥兵称乱，国家元气在叛乱中受到了极大的斫伤，国力从此一蹶不振。不仅西域派遣军被迫撤回，蕃军蕃将反而成了左右中原政局的一大势力，诗人们也重新诅咒起“开边”和“远略”来了。

杜环淹留异域凡十馀年，七六二年方得回国。尽管不是出于自愿和主动，他的“经行”仍然有着重要的价值。可惜的是，《经行记》早已亡佚，没有流传下来。幸而杜佑在《通典》中记下了杜环的这番经历，并且还保存了《经行记》的某些片断，主要是关于大食(阿拉伯)及其属国的记事，如：

女子出门，必拥蔽其面。无问贵贱，一日五时礼天。食肉作斋，以杀生为功德。……又有礼堂，容数万人。每七日，王出礼拜，登高坐为众说法，曰：“人生甚难，天道不易。奸非劫窃、细行谩言、安己危人、欺贫虐贱，有一于此，罪莫大焉。凡有征战，为敌所戮，必得生天；杀其敌人，获福无量。”……其大食法者……不食猪狗驴马等肉。

这些记述不再是得自传闻，而是杜环亲目所见的情事，所以十分真实，完全没有虚幻的成分。值得指出的是：史籍所载大食使者来唐有三十六次，唐朝却从来没有使者到过大食。真正身历这一西亚大国并且留下记述的唐人，恐怕就只有这个怛逻斯之役的战俘了。



杜环的足迹，虽然只到达今伊拉克、叙利亚一带地方，但这些地方跟拂菻(大秦)即地跨欧亚两洲的东罗马帝国已经比较接近。当时拂菻和大食连年争战，在大食也一定会有拂菻战俘，并且很可能和杜环有过接触。因此，残存的《经行记》片断中，也有关于拂菻的记述：

> 拂菻国在苫国(今叙利亚地)西，隔山数千里，亦曰大秦。其人颜色红白，男子悉着素衣，妇人皆服珠锦。好饮酒，尚干饼，多淫巧，善织络。或有俘在诸国，守死不改乡风。琉璃妙者，天下莫比。王城方八十里，四面境土各数千里。胜兵约有百万，常与大食相御。

所谓拂菻人肤色白里透红，男人穿单色衣，妇女爱好装饰，好饮酒，食面包，确实是东罗马的实际情形。

杜环的经历说明，人们只有互相接近，才能够彼此了解。可惜他身不由己，未能继续西行到欧洲。当时在大食的中国战俘不在少数，《经行记》片断中留下姓名的即有“作画者京兆人樊淑、刘泚，织络者河东人乐隈、吕礼”等人。这些匠人把先进的中国工艺包括造纸术传到阿拉伯，和杜环一样为中西文化交流作出了贡献。这也许是“边庭流血成海水”的战争留给后世的唯一积极影响。

## 地生羊

即使在汉朝和唐朝那样的盛世，中国也没有人走出过亚洲的西界。法显和玄奘为宗教热情驱使往“西天”取经，他们的“西天”是印度而非欧洲。经过残唐五代的大乱，宋朝勉强把中国本土统一起来，但是比汉唐大大缩短了的边界一开始就不太平，国内的形势也是紧张的时候居多，政治上总不那么安定，国库中也总不那么丰盈，于是政策和统治者的心理越来越内向。“自许封侯在万里”的陆游只能在梦里“从大驾亲征，尽复汉唐故地”，而且他的故地也不过在“雁门西、青海际”，远没有张骞和班超走得那样远，更不要说甘英和杜环了。

杜环真实的经历在当时并没有引起多少人重视，《经行记》的散佚便可以证明这一点。在漫长的古代岁月中，人们谈到远西，多半只是一些述奇志异类的传说，而其来源仍不出道路传闻之一途。宋初(977—978)成书的小说故事总集《太平广记》卷八十一《梁四公记》云：梁武帝时有四个姓名奇怪的老人来谒武帝，向“诸儒”讲述西海“海中有岛”，为拂菻国。“岛西北有坑，盘坳深千馀尺，以肉投之，鸟衔宝出，大者重五斤。”这正是《天方夜谭》中水手辛巴德讲的故事，据张星烺《中西交通史料汇编》，塞浦路斯地方主教厄皮法尼乌斯(Epiphanius,

约 315—403)的书中所记:

> 大西提亚沙漠中有幽谷,四周有高山环之,自山顶下瞰,仅如烟雾,莫测其深也。邻近诸国之王,多遣使来此求宝。杀羊剥皮,自岩上,下投谷中。宝石粘羊肉,岩上飞鹰嗅肉味,下投谷中,衔羊出而食之,留宝石于山顶。

这便是《梁四公记》中“鸟衔宝出”故事的来源了。

据杨宪益考证,唐宋人著作中源出欧洲或近东的故事还有不少,兹择其尤著者列表如下:

| 书名 | 故事名 | 主要情节 | 来源于 |
|---|---|---|---|
| 幻异志 | 板桥三娘子 | 女巫魔法变人为畜 | 希腊神话中巫女 Kirhe 的故事 |
| 酉阳杂俎 | 洞女叶限 | 孤女受后母虐,得仙人助,蹑仙履赴会,得国王迎娶 | 欧洲和近东民间产生和流传的“扫灰娘”(“水晶鞋”)故事 |
| 酉阳杂俎 | 古龟兹王 | 一英雄有神异力,降服为害毒龙 | 古日耳曼神话中英雄尼伯根龙(Nibelung)的故事 |
| 太平广记 | 新罗长人 | 海行遇风被长人攫去,以石填门,择肥而噬,乘间得脱 | 希腊神话中奥得修航海遇独眼巨人的故事 |

大抵在中国行人不复往西的历史时期中,欧人之东来者仍间或有之,欧亚间经由西亚、中亚转输的商路亦未完全断绝。西方的神话传说、民间故事,辗转传入中国,被喜好传奇志异的文人记录下来,不仅丰富了文学的内容,而且成了当时国人

极其有限的世界知识的一个组成部分。

这种“以文入史”“文史不分”的情况，在古代东方和西方都不罕见。典型的材料如有名的“地生羊”，这本来是伏尔加河流域民间传说所谓“羊羔草”(Lamb plant)。欧洲奥德里克(Odorico)、卡尔达努斯(Cardano)、斯卡利格尔(Scaliger)诸人均曾有记录，大致谓此“草”种子像瓜子，长成后却与羊无异，“有足、蹄、耳，唯无角。角处有丛毛二握而已。伤则流血。狼最喜嗜之。”（据张星烺《中西交通史料汇编》第一册《古代中国与欧洲之交通》第16页）

唐懿宗(859—873年在位)时，段公路作笔记小说《北户录》，首次记述了传入中国的这个故事：

> 大秦(即拂菻)国有地生羊。其羔生土中，国人筑墙围之。脐与地连，割之则死。但走马击鼓以骇之，惊鸣脐绝，便逐水草。

到九四〇至九四五年间，刘昫、张昭远、贾纬等人修《旧唐书》，复“以文入史”，将其写进《拂菻国传》：

> (拂菻)有羊羔生于土中。其国人候其欲萌，乃筑墙以院之，防外兽所食也。然其脐与地连，割之则死。唯人着甲走马及击鼓以骇之，其羔惊鸣而脐绝，便逐水草。

后来欧阳修、宋祁撰《新唐书》(1044—1060)，亦不怀疑此事之真实，照样收入《拂菻传》：

（拂菻）北邑有羊，生土中，脐属地，割必死。俗介马而走，击鼓以惊之。羔脐绝，即逐水草，不能群。

文字显出欧阳修式的简练，“北邑”和“不能群”却是根据《通典》补充的。古代中国文人，当然也有赡博认真的，但工夫往往只用在引经据典、寻章摘句上，很少对自然界的事物作精密的观察。即使是欧阳修这样的大作家，于此亦不免疏于格物。

明朝万历年间，李时珍撰《本草纲目》，卷五二列有“地生羊”，说明取材于《北户录》，却不问世界上到底有没有这种怪东西。其时已在段公路之后七百年，可见中国人对于外部世界的了解，在这七百年间很少有什么进步。

一直到十八世纪初，康熙帝命文臣编了《渊鉴类函》。它算是以国家的名义和力量纂修的一部百科全书，仍然把“地生羊”这个纯属子虚乌有的“半植半动，亦植亦动”的怪物，记录在《边塞部九》里面。

类似“地生羊”这样的故事还有很多，甚至在近代地理知识传入以后，它们还照样在士大夫和人民中流传着。颇为有趣的是所谓“小人国”。《通典》云：

小人，在大秦之南，躯才三尺。其耕稼之时，惧鹤所食。大秦每卫助之，小人竭其珍以酬报。

后来来华的耶稣会士艾儒略(Jules Aleni，1582—1649)，“窃取西来所携手辑方域梗概，为增补以成一编，名曰《职方外纪》”，记载多符合十六至十七世纪欧人对世界的认识水平，切实可信，而其卷二述欧逻巴洲西北海诸岛，亦云：

闻北海滨有小人国，高不二尺，须眉绝无，男女无辨，跨鹿而行。鹳鸟常欲食之，小人恒与鹳相战，或预破其卵，以绝种类。

这究竟是欧洲的古老传说在东西方分别流传下来，还是西来教士援引中国谈远西的书，以迎合中国读者的兴趣呢？倒是值得研究的。

# 第二章　自西徂东



从公元一六六年大秦始通中国算起，之后整整十五个世纪中，只见欧洲人“自西徂东”来到中国，不见中国人“自东徂西”去到欧洲[①]。在中国同欧洲人员交往的历史上，这是一个自西徂东的时代。

当然，将这一千五百年称为“自西徂东的时代”，绝不等于说在这一千五百年中，欧洲对中国的影响超过了中国对欧洲的影响。现代西方史学界有一种说法：公元一千五百年是欧洲和世界历史的转折点，此前是世界影响欧洲，此后则是欧洲影响世界。同时，东西方的史学家也普遍认为：古代东方的文明程度和发展水平确实高于西方，造纸、火药、指南针、印刷术“四大发明”便是明证。从文化思想史看，莱布尼茨和伏尔泰对中国文化的倾倒，较之徐光启、李之藻诸人对欧洲文化的推崇，亦有过之而无不及。



① 一二八七年，伊儿汗派遣出生于大都(今北京)的畏吾儿人巴琐马出使欧洲，这件事情很难算作一个典型的事例，详见第三章。

但是，在向外部世界的新知识和新资源进行探索和追寻这一点上，欧洲人却一直走在前面。这也许是使欧洲后来居上，从接受世界的影响进而广泛影响全世界的重要原因之一吧！

## 马可·波罗

欧洲人之自西徂东虽然开始得很早，但比较成批和比较频繁地来东，则应归因于蒙古人的统一欧亚。

十三世纪蒙古的征服，对文明地区造成了很大的破坏，但却有利于中西间的交通。当时，东亚、中亚、西亚、东欧广大的土地和人民，都在蒙古大汗统治之下。只要持有汗八里(蒙古人对大都的称呼，意为“大汗的都城”)发出的一道金牌，人们便可以在亚欧大陆上通行无阻，这在过去是完全无法想象的。

蒙古人在南下之前即已西征，其铁骑数次深入欧洲，先后击败俄、波、德、匈诸军，前锋直抵维也纳城下。欧籍降人和俘虏，颇有随军东行，转而为蒙古政权服务的。《元史》所传爱薛，便是一位入仕元朝的“西域弗林人，通西域诸部语，工星历、医药”。据张星烺先生考证，爱薛及其五子也里牙、腆合、黑斯、阔里吉思、鲁合的名字，乃是 Elias、Tekoah、Hosea、Gorigos、Luke 的对音，皆欧洲基督徒常用之名。

大名鼎鼎的马可·波罗不必说了，在马可·波罗(1275—1292 来东)前后来到东亚并留下了记述的欧洲人还有：

一二四五至一二四七年间，昂布里亚人皮阿诺·卡尔皮尼（Plano Carpini，旧译柏郎嘉宾），奉教皇英诺森四世之命来谒蒙古大汗，著有游记。

一二五三至一二五五年间，佛兰德人鲁不鲁乞（Guillaume de Rubruquis，旧译罗伯鲁），为法王路易九世所遣使者，著有《奉使始末》，又名《纪行书》。

一二八九至一三二八年间，蒙特科尔维诺的约翰修士（Giovanni di Monte Corvino，旧译孟高维奴），由教皇派至北京，主持新设置之大主教区直至逝世，有《中国书简》。

一三〇八至一三三六年间，意大利人安德鲁（Andreas）到中国传教，尝自泉州致书故乡教士托钵僧沃登（Friar Warden），原件今存巴黎国立图书馆。

一三二一至一三二八年间，波德诺内的奥德里克修士（Odorico da Pordenone，旧译鄂多立克、和德理）历游广东、福建、浙江、江苏、山东、北京、山西、陕西、四川、西藏（?）等地，其游记被称为“关于这个国家（中国）的最佳记述”。奥德里克本人与马可·波罗、伊本·拔图达、尼科洛·康蒂并称为“中世纪西方四大游历家”[①]。

一三三八至一三四六年间，小兄弟会会士、佛罗伦萨人马里诺利（Marignolli）奉阿维尼翁（Avignon）教廷之命，到汗八里呈送国书。《元史·顺帝本纪》载至正二年（1342）佛郎国贡异马，

① 奥德里克游记，清季留学意大利的中国天主教修士郭栋臣曾将其译为汉文，名《真福和德理传》，由武昌崇正书院刊行。

即指此事。当时廷臣所作赞颂“天马”的诗赋颇多，如欧阳玄《天马颂》云：

天马来自西方西，…… 七渡海洋身若飞，……

周伯琦《天马行》云：

重译来庭无远迩，…… 使行四载数万里。……

完全是写实的诗句。顺帝命周朗所画“天马图”，康熙时来华的耶稣会士宋君荣(Gaubil)还曾在清宫中见到。

上述诸人，除奥德里克外，全是横过欧亚大陆而来的，这是中西交通史上破天荒的事情。

可是，与马可·波罗同时代的中国人，西行的记录却大为逊色。

耶律楚材(汉化的契丹人)一二一八年奉诏赴成吉思汗行在，写了一本《西游录》，所记行踪止于撒马尔罕、布哈拉等地。

长春真人丘处机一二二〇至一二二三年西游讲道，率李志常等弟子从山东出发。李志常的《长春真人西游录》，记述他们一行从撒马尔罕南渡阿姆河，“见大雪山而还”。

元宪宗(蒙哥大汗)九年(1259)，常德被派往伊儿汗旭烈兀处，随员刘郁著有《西使记》，其一行亦不出波斯国境。

而另一方面，在辽、金、西夏、蒙古相继控制通往中亚和西亚的陆路以后，中国东南海上的交通和贸易，却慢慢地发展起来。南宋末年，福建泉州已经有了像蒲寿庚那样拥有海舶数十艘的航海巨商。《马可·波罗行纪》记泉州(他称之为 Zayton，译作“刺桐”)互市的盛况云：

印度一切船舶，运载香料及其他一切贵重货物，咸莅此港。是亦为一切蛮子[①]商人常至之港。由是商货、宝石、珍珠输入之多，竟至不可思议，然后由此港转贩蛮子境内。我敢言，亚历山大(Alexandrie)或他港运载胡椒一船赴诸基督教国，乃至此刺桐港者则有船舶百馀。(据冯承钧译本)



云集泉州的大批船只，当然多数只来往于中国东南各港，但其中确实也有的是来自印度、波斯和阿拉伯。南宋时周去非的《岭外代答》、赵汝适的《诸蕃志》，记述了一些关于大秦、斯加里野(西西里)、芦眉(罗马)的事情，其来源亦不外乎从海舶得到的传闻。直到元时，汪大渊“两附船东西洋而游”，才算留下了一部多少算是纪实的《岛夷志略》。但汪的航程最远只到印度西边的阿拉伯海。书中言甘埋里国“与佛朗相近”。“佛朗”和刘郁《西使记》提到的“富浪”，皆为 Farang 之对音，亦即波斯人对欧洲的称呼。汪大渊和刘郁虽然西行到了听说有个佛朗(富浪)的地方，仍然没有真正走到佛朗或富浪去，亲眼看



① 马可·波罗按照蒙古人的习惯，将中国南方居民称为“蛮子”。

看那里是什么模样。

因此，在整个蒙古征服时期，尽管欧人西来不绝如缕，而中国无论在陆上或在海上，比杜环和甘英走得更远的人，史书上却没有见到什么记载。

## “下西洋”

蒙古帝国瓦解后，欧亚间的陆上交通随之中断。继元朝而起的明朝，统治从一开头就不那么稳固，因此对外部世界比过去更加防范和猜疑。明太祖大杀功臣，总喜欢给被杀的人扣上一顶“通高丽”或“通日本”的帽子，实际上当然并无其事。洪武二年(1369)颁布的《皇明祖训》，将一十五个远近国家列为“不征之国”。所谓“不征”，其实就是不惹和不理的意思，不过偏要摆出一副“天朝上国”的架子那么说罢了。

这一十五个国家，大概也就是明太祖所知道的全部外国(西北边外的几个敌国在外)。其中包括了朝鲜、安南、日本，还有一个所谓“西洋国”。在日本名下，御笔亲批：“虽朝实诈，暗通奸臣胡惟庸，谋为不轨，故绝之。”所谓“绝之”，便是要断绝关系，尤其是不能允许臣民和它往来。

洪武十四年(1381)，严禁近海民人制造三桅以上大船下海前往外国买卖，“正犯比照谋叛已行律处斩，仍枭首示众，全家发边卫充军”。建文四年(1402)成祖即位，登极诏书中又重申海禁。永乐元年(1403)，并下令将原有海船“悉改为平头船”，使之无法航行大洋。

但在厉行海禁的同时，国家却又有遣使之举。初看起来，这里似乎存在着矛盾。但如果稍加研究，我们即可发现，明初遣使纯粹是出于统治者政治上的需要，而绝不是对社会经济发展要求的适应。所以，皇家虽能派人泛海，百姓却被严禁出洋。几次遣使，包括被宣传得简直有些过分的“三保太监下西洋”（1405—1433）在内，都并没有也不可能改变当时封闭社会的性质。

明太祖派人到爪哇、三佛齐、浡泥、琐里，是为了“宣扬国威”。成祖的使臣远达撒马尔罕、塔什干、阿富汗，以及郑和七下西洋，是为了巩固皇位。《皇明四夷考·序》说得好：

> 高皇何以有海外之使也？更始也。成祖西洋之艘，不已劳乎？郑和之泛海，与胡濙之颁书也，国有大疑焉尔。

所谓“国有大疑”，就是“成祖疑惠帝亡海外，欲踪迹之；且欲耀兵异域，示中国富强”（《明史·郑和传》）。正因为这件事情是成祖个人意志的产物，所以御驾一崩，马上有人反对再干。《殊域周咨录》所载刘大夏之言曰：

> 三保太监下西洋，费钱粮数千万，军民死且万计。纵得奇宝而回，于国家何益？此特一弊政，大臣所当切谏者也。

于是仁宗即位之日便立即宣诏：“下西洋诸番国宝船悉皆停止。”

有人不明白何以“下西洋”要派一个十岁就阉割入宫当太监，又是西域人后裔、回教徒的郑和，殊不知当时皇家的秘密差使，原是不能交给有广泛社会联系的“外臣”执行的。

明代所谓“西洋”，实指南中国海及迤西之印度洋。《明史·婆罗传》：“婆罗，又名文莱，东洋尽处，西洋所自起也。”便说明了这一点。郑和“下西洋”，最远曾航达阿拉伯半岛南端及非洲东部索马里一带，在中国航海史上确系空前盛举，可是并没有到达真正的西洋。

话虽如此说，“下西洋”客观上取得的成就却不容抹杀：(一)在南宋以来逐步形成的物质技术基础上，进一步推动了中国造船和航海事业的发展；[①] (二)以武力消灭海盗(擒旧港头目陈祖义)，击败反华势力(西爪哇杀死华兵，输黄金万两谢罪)，支持华人领袖(三佛齐之梁道明、旧港之施进卿等)，加强了中国在南洋的地位；(三)扩大了中国对外的经济联系，《瀛涯胜览》记载郑和船队到祖法儿(今称佐法尔)的情形：

> 中国宝船到彼，开读赏赐毕，其王差头目遍谕国人，皆将乳香、血竭、芦荟、没药、安息香、苏合油、木别〔鳖〕子之类，来换易纻丝、瓷器等物。

据方豪教授研究，七次“下西洋”带回的外货，计有一百八十五种之多，其中布类即占五十一种，食品如糖霜、胡椒、番

① 参看郑鹤声、郑一钧合编：《郑和下西洋资料汇编》。

盐，均于民生颇有关系。

郑和本人并无记述传世。其随行人员中马欢(第三、五、七次)有《瀛涯胜览》，费信(第二、三、四、七次)有《星槎胜览》，巩珍(第七次)有《西洋番国志》。拥有“宝船”数十艘、兵员共万人的郑和船队，规模比哥伦布、麦哲伦的船队都要大得多。[①] 但这种秉承皇帝个人意旨的远航，凭借的纯系一时的政治军事力量，缺乏社会经济基础；尽管盛况“空前”，却也容易“绝后”。明朝的“国威”，不管如何“宣扬”，不要说不如汉祖唐宗，连北宋盛时也比不上。船队在到达非洲东岸后，也没有继续往南航行。否则，好望角的发现者就不会是葡萄牙人，而会是中国人了。

## 《万国舆图》

十五世纪是欧洲从落后中迅速兴起的世纪。首先从地中海区，接着从北海和波罗的海区，发展起来了商业、金融和作为经济文化中心的城市。在尼德兰的商业中心和意大利的城市国家里，孕育了伟大的文艺复兴，诞生了新的人文主义思想和人

---

① 《明史》说郑和“造大舶，修四十四丈、广十八丈者六十二”。历来多承袭此说。如果属实，则郑和之船排水量达八千吨；用木结构造成如此笨重的船，而欲其航行远海，恐颇为难。迟于郑和百馀年，首次环行地球的麦哲伦船队，最大的船载重仅一百二十吨。直至一八四三年，造船大国英国所造“大不列颠”号，宽也不过“郑和大舶”的三分之一，已是世界公认的大船了。现代中国学者最早对郑和“宝船”大小提出疑问的是管劲丞，他一九四七年在《东方杂志》发表《郑和下西洋的船》一文，引起了学术界的注意。

类应该了解并驾驭大自然和世界的观念，开始了欧洲影响世界的时代。

当郑和一行到达东非索马里时，航海者亨利的船队(1418—1460年出航)也正在沿非洲西海岸向南航行。一四八八年，迪亚士终于发现了好望角(原名风暴角)。一四九八年，达·伽马绕过非洲南端到达印度，开辟了欧亚间的新航路。从此，欧洲人可以驾驶自己的船只来东方，不必再经由阿拉伯、波斯和印度的商船中转了。

一五一八年(明正德十三年)，葡萄牙人首次到达中国。沿着过去称呼“拂菻”“富浪”的习惯，中国把这些“长身高鼻、猫睛鹰嘴、拳发赤须”的欧洲人叫作“佛郎机”。

关于最初西来的欧人的表现，当时留下的记载颇为纷歧。福建同安林希元嘉靖二十七年(1548)《与翁见愚别驾书》云：

> 佛郎机之来，皆以其地胡椒、苏木、象牙、苏油、沉束、檀乳诸香与边民交易，其价尤平。其日用饮食之资于吾民者，如米、面、猪、鸡之数，其价皆倍于常，故边民乐与为市。未尝侵暴我边疆，杀戮我人民，劫掠我财物。

严从简于万历二年(1574)写成的《殊域周咨录》却说：

> 别有番国佛郎机者，前代不通中国。……其人好食小儿……其法以巨镬煎水成沸汤，以铁笼盛小儿置之镬上，蒸之出汗。汗尽，乃取出，用铁刷刷去苦皮。其儿

犹活，乃杀而剖其腹，去肠胃，蒸食之。

取得黄金、香料和奴隶，本来是葡萄牙人远航的目的。远航人众，良莠不齐，如西妙·安特拉特(Simao de Andrade)一类不法之徒，确有夺财物、掠子女之事。所谓“好食小儿”，虽然查无实据，却也事出有因。葡人品笃(Mendez Pinto)所撰《远游记》[①]一书，曾详细记述一五四二年在Liampo(宁波？)亲见的一次中葡冲突：“葡人居留地之大小建筑尽为中国人付之一炬”，“(被害者)葡萄牙籍八百”。书中叙及冲突发生的原因，亦谓系“因吾人所犯罪恶”，“种种灾祸皆由一贪鄙恶劣之葡人肆意妄为所致”。

尽管葡人的肆意妄为引起了报复行动，尽管明朝对开放和商业的态度比过去更为保守，但社会对“洋货”的需要一经引发便难以遏制，而意识形态的交流也必然随着货物的输转以俱来。一五五二年，耶稣会士、西班牙人方济各·沙勿略(St. Francois Xavier)到达澳门外的上川岛，曾一再设法进入中国内地传教，未获成功。一五五七年，澳门成为欧人在东亚的据点。一五八二年，耶稣会士、意大利人利玛窦抵澳，翌年入肇庆。他学习中国文化，适应中国习俗，结交中国士大夫，终于在一六〇一年(万历二十九年)得入北京觐见神宗皇帝，获准长驻，直至一六一〇年去世。从文化史的意义说，称利氏为近世



① 原名*Peregrinacão*，民国二十五年(1936)北平北堂印书馆曾出版沙海昂注法文本。

西来第一人，实无多让。

中国人对欧洲和世界有比较正确的了解，确系从利玛窦开始。利氏初入京师，自称从大西洋来。其时的礼部尚书向皇帝报告：“《会典》上只有一个‘西洋琐里国’，没有什么‘大西洋’，不晓得他所说是真是假。”这说明当时中国人对于世界地理，简直是一无所知。

一五八四年，利玛窦在肇庆刻印了在中国出版的第一幅世界地图——《山海舆地全图》。到北京后，他又向皇帝呈献了更为完备的《万国舆图》。从此中国人才知道地球上有五大洲三大洋；汉文中才有了亚细亚、欧罗巴、亚墨(美)利加、地中海、大西洋等词语，一直沿用到今天。

在利玛窦后陆续来华的龙华民（Niccolo Longobardi）、庞迪我（Didaco de Pantoja）、艾儒略（Jules Aleni）、金尼阁（Nicolas Trigault）、毕方济（Francois Sambiasi）、南怀仁（Ferdinand Verbiest）诸人，都比较注意传播地理知识。这实在可以说是一个启蒙的时代。艾儒略为中国读者写了第一部世界地理书《职方外纪》。金尼阁携来欧洲图书七千馀部[①]，向达先生以为“比之玄奘求经西竺，盖不多让”，于西方学术之传入中国为功极巨。金氏曾计划写《职方外纪》的续篇，他对李之藻说过：

① 李之藻《刻职方外纪·序》云：“金子者，赍彼国书籍七千馀部，欲贡之兰台麟室，以参会东西圣贤之学术者也。”王徵《奇器图说录最》云：“《奇器图说》乃远西诸儒携来彼中图书，此其七千馀部中之一支。就一支中，此特其千百之什一耳。”

> 吾欲引伸其说，作诸国山川经纬度数图十卷，风俗、政教、武卫、物产、技艺又十卷，而后可以当职方之一镜也。

可见在他带来的七千馀部图书中，介绍欧洲山川、风俗、政教、武卫、物产、技艺的书一定不少。

对于利玛窦等传教士带来的新知识和新观念，在中国知识阶层中引起的反应是各色各样的。反对者如徐昌治辑《圣朝破邪集》所收魏濬《利说荒唐惑世》一文云：

> 利玛窦以其邪说惑众，士大夫翕然信之。……所著《坤舆全图》及洸洋窅渺，直欺人以其目之所不能见，足之所不能至，无可按验耳。真所谓画工之画鬼魅也。……中国当居正中，而图置稍西，全属无谓。……焉得谓中国如此蕞尔，而居于图之近北？其肆谈无忌若此！

这和上述礼部尚书大人对“不见经传”的大西洋等事物一律不予承认的态度如出一辙。

另一方面，思想解放的先驱者如徐光启、李之藻、刘献庭等人，态度则完全不同。

徐光启一六〇〇年初识利玛窦之先，即已见到《万国舆图》，称利氏为“博物通达君子”。一六〇五年，他又特地为利氏撰写了《山海舆地图经解》。刘献庭承认：“地圆之说，直到利氏东来而始知之。”李之藻自称：

> 万历辛丑，利氏来宾。余从僚友数辈访之。其壁间悬有大地全图，画线分度甚悉。……因为余说：地以小圆处天大圆中，……余依法测验，良然。乃悟唐人画方分里，其术尚疏。遂为译以华文……

还有一位远不如徐、李、刘有名的贵州人郭子章，也出资翻刻了《山海舆地全图》[1]，并且写序文驳斥了那种认为利玛窦是“外夷人”，因此不应接受其学说的观点：

> 或曰：“利生外夷人也，其图其说，未必一一与天地券合，而子胡廑廑于兹?”郭子曰：“不然。郯子能言少皞官名，仲尼闻而学之，既而告人曰：‘天子失官，学在四夷。’介葛卢闻牛鸣而知其为三牺，左氏纪之于《传》。孔、左何心？而吾辈便生藩篱，不令利生为今日之郯、介耶?”

郭子章氏反对在文化知识领域中自设藩篱强分界限的思想，在封建专制社会的漫漫长夜里，正如一点闪烁着希望光芒的爝火，虽然一瞥即逝，却最早划破了无边的黑暗，值得后人永远纪念。

① 郭子章刻版《山海舆地全图》，万历三十二年(1604)刊于贵州。

## 《职方外纪》

《职方外纪》初刊于一六二三年。作者艾儒略，和利玛窦一样，也是意大利籍耶稣会士，于一六一〇年到澳门，数年后入北京，曾到上海、扬州、陕西、山西、杭州、福建等地传教。《职方外纪》是外国人在中国出版的第一部介绍世界（尤其是欧洲）情况的书。

《职方外纪》这个书名，体现了西洋教士利用中国传统文化和中国人传统心理的手法，这正是利玛窦的成功经验。《周礼》夏官有“职方氏”,“掌天下地图，主四方职贡”。艾儒略想告诉中国读者，在“东夷、西戎、南蛮、北狄”以外，还有许多不向中国朝贡的国家，还有一个广大的世界。

《职方外纪·卷二》专述欧洲，在书中所占篇幅独多。卷首列欧洲全图。第一节为《欧逻巴总说》，介绍了欧洲的方域、列国、风俗、饮食、衣服、宫室、制度、立学、设官、宗教、政刑、武备等各个方面的情况。其述各国广设学校云：

> 一国一郡有大学、中学，一乡一邑有小学。……生徒多者至数万人。其小学曰文科，有四种：一古贤名训，一各国史书，一各种诗文，一文章议论。学者自七八岁学至十七八，学成而本学之师儒试之。优者进于中学，曰理科，有三家：初年学落日加（Logic，逻辑），译言辨是非之法；二年学费西加（Physics，物理学），译言察性理

之道；三年学默达费西加(Metaphysics，形而上学)，译言察性理以上之学；总名斐录所费亚（Philosophy，哲学）。学成而本学师儒又试之，优者进于大学，乃分为四科，而听人自择：一曰医科，主疗病疾；一曰治科，主习政事；一曰教科，主守教法；一曰道科，主兴教化。皆学数年而后成。……四科大学之外，有度数之学，曰玛得玛第加(Mathematics，数学)……或脱物而空论之：则数者立算法家(代数学)，度者立量法家(测量学)；或体物而偕论之：则数者在音，相济为和，立律吕家(乐理学)；度者在天，迭运为时，立历法家(天文学)。

第二节记以西把尼亚(西班牙)，云此国人“善远游海上，曾有绕大地一周者”，即指麦哲伦(本书卷四称“墨瓦兰”)。附波尔杜瓦尔(葡萄牙)国[1]，云“欧逻巴初通海道，周经利未亚(阿非利亚)，过大浪山(暴风角即好望角)，抵小西洋(印度洋)而至中国贸迁者，从此国始”。

第三节记拂郎察(法兰西)，“其都城名把理斯(巴黎)，设一共学，生徒尝四万馀人”。

第四节记意大理亚(意大利)，此为艾氏故乡，故记述特详。文中引西谚云：“罗玛(罗马)为圣，勿搦祭亚(威尼斯)为富，弥郎(米兰)为大，那坡理(那不勒斯)为华，热拿亚(热那

① 从一五八〇年起，葡萄牙和西班牙在同一个国王之下联成一体，到十七世纪四十年代才重新分立。

亚)为高，福楞察(佛罗伦萨)为整。”其述罗玛的伯多琭圣人之殿(圣彼得大教堂),“悉用精石制造，花素奇巧，宽大可容五六万人；殿高处视在下之人，如孩童然”。勿搦祭亚“无国王，世家共推一有功德者为主。城建海中，……所造玻璃极佳，甲于天下”……都是切实可按的记载。此外如古代阿基米德(“亚而几墨得”)之发明，比萨斜塔“斜倚若倾，而今已历数百年未坏”，亦均曾提及。

以下各节列叙：亚勒玛尼亚(日耳曼)“国王不世及，乃其七大属国之君所共推者”；法兰得斯(佛兰德斯，今荷兰)“西洋布最轻细者皆出此地”；波罗尼亚(波兰)“地多平衍，皆蜜林”；翁加里亚(匈牙利)“牛羊可供欧逻巴一州之用”；大泥亚(丹麦)“产菽麦，牛羊最多”；诺而勿惹亚(挪威)“寡五谷，山林多材木鸟兽，海多鱼鳖”；雪际亚(瑞典)“欧逻巴之北，称第一富庶，多五谷、五金、财货百物”；厄勒祭亚(希腊)“凡礼乐法度文字典籍，皆为西土之宗”；莫斯哥未亚(Muscovy，莫斯科大公国)“虽贵戚大臣亦禁学，恐其聪明过主”。最后叙地中海诸岛及西北海诸岛，意而兰大(爱尔兰)“气候极和”，谙厄利亚(英格兰)“分为三道，共(大)学三所，共三十院”。

艾儒略在书中自称：“赖后先同志，出游寰宇，合闻合见，以成此书，……或骇为奇，然而非奇实常；或疑为虚，然而非虚皆实。”这个说法并没有夸张。虽然他的书中夹杂有一些神话和传说，如前面谈到的“小人国”，以及卷一所云“(鞑靼)迤西旧有女国曰亚玛作搦，最骁勇善战，……惟春月容男子一至其地，生子男辄杀之”。但这些内容毕竟不多，而且说明了是“旧有”和“又闻”（所谓“女国”的传说即出于希腊神话），并没有混同于实际存在的事物。

《职方外纪》第一次向中国人介绍了哥伦布（书中称为“阁龙”）发现亚美利加（书中称“亚墨利加”）和麦哲伦的航海事迹。所述阁龙事云：

> 初，西土仅知有亚细亚、欧逻巴、利未亚三大洲，于大地全体中止得什三，馀什七悉云是海。至百年前，西国有一大臣名阁龙者，……一日行游西海，嗅海中气味，忽有省悟。谓此非海水之气，乃土地之气也，自此以西，必有人烟国土矣。因闻诸国王，资以舟航、粮糗、器具、货财，且与将卒以防寇盗，珍宝以备交易。阁龙遂率众出海，展转数月，茫茫无得。路既危险，复生疾病，从人咸怨，欲还。阁龙志意坚决，只促令前行。忽一日，舶上望楼中人大声言：“有地矣！”众共欢喜，颂谢天主，亟取道前行，果至一地。

卷五则专述海洋知识，言：海舶能容千人，舶师专掌候风使帆，历师专掌窥测天文，“用海图量取度数，以识险易，以知道里”。作者从西洋海道而来，“阅三年方抵中国”；另外还有一条“经九万里”从东来中国的航路。在航行时：

> 有山岛可记者，则指山岛而行。至大洋中，常万里

无山岛，则用罗经以审方。其审方之法，全在海图量取度数，即知海舶行至某处，离某处若干里，了如指掌，百不失一。

因为有这样的航海技术，欧洲人才能开辟十六世纪的航海时代，把世界开始连成一片。利玛窦、艾儒略等虽然坚持教会神学的世界观[①]，但他们的图和书却反映了十六世纪欧洲地理科学和航海技术的成就。《职方外纪》卷首云：

地既圆形，则无处非中；所谓东西南北之分，不过就人所居立名，初无定准。

这就打破了“中国独居天下之中，东西南北皆夷狄”的旧观念。陆若汉（Jean Rodriguez）答朝鲜人李荣后书，谈到利玛窦地图对当时中国人的影响：

万国图以大明为中，便观览也。如以地球论之，国国可以为中。中国见此图，见西人，方知地之大、国之多也。

如果没有利玛窦、艾儒略等人“自西徂东”，没有他们的“万国图”和《职方外纪》，中国人（哪怕只是极少数的中国人）

① 《职方外纪》开头第一句便是：“天体一大圜也，地则圜中一点，定居中心，永不移动。”

对世界的了解，确实还会更迟一些。

## 十七世纪的梦想

到明朝中叶以后，统治者对于西方传入的事物，转而表现了一定程度的宽容。但这种宽容是虚弱而不是强大的表现，所以它总是带着一种无可奈何的情绪，而且也并不能持久。

尽管如此，西方仍然利用这个机会扩大了在中国的影响。一六一〇年利玛窦去世时，全国教徒约二千五百人，四十年后增加到了十五万。在知识分子中，继徐光启、李之藻之后，又出现了王徵、黄宗羲、方以智、刘献庭这样一些接受西方文化影响的人物。据《烈皇小识》记载，连崇祯皇帝也曾采纳徐光启的意见，“将宫内供养诸铜佛像，尽行毁碎”。教士毕方济曾向皇帝建议四事：“一曰明历法以昭大统；二曰辨矿脉以裕军需；三曰通西商以官海利；四曰购西铳以资战守。”这跟两百多年后开办“洋务”时的口号已经差不多。这些建议大都未来得及实行，但使用“西铳”的澳门葡兵，确曾帮助明军对清作战。南明永历帝的后妃和许多大臣，包括有很大权势的掌印太监庞天寿和著名抗清将领瞿式耜，都曾受洗入教，天寿教名亚基楼契利斯当(Achilleus Christan)，式耜教名多玛斯(Thomas)。《永历实录》卷二五《庞天寿传》：

> 天寿事天主教，拜西洋人瞿纱微（André－Xavier Koffler）为师。勇卫军旗帜皆用西番书为符识……又荐纱

微掌钦天监事，改用西历……

一六五〇年，永历王太后(教名烈纳，Helena)欲遣使罗马，请教皇“代求天主保佑我国中兴太平”“多遣耶稣会士来广传圣教”。庞天寿请行，以年老任重未果，乃令波兰籍教士卜弥格(Michel Boym)前往。但天主的“保佑”并未发生效力，卜弥格还没有回到广西，小朝廷已经奄奄一息了。

爱新觉罗氏入关之前，亦曾被汉人称为“异族”和“夷狄”。因此，入关以后，多尔衮和顺治对于“夷人”初无成见。汤若望(Johann Adam Schall von Bell)仍留任钦天监，负责修历书。但这件事情很快便引起投降新朝而又坚持“道统”的汉族士大夫的强烈反对。杨光先作《不得已》中的话说得最为干脆：

宁可使中国无好历法，不可使中国有西洋人。

可算是盲目排外言论的标本。这种言论的反进步和反文化的性质是十分明显的。

真正奠定清朝三百年江山基石的皇帝是康熙。他是一个很有气魄和能力的统治者，在亲政以后即赦免了汤若望的死刑，[①]后来并予平反。据马国贤(Matheo Ripa)《留居北京宫廷为中国





① 汤若望因杨光先告于礼部，会审以选择荣亲王葬期“山向年月，俱犯忌杀”等罪名，曾被定为凌迟处死。在钦天监任事之华人，因“入教附逆”，均获重谴。

皇帝效劳十三年回忆录》记载：康熙“极嗜好数学与音乐，对其他学术亦无不喜好”。此时，南怀仁[①]、利类思(Ludovico Buglio)、徐日昇(Thomas Pereira)、白晋(Joachim Bouvet)等教士出入宫廷，讨论天文历算，供奉音乐美术。皇帝并曾亲自研究拉丁、俄罗斯语文，指示教士译述中国经典。[②]

皇帝对西学的爱好，本来可望成为促进中西文化交流的契机。可是，罗马教廷在“礼仪问题”(Qvaestio de Ritibus)上对中国教会内部事务的粗暴干涉，却使事情走向了反面。

利玛窦来华传教，能尊重中国文化和风俗习惯，这是他取得成功的重要原因。而罗马教廷却对利玛窦及后来遵循利玛窦方式的教士深为不满。一七〇四年，教皇克莱门特十一世派多罗（Tournon)携带禁止中国教徒拜天、祭孔、祀祖的“敕谕”来华。康熙严正拒绝了教皇的要求，谓教廷：

> 譬如立于大门之前，论人屋内之事，众人何以服之？

大多数在华西洋教士，也对多罗有反感。为了答复来书，康熙于一七〇六、一七〇七两年，遣令两批西洋教士前往罗马。但教皇毫不考虑中国方面的意见，又于一七一九年派嘉乐

① 南怀仁撰《坤舆图说》，是继艾儒略《职方外纪》之后又一部向中国人介绍世界地理知识的著作。

② 白晋以拉丁文译述的《易经大意》(*Idea Generalis Doctrinae Libri I-King*)，稿本现藏巴黎国家图书馆(法文编目17239)。康熙四十九年七月初五日上谕：“白晋释易经，必将诸书俱看，方可以考验；若以为不同道，则不看，自出己意敷衍，恐正书不能完。”

(Carolus Mezzabarba)到北京，提出所谓八条禁约。康熙阅后大为不满，当即传旨与嘉乐：

> 尔教王条约，与中国道理大相悖戾。尔天主教在中国行不得，务必禁止。教既不行，在中国传教之西洋人，亦属无用，……(康熙语均见陈垣辑《康熙与罗马使节关系文书》)

于是，天主教自绝于中国，来华西人大为减少；宫廷中虽留有少数“会技艺之人”，在社会上的影响亦渐归澌灭。差不多同时，康熙恢复“海禁”，宣布将去外国居留之人“解回立斩”。一度出现的开放局面遂告结束。

回顾明清之际的历史，十七世纪在中西文化交流史上实具有重要的意义。西方学者普遍承认，一六〇〇年前中国的文化发展在许多方面优于欧洲。经传教士介绍过去的中国古代哲学思想，对莱布尼茨、伏尔泰诸人产生的深刻影响，在一定程度上成为十八世纪启蒙运动的某种触媒和增塑剂。莱布尼茨于一六九七年出版的名著《中国近事》(*Novissima Sinica*)云：

> 欧洲文化之特长乃数学的、思辨的科学；即在军事方面，中国亦不如欧洲。但在实践哲学方面，欧洲人实不如中国人。

他又说：

> 我几乎相信，中国应派教士来教我们自然道学(Natural theology)的宗旨与实行，好像我们派教士教他们由神启示的道学。

伏尔泰在其《风俗论》中说：

> 欧洲的王室与商人，仅知在东方寻找财富，而哲学家则于此发现一新的道德的与物质的世界。

他大声疾呼，谓欧洲人对于中国："应该赞美，惭愧，尤其应该模仿！"（"Admire and blush but above all imitate!"）

这一时期内传入中国的西方世界知识和观念，也深刻地影响了中国某些士大夫。在明季，事实上出现了一个思想解放的启蒙运动，为后来戴震、龚自珍、魏源一辈人开了风气。著者常思：十七世纪西方思想的输入，和三四世纪印度思想的输入，恐怕都应该被视为中国文化史上划时代的标志。事实上，自十七世纪以来，中国文化思想史上的近世可以说便已经开始了。

近世人的思想上，和古代人相比较，开放的要求和走向世界的愿望都显著地增加了。

有名的徐霞客正是这个古近交替时期的人物。从钱谦益为霞客所作传记得知，这位大旅行家曾坦率承认中国古代的旅行家走得不够远：

> 昔人志星官舆地，多承袭傅会。江河二经，山河两戒，自纪载来，多囿于中国一隅。(《初学集》)

因此，他一心“欲为昆仑海外之游”，梦想走向古人所没有接触过的广大的世界。

然而，像徐霞客这样的读书人还没有来得及走向世界，国门便已经由于政治的原因而关闭起来。此时，尽管中西文化已经渐渐开始有往有来、互相影响，而在人员往来上却一直有来无往，只见“自西徂东”而不见“自东徂西”。十七世纪先进的中国人的梦想，终于未能实现。

# 第三章　一八四〇年以前





尽管有利玛窦诸人介绍世界地理知识，有郭子章倡议撤除华夷间的藩篱，有徐霞客下决心破天荒出游海外，但就整体来说，以自然经济为基础的农业社会的传统观念，毕竟是很不容易突破的。从现在掌握的材料看，在十九世纪以前，仅有三个中国人由于偶然的机会到过欧洲并且留下了可信的记载，多少介绍了一点关于欧洲的情况。这三个人是：

一二八七年奉伊儿汗之命出使欧洲的畏兀儿（维吾尔）人巴琐马。

一七〇七年随耶稣会士去罗马教廷的山西人樊守义。

一七八二年被“番舶”救起因而“遍历海中诸国”的广东人谢清高。

巴琐马为维吾尔人，关于他西行的记述至今尚无汉文译本。樊守义的《身见录》稿藏梵蒂冈，到二十世纪四十年代始为学者发现。所以，他们之旅欧，实于中国很少影响。谢清高回国后所述《海录》，于一八四〇年左右开始刊行，曾被认为“中国人著书谈海事”之始，但这已在巴琐马后五百年，已是鸦片战争时期的事了。

## 巴琐马西行记

巴琐马西行的记述，原本为古叙利亚文，至今尚无汉译。笔者所见的两种英译本，一名 *History of Yaballaha* Ⅲ, *Nestorian Patriarch and of his Vicar Bar Sauma*，可译作《景教教长雅巴拉哈三世与其使者巴琐马合传》；一名 *The Monks of Kûblâi Khân*, *Emperor of China*，可译作《中国皇帝忽必烈汗的僧侣》。第二种在正文之前，另有英译者所撰写的长篇导言。

巴琐马出生于一个随蒙古人入居北京（金人称为中都，一二七二年后改称大都，即汗八里）的畏兀儿景教徒家庭。书中记述他死于一二九四年，据推算其出生当在一二二〇至一二三〇年之间。

景教即基督教聂斯脱利派在中国的名称，自六三五年传入中国后，经过唐末和五代的动乱，在中土已经绝迹；但在契丹、蒙古、畏兀儿各族中，却一直有人信奉不衰，蒙哥大汗（元宪宗）的母亲便是一位景教徒。

巴琐马的父亲曾在北京景教教会中任职。琐马自幼研习经文，二十三岁出家当了景教僧侣，在距京城一日路程的山中静修。后来他因传道而认识霍山（？）的又一位畏兀儿景教徒麻可斯（Marcos），二人决定结伴前往耶路撒冷朝圣，遂于一二七八年（元世祖忽必烈至元十五年）自北京起程。

巴琐马和麻可斯西行的路线，是先由北京至霍山（可能即山西的霍州)。在那里镇守的两位蒙古王公(都是忽必烈汗的女婿)热情地接待了他们，并为之提供了越过沙漠所需要的马匹、毛毯、衣服和大量给养。再从此地到沙州(敦煌)后，继续在沙漠上走了两个月，到达一处叙利亚语称为“诺敦”(Chabot 氏以为即和阗)的地方。由于商路被阻，他们在这个盛产棉花、地毯和玉石的地方停留了六个月。之后，他们到了喀什噶尔，由此进入海屯(Hethum)王的领土，历尽艰难，而到达伊朗境内的霍腊散(Khorāsān)。在 Sehyôn 修道院休憩一时后，他们又取道阿塞拜疆向巴格达前进。中途于马腊格城(今大不里士)得遇景教教长(或译作宗主教，为聂斯脱利教派的最高领袖，常驻巴格达城)马屯哈(Mar Denha)。屯哈教长对这两位来自东方，通晓蒙古和畏兀儿文的僧人很感兴趣，给他们写了介绍信，让他们得以进入巴格达及外地的教堂和修院。

在访问了两河流域及小亚细亚的一些教堂和修院之后，巴琐马和麻可斯被召到巴格达。屯哈教长要他们担任前往伊儿汗(波斯王)阿八哈(1265—1282 年在位)宫廷的特使，去为教长争取到东方传教的特权。由于他们是从忽必烈大汗身边来到伊儿汗国的僧人，这个任务很顺利地完成了。于是，他们请求教长允许他们前往耶路撒冷，但因为道路不宁而未能如愿。这时，屯哈教长决定利用他们的才能和诚心为教会服务，便任命他们之中年轻一些的麻可斯为中国北部教区的主教，锡名雅巴拉哈；而任命巴琐马为教会的总视察，并允许他保留本名。

接受身份证明文件以后，雅巴拉哈主教和巴琐马即动身回中国。但没走多远，即因阿富汗境内发生战事而折回巴格达，不久之后，屯哈教长于一二八〇年二月二十四日去世。由于在伊儿汗宫廷中担任要职的畏兀儿人的推荐，麻可斯继任教长，称雅巴拉哈三世。推荐者说："从其种族、出身和语言来说，他的当选将于景教大有益处。"当地的教会人士也说："他虽然在神学知识和叙利亚文书写方面有欠缺，但却是一位品行端正、敬畏上帝的人，并且对我们雅各派教徒极为友好。"

一二八二年，伊儿汗国的阿八哈汗去世。经过一个不长时期的混乱之后，阿鲁浑（1284—1291年在位）即汗位。他欲结欢基督教诸国，遂于一二八七年派巴琐马为出使欧洲的使臣。

巴琐马先到君士坦丁堡，受到拜占庭皇帝安德洛尼卡二世（Andronicus Ⅱ）的接待。接着到罗马，适逢教皇霍诺留斯四世（Honorius Ⅳ）去世，遂往法国访问。在巴黎，法国国王"美男子"菲利普（Philip the Fair，1285—1314年在位）给予礼遇，并请其访问巴黎大学，他得以接触巴黎大学的学生。接着他还到法国西南部的加斯科涅（Gascony）地方[①]，谒见著名的英国国王、绰号"长脚杆"的爱德华一世（1272—1307年在位）。然后回罗马，觐见新教皇尼古拉四世（Nicholas Ⅳ，1288—1292年在位）后，复由故道回伊儿汗国。数年后，巴琐马卒于巴格达城。雅巴拉哈三世则到一三一七年才去世，留西亚者凡四十载。

巴琐马的欧洲之行，在整个记述中所占分量甚少。英译本

① 加斯科涅及附近地区，原为法国王后埃莉诺的领地。埃莉诺一一五二年与路易七世离婚后，立即同诺曼底公爵亨利结婚。亨利于一一五四年成为英国国王，这些陪嫁的领地遂成为英国金雀花王朝的领土。

二人合传共分十九章。第一章至第五章叙述二人出身、接受宗教教育、西行及在巴格达任职的经过。第七章为《巴琐马出使记》。第八章以后全系伊儿汗国及聂斯脱利教派的历史，穿插叙述二人后期的活动。尽管如此，这部书在东西交通史上的意义，仍然是不能低估的。

巴琐马访问欧洲和麻可斯在巴格达任景教教长，是中国维吾尔族历史上的大事。惜其终老西亚，不归中土，游记亦迄未译成汉文，于中国文化殊无影响。不然的话，二人当与法显、玄奘先后辉映于世界宗教史和中西交通史的史册，而不让两位佛教僧侣专美于前了。

欧洲的文化史学者，多将加利耶尔——丰特希尔瓶看作中世纪时中国和欧洲存在着直接联系的物证。由匈牙利拉约什一世（1342—1382年在位）送给都拉斯的查理的这只中国青花瓷瓶，过去一直被认为是由阿维尼翁教廷派往汗八里的使臣携回欧洲的，其实也很可能是巴琐马带到欧洲的礼物呢！

## 樊守义《身见录》

以汉人亲历泰西所留下的中文记述，当以樊守义《身见录》为最早。

樊守义（1682—1753），亦作守利、守和、诗义，字利如，山西绛州（今新绛县）人。绛州在雍正二年改直隶州，以前属平阳府（治所在今临汾），所以樊守义自称“生长山右之平阳”。

平阳是个有名的地方，晋朝远行印度作《佛国记》的法显，也是平阳人。

樊守义生于康熙二十一年，这时天主教早已传到绛州[①]，他在少年时成了"虔事天主"的教徒。

一七〇七年，康熙遣使罗马的西洋教士共四人，即薄贤世、龙安国、卢若瑟、艾若瑟（Joseph-Antoine Provana，1662—1720）[②]。艾氏遂携同樊守义一同前往。这时樊守义年二十五岁，还是一个青年。

在此以前，也曾有过个别西洋教士带中国青年教徒出国的事情。卫匡国（Martino Martini）一六五四年曾带澳门青年郑玛诺（维信）到罗马"习格物穷理超性之学并西国语言文字"。十七年后郑回北京当教士，一六七三年去世。柏应理（Philippe Couplet）一六八一年带黄姓、沈姓二青年去葡萄牙和法国，沈于一六九三年回国，黄则留在巴黎[③]。但这些人都没有留下任何中文记述，他们和巴琐马一样，于中国文化邈无影响。

樊守义随艾若瑟于康熙丁亥（1707）季冬从澳门出发，经过巴拉哥亚（巴拉望）、莫尔乃阿（文莱）、玛辣加（马六甲）、盘噶

---

① 罗雅各（Giacomo Rho）于一六二四年来华，即到绛州传教，至一六三〇年始往北京修历。王丰肃（Alfonso Vagnoni）传教亦至绛州，一六四〇年卒后葬绛州南门外。又据方豪藏《辨学》抄本有《各处堂志》，言其时全中国天主堂三十五，其一即在绛州。徐宗泽《中国天主教传教史概论》，记康熙三年（1664）全国教徒总数，山西绛州有三千三百人。

② 艾若瑟一译作艾逊爵，与一八四八年来华的英国伦敦会士艾约瑟（Joseph Edkins，1823—1905）并非同一个人。系来华耶稣会士，法国尼斯人，一六九五年到澳门，后入京。一七〇七年被康熙派往罗马教廷，后于东还途中病死。

③ 巴黎图书馆藏有黄亲笔写的借书条，时为一七一六年二月十九日，系法文。

(邦加)、稣玛尔辣(苏门答腊)和许多海岛，在河滥打国(荷兰)商客集居之地巴打斐亚(雅加达)停留了十五天，乃向西航行。“约行三四月，始见大狼山(为大浪山之误，今好望角)。因舟中乏水，遂至亚墨里加洲巴以亚府(今巴西萨尔瓦多城)”。从那里再航达大西洋波尔多嘞尔国(葡萄牙)，时为康熙四十七年八月，即一七〇八年的秋天。居此四月，遂赴意大利，约于一七〇九年初到罗玛(即罗马),“见教王，承优待”。居罗马五月，乃到“热尔玛尼亚(日耳曼)之属国挪里国(那不勒斯)[①]”。樊守义没有说他在此地停留了多长时间，只说他由此“复回至罗玛府，进见教化王（即教皇)，赐见降福，赐大赦圣物”。之后，他又先后到过意大利中部和西北部的许多城邦。康熙五十八年(1719)三月，他从葡萄牙启程，五十九年六月十三日回到广州，九月十一日到热河见到了康熙皇帝。此时距他出国已十三年了。

《身见录·自序》讲到此书写作的经过：

> ……凡所过山川都邑及夫艰险风波，难更仆数。其或耳闻之而目有未睹者，我姑弗道；即所亲历，亦竟未尝笔载一端也。……至辛丑(1721)孟夏，蒙王公大人殷殷垂顾，询以大西洋人物风土。余始以十馀年之浪迹，一一追思，恍如昨见。爰举往返颠末，为记其略云。

① 那不勒斯其时属于奥地利(哈布斯堡王朝)，而奥地利是一个德意志国家，故樊氏称那不勒斯为日耳曼之属国。

可见《身见录》虽属事后追忆，记叙也颇简略，但内容却是完全真实的。

《身见录》写成后，并未刊行。樊守义后来在北京附近传教，且到过山东，于乾隆十八年去世，没有留下其他著述。《身见录》原稿今藏罗马国立图书馆，阎宗临先生一九三七年曾将其拍成照片带回中国。方豪教授所著《中西交通史》(1953年初版)中有专节介绍此书，说：

> 《身见录》一书，实国人所撰第一部欧洲游记，至为可贵，今藏罗马国立图书馆，附残抄本《名理探》后。国人见者极鲜……

《身见录》记述欧洲城邦，以罗玛府(罗马)最为详细生动。现举其对圣彼得大教堂的描写为例：

> 有一大堂名圣伯多禄堂。堂门外有一石塔，座下四石狮，从厄日多国（埃及)送来；上有字迹，乃厄日多国文字。堂门外两傍乃石围廊，内广上平，高可三丈，二百四十八石柱。前后左右，白石圣像二百位。左右有水泉，宽二尺，水上涌。堂前面有大门七所，上面有大高石造成门楼数层。其殿宇闳阔，不一而足。柱围六抱，柱墩尤大。宝盖高十馀丈，门窗数千。顶上空球内可容二十人，远望百里。傍宝盖二座，地铺花石板，柱用彩石墙，露造圣像。又

> 有圣人伯多禄圣像堂，内葬伯多禄圣身。总言之，则殿处看人若孩。又耶稣受难像在铜柱亭内，有圣额我略（St. Gregory，圣格列高利）、圣盎伯洛削（St. Ambrose，圣安布罗斯）、圣热乐尼莫（St. Jerome，圣哲罗姆）、圣奥斯定（St. Augustine，圣奥古斯丁）四位圣人之像在焉。凡石柱傍空处，则更有石圣像。堂门外左向约行里半程，绳（应为纯）用石环洞相连至教王内廷之路。统计伯多禄圣人堂，悉用石造，并无寸木。

这里写到广场上的埃及石碑，写到堂前的环形回廊，写到组成回廊的二百八十四根石柱（只将石柱根数错成二百四十八根，想系笔误），还写了以高大著名的正殿圆顶，写了铜亭中的四大石像……时间虽已过去了二百七十多年，这些文字仍然可以视为圣彼得教堂的真实写照。

其他欧洲风俗景物，如波尔多噶尔国朝仪，"国王上立，旁群臣仰上鞠躬，凡三躬，近王前亲王手，或问答，或退班"。蛇奴划国（Genova，热那亚）"亦产格里伐果（拉丁文 Oliva，油橄榄），可造油"。比撒府（Pisa，比萨）"犹有古时宫殿宝塔遗址"（"宝塔"当指著名之斜塔）。挪波里有"拿禄圣人之血收藏堂中"，"向系干涩，而诵《圣经》之时，其血复化流如新鲜；瞻礼毕，又变为干"。弥辣诺大府（Milano，米兰）"有一总堂，建造至今数百馀年尚未成就"[1]。伯孟得诸侯国（Piemonte，皮

① 此指著名的米兰大教堂，于一三八六年开始建造，一八一三年始最后完工。

埃蒙特)“有巨木欲为板者，不用人力，乃制之水中，其锯自能推收其木；又用一绳，自能伸缩相凑，便成为板矣”。

所谓“百闻不如一见”。在利玛窦等西来之前，中国人对欧洲只有一些真假难分的传说。利玛窦和艾儒略的图说，虽然使徐光启、李之藻等人耳目为之一新，毕竟难于得到传统思想的承认。乾隆时修《四库全书》，总纂官纪昀(晓岚)撰《总目提要》，对于《职方外纪》介绍的常识，如世界有五大洲之类，居然表示怀疑，说这些常识——

> 为自古舆图所不载，……多奇异，不可究诘，似不免多所夸饰。然天地之大，何所不有，录而存之，亦足以广异闻也。

在艾儒略之后，南怀仁编《坤舆图说》，其中的《七奇图》介绍“世界七大奇迹”，其二为罗德岛(Rhodes)上的铜人巨像(太阳神像)。《提要》却认为是抄袭东方朔在《神异经》中所编造的“东南大荒之中有朴父焉，夫妇并高千里”：

> 疑其东来以后，得见中国古书，因依仿而变幻其说。

以纪晓岚之博学通达，犹不能免于闹出这样无知的笑话。

《身见录》全文虽然不长，难得的是“目有未睹者，我姑弗道”，这就和西汉以来的善眩传闻、推测想象之词有了根本的区别。可惜的是它在当时没有刊行，否则无书不读的纪晓岚一定会加以注意；而他在给艾儒略、南怀仁的著作写提要时，也就不至于那样犹疑，生怕上外国人的当了。

有趣的是，《身见录》不仅是第一篇中文欧洲游记，也是第一篇中国人的美洲游记。文中所记“亚墨里加洲巴以亚府”，即是葡萄牙人于一五四九年建立的 Bahia 城，为巴西总督辖区的首府。樊守义写道：

> 府之前乃平水湾，有大船百馀艘；更有极高大而甚坚厚者为战船，上置大炮。此地富厚，地气清爽，天时无寒。产巴尔撒木香，刀伤油、鼻烟、桂皮、白糖，长米粮，畜牛羊，而金若银多且易取。波耳都尔国(葡萄牙)此处有地，靠海边。府内建立天主堂、圣人堂、修道会院，咸极坚固。诸种器具，悉用雕金。置大学、中学，各方俊秀，多会于此。人品聪颖清和。总理其间者若巡抚然，而以下文武共襄其事。……有屋一所甚宽，其间多藏珍重。上层为书库，庄(应为藏)书五六十架，不啻数十万卷。

“海外蛮夷”也有屋藏书数十万卷，而且“人品聪颖清和”；这些“大西洋人物风土”，是否能使“殷殷垂顾”的“王公大人”们感到满意固不可知，而樊守义以其态度之客观、叙述之翔实，确实可以在东西方文化交流史上占有永久的地位。

也许是由于樊守义的影响，后来虽然已经厉行禁教，而当“供奉内廷”的马国贤于一七二三年返欧时，雍正皇帝仍然特许他带四个中国少年出国。一七三二年，马氏经教廷批准，于那不勒斯建立“圣家书院”(Complesso dei Cinesi),专门培养中国教士(兼收土耳其、希腊学生),是为海外设立华人学校之嚆矢。

到一八六一年为止,“圣家书院”(一称“中国学院”)先后共收中国学生一百零六人(据方豪《同治前欧洲留学史略》)。薛福成《出使四国日记》卷六光绪十七年(1891)二月十三日记载他在罗马与“中华书院学长”郭栋臣的会见:

> 今日郭栋臣由拿波里来谒,则其发种种,已改西洋教士服矣。……据称湖北潜江县人,先在此肄业十二年,回华传教十三年,今再来为学长又四年矣。

据此,则郭栋臣到那不勒斯,亦当在一八六一年左右。但郭栋臣除了译述《真福和德理传》外,并无行纪传世。从《真福和德理传》的文字看,他的笔墨似比樊守义高明,这就愈加令人惋惜。

## 谢清高《海录》

由于《身见录》埋没不彰,过去人们多以为“中国人著书谈海事,远及大西洋外,自谢清高始”(《嘉应州志》卷三:吕调阳《重刻〈海录〉序》)。

谢清高(1765—1821),广东嘉应州(今梅州)金盘堡人。十八岁时,从商人走海南,风覆其舟,为“番舶”救起,“遂随贩焉”。“遍历海中诸国，所至辄习其言语，记其岛屿厄塞、风俗物产，十四年而后反粤，自古浮海者所未有也”。（杨炳南《海录序》）

谢清高“遍历海中诸国”的时间，大约为一七八二至一七九六年；后因病双目失明，才结束海上生涯，在澳门经商(杨序说他为通译以自给，但盲人专业通译似不太可能，恐怕只是利用通外语的条件开自己的店铺)。里斯本东波塔(Torre do Tombo)档案馆，存有嘉庆十一年(1806)八月初三日香山县批复谢清高与澳门葡人诉讼事一纸，内称谢租赁夷人某铺屋一间，年租银七圆馀；又云夷人与谢交易，前后共欠谢番银一百五十圆，拖欠不肯归还。可见谢此时在澳门已小有产业，与“夷人”多有经济往来。

一八二〇年春天，杨炳南在澳门遇见谢清高，听谢讲述在海外的见闻，觉得很有价值，将其记录整理成书，序云：

> 向来志外国者，得之传闻。证于谢君所见，或合或不合。盖海外荒远，无可征验；而复佐以文人藻缋，宜其华而鲜实矣。谢君言甚朴拙，属余录之，以为平生阅历得借以传，死且不朽。余感其意，逐条记之，名曰《海录》。

署作“杨炳南撰”，刻板刊行，上海图书馆藏有道光二十二年(1842)印本。

当时为谢清高记录整理过海外见闻的，并不止杨炳南一人。地理学家李兆洛(1769—1841)《养一斋文集》卷二《〈海国纪闻〉序》曰：

游广州，识吴广文石华（名兰修），言其乡有谢清高者，幼而随洋商船周历海国……常自言恨不得一人纪其所见，传之于后。石华悯焉，因受其所言，为《海录》一卷。予取而阅之，所言具有条理。……因属石华招之来，将补缀而核正焉。而石华书去，清高遽死；欲求如清高者问之，则不复可得也，惜哉！惜哉！就其所录各国，大致幸已粗备。船窗有暇，为整比次第，略加条定，疑者缺之；复约其所言，列图于首，题曰《海国纪闻》云耳。

同一卷中又有《〈海国集览〉序》，曰：

清高不知书，同乎古者，不能证也；异乎古者，不能辨也。因检诸史及海国记载诸书，摘其有关考证者录之，拟俟其来而问焉。继闻清高死，遂不复卒业矣，姑附诸清高所言之后。

吴兰修所记《海录》和李兆洛的《海国纪闻》《海国集览》诸书很可能没有刊行，都已失传。但我们可以由此窥见：进入十九世纪以后，有识之士已经对清朝的封闭政策感到不满。他们希望能够了解洋人的国家，了解外部的世界；而这是古书中那些“得之传闻，无可征验；文人藻缋，华而鲜实”的述奇志异之作所根本无法满足的。正因为如此，谢清高这个由于偶然的机会而得以“遍历海中诸国”的人，尽管双目失明，又不知书，仍然吸引了李兆洛、吴兰修、杨炳南诸人的注意。

一八四〇年，英国的大炮轰开了中国关闭的大门，“迫使天朝帝国与地上的世界接触”（马克思《中国革命与欧洲革命》）。关心吾国吾民的人，开始用心搜求西方国家的情况。被范文澜称为清代“开眼看世界的第一人”的林则徐，很早也注意到了《海录》，称其“所载外国事颇为精审”。他在《查明外国船只骗华民出国情形折》中，引用了谢清高的材料。其后，魏源编《海国图志》，徐继畬撰《瀛环志略》，也都参考过《海录》这本书。

在一八四〇以后几年中，《海录》曾被多次翻刻。一八四二年王蕴香辑印《域外丛书》，一八四三年郑光祖辑印《舟车所至》，还有潘仕成所辑《海山仙馆丛书》，都收入了这本书，这当然不是偶然的。

《海录》原分九十五则，次第记录了谢清高所述在九十五个国家和地区的见闻。《海山仙馆丛书》卷首有一目录，将九十五则分为三章：自越南迄柔佛，题为“西南海”；自雷里迄妙哩士，题为“南海”；自大西洋迄开于，题为“西北海”。大体上，“西南海”指印度支那半岛和印度；“南海”主要指南洋群岛；“西北海”则是欧、美、非、大洋各洲的总称，也正是我们最感兴趣的部分。

在这一部分中，谢清高叙述得比较详细的是大西洋国（葡萄牙）、嘆咭利国（英国）和咩哩干国（美国），而尤以大西洋国内容最多，其中并记有葡萄牙语音数十言，故推测谢所乘船当属于葡萄牙人。

其述大西洋国海口检疫云：

凡有海艘回国及各国船到，本国必先遣人查看有无出痘疮者，若有则不许入口，须待痘疮平愈，方得进港内。

述男女服式云：

男子上衣短衣，下穿裤，皆极窄，仅可束身。有事则加一衣，前短后长，若蝉翅然。官长两肩别镶一物，如葫芦形，金者为贵，银次之。帽圆，旁直而上平，周围有边。女人上衣亦短窄，下不穿裤，以裙围之，多至八九重。贫者以布，富者以丝，俱以轻薄为上。

又云："凡入中华为钦天监，及至澳门作大和尚者，多此土人。"又云其"俗贵富而贱贫。其家富豪，贫者虽兄弟叔侄皆不敢入其室，不敢与同食云"。

其述暎咭利国情形风俗云：

海中独峙，周围数千里。人民稀少而多豪富，房屋皆重楼叠阁。急功尚利，以海舶商贾为生涯。海中有利之区，咸欲争之。贸易者遍海内，以明呀喇(孟加拉)、曼哒喇萨(马德拉斯)、孟买为外府。民十五以上，则供役于王，六十以上始止；又养外国人以为卒伍。故国虽小，而强兵十馀万，海外诸国多惧之。

述论伦(伦敦)的自来水设施云：

桥各为法轮，激水上行，以大锡管接注通流，藏于街巷道路之旁。人家用水，俱无烦挑运；各以小铜管接于道旁锡管，藏于墙间，别用小法轮激之，使注于器。王则计户口而收其水税。

其述咩哩干国云：

由暎咭利西行约旬日可到，亦海中孤岛也。疆域稍狭，原为暎咭利所分封，今自为一国，风俗与暎咭利同，即来广东之“花旗”也。土产金、银、铜、铁、铅、锡、白铁、玻璃、沙藤、洋参、鼻烟、呀囒米洋酒、哆啰绒、羽纱、哔叽。其国出入多用火船，船内外俱用轮轴，中置火盆；火盛冲轮，轮转拨水，无烦人力，而船行自驶。

拿《海录》和《身见录》相比，发现《海录》对贸易、工艺、人民生活的记载较多，这也许就是商人和教士的不同之处吧。

在地理科学上最有价值的是《海录》对太平洋岛屿和白令海地区自然和人文地理情况的记载。这不仅在中国是空前未有，在世界上也要算早而难得的了[①]。

书中之哇夫岛、亚哆歪岛，即夏威夷群岛的两个主岛Oahu岛和Hawaii岛。谢清高述云：

> 每岛周围十馀里，各有土番数百。其地多猪。西洋船经此，取铁钉四枚，即换猪一头，可三十斤。人性浑厖，地气炎热。土番不穿布帛，惟取鸟衣或木皮围下体，能终日在水中。……有花旗番者，寓居于亚哆歪，采买货物。土产：珍珠、海参、檀香、薯芋。无五谷、牛、马、鸡、鸭等件。有果不知其名，形似柚而小，熟时土人取归，火煨而食之，味如馒头。不食盐。

书中记录“由哇夫岛北行约三月”到一处海岸与土人交易的情形：

> 伊昔随西洋海船至此，采买海虎、灰鼠、狐狸各皮。天气凝寒，雪花遍地。船初至海口，有冰块流出，大者寻丈，未敢遽进。鸣大炮，有土人摇小船来引。其船皆刳独木为之。舶中有通其语者，故得与交易。……其人甚稀，而形似中国，食干鱼。每日见太阳在南方，高仅数丈，一二时即落，而未甚昏黑……初到时，手足皆冻裂，而土人





① 夏威夷群岛到一七七八年才为欧人所发现；白令海峡的发现也只是一七二八年间的事情。

> 无恙。……土人极喜中国皮箱，见则以皮交易而去。偶上岸步行，入一土窟，土人外出，见藏皮箱十馀。开看，皆装人头二颗，怖而返。

每日太阳升起一二时即落，已到接近北纬六十度的地区。土人“形似中国，食干鱼”，完全是北极地区爱斯基摩人的特征。十八世纪时国人已有此记载，实在可以称为难得了。

# 第四章　林鍼始游西海



正如马克思在一八五三年所说的那样，“与外界完全隔绝曾是保存旧中国的首要条件”(《中国革命和欧洲革命》)。到一八四〇年，这种隔绝状态终于为英国的暴力打破，中国的大门终于向世界开放了。

关闭了上千年的大门的打开，既是突如其来，又是艰难而勉强的。人们对此并没有思想准备。因此，尽管已经有了“出洋”的可能，绝大多数人(尤其是读书人)在浩渺的波涛面前，仍然是踟蹰和犹豫的。中国的知识分子去到西方国家并且作出自己的记述，大体上要到十九世纪七十年代才开始。

容闳(1828—1912)由于个人的偶然机会，早在一八四七年便出洋读书了；可是他的《西学东渐记》迟至一九〇九年才写成，而且很少记述初到美国的印象。故我们只收一八四〇年以来“走向世界”的记述，只能从林鍼(字景周，号留轩，1824—?)的《西海纪游草》算起。

林鍼把他的记述比喻为“测海窥蠡”，“蠡”就是贝壳。用小小的贝壳去测量大海，当然无法知道海的广大；但是比起没有接触海甚至没有见过海的人来，却要算知道得多了一些。我们无妨同意林鍼的谦虚，将《西海纪游草》叫作：近代中国人用来测量外部世界大海的第一只贝壳。

## 比徐霞客走得更远

《西海纪游草》是一种十分罕见的书。厦门大学杨国桢先生在《文物》杂志一九八〇年第十一期上首次报道了他所见到的一个刻本，并以寄示。刻本封面有“家父西海纪游草 / 林古愚珍奉”墨迹两行，钤印章“古娱”二字，可证为林氏后人所藏，弥足珍贵。

原书版框高十四点五公分，宽九公分，连封面共五十页。扉页题名年月为“道光已酉蒲月”，即一八四九年初夏，在林鍼旅美归来后不久。书中属于林鍼本人的文字，有《西海纪游诗》一首，为五言排律五十韵，计二页；《西海纪游自序》，是一篇骈体长文，计六页；《救回被诱潮人记》，三页；《附记先祖妣节孝事略》，一页。其馀三十六页，全部是他人的题记、序跋和题诗，有闽浙总督左(宗棠)、镇闽将军兼管闽海关印务英(桂)、福建巡抚徐(继畬)等人在内，可见当时人们确实把林鍼的西海之游看作空前的壮举。英桂序云：

> 盖西游者溯自汉纪，及唐、元以来，历有其人。然以游之远且壮者，莫留轩若也。

周立瀛序云：

自古游历之广，如《淮南子》云："禹使大章步东极至于西极，二亿三万三千五百七十里，自北极至南极亦然。"尚已！特词近荒渺，犹难征信。其后史册所载，或远蹈绝域，而未有为海外之行者。迨我朝声教遐讫，即琉球东南海邦，使臣奉册命往封，每数十年一至其地；然舟行风利，计程四五日可达，大约去中华尚在万里内也。独留轩林君，负奇气，以家贫谋奉旨甘，遂乘风破浪，涉溟洋九万馀里，行百四十日而抵花旗，视球洋又远增十数倍。噫，何其壮欤！

周揆源序云：

汉代自张骞寻河源，泛斗牛，始达西域。唐玄奘、元耶律楚材衔命西游，后此鲜有继者。然张骞未睹昆仑，玄奘、耶律楚材仅至西番；唯我朝徐霞客，以书生遍游宇内名山大川，出玉门关数千里，至昆仑山，穷星宿海，去中夏三万四千三百里，可谓游之远者。今林君景周，由闽挂帆九万馀里，行抵绝域，详悉各国风土人情，了如指掌。是霞客而后，游之远而且壮者，莫景周若也。……视霞客游历之程仅三万馀里者，则有其过之。……倘入輶轩之采，即与霞客合传可也。

他们都一致肯定了《西海纪游草》在域外纪游之作的划时代意义。

关于林鍼本人的情况，因为资料缺乏，只能从书中窥知一个大概。他原籍福州（当时称闽县），曾祖父（琼苑）曾有过“候选州”的头衔。但到他祖父“中年去世”后，家道便已中落，“所有产业尽被族人侵占”，祖母不得不从事女红养育诸孤，有时竟穷到“日不再食”的地步。后来他的伯父（端言）年龄稍长，到厦门谋生，祖母才率全家移居厦门。

早在一八四〇年以前，厦门就是洋商来华贸易的港口。英人胡夏米（Huyh Hamilton Lindsay）一八三三年写的《阿美士德号航行中国记》，对厦门作了如下的报道：

> 厦门的港口是优良的，……当地人民似乎是天生的商人与水手。由于他们家乡的贫瘠，多数人无业可就，但更主要的是他们的性格，驱使他们离乡背井，到台湾，到中华帝国的各个主要商业中心，或者到印度洋群岛，……早年葡萄牙人曾在这里通商，荷兰人接踵而至，英国人在很长的时间内也曾在这里建立过商馆。

一八四二年以后，厦门是第一批正式开放的五个口岸（“五口通商”）之一，很快就发展成了“华洋杂处”的码头。林鍼“少时颇不好学”，同时以他的家境，亦断无读书入仕之可能。在这个充斥着外国“商人与水手”的海港城市里，林鍼很早就学会了外语外文，靠在洋商那里担任翻译、教授中文赚取工资，“谋菽水之奉”。这就是序跋中恭维他的“素习番语，译文为各国所推重，奉委经理通商事务”。

一八四七年春天，林鍼“受外国花旗聘舌耕海外”，丁未二月由粤东（潮州）起程，至六月达其国，在美国工作了一年多，于己酉二月回福建。《西海纪游诗》和《西海纪游自序》，便是他此行的实录。

## 从坐井观天到以蠡测海

《西海纪游诗》（以下简称《诗》）首叙出洋经过：

> 足迹半天下，闻观景颇奇。因贫思远客，觅侣往花旗。
> 初发闽南棹，长教徼外驰。星霜帆作帐，冻馁饼充饥。

当时横渡太平洋的船只还是三桅帆船，单程约需百四十日（中途有停泊），途中是颇为辛苦的。《西海纪游自序》（以下简称《序》）的叙述就详尽得多了（原注用小字者改为和正文相同的字号，再加括弧以示区别）：

> 岁维丁未，月届仲春；爰借西风，远游西极；……腹如悬磬，晨夕不计饔餐；身似簸箕，日夜飘流风雨。千金一饭，王孙容易豪雄；百结愁肠，绝域难堪腥臭。灯如求壁，水甚淘金。……水手跳梁，呼余伙计（番人呼粤人为伙计）；艄公督令，宛尔将军（洋俗出海多权）。……四旬航海，惊觉寒暑三更（仅得四十日之洋，而三迁寒暑，因

南北鏖度之分也)；两阅人生，虚度韶光什二。回忆牛衣对泣，游人有知室之乖(予初婚未久即辞家外出)；举头斗柄频更，荡子抱无家之痛。……

接着,《诗》和《序》以主要篇幅叙述了初到美国纽约的见闻。诗句很简单，序文(特别是所加的注)则相当具体。如《诗》的这一段的开头八句是：

宫阙嵯峨现，桅樯错杂随。激波掀火舶，载货运牲骑。巧驿传千里，公私刻共知。泉桥承远溜，利用济居夷。

《序》文却铺叙得洋洋洒洒：

百丈之楼台重叠，铁石参差(以石为瓦，各家兼竖铁支，自地至屋顶，以防电患)；万家之亭榭嵯峨，桅樯错杂(学校、行店以及舟车，浩瀚而齐整)。舻舳出洋入口，引水掀轮(货物出口无饷，而入税甚重，以火烟舟引水，时行百里)；街衢运货行装，拖车驭马(无肩挑背负之役)。浑浑则老少安怀；嬉嬉而男女混杂(男女出入，携手同行)。田园为重，农夫乐岁兴歌；山海之珍，商贾应墟载市(每七日为安息，期则官民罢业)。博古院明灯幻影，彩焕云霄(有一院集天下珍奇，任人游玩，楼上悬灯，运用机括，变幻可观)；巧驿传密事急邮，支联脉络。暗用廿六文字，隔省俄通(每百步竖两木，木上横架铁线，以胆矾、磁石、水银等物，兼用活轨，将廿六字母为暗号，首尾各有人以任其职。如首一动，尾即知之，不论政务商情，顷刻可通万里。予知其法之详）；沿开百里河源，四民资益（地名纽约克，为花旗之大马头，番人毕集。初患无水，故沿开至百里外，用大铁管为水筒，藏于地中，以承河溜；兼筑石室以蓄水，高与楼齐，且积水可供四亿人民四月之需。各家楼台暗藏铜管于壁上，以承放清浊之水，极工尽巧，而平地喷水，高出数丈，如天花乱坠）。

就这样，林鍼在大段的序文和夹注中，介绍了不少在美国看到的新鲜事物。他不完全是志异炫奇，有时候也能够联系思想，写出这些新鲜事物在自己心中引起的变化。如在“浑天仪”句下注云：“其人善测天地度数，虽航海周年，不睹山岚，亦无毫厘之差。如西儒利玛窦之天地形说，亦不及其详。”“技夺天工”句下注云：“集板印书，以及舟车、舂织、锤铸等工，均用火烟轮运以机器，神速而不费力。余独有志于舟车之学，可以济公利私，唯独力不支。苟吾人有志共成，不期年可以奏效也。”

同时，林鍼也不是一味欣赏海外“壮丽之大观”，而能够加一点雌黄，对那些他认为不好的现象保留异议。以下两联骈语，都是有褒有贬：

一团和气，境无流丐僧尼；四毒冲天，人有奸淫邪盗（斯亦不免）。

应心得手，创一技便可成名(其俗不尚虚文，凡人能首创一艺足以利世，特加奖赏)；远国他邦，道不同目为愚蠢(崇信鬼神、奉祀土木偶者为贱鄙罪人)。

《序》中还有一联云：

往日之观天坐井，语判齐东；年来只测海窥蠡，气吞泰岱。

意思是说，过去自己对关于外国的知识半信半疑，以为是“齐东野语”；现在有了一点亲身经历，哪怕只是“以蠡测海”，眼光和气概便已和过去大不相同了。这既是夫子自道，也反映了最初“开眼看世界”的人们的共同体会。

用骈体文叙事纪游是颇受限制也颇不容易的。林鍼文虽不佳，但因为写的是新鲜事物，包含了比较充实的内容，故读来仍饶有兴味。下面一节，概括了南北战争以前美国的经济、蓄奴、选举、独立和总统制等方面的情况，甚至还注意到了美国南方和北方在经济、社会方面的差别：

南圃南农遍地，棉麦秋收；北工北贾居奇，工人价重。黑面生充下陈，毕世相承(英人以黑面卖于其地，遂世为贱役。主人贫，辄转卖之)；士官众选贤良，多签获荐(凡大小官吏，命士民保举，多人荐拔者得售)。暴强所扰，八载劳师(其地原属英吉利管辖，因征税繁扰，故华盛顿出而拒之，遂自为国，争霸西洋）；统领为尊，四年更代（众见华盛顿有功于国，遂立彼为统领，四年复留一任，今率成例）。四时土产，物等价昂；半据荒洲，地宽人少（其地虽居天下四分之一，然而人民不及中国二省之多，工人少而土物贵，理所必然）。

林鍼的这些观察，很难算得上深刻；正如他自己所说，只能算是“以蠡测海”吧。但“以蠡测海”毕竟和“海”有了直接的接触。有了直接的接触（不管如何有限），也就有了真实的了解（不管如何肤浅）。这就和“坐井观天”时有了很大不同，更不是《四夷列传》和《渊鉴类函》那些捕风捉影之词所能比拟的了。而且一经“测海窥蠡”，就能承认自己过去“观天坐井”的蒙昧，这也正是林鍼这位“少时颇不好学”的“伙计”的一大特点。

## 思乡不羡寄居虫

林鍼的《诗》《序》和《救回被诱潮人记》，都叙述了他旅美期间的一次遭遇，即是他救助为英人诱骗到纽约的二十六名华人回国，因而被英人设计构陷，幸有美国友人相助，得以雪诬。这也是有关早期华人出国和中美人民交往的一桩史事。

林鍼在出国之前，已知英人在广州买了一条中国船，并且诱致了二十六名潮州人上船，“意欲归国藉奇以获利”。林鍼行抵纽约时，见到那条中国船泊于纽约港口，被作为展览品。当地人闻有汉船到来，“争欲观之，人与英人银钱半枚，始得上船遍览，(英人)日得银钱数千”。他前往探望时，船上被骗华人向他泣诉：英人原来伪立合约，云系往爪鸦（爪哇)贸易，以八月为限，限满听去留。“而后船经其地（爪哇)而不入，众方知苦，然而悔已晚矣”。又诉及“长洋数受鞭笞之惨，求死不能”;“有额破足跛，血染征衣者，不堪卒视”。林鍼遂为被诱同胞觅得“法家”(律师)，准备申诉到当地“察院”(法院)。此时英人竟诬船上华人作乱，“谋杀船主”，使得七名华人被押于牢中。林鍼闻讯，又“到槛中相探”，和美国律师一同参加会审，并“向前代译始末情由”。结果宣判七人当堂释放，英人船只查封、交付罚款，“即日配船送众归国”，“虽一切工资，亦不许白吞”。二十六人回国后，“勒碑于潮”，对林鍼表示感谢。

林鍼在为被诱同胞奔走时，结识了纽约的“各国水手之会主”雷即声(译音)和他的女儿。据说这位女郎对他非常友好，“恒与围炉夜话”，“并肩把臂于月下花前”。林鍼时正学习“神镜法”（照相术)，英人败诉后怀恨在心，乃串通其友“照镜师”，诬林鍼所买照相机等物系盗窃得来，告官拘讯。雷女得知，恳求其父以三百金保林鍼在外候讯，并代觅律师，为至官厅剖明真相，始得无事。这就是《序》中所说的：“主人高义，保非罪之拘囚；彼美多情，喜惊鳞之脱网。”林鍼还激动地写道：“不意平生知己，竟出于海外之女郎。而余之结草衔环，又在何日？兴怀及此，未尝不潸然欲涕也。”

因为风俗习惯、两性观念的不同，中国的文人士子、旅客行人初到西方，往往一和外国女性接近，就误认为“胡妇多情”，而不禁自作多情起来。有的人在诗词中留下过多的痕迹，使后人看了不禁肉麻或者好笑。林鍼也未能免俗，什么“底事华番异致，黎倩牵心；天然胡妇多情，子卿谁是？夜绕横塘梦草，孤灯泪渍衾裯；时维睹画呼真（按：此指女性所赠照片），一纸心悬枕席”……完全是刘阮游仙、章台折柳的格调，实属书中之糟粕。幸而林鍼着意刻画的不专是他视作平生知己的雷氏女郎，而是“玉腰纤小、窈窕可人”的“随凌氏”等许多“洋女”。不然的话，那就会更加使人反感了。

《附记先祖妣节孝事略》放在《西海纪游草》书中，初看似觉不伦，实却颇有深意。因为“父母在不远游”乃是封建宗法社会的基本道德信条。像林鍼这样远涉重洋，哪怕不出三年五载就回，也要受到谴责。所以林鍼乞人作序，要写上：

> 顾余闻景周性惇笃而家甚贫，白发在堂，无以为养。其乘风破浪，孤剑长征，将以博菽水资而为二老欢也。其游不久即归，非得已也。不知者乃以此相夸诧，过矣！

这样还不够，还得再附记一篇“先祖妣节孝事略”，宣扬祖母“节孝非常”，表示自己“孝思不匮”。

这样做果然有收效。在全书十五篇序跋中，有十二篇赞扬了林鍼的孝道。有的甚至说林鍼之能“生入玉门”，全是由于他的孝心感动了上苍，故尔“履险如夷，吉人天眷”。光从这一点，亦足以窥见当时社会上的一般观念了。

除了赞扬林鍼的孝义以外，序跋和题诗有的恭维他的壮游，有的欣赏他的艳遇，有的大讲“言忠信，行笃敬，虽蛮貊之邦行矣”，大都不出一般封建士大夫的见识水平和思想境界。只有王广业的序文略有新意，曰：

> 夫人跼蹐于一室之中，老死于户牖之下，几不知天地之大，九州之外更有何物。一二儒生矫其失，则又搜奇钓异，张皇幽渺，诧为耳目之殊观。不知天玄地黄，一诚之积也；诚之所至，异类可通。况在含形负气之伦，宁有异性哉？

意思是说，只要是“含形负气”的人，虽然远在异域，亦未尝不可以彼此交通和互相理解。这和把“蛮貊夷狄”一律视为虫豸犬羊的旧观念，总算有所不同了。

值得提到的还有两首题诗。一署“浯屿树梅瘦云”云：

> 西极舟航古未通，壮游似子有谁同？足心相对一球地，海面长乘万里风。留意所收皆药石，搜奇多识到鱼虫。此行不负平生学，历尽波涛悟化工。

一首署“阆湖女史李蝉仙”，是步上首原韵的：

> 蛮貊能将语意通，可知忠信此心同。鍼程九万夸游迹，笔纪千言备采风。救客免为衔石鸟，思乡不羡寄居虫。归来又得诗盈箧，袖里烟云画更工。

“足心相对一球地”，已经有了新的世界知识。“思乡不羡寄居虫”，则大胆嘲笑了“跼蹐于一室之中，老死于户牖之下”的人生观。所谓“女史”，其实是能够吟诗作对的妓女的雅称。这个生活在市民、商贾群中的烟花女子的才识，实在比许多满口“孝义”的读书人还要高明一点。

可悲的是，林鍼其人其事纵有时代的意义，笼罩着其人其事的却是这样一种空气。这就难怪在“五口通商”六年以后才出现林鍼和他的书，也难怪在林鍼之后又过了不止六年，才出现第二个、第三个“鍼程九万夸游迹，笔纪千言备采风”的人物了。

# 第五章　斌椿游历欧洲

由于商业特别是对外贸易的不发达，又由于个人的物质条件、主动精神和活动范围受到限制，即使在一八四〇年以后，中国知识分子的“出洋”，在大多数情况下只能属于官方派遣的性质。这是近代以来中国和西方人员交流上的一个特点。

林鍼和容闳要算是偶然的例外。他们的记述之特殊价值正在于此，而其不能被视为近代出国载记代表作之原因亦在于此。

第一批由清政府派遣赴泰西“游历”，也就是第一批亲自去接触和了解西方文化的代表，当是同治五年(1866)由斌椿父子率领的同文馆学生一行五人，向导则为在中国担任“总税务司”的英国人赫德(Robert Hart)。

斌椿此行记事抒情之作，有《乘槎笔记》一卷，诗稿《海国胜游草》《天外归帆草》二种。《天外归帆草·晓起》一首中自称：

愧闻异域咸称说，中土西来第一人。

这倒并不是夸张。

## 出洋的背景

斌椿一行赴欧游历，主持其事的是咸丰十一年(1861)成立的“总理各国事务衙门”，始发其议的是“洋员”赫德。总理衙门和洋员，都是第二次鸦片战争后中国门户进一步向外国开放的产物。

关于派员游历这件事，一八六六年二月二十日，主管总理衙门的恭亲王奕䜣等人有一道奏折，摘录如下：

> 窃查自各国换约以来，洋人往来中国，于各省一切情形日臻熟悉；而外国情形，中国未能周知，于办理交涉事件，终虞隔膜。臣等久拟奏请派员前往各国，探其利弊，以期稍识端倪，借资筹计。……迟迟未敢渎请。
>
> 兹因总税务司赫德来臣衙门，谈及伊现欲乞假回国，如由臣衙门派同文馆学生一二名，随伊前往英国，一览该国风土人情，似亦甚便等语。臣等伏思……与该税务司同去，亦不稍涉张皇，似乎流弊尚少。惟该学生等皆在弱冠之年，必须有老成可靠之人，率同前去，庶沿途可资照料；而行抵该国以后，得其指示，亦不致因少不更事，贻笑外邦。
>
> 兹查有前任山西襄陵县知县斌椿，现年六十三岁，系内务府正白旗汉军善禄管领下人。因病呈请回旗，于咸丰七

年在捐输助赈案内加捐副护军参领衔。前年五月间，经总税务司赫德延请办理文案，并伊子笔帖式广英襄办，年馀以来，均尚妥洽。拟令臣衙门札令该员及伊子笔帖式广英，同该学生等与赫德前往。即令其沿途留心，将该国一切山川形势、风土人情随时记载，带回中国，以资印证……

情形正如奏折所指出的，自从“换约”即开关互市以来，洋人对于中国的情形日臻熟悉，而中国对于外国的情形则一切隔膜。其所以如此，一个重要的原因是：长期封闭的社会使得人们对于外部世界极度无知，而无知造成的偏见和固执又加深了敌视一切新事物的病态心理，给无知穿戴上一套理直气壮的冠服，以致士大夫讳谈外国，故步自封到了愚昧可笑的程度。明季利玛窦、艾儒略等“西儒”带来的一点地理知识，到纪晓岚时还被认为是“异闻”。樊守义、谢清高以至林鍼的见闻，或者湮没不彰，或者被视为海客谈瀛，并没有得到知识阶级的普遍重视和承认。

一八四〇年中英开战前，道光帝才匆忙令臣下查明英国情形。琦善“访知”女王自行择配，奏言“是固蛮夷之国、犬羊之性，初未知礼义廉耻，又安知君臣上下”。耆英谓英人夜间目光昏暗。黄惠田更谓英地暗黑，不敢燃火，船行半月始见天日。骆秉章奏称英兵上身刃不能伤，但以长梃俯击其足，应手即倒。……全是一派胡言。就连确实认真查考过一番的林则徐，其下决心以武力解决问题，也是由于错误地认为：“茶叶、大黄禁不出洋，已能立制诸夷之命”；“中国封港，其货无处可卖；其本国距中国太远，出兵不易；女王叔父有觊觎之心；安南曾诱歼其船，他国恶之，万不敢以侵凌他国之术，窥伺中国”；“从前律劳卑(W. J. Napier，1786—1834)冒昧一进虎门，旋即惊吓破胆，回澳身死，是其明证”；“且夷人除枪炮外，击刺步伐俱非所娴，而其腿足缠束紧密，屈伸皆所不便，若至岸上，更无能为；……”这些判断无一符合实际情况，徒然成了偾事的原因和外人的笑料。

一八四〇年和一八六〇年的两次战争，使得更多的人睁开了眼睛。统治阶级中也有一部分人，感到有必要修改对外政策，学会和外国打交道，开始主张了解外洋情况，培养外事人才。这些就是所谓“洋务”。一八六一年成立总理衙门，一八六二年开办同文馆，一八六六年派人出国游历，都是洋务史上的大事。

研究和讨论整个洋务运动并非本书的任务。这里只简单介绍一下“洋务派”对当时情势的基本分析和提出的基本方针，这对了解斌椿出洋的背景是十分必要的。下面摘录了奕䜣、桂良、文祥等人关于建立总理衙门的奏折中的一节话：

> 夷祸之烈极矣！论者引历代夷患为前车之鉴，专意用剿。自古御夷之策，固未有外于此者。然臣等揆时度势，……窃谓大沽未败以前，其时可剿而亦可抚；大沽既败而后，其时能抚而不能剿；至夷兵入城，战守一无足恃，则剿亦害，抚亦害。就两者轻重论之，不得不权宜办理，以救目前之急。

所谓“剿”就是战，所谓“抚”就是和。奕䜣等人对于在对外政策上如何运用战(剿)与和(抚)两手的意见是：当“战守一无足恃”之时，则靠“和”的一手“以救目前之急”，但仍须备战，因为：

> 如不胜其忿而与之为仇，则有旦夕之变；若忘其为害而全不设备，则贻子孙之忧。古人有言，以和好为权宜，战守为实事，洵不易之论也。

这就是说，目前只能运用“和”的一手与敌国周旋，以争取时间作好战守的准备，而不能一味依靠“战”的一手。

这项基本方针的依据是两点：(一)“捻炽于北，发炽于南，饷竭兵疲”，实在无力对外作战；(二)洋人“志在通商”，“并不利我土地人民，犹可以信义笼络”。

这两点估计，当然反映了“洋务派”敌视农民起义、对外苟且偷安的根本立场。“洋务派”在整个同光时期所办的各项洋务，无一不是为了巩固封建王朝的统治，为了预防“旦夕之变”，以免贻“子孙之忧”。但是，如果到了十九世纪七十年代还不办“洋务”，不建立外交机关，不开办外语学校，不遣人出洋游历，继续坚持认为洋兵腿足不能屈伸，长棍一挥即倒，难道就会更符合民族和人民的利益吗？

## 久有浮海心

六十三岁的斌椿被选派出国，首先因为他是一个旗人。清朝统治者不放心臣民和外国人打交道，尤其不放心汉族臣民和外国人打交道，深怕“无父无君”的思想会由此而散布开来。始办洋务时，上至总理各国事务衙门的大臣，下至同文馆招收的学生，都几乎是清一色的旗人。只是在靠旗人不能解决问题时，才被迫起用汉人，但这已经是稍后的事情了。

清代的旗人在政治上确实享有某些特权，但在文化上却不可能不接受汉人的影响。到咸同年间，旗人中的知识分子早已全盘汉化。像斌椿这样的汉军旗人，血统上本是汉族，隶属旗籍不过二百多年，文化上和心理上的“归根”当然更不成问题。斌椿从小读儒经，应科举，喜作诗文。他在一首诗中自述道：

> 椿也少无慧，处事多龃龉。束发入书堂，惟嫌质椎鲁。
> 我师嘉其愚，谓予疾近古。稍长性更迂，诵读忘寒暑。
> 捷径甘退让，人弃我乃取。窃禄逾廿年，愧无尺寸补。
> 始知慕靖节，林泉乐解组。　　……

完全是一个传统读书人的口吻。

不过，作为一个传统的读书人，斌椿的经历和思想却又有其特点。他中年到外地做官，旅行的范围很广，他的诗中写道：

壮岁饥驱不自主，西瞻华岳东罗浮，南登会稽临禹穴，北至娲皇炼石补不周。

又云：

劳生半驰驱，游观聊自慰。……九州曾历七，广见堪傲睨。

他的眼界和胸襟比较宽，交的朋友也比较多，像《瀛环志略》作者徐继畬、大数学家李善兰，都曾为他的书作序，彼此间自亦不能排除相互的影响。因此，对于远游他并不害怕，而且还颇有兴趣。正如其诗中所云：

久有浮海心，拘墟苦无自；每于海客来，纵谈羡无已。……周游十五国，亦各有专美。……采风至列邦，见闻广图史。

这就不是当时一般读书人所能有的思想了。

一八六四年，斌椿应赫德延请，到“总税务司”办理文案。这大概是他接触洋人的开始。赫德于一八六三年代李泰国(Horatio Nelson Lay)任中国海关总税务司，很得清廷信任。可能由于赫德的关系，斌椿结识了美国驻北京使馆参赞卫廉士（S. W. Williams，1812—1884）、同文馆总教习丁韪良

（W. A. P. Martin，1827—1916）等“西儒”，通过他们开始接触了一些近代文化知识。他有诗叙述卫、丁二人帮助他改变了“天圆地方、天动地静”的老观念，使他懂得了“地形如球，自转不息”的科学道理。诗云：

卫公来京师，赠我《联邦志》。[①] 才士丁玮良，著书讲文艺。[②]
初如井底蛙，开编犹愦愦。书云地形方，主静明其义。
岂知圆如球，昼夜如斯逝。　……

因此，当总理衙门准备派人赴欧游历时，大小官员“总苦眩晕，无敢应者”，只有六十三岁的斌椿“慨然愿往”，就不是偶然的了。当时劝阻斌椿的人很多：

或云风涛险，恐君不堪此；此行古未有，祸福畴能许？
或云虎狼秦，待人以刀俎；又如使匈奴，被留等苏武。
洪涛高盈云，所经多险阻；谁与涉重洋，试触蛟龙怒？
……

而他的答复是：

天公欲试书生胆，万里长波作坑坎。

① 原注：美国使臣卫廉士驻北京六年，前载赠予《联邦志略》，所言疆域政事甚详。

② 原注：美国文士丁玮（韪）良，学问甚优，以所著《地球说略》等书见惠。

虽然谈不上有认识新世界和接受新文化的自觉，仅凭这一份“久有”的“浮海心”，也就值得后人纪念了。

## 非亲到不知有此胜境

斌椿“率同”同文馆学生三人，于同治五年(1866)正月二十一日离开北京，三月十八日到达法国马赛，他们一行在欧洲的旅程如下：

| | |
|---|---|
| 三月十八日至四月初三日 | 法国 |
| 四月初四日至五月十二日 | 英国 |
| 五月十三日至十八日 | 荷兰 |
| 五月廿日至廿一日 | 汉堡 |
| 五月廿二日至廿三日 | 丹麦 |
| 五月廿四日至六月初二日 | 瑞典 |
| 六月初三日 | 芬兰 |
| 六月初四日至初十日 | 俄国 |
| 六月十二日至十五日 | 普鲁士 |
| 六月十六日 | 汉诺威 |
| 六月十七日至廿一日 | 比利时 |
| 六月廿二日至七月初九日 | 法国 |
| 七月初十日 | 离马赛回国 |

总计斌椿一行在欧洲游历的时间不到四个月。应该说，他们的收获并不是很多的。斌椿“随时记载，带回中国”的，只有薄

薄一册《乘槎笔记》，其中在欧洲的见闻不到两万字。但无论如何，这本书毕竟是近代中国知识分子最早亲历欧洲的记述，而且它在很大程度上反映了当时一部分士大夫的传统观点，因此仍然值得重视。

斌椿一行访问伦敦时，英太子（后来的爱德华七世）问斌椿道：“伦敦景象较中华如何？”斌椿答：“中华使臣，从未有至外国者。此次奉命游历，始知海外有此胜境。”翌日维多利亚女王又问斌椿：“敝国土俗民风，与中国不同，所见究属如何？”斌椿答：“来已兼旬，得见伦敦屋宇器具制造精巧，甚于中国。至一切政事，好处颇多。……”在斯大克阿剌扪（斯德哥尔摩），瑞典太坤（王太后约瑟芬娜）接见了斌椿一行，云：“中华人从无至此者，今得见华夏大人，同朝甚喜。”斌椿曰：“中华官从无远出重洋者，况贵国地处极北，使臣非亲到，不知有此胜境。”并吟诗一首赠太坤，云：

> 西池王母住瀛洲，十二珠宫诏许游。怪底红尘飞不到，碧波青嶂护琼楼。

诗只能算是随俗的应酬体，把瑞典王太后比做王母娘娘也未免可笑。但在“中华人从无至此”的国度里，这番友谊的接触，总可以算是文化交流上的创举。

在斌椿游历所经的十一个欧洲国家中，荷兰是最早见于中国史书的国家之一。但过去中国对荷兰的了解，同样是离题万里。小说家言不必列举，即拿《明史·和兰传》来说，所谓：

和兰又名红毛番，地近佛郎机[1]。……其人深目长鼻，发、眉、须皆赤，足长尺二寸。……所役使名乌鬼，入水不沉，走海面若平地。其柁后置照海镜，大径数尺，能照数百里。

仍然是哈哈镜里的形象。而斌椿游荷兰五日，其记载如：

(拉里，即海牙)街道洁净，楼宇高者四五层，颇修整。河道甚多，皆直而长。……(街市多以两犬架小车售物。)

(荷兰)西北滨大西洋海，夷坦无山，港道纷歧。民受水害，因习水利，善筑堤，又善操舟行远。南洋各岛国，自爪哇起，皆建立埠头。市舶之通东南，自荷兰始。

火轮取水器具(即排水机器)，用泄亚零海水者。计立此法二十馀年，涸出良田三十馀万亩。有司以绘图与观，田畴明晰，沟洫条分，变斥卤为膏腴，洵为水利之魁。

(安特坦，即阿姆斯特丹)地势低下，居民修治河道，于水中立桩砌石，架木其上，筑楼阁六七层。……通都计桥七百六十座。河之阔处，舸舰迷津，商货辐辏。贸易之盛，为欧土大都会。

笔墨虽不多，却比较准确地勾出了十九世纪中叶荷兰的简单轮

① 锺按：明人所称佛郎机系指葡萄牙，实际上与荷兰并不相近。

廓，不再是“入水不沉，走海面若平地”那一套了。

斌椿所写的一些诗，也可以与笔记参看。如《海国胜游草》中《十六日赴安特坦，见用火轮泄亚零海水，法极精巧》一首：

荷兰自古擅名都，沧海桑田今昔殊。处处红桥通画舫，
湾湾碧水界长衢。晶帘十里开明镜，璧月千潭照夜珠。
创造火轮兴水利，黍苗绿遍亚零湖。

接着又有《昨观火轮泄水，偶题七律一首，已入新闻纸数万本遍传国中……》：

遐方景物倍鲜妍，得句频联翰墨缘。今日新诗才脱稿，
明朝万口已流传。

《包姓别墅》之一：

弥思小字是安拿，[1] 明慧堪称解语花。呖呖莺声夸百啭，
方言最爱学中华。

正如作者对瑞典太坤所云，“非亲到不知有此胜境”，如果不是诗人亲眼见到火轮泄水，见到新闻纸，见到有弥思（Miss）学中华方言，此类题材是不会入诗的——虽然诗意一点也没有脱离



① “弥思”原注：译言女儿也。

"解语花"和"红桥画舫"的境界，题材总算是新鲜的了。

## 东土西来第一人

对于斌椿游历欧洲及其记述，过去史家的评价并不高。陈恭禄氏《中国近代史》，即谓其"不通外国语言，不明其思想制度，……自无深切了解同情之可能性。……其所著之笔记，偏重于海程、宴会，固无影响于国内"。

今阅《乘槎笔记》，确实多有此类记述，如：

> 女优登台，多者五六十人，美丽者居其半，率裸半身跳舞。剧中能作山水瀑布、日月光辉，倏而见佛像，或神女数十人自天降，祥光射人，奇妙不可思议。

又如：

> 各官夫人姗姗其来，无不长裾华服，珠宝耀目，皆袒臂及胸。罗绮盈庭，烛光掩映，疑在贝阙珠宫也。

但平心而论，近世欧洲之技术文明，在书中亦不是毫无反映。同治五年三月十八日初抵马赛，当天即有关于火轮升降机、煤气灯、传呼机器的记载。其中尤以对商店出售儿童自行车的描写最有趣味：

> 肆售各物率奇创。有木马，形长三尺许，两耳有转轴。人跨马，手转其耳，机关自动，即驰行不已。殆亦木牛流马之遗意欤？

三天以后，斌椿一行到了巴黎，又写到了自行车：

> 街衢游人，有只用两轮贯以短轴，人坐轴上，足踏机关，轮自转以当车。又有只轮贯轴，两足跨轴端，踏动其机，驰行疾于奔马。

这些描写，诚为幼稚朴拙。谓自行车得“木牛流马之遗意”，更不免我田引水之讥。但他作为“东土西来第一人”，以自己的眼光和口吻来介绍蒸汽机时代的新产品，在近代文化史的研究上自有其价值，这却是不容否定的。

斌椿在欧洲曾多次乘坐火车，故其对火车的介绍更为具体详尽：

> 前车为火轮器具，烧石炭，贮水激轮。后车以巨钩衔其尾，蝉联三四十辆，中坐男妇多寡不等。每辆如住屋一所，分为三间……坐卧、饮食、起立、左右望，皆可随意。次者装货物箱只。再次装驼马。摇铃三次，始开行。初犹缓缓，数武后，即如奔马不可遏。车外屋舍、树木、山冈、阡陌，皆疾驰而过，不可逼视。

这和现代小说中初次坐火车的老乡所说，“一座座山头直向我倒下来”，实有异曲同工之妙。它用朴实的语言刻画了一种真实的感觉，实为前人载记中难得的资料。

《海国胜游草》集内诗题，如《二十二日戌刻由里昂登车，未明即抵巴黎斯》《四月三十日夜瞒者斯（曼彻斯特）登车，次早即至伦敦，计程六百里》，都客观地评价了火车在便利交通上的作用。其《至埃及国都初乘火轮车》诗二首之一云：

> 宛然筑室在中途，行止随心妙转枢。列子御风形有似，长房缩地事非诬。六轮自具千牛力，百乘何劳八骏驱？若使穆王知此法，定教车辙遍寰区。

只有登上了火轮车，人们才能比“八骏日行三万里”的周穆王走得更远。——而当时在国内，士大夫“一闻修造铁路、电报，痛心疾首，群起阻难，至有以见洋人机器为公愤者”（见郭嵩焘《养知书屋文集》卷十一《伦敦致伯相》）；英商在淞沪间修的小铁路，也因“人群骇异”，被清政府买回拆毁。

游历一番后，斌椿的思想并没有发生大的变化。当西人向他“询问大中华，何如外邦侈”时，他还是答“以我圣教，所重在书礼；纲常天地经，五伦首孝悌；……今上圣且仁，不尚奇巧技”。但这些“奇巧技”的优越性是如此之明显，“瞬息六百里，飞仙应我羡”，却是仅凭直觉亦不得不承认的。

当然，卫廉士、丁韪良等在京师传授给斌椿的一些知识，在游历中也得到了补充和印证，《与太西人谈地球自转，理有可信》一诗便是一个例子：

> 汉时铸仪象，璇玑用以传：七政属右转，天体实左旋。
>
> …………
>
> 西法近愈邃，乃云殊不然：地球系自转，一日一周天。
>
> 闻兹初甚惑，管见费钻研。若云地广厚，旋转焉能便？
>
> 一转九万里，人民苦倒悬。岂无倾覆患，宫室多危颠。
>
> 不知真力满，大气包八埏。我行球过半，高卑判天渊。
>
> 中华日正午，英国鸡鸣前。攲侧人未觉，可证形团圆。
>
> 天体亿万倍，宗动何能然。地转良可信，破的在一言。

更有意思的是斌椿在海船上见到旅客“不同国者二十有八，不同言语者一十七国”，因与同行诸人论及：古书所载“贯胸”“羽民”“三面”等外国，荒唐无稽，“传讹已久，非身历不能考证也”，因而成诗一首，中云：“凡人禀赋同此理，……海外亦皆兄弟侪。……贯胸羽民三面国，传讹已久今在不？吾人读书弗泥古，矜奇炫异亦可休。”——这就是这位“东土西来第一人”所能达到的最高境界了。

李善兰在《乘槎笔记·序》中对斌椿远游极为羡慕，曰：

> 举天下之人，其足迹有不出一郡者矣，有不出一邑者矣，甚至有终身不出里巷者矣。……即曰不畏风涛，视险若夷，而中外限隔，例禁綦严，苟无使命，虽怀壮志，徒劳梦想耳！

如果像李善兰那样能“格物致知”，肯“经世致用”的学者，得到同斌椿一样的机会，其于文化之贡献必然远不止此。可惜，在“中外限隔，例禁綦严”的社会里，这只能是一个不能实现的“梦想”罢了。

# 第六章　志刚初使泰西

一八六八年八月十八日（清同治七年七月初一日），从美国纽约州首府奥尔巴尼开往波士顿的一列客车上，迎风飘扬着一面美国人从来没有见过的旗帜。旗的底色为正黄色，四周镶着蓝色的边；三米多宽的旗幅上，有一条巨龙在飞舞。

这是在西方国家第一次升起中国的国旗。从这以后，龙这种传说中的神灵动物，就被全世界看成是古老中国的象征。

升起这面龙旗的，是清朝政府向西方国家派出的第一个外交使团。使团由“办理中外交涉事务大臣”们组成。他们是：前任美国驻华公使、此时受清政府之聘的美国人蒲安臣（Anson Burlingame）；总理各国事务衙门章京、花翎记名海关道志刚；总理各国事务衙门章京、道衔繁缺知府、礼部郎中孙家谷。

志刚有《初使泰西记》一书，记述使节团一八六八至一八七〇年间历访美、英、法、普、俄及其他一些欧洲国家的经过。所谓“初使泰西”，即是首次出使到西方国家。这在近代中国对外关系史上，是有重要意义的。

## 跪拜礼

在漫长的古代岁月里，中国缺乏在国际社会中和其他国家平等打交道的经验。正如美国历史学家泰勒·丹涅特(Tyler Dennett)所说，“在东方的政治经济学上只有两类国家——进贡国和收贡国”。要么是“天朝上国”的国威远播，四境以外的“夷狄”年年进贡岁岁来朝，使得君臣们都觉得很是光荣；要么是“夷狄”侵陵中国，朝廷遣使是为了向“番邦”输款乞和，在朝野上下心中留下个屈辱的阴影。

按照清朝的规矩，外国使臣前来朝贡，应在所乘车船上悬旗写明“某国贡使”字样，朝觐后立即离京不准逗留。特别要紧的是，外国使臣见到皇帝(或皇帝的代表)时，必须行三跪九叩首的跪拜礼。——关于这项礼仪的争议，竟然成了中国在十九世纪开始接待西方国家使节时头等重要的问题。

一七九二年(乾隆五十七年)，英王热沃尔日第三(乔治三世)遣马戛尔尼(Macartney)来华，带来的国书(中国称之为“表文”)，中云：

> ……本国知道中国地方甚大，管的百姓甚多……本国早有心要差人来，皆因本境周围地方俱不平安，耽搁多时。如今把四面的仇敌都平服了，本境平安，造了多少大船，差了多少明白的人，漂洋到各处，并不是想添自己的国土，自己的国土也够了；也不是为贪图买卖便宜。但为

着要见识普天下各地方有多少处，各处事情物件可以彼此通融；别国的好处我们能得着，我们的好处别国也能得着。……要把四方十界的物件各国互相交易，大家都得便宜。……从前本国的许多人到中国海口来做买卖，……不能保其不生事。故此求与中国永远平安和好，必得派一我国的人带我的权柄住在中国地方，以便弹压我们来的人……他们若得了不是，即该处治；若并无不是，自然常受大皇帝的恩典。

一七九二年的英国，已经有了瓦特发明的蒸汽机(1769)，有了亚当·斯密写成的《国富论》(1776)。它派使节前来，并不是为了向“天朝”致敬，而是为了扩大自己的海外市场。马戛尔尼初到广州，粤督奏称来祝“万寿”；抵大沽后由地方官备船送往北京，船上挂起了“贡使”的旗子；但其至热河觐见时，即拒绝行跪拜之礼。当时清朝的统治局面还比较恢宏，乾隆在这个问题上并不过分敏感，总算同意他以见英王之礼朝见；但对国书中所提建交遣使、扩大通商的要求，则一概表示拒绝，给英王的“敕谕”(原文如此)云：

……天朝所管地方最为广远，凡外番使臣到京，驿馆供给，行止出入，俱有一定体制，从无听其自便之例。今尔国欲留人在京，言语不通，衣服殊制，无地可以安置。……

……天朝统驭万国，一视同仁。即广东贸易者，亦不仅尔英吉利一国，若俱纷纷效尤，以难行之事妄行干渎，岂能曲循所请？念尔国僻居荒远，间隔重瀛，于天朝体制原未谙悉，是以命大臣等向使臣等详加开导，遣令回国。

过了二十四年，英国又于一八一六年(嘉庆二十一年)派阿美士德(Amherst)来华。这次嘉庆皇帝非要使臣三跪九叩首不可，结果阿美士德称病拒绝行礼，即被遣送出京，令其回国。嘉庆就此事给沿海各省督抚的上谕云：

……此次英吉利国遣使入贡，该使臣等到天津时，朕特派苏楞额、广惠前往赏给筵宴。苏楞额带领该使谢宴，该贡使即不遵行三跪九叩之礼。比至通州，又派和世泰、穆克登额前往责问，并令演习跪叩仪节……令于初七日带领瞻觐。届期该贡使等已到宫门，正贡使忽患重病不能行动。朕谕以正使患病即召副使进见，其副使复称患病不能进见。该贡使等如此狡诈无礼，不能仰承恩赉，是以降旨将该贡使等即日遣回。

嘉庆还有一通给英王的“敕谕”，彻底拒绝和英国建立关系，说：

……尔使臣不能敬恭将事，代达悃忱，乃尔使臣之咎。……尔国距中华遥远，遣使远涉，良非易事；且来使于中国礼仪不能谙习，重劳唇舌，非所乐闻。……嗣后毋庸遣使远来，徒烦跋涉。但能倾心效顺，不必岁时来朝，始称向化也。

## 夜郎自大

清朝皇帝以“统驭万国”的天子自居，把一切外国(包括开始了工业革命的英国)都视为“僻居荒远”的“化外”，的确是荒唐可笑的。但他们一再拒绝和西方国家通使，也有想抵御外来势力入侵的原因在内。我们在研究近代中西关系时，不能忘记一个基本的事实，即：尽管在近代文明发展上，西方进步而中国落后；但从传统道德观点来看，道理却往往在中国这一边。马克思在评论鸦片战争时说得好：“在这场决斗中，陈腐世界的代表是激于道义原则，而最现代的社会的代表却是为了获得贱买贵卖的特权——这的确是一种悲剧，甚至诗人的幻想也永远不敢创造出这种离奇的悲剧题材。”(《鸦片贸易史》)

第一次鸦片战争前夕，英国政府发出的一份训令这样写道：

> 陛下政府今次对待中国政府的做法……开头先来一个打击，然后再讲道理。因此之故，第一步行动是封锁珠江……第二步就占领舟山群岛，拦截沿海商船；最后，海军司令就出现于北直隶湾的白河河口……一直等到中国政府对各事都有满意的解决的时候为止。

第二次鸦片战争前夕，英国外交大臣给在华全权代表的指示是：

如果中国对首先规定的前三条要求拒绝任何谈判，你就有理由立即采取强制手段。

当时英国资产阶级的喉舌伦敦《每日电讯》报，在一八五九年夏天，更是毫不掩饰地鼓吹：

大不列颠应攻打中国沿海各地，占领京城，将皇帝逐出皇宫……应该教训中国人重视英国人。英国人高出于中国人之上，应成为中国人的主人……（转引自马克思《新的对华战争》）

英国人这样说了，英国人也这样做了。一个已经丧失尽盛世荣光的统治者，面对着如此咄咄逼人的对手，自然不能不感到威胁而设法抗拒。早在通商初期，“外国商人自己的残暴行为，应视为他们被享以闭门羹的主要原因”（布莱克斯利《中国与远东》）。到了西方国家的负责官员公开宣布，除非使用武力，否则就不可能和中国打交道时，中国当权者的采取闭关自守的政策，当然也就是十分自然的了。

但是，时至十九世纪中叶，闭关政策已经不能持久了。实现了资本主义近代化的西方国家，是一定要向东方寻找市场、原料和廉价劳动力的。如果外交不能成为适宜的手段，炮舰就会成为另一种手段。作为一个弱国，即使暂时没法子以炮舰对付炮舰，却不能不讲究以外交对付外交。然而清朝皇帝一直不肯承认这个简单的道理。

一八四二年签订《南京条约》时，英国即表示希望派公使到北京。一八五四至一八五六年，英、法、美等国先后向清政府要求“修约”，明确提出要“有一位代表长久而光明正大地驻节在北京朝廷”，并请“中国公使常驻于巴黎、伦敦和华盛顿政府”。当时英、法等国对中国的政策确实是帝国主义的侵略政策，但要求互派公使这件事本身却很难说是侵略行为。咸丰皇帝却认为这一条“尤为狂妄”，必须“正言驳斥，杜其妄念”，“将该夷所递节略，即行掷还”。

一八五八年(咸丰八年)，英法联军攻陷大沽炮台后，提出的条约草案规定：英国公使可居住京师，觐见皇帝时用欧洲各国通行礼节，不再三跪九叩。咸丰批示：“该夷条约，以派员驻京……最为中国之害……断难允准。”直到联军攻入北京，他逃到热河，也仍然只在“不见使节”这一点上讨价还价。

咸丰的固执态度，确实使后人难于理解。他在心理上无非是不愿意承认这样一个事实，世界上居然有人可以不向皇帝山呼万岁，俯伏称臣。他害怕这个事实会使他在臣民面前丧失最高统治者的权威，使“普天之下莫非王土，率土之滨莫非王臣”的观念发生动摇。所以，他宁可将国家、人民孤注一掷，在毫无作战把握的情况下“诱捕”英国派来谈判的使者巴夏礼(Harry Smith Parkes)等人。结果一败涂地，不得不公开承认：

> 大英钦差各等大员及各眷属，可在京师或长行居住，或能随时往来，……英国自主之邦，与中国平等。大英钦

差大臣作为代国秉权大员，觐大清皇上时，遇有碍于国体之礼，是不可行。

圆明园被烧了，《北京条约》签订了。咸丰躲在“避暑山庄”，一不痛心割让九龙，二不痛心赔款一千六百万两，只痛心“此次夷务步步不得手，致令夷酋面见朕弟(指恭亲王奕䜣)，已属不成事体”。他尤其害怕公使要求面见皇帝亲递国书，于和约签字后也一直不敢回京，说：

亲递国书一节，既未与该夷言明，难保不因朕回銮，再来饶舌。

但此时清廷对于礼节的要求，毕竟已经被迫放宽。一八五九年大沽口之战后，清廷允许美国公使华若翰(John E. Ward)进京换约，条件是觐见时公使至少要向皇帝行一种“修正的叩头礼”。华若翰不无幽默地回答说，他纵然能够“弓身微曲右膝”，可是却只习惯于向上帝和妇女这样做(据福斯特《美国远东外交史》)。结果，觐见当然没有实行。

咸丰对这种不恭顺的态度大为不悦，后来他见到美国总统的国书以平等相称，竟在上面批道：“夜郎自大，不觉可笑。”其实，可笑的正是咸丰自己。

## 蒲安臣使团的工作

清朝皇帝“死要面子活受罪”，一面拒绝互通使节，一面不断挨打吃亏。打挨得多了以后，统治阶级中的一部分人终于逐渐认识到：不能不注意研究世界大势和外国的情形，不能不引进先进的外国技术和设备，也不能不跟外国打交道、办交涉、通往来。这就是从一八六一年起逐步形成的“洋务运动”。

“洋务”办起来以后，外国使臣“不请自来”，交涉事宜日益频繁。到一八六七年，《天津条约》已届修约之期，主管洋务的恭亲王等人，估计英法等国可能会提出进一步的要求。鉴于一八三九年和一八五八年的教训，与其临时关门，不如事先交涉。要交涉，就得遣使；要遣使，就得有使才。一八六七年十一月二十七日，即同治六年十一月初二日，恭亲王等上了一道奏折，中云：

> 通商各国将届修约之期，所有一切事宜必须筹备……原奏内遣使一节，本系必应举行之事。止因一时乏人堪膺此选，且中外交际不无为难之处，是以明知必应举行，而不敢竟请举行，尚待各处公商，以期事臻妥协。惟近来中国之虚实，外国无不洞悉；外国之情伪，中国一概茫然。其中隔阂之由，总因彼有使来，我无使往。以致遇有该使崛强任性、不合情理之事，仅能正言折服，而不能向其本国一加诘责，默为转移。

这里说得十分明白，“明知必应举行，而不敢竟请举行”的原因有二：一是“乏人堪膺此选”；二是“中外交际不无为难之处”，也就是派斌椿出国游历时所说的，“礼节一层尤难置议”。

在“诸费周章”的情况下，总理衙门总算找到了一个办法，聘请原来担任美国驻华公使、此时业已卸任的蒲安臣来“权充”使臣，而志刚也被任命为使团成员之一。

志刚在《初使泰西记》中，对于使团在国外做的工作，作了一些记述。如同治七年六月初九日（1868.7.28），“议定原约后续增八款缮妥，同赴其外部，与华大臣（按：指美国国务卿西华德，W. H. Seward）当面画押盖印”。这八款续约使美国取得在中国招华工、开学堂的特权，体现了以门户开放主义代替炮舰政策的精神。但其中有些条款，在当时历史条件下，对中国还算是比较有利，至少也是比较无害的。例如第四条：

> 原约第二十九款内载，耶稣基督圣教暨天主教有安分传教习教之人，当一体保护，不可欺侮等语。现在议定……嗣后中国人在美国，亦不得因中国人民异教，稍有屈抑苛待，以昭公允。

第五条又规定：“除彼此自愿往来外，如有美国及中国人将中国人勉强带往美国或运于别国”，“均照例治罪”。据《初使泰西记》所录附呈总理衙门的“逐条注释”，是因为“中国人之在金山者现有被抑勒之事”,“西班牙国专好贩运‘猪仔’,陷害华民无数”,才议订了这些条款。

在这个“续增条款”即通常所谓“蒲安臣条约”中,强调了中国在“按约准各国商民在指定通商口岸及水路洋面贸易行走之处”的“管辖地方、水面之权”;强调了对于“中国之内治”,美国“并无干预之权及催问之意”。尽管在国势强弱悬殊的条件下,这不过是一些“官样文章”,但毕竟对治外法权论和瓜分中国的主张,多少起了一些抑制的作用。

使团由美国到达英国时,正值第一任格兰斯敦内阁就职;第二次鸦片战争期间有过充分表演的巴麦尊式的外交政策,正在为一种带有较多自由主义色彩的政策所代替。志刚记述了蒲使与英国外部大臣(迈克尔·史都华德,Michael Stewart)多次交涉的情形。同治七年十月初七(1868.11.20)觐见维多利亚女王后,志刚代蒲使拟致总署说帖,内称:

> 本大臣屡与司大臣谈论交涉事务,将中国情形及在美国续立条约办法,详细告知。并云:如果各国与中国办事,必须彼此商明,两相情愿,然后办理;不但可以永存和好,必且各国贸易日能兴旺。若不论中国事体人情,勉强代为办理,不但难存和好,必致反耽误各国贸易。司大臣甚以为然……

十一月初一日(1868.12.14),志刚记述“新任外部柯大臣(Lord Clarendon)与蒲使所议交涉办法(扬州地方伤害英国教士一案)”云：

> 如已成事，保护不及，应由各口领事官查明实在情形，呈报驻北京钦差，行知中国总理衙门定夺办法；俟衙门定有办法，再为行知本国。如中国办理仍有未协之处，亦应行文本国定夺，不得擅调兵船向地方官争执……

使团在英国的活动，导致了柯勒拉得恩勋爵在一八六八年十二月二十八日发表的官方声明。这项声明在三天以后，即同治七年十一月十九日，由志刚记述如下(节略)：

> 今英国并无勉强中国致干自主之权，切愿向中国执政大臣办事，不止与各省地方官会办；并已札饬在中国之英国官员，遵照此章办理，晓谕英民，不但遵守中国律例，且应尽力与百姓之舆情相洽……

那么，上述英国的政策声明和美国签署的条约，难道主要是蒲安臣出于“好心”进行外交活动的结果吗？当然不是。英国是在它已经在远东确立了优势地位之后，才将自己的政策稍予调整。美国则是站在“后来者”的地位上，要求和先走一步的其他国家共享权利。所以，当蒲安臣一行继续前往欧洲各国首都时，就再也无法取得同样的“成功”。拿破仑第三以礼相待，只讲了几句不着边际的客套话。俾斯麦言不及义，给志刚的感觉是“其人身长语慢，好深沉之思”，有些莫测高深。

从本质上说，西方列强对中国的根本态度始终是帝国主义的，手法可以变更，而目的却是一样。还是老牌的英国外交官阿礼国(Rutherford Alcock)比较坦率(他此时正担任驻华公使)，他说：

> 无论我们怎样设法掩饰，我们在中国的地位乃是以武力、赤裸裸的武力所造成的。任何促进或维持这个地位的明智政策，仍非凭靠某种或明或暗的武力，不能期其发生效果。(米琪《在中国的这位英国人》)

因为中国“乏人”和“礼节”方面的原因而受聘为中国办事，和志刚一同出使泰西，并且于途中病死在俄国的蒲安臣，不管怎样说，总比开口武力、闭口武力的阿礼国一类帝国主义分子要比较好一些吧！

## 炮大船坚，不如此言

在出使以前和出使以后，志刚都是一个平庸的满族官员。他的初使泰西，和斌椿的游历欧洲一样，是由于偶然的际会。但是，即使是一个平庸的人，在不平常的际会中，也会有不平凡的体会和认识。《初使泰西记》中，这类材料是颇多的。

卷一同治七年闰四月十三日记美国外部大臣华尔特邀请茶会：

> 届时而往，已有各国使臣及大员咸集；并有女客，亦系各客内眷。逐一执手相见，因言：凡地球四面七八万里之人，能于一夕一处相会，实为罕有。众宾无不欢悦。因思此等聚会，虽系西国之俗，而实具深意。盖总理各国事务者，时与各国亲信大臣聚首言欢，融为一气；无论潜消衅隙，即偶有牴牾，无不可尽之言，言无不可输之情，而连环交际无非排解调处之人，是以各国之势易于联属。此与人臣无外交之义，其用不同。

卷二同治七年十一月二十日由伦敦抵巴黎，当天有一段议论，总结在英交涉的体会：

> 中外交涉，最难解说，无如动辄恃强，以兵船为办事之具。若时常动兵，必误商政，实两不相宜之道。盖西国以通商为正务，以兵船为辅助，因兵误商，非其本意。经蒲使从中多方开导，始得其外部公文……再四思维，使中国执政督责本国之地方官，与听任外国兵船要挟各省之督抚，两相较量，其得失可立睹矣。然现在总署办理交涉事务，本多难处。若不认真，外国更必有辞。若再以洋务督责各大吏，岂不更滋物议？若不及时明定国是……则必至于日久因循，以至于决裂而不可收拾矣！

所谓“明定国是”，就是要“使天下皆知与各国交际，所以筹国计而保民生者，实出于事势之不得不然”，使各省封疆大吏和在廷大小臣工深明此理,"不准摭拾不切之陈言，徒为知病无方有方无药之见，以误大局"。如此，"而国是以定，人心可定，从此以求自强之人，行自强之道，庶不挠于局外，而可捍灾患于无形矣"。

可笑地将"严夷夏之大防"（一百多年前它还在严厉镇压持这个口号的汉族知识分子）当作自己存亡关键的爱新觉罗王朝的"八旗世仆"，居然认识到了"与各国交际，所以筹国计而保民生者，实出于事势之不得不然"的道理，当然不能不算是一个显著的进步。

承认上述道理，绝不等于会走到投降卖国路上去。志刚的情形正是如此。《初使泰西记》卷三同治九年二月，蒲安臣死后，志刚接任使事，与俄国外部谈判。俄方声言"现有应办数事"，提出一连串无理要求；志刚都针锋相对，一一予以驳回。

俄方要求从黑龙江到中国东海岸设海底电线，要中国"指与无用闲地一段"。志刚说："若遽允贵国，别国借口催办，中国一时未能通办，岂不大费口舌？"

俄方提出：中国曾允许黑龙江商民卖粮食给俄国，现在当地政府却限制商民不准多卖，似乎不妥。志刚说：粮食产量有限，如果让俄国尽量买走，本地军民便会缺粮。

俄方表示希望让俄商货物在中国陆路畅行，以抵制英美商人南洋水路之势。志刚说：中国的税制和关卡不能变更，不能使外商之路日宽，中商之路日窄。

俄方又要求应允俄人到科布多、乌理雅苏台等处通商。志刚说：此事要与中国派在当地的官员商议后，才能答复。

最后俄国提出一个纯属干涉中国内政的问题：新疆的变乱，使俄国边界受到滋扰，中国究竟准备如何处理？是否允许新疆独立？希望“及早定办”。志刚说：中国正在集兵调饷，一定要镇压叛乱，决不能将就了事；因为如果中国置之不理，俄国边界岂不是会继续受到滋扰吗？俄国人听了，也无话可说。

在《初使泰西记》一书中，志刚还记下了他对当时西方社会政治的观感，有一些颇有价值。如向美国总统递交国书后写道：

> 西国不讳名，故美国总统领专逊之名，国人皆通呼之。……因思讳名之典，始于中古。特为子孙自敬其先人，非欲其祖父之名没而无称也。故《记》有诗书不讳、临文不讳及二名不偏讳、嫌名不讳之说。西国不讳，亦犹行古之道欤。

到西班牙访问时，得知女主衣萨伯(即伊莎贝拉二世，一八六八年九月政权被推翻后逃亡法国)已经逊位，志刚又有一段议论：

> 泰西立君，不拘于男女。然为君而不能尽君道者，国人不服，则政令有所不行，不得安其位矣。故西国君主，治法不必尽同，而不敢肆志于拂民之情，则有同揆焉。

普法战后的同治八年十二月初四日，志刚在柏林郊外游观，遇到一位布(普)国妇女。她问志刚：“中国亦爱其君上否?”

且曰："我国之君主，无不爱之者也。"志刚"闻此言而心动"，深有感慨地写道"此言虽小，关系甚大"，"因布人妇有爱其君主之言，而其君已能取威定霸于欧洲"，"是国家安危之机，未有不系民情之爱恶者也"，"西国之炮大船坚，不如此言之可以深长思也!"

难怪嘉庆和咸丰不肯让外国人到中国来，也不肯让中国人到外国去。这些皇帝其实并不愚蠢。但是，不管皇帝们如何杜渐防微，毕竟禁止不了社会向前发展；帝制不能不变成共和，专制不能不变向民主，尽管得一步一步慢慢来。嘉庆和咸丰的"敕谕"徒供后人讪笑，倒是志刚这本小书，却给我们留下了一点"可以深长思"的东西。

# 第七章　罗森见日本开国

一八五四年(咸丰四年)，香港英华书院(Anglo-Chinese College)发行的中文月刊《遐迩贯珍》(*Chinese Serial*)，从第十一号起开始连载中国人罗森的《日本日记》。月刊编者(此时当为奚礼尔，即 C. B. Hillier)在文前有一按语云：

> 《遐迩贯珍》数号，每记花旗国与日本相立和约之事；至第十号，则载两国所议定约条之大意。今有一唐人，为余平素知己之友，去年搭花旗火船游至日本，以助立约之事。故将所见所闻，日逐详记，编成一帙，归而授余。兹特著于《贯珍》之中，以广读者之闻见，庶几耳目为之一新。

所谓“花旗国与日本相立和约之事”，即指美国海军准将被里(Perry，今译柏利，1794—1858)率领的舰队，于一八五三年七月和一八五四年二月两次开到江户(东京)湾，强迫德川幕府结束二百年来的锁国政策，同美国签订通商条约。“搭花旗火船游至日本，以助立约之事”的“唐人”，便是《日本日记》的作者罗森。

## 海外三神山

中国和日本在东亚是近邻，把两国隔开的海面并不特别辽阔，两地居民之间很早就有往来。十九世纪中叶以前，两国对于从远西来的“夷人”，同样采取了闭关不纳的态度。柏利舰队在江户湾的行动，正与英国十三年前在中国的作为相同。但是，被迫开放以后，日本改弦易辙，学习西方，学得非常之快，非常之好，在短短的时间内便建成了一个资本主义的近代国家。从此以后，日本虽在地理上仍旧属于东方，它的政治、经济、社会、文化却迅速“西化”，并且成了近代中国接受西学和认识西方的一条主要渠道。因此，罗森“搭花旗火船游至日本”，可以认为是中国人近代走向世界的又一个标志。

为了把中国和日本的事情略为说清楚，我们首先得简单地回顾一下两国间往来的历史情况。

考古证明，在公元前三世纪以前，日本即已通过朝鲜半岛，学会了中国大陆上以青铜冶炼制作及金属器农耕为代表的先进技术。《汉书》记载：“乐浪海中有倭人，分为百馀国，以岁时来献见。”乐浪为汉朝设在朝鲜半岛上的郡名。日本九州岛上为数众多的部族集团，利用季风和海流，横渡对马海峡前来互市，这时已经有了相当长久的历史。

中国国土辽阔，人民众多，物产蕃庶，自然在孤立海中的日本岛民心目中造成了深刻的印象。公元五十七年(东汉光武帝建武中元二年),“倭奴国”派使者到洛阳,接受“汉委奴国王”的封号和金印。日本史家井上清叙述此事时写道:

> 这种长途旅行的困难是出乎想象之外的。日本社会就是这样地恰如婴儿追求母乳般地贪婪地吸收了朝鲜和中国的先进文明,于是从野蛮阶段,不久进入了文明阶段。(《日本历史》)

后来,日本“邪马台国”的女王又曾向中国曹魏王朝遣使,接受“亲魏倭王”封号。“倭王武”则被刘宋皇帝封为“使持节,都督倭、新罗、任那、加罗、秦韩、慕韩六国诸军事,安东大将军,倭国王”。新罗、任那等都是朝鲜半岛上的国名。可见在公元五世纪,日本已经在朝鲜南部建立了自己的据点。就在这个时期中,日本通过朝鲜(百济)学者接受了汉字和儒家经典。

到中国隋唐时期,日本开始了建立中央集权封建国家的过程,更是把中国作为效法的模式。此时日本已经有了直航中国的交通。从六〇七年小野妹子开始,“遣隋使”和“遣唐使”舳舻相属,同时还有大批僧侣和学生到中国留学。七〇二至七七七年期间六次的“遣唐使”,每次都有四五百留学生同来。在留学生和“学问僧”中,出现了高向玄理、南渊请安、空海等许多著名人物,他们为创建日本文化、推动日本进步起过巨大的作用。

在漫长的中日文化关系史上，中国总是在施予，但只是在施予而不是主动的传播。和日本人热心来中国相反，中国人很少去日本旅行(鉴真和尚是应日本之请而去的，而且一去不归，没有带回关于日本的信息)，更谈不到了解和吸收日本的文化了。唐朝有许多诗人，包括李白、王维、贾岛，都有写给来华日本人的诗；但诗人们对日本的人情、风土甚至地理方位却很茫然。诗中的日本，无非是虚无缥缈间的“海外三神山”罢了。

唐朝的兴盛成为过去以后，封建统治者对外国神经衰弱的时候居多。朱元璋大杀功臣，总是给被杀的人加上“通日本”或“通高丽”的罪名，实际上当然完全没有这么回事。《皇明祖训》正式把日本列入“不征诸国”，“不征”也就是“不理”，即断绝往来之意。但是，你不“征”它，不等于它不“征”你。由日本浪人形成的“倭寇”，从明朝中叶起就不断侵袭东南海疆。丰臣秀吉的大军，也曾深入朝鲜，威胁到东北边境。断绝往来，事实上已经难于做到了。

到明代，中国商人也有到日本贸易的了。长崎有所谓“唐馆”——指定给中国商人居住的地方。郑成功的生母，便是生长在长崎的日本女子。在中国也开始出现了关于日本的记述：薛俊的《日本考略》，记录了三百五十八个日本词语的汉语对音；郑若曾的《日本图纂》，根据商人的叙述，图画了一些日本风物；还有郑舜功的《日本一鉴》，署名侯继高的《日本风土记》，李言恭的《日本考》等几种小书。

明亡以后，有些文人逃往日本，像朱舜水就大大有名。清朝的文人因而对日本渐渐发生兴趣，朱彝尊、戴名世、尤侗都留有诗文。但他们既未亲去日本，也少调查研究；写的不是过于简略，就是颇多错谬。如陈伦炯的《海国闻见录》，竟说日本是由长崎、萨峒马（萨摩，即今鹿儿岛）、对马等三岛组成的国家，简直近乎“瞎子摸象”了。

倒是乾隆年间有个汪鹏，曾随商船到过长崎，他的《袖海篇》记录了当时一条谚语：“日本好货，五岛难过。”又说长崎“风土甚佳，山辉川媚；人之聪慧灵敏，不亚中华”。还有福建人沙起云，有《日本杂咏》十六首，专咏长崎风物，算是无鸟之乡的蝙蝠。

统治阶级及知识分子对日本情况的无知，可以由下面这个故事充分显示出来：乾隆年间全国查禁私钱，在沿海某地发现了一枚日本的“宽永通宝”，竟成为震惊朝廷的事件。因为中国并无“宽永”年号，建号铸钱又是造反立国才有的事情，朝廷以为有人图谋“大逆”，严令各省大吏彻查，居然没有一位大吏知道这不过是一枚普通的日本铜钱，结果闹得“守令仓皇，莫知所措”。

这种情形，到罗森的时代仍无多大改变。光绪十三年(1887)黄遵宪写《日本国志自叙》，还说：

昔契丹主有言：“我于宋国之事纤悉皆知，而宋人视我国事如隔十重云雾。”以余观日本士夫，类能读中国之书，考中国之事。而中国士夫好谈古义，足己自封，于外事不屑措意。无论泰西，即日本与我仅隔一衣带水，击柝相闻，朝发可以夕至，亦视之若海外三神山，可望而不可即；若邹衍之谈九州，一似六合之外，荒诞不足论议也者，可不谓狭隘欤？

“视之若海外三神山，可望而不可即”，这种情形，过去确是如此；直到“花旗火船”开来，才终于发生了变化。

## 花旗火船

中国和日本这两个“同文同种”的东亚国家，其发展道路和近代化(Modernization)进程竟如此之不同，究其原因，当然是由于两国的历史条件在许多方面存在着差异，例如说：

(一)中国地方宽广，拥有丰富的资源，“足乎己无待于外”(韩愈语)，经济上从来是自给自足的。但是，“与中国相比，日本简直是一个囚笼”（见《美国人在东亚》第362页）。孤立在海岛上的日本民族，不能不依赖广大的外部世界，不能不向外看，以求得自己的生存和发展。

(二)中国的传统文化土生土长、源远流长。它是几大文明发源地的古老文化中唯一“世袭罔替”下来的文化。它的凝集力是极强的，因而保守性也极强。日本文化在本质上却是多元而非一元的。它在胚胎时期就融合了蒙古利亚—通古斯和马来—波利尼西亚的血统；它的第一次飞跃又是由于大量吸收朝鲜和中国先进文明的结果。它无法以多少千年的历史自夸，因而也少有“异体排斥”的倾向。

(三)当面临西方入侵的时候，中日两国还在把自己的皇帝视为“天下共主”，这一点是相同的。不同的是，中国皇帝是“入主中原”的少数民族爱新觉罗氏的后裔；中国国内的民族主义觉醒和民主主义要求，正在向前发展；清朝的统治，正如漩涡中的破船，即将沉没。而日本帝国所受的内外压力，却集中在实际掌握政权的幕府身上；“万世一系”的天皇，反而成了人民爱国精神归附的偶像；“尊王攘夷”和“王政复古”，居然成了日本维新运动最初的口号。

(四)中国以八股试帖取士、凭资格和关系考选的制度，抑制了新的政治人才的成长。日本德川幕府后期，许多藩国在政治上处于竞争的状态，其取士之方，据《日本日记》记载，系“文、武、艺、身、言皆取，而诗不以举官。所读者亦以孔孟之书，而诸子百家亦复不少。所谓读书而称士者皆佩双剑，殆尚文而兼尚武欤”。事实上正是“萨、长、肥、土”和水户等藩国中涌现的一批尚武任事、勇于进取的人才，成了在内部推动日本走上顺应近代历史潮流的力量。

以上几点，当然远远不是全面的分析。不过，在介绍一八五三至一八五四年“花旗火船”到日本事件的历史背景时，简单地指出这几点却是非常必要的。

在“花旗火船”到来之前，日本和中国一样，基本上是一个封闭的国家。一六三五年德川幕府全面锁国，比康熙皇帝重新禁海还要早八十多年。幕府对出国、信教和接触西学的惩罚，比中国厉害得多。锁国期间，被允许到长崎在严格管制下通商的只有荷兰和中国两个外国。一七九九年，美国帆船“佛兰克林号”第一次访问日本，船长奉命当海岸一旦在望的时候，立刻悬起荷兰旗，冒充荷兰船只。给船长的还有下列指示：

> ……(船上的)一切书籍，特别是宗教书，在临近日本的时候，必须装箱钉死。岸上来的官员会在箱上加贴他们的封条，起运上岸；俟船舶离埠时，再原封搬到船上。(《美国人在东亚》第213页)

仅此一条，即足见锁国之彻底了。

一八三七年，美国商船“马礼逊号”以送回遇难日本船民为由，从澳门驶到江户湾，希望和日本建立联系。日本的答复是用大炮对船只开火，七名日本船民一名也没有被允许上岸。

尽管如此，美国打开日本门户的决心却没有动摇。这一则由于美国商业需要新的市场，二则在北太平洋的捕鲸船也迫切希望得到停泊的港口。一八四四年，美国和中国签订了《望厦条约》。受到这个条约的鼓舞，纽约州的商人于一八四六年向参议院提出请愿书，正式请求国家派遣使节团前往日本。同年，海军准将皮特尔率领兵船到达江户，询问日本政府是否愿意开放口岸并和美国缔结一项条约，但仍然遭到了拒绝。

这时候，英、俄、法、荷等国，也都想打开日本的市场(对荷兰来说是进一步打开市场)。荷兰国王威廉二世在一八四四年写信给日本幕府将军指出：欧洲各国已经为他们的臣民打开了一切贸易渠道，蒸汽航行术的采用已经缩短了国与国之间的距离，一个继续闭关自守的国家已经不能避免其他国家的敌视，中国最近所遭到的祸患已经在威胁着日本。

当美国领土扩大到太平洋东岸以后，美国对亚洲的兴趣更大了，特别害怕在日本又像在中国那样，被英国人占了头筹。用蒸汽机作船舶动力的新方法，此时亦已开始用于通商。美国要在东亚和英国竞争，必须解决蒸汽机动力能源即燃煤的问题。正如《日本日记》开头所说：

> 合众国金山名驾拉宽（加利福尼亚），近今人多往彼贸易。洋西面辽阔，欲设火船而石煤不足。必于日本中步之区，添买煤炭，能设火船，便于来往。是故癸丑三月，合众国火船于日本商议通商之事，未遽允依。

这就是一八五三至一八五四年美国舰队远征日本的历史背景。

## 马登·柏利和罗森

一八五一年，美国决定派驻中国分遣舰队司令奥利克海军准将率领舰队前往日本议约。后因奥利克患病和被控，改派了东印度舰队司令（已接掌中国分遣舰队的指挥权）马登·柏利（罗森称为“合众国钦差大臣、驻中华日本天竺等海权官、本国师船提督被里”）。

柏利是一个热心的扩张主义者。他认为必须用军事力量取得美国过去未能取得的东西。他说：

我决不允许我国的国家权利受到任何侵害；相反，我相信这正是时机，在东方采取这样一种立场，来宣扬美国的威势，以期使那些权利受到更大的重视。因为在东方国家之中，权利通常是按照所显示的军力而加以权衡的。(《美国人在东亚》第238页)

除了日本以外，柏利还鼓吹美国应当控制台湾、琉球和小笠原群岛。他在一封公函中写道：

我敢负责力陈，在世界的这带地方建立一个立脚点，以作为支持我国在东方的海权的肯定必要措施，实为得计。(美国参议院档,转引自《美国人在东亚》第235页)

柏利甚至还主张美国应该伸张它的“国家友谊和保护”到暹罗、柬埔寨、交趾支那、婆罗洲、苏门答腊及其以东的许多岛屿，以致后来的美国历史学家在评论他时写道：“具有像他这样大野心的美国人，真是前无古人，后少来者。”(《美国人在东亚》第235页)美国政府选择这样一个军人来执行这项任务，可谓得人。

代理国务卿康拉德颁给柏利的训令中有一段话，概述了十九世纪以来太平洋上发生的变化：

最近的一些大事，诸如在海洋上的蒸汽行轮、本国在太平洋沿岸取得的广袤领土和迅速在那里定居，以及在横亘间隔两洋的地峡上建立便捷的交通等，实际上已使东方各国越来越靠近我们本国。虽然这些大事的后果，还没开始被感觉到，可是两国间的交往已经大为频繁，其日后的扩展是不可限量的。(《美国人在东亚》第228页)

训令要柏利告诉日本人，“总统甚愿和皇帝和平友好相处”，但是“除非日本改变它视美国人民为仇雠的政策，则两国之间自无友谊可言”(《美国人在东亚》第229页)。这就是说，日本必须放弃锁国政策，应该开放一处或几处口岸通商，给美国船只以购买煤斤的权利，并给美国遇难水手提供保护；否则，就“一定要受到严厉的惩罚”。但柏利在被“赋有很大的便宜行事权”的同时，也被告诫避免不必要的挑衅行为，除非自卫，不得使用武力。

柏利第一次率往日本的舰队，包括两艘轮船和两艘军舰。由于美国的船身多涂黑漆，日本史籍把这些船称为“黑船”。

两次舰队都是从香港启碇的。鉴于过去前往日本的船上没有称职的翻译人员的教训，柏利在香港特邀卫廉士担任自己的译官(罗森称为“通理国师”)。卫廉士是精通汉语和日语的美国传教士，一八三三年来华，在广州为美国公理会创办印刷所，与创办英华书院的马礼逊、编辑《遐迩贯珍》的麦都思、奚礼尔等人极熟。这些英美教士在中国人中广交朋友，罗森就是其中之一。

关于罗森的生平，我们别无了解，只从《日本日记》中得知他字向乔，“产广东”。他曾写过一本名叫《南京纪事》的册子，自称“避乱夷船亦一奇，吴中鼙鼓不闻知”。证以他在和日本人笔谈中关于太平军的叙述，得知他亲历过太平战事。《遐迩贯珍》编者称他为“平素知己之友”，日本人又曾问他：“子乃中国之士，何归鴂舌之门?”说明他可能懂得一些英语，也有可能是一个教徒。他虽然在日本“不通言语倍伤神”，但可以用汉文和日本人“笔谈”。当时日本的读书人和官吏多通汉文，带了罗森这样一个人同去，无疑很有用处。

罗森的文字并不高明，尤其是诗，带着非常庸俗的市井气。《日本日记》对日本的历史文化很少记述，而于物产、贸易、市容却很注意。舰队返回途中，柏利的旗舰“密西西比号”(罗森称为“美士摄被”)先回香港，罗森则和卫廉士同船到宁波。他在镇海收购了一批生丝，因为那里的丝“价略低于粤省”。对于经商，他似乎颇为内行。

根据这些材料看，罗森可能和林鍼一样，是一个略通翰墨的商人。日本人赠诗恭维他是“黄帽金衣客”，而日本松平康民子爵所藏当时著名画工锹形赤子所画《米利坚人应接之图》，其中的“清朝人罗森”，却是科头皂服，完全一副商人的形象。《日本日记》云：日本有人“能于公堂之上描绘亚国(即美国)各官之像”，可见锹形赤子的画是以写真为本的，罗森画像也应该是他的本来面目。

除了《日本日记》外，还有罗森与日本人笔谈的记录在日本流传。笔谈的内容，是答复日本人所询中国太平军战事的情况。从中看出，罗森的政治态度是中立的，并不站在清廷立场上。如——

问：太平王得志，复衣冠之旧文物乎否？

答：能得志则复。

问：成败之势如何？

答：随天意。

问：天道今将属谁？

答：未可知也。

…………

问：中国过半随贼乎？

答：以仁义乃可使民服。

这也大体上符合当时同西方传教士和商人接近的中国市民阶层中代表人物的观点。

## 炮口下的开放

罗森参加的是柏利舰队的第二次日本之行，此次舰队“共合火船、兵船九只”。在此以前，柏利舰队曾于一八五三年七月八日到江户湾停留了九天。当时柏利采取了炫耀武力的方式。他不理地方官要美国船只开往长崎的命令，坚持要日本天皇的代表前来接受美国总统致天皇的书信；否则他就要率军登岸，自行投递。这时候，日本活跃而有力量的地方势力，已经起来反对德川幕府的威权，有后顾之忧的幕府将军在美国的炮口前屈服了。于是，柏利通知日本方面，他明年将率领“一支更大的舰队”，前来领取对总统书信和立约建议的答复。

罗森日记记载：“是年(癸丑)十月二十二，有某友请予同往日本，共议条约，予卜之吉，十二月十五(1854.1.17)扬帆。”在前往日本的途中，舰队曾在琉球(也是柏利的一个目标)停泊。罗森随柏利、卫廉士等乘轿至王宫，接受了琉球总理大臣尚宏勋的款待。一八五四年二月十一日，舰队再入江户湾，泊于横滨。

幕府这一次已经作了妥协的准备。十年以前，幕府大将军在回复荷兰国王的信中说：锁国政策是“祖宗成法”，不能变更。这次致美国总统的复函却承认：“对我们来说，继续泥守古法，似乎是误解时代的精神。”但是，对于美国舰队，日本的基本态度仍然是严密戒备。罗森日记写道：

> 初事，两国未曾相交，各有猜疑。日本官艇亦有百数泊于远岸，皆是布帆，而军营器械各亦准备，以防人之不仁。

美方谈判人员住进公馆后，日方又以馈赠为名，“馈以粟米数百包，每包约二百馀斤重，遣肥人九十馀名，俱裸体，一夫获举二三包。不一时而数百包之粟米尽迁于海畔。再后，复使肥人清服赤体，以武力角于公馆之墀，胜者赏酒三卮”，以显示“日本之多勇力人也”。

罗森称为“京城大君”的幕府大将军，派大学头林鹈殿等和柏利谈判立约事宜。罗森日记介绍了谈判的情形：日本人建议美国接受原来荷兰通商的条件，以长崎为口岸；柏利则拿了中美《望厦条约》给日本人看，要求立刻开放三至五个港口。

日本人对中国发生的事情非常关心。有个叫平山谦二郎的，向罗森询问中国情况，看了罗森写的《南京纪事》及《治安策》二册子后，用汉文给罗森写了一封信。从这封信看，平山谦二郎是站在和中国保守派同样的立场上，与罗森的观点是对立的。信中说：

> 呜呼！利者，人之所共欲，而万害所由胎也。“子罕言利”，常杜其源也。我祖宗绝交于外邦者，以其利以惑愚夫，究理之奇术以骗顽民。顽民相竞，唯利是趣，唯奇是趣，骎骎乎至于忘忠孝廉耻，而无父无君之极也！……全地球之中，礼让信义以交焉，则大和流行，天地惠然之心见矣。若夫贸易竞利以交焉，则争狠狱讼所由起，宁不如无焉！……向乔寓合众国火轮而周游四海，有亲观焉者乎？若不然，请足迹到处，必以此道说各国君王，是继孔孟之志于千万年后，以扩于全世界中者也。

还有一位叫明笃的日本人，在同罗森交谈时问道：“子乃中国之士，何归鴃舌之门？孟子所谓‘下乔木而入幽谷’者，非欤？”罗森用一首诗作了回答，结尾四句是：

> 从古英雄犹佩剑，当今豪杰亦埋轮。乘风破浪平生愿，万里遥遥若比邻。

思想和眼界倒是比这两位日本人开阔一些。

谈判终于于三月廿五日达成协议，日本“允准箱馆(在北海道，今称函馆)、下田(横滨东南)二港以为亚国取给薪水、食料、石炭之处，由是两国和好，各释猜疑”。次日，柏利在舰上宴请林鹈殿，有日本官员数十人参加。美国方面向“大君”赠送了礼品，计有“火轮车、浮浪艇、电理机、日影像、耕农具等物”。据罗森日记：“即于横滨之郊筑一圆路，烧试火车，旋转极快，人多称奇”。电理机是“以铜线通于远处，能以此之音信立刻传达于彼，其应如响”。日影像以镜“向日绘照成像，毋庸笔描，历久不变”。原来所谓“火轮车(火车)”是一具能开动行走的蒸汽机车模型,“电理机”是早期的电讯设备，“日影像”则是原始的照相机。在一八五四年，这些近代工业文明的产物，对于日本人来说，是比中国人更为生疏的。

尽管在日本也有平山谦二郎和明笃那样的人物，但是谈判代表们却高兴地收下了美国的礼物，而且并不掩饰他们对这些“究理之奇术”的兴趣。这和《望厦条约》签字后赠给中国谈判代表耆英的礼物——几座火炮模型和一批军事技术书籍——的命运，形成了有趣的对照。耆英表示中国对这些“利器”不感兴趣，拒绝接受，并且还说，他相信“中国的和平已经确保无疑了”。

毫无疑问，在锁国二百馀年的封建社会中生活过来的日本普通人民，对于一八五四年的开放，也和中国人民同样没有思想准备。立约后,“火船”开至箱馆，当地“人民不知何故，是先逃于远乡者过半”。但这种情形毕竟是暂时的，“以温语安抚百姓”后，人们就“还港贸易”了。在下田，“亚国官兵排列队伍，历游各町，男女人民观者如堵”了。至于对从也是外国的中国来的、也是外国人的中国人罗森，日本人一开始就极表欢迎。罗森日记云：

> 日本人民自从葡萄牙滋事，立法拒之，至今二百馀年，未曾得见外方人面，故多酷爱中国文字诗词。予或到公馆，每每多人请予录扇。一月之间，从其所请，不下五百馀柄。（以后又云“所写之扇不下千馀柄矣”。）

据日记：“夏五念二日，林大学头、都筑骏河守等会议附录条约十三款，彼此恪遵永久；并准箱馆步游五里之遥，明年通商贸易。”近代史上日本的“鸦片战争”，就这样未放一枪地结束了。

中国人罗森是这次历史事件的见证人。《日本日记》篇幅虽则不多，其价值则超过了中国以往关于日本的所有记述，更不要说那些坐在士大夫书斋里遥想海外三神山的作品了。

一八五四年至今不过一百三十年。一百三十年前的日本人，见了美国人显示的火车模型、电讯设备和照相机，诧为得未曾见的“奇术”；一百三十年后的今天，日本的汽车、相机、电子产品，却牢固地占领了美国的市场。抚今思昔，能不慨然！

# 第八章 容闳与西学东渐



容闳在近代西学东渐中的历史地位是公认的。因此，一九一五年恽铁樵和徐凤石把他用英文写成的回忆录 *My Life in China and America*（直译当作“我在中国和美国的生活”）节译成中文，交商务印书馆出版时，取了个《西学东渐记》的书名。这个书名虽然并不忠实于原文，却一直没有什么人提出异议。

恽铁樵长于清末民初流行的“新民体”文，主编《小说月报》，颇具影响。《西学东渐记》译文也用文言，但信而且达，无愧原作。

容氏自称“以中国人而毕业于美国第一等之大学校，实自予始”。其赴美留学在一八四七年，盖与林鍼同时，而早于斌椿、志刚诸人。但是，容闳并没有留下当时的记述；《西学东渐记》叙事止于一九〇一年，出版于一九〇九年，已在他出国六十一年以后了。

《西学东渐记》总结了容闳六十多年的经历。他的一生，是第一代留学西方的中国知识分子为了使中国近代化而努力的一生，值得后人永远怀念。

## 伶俐的小家伙

一九〇九年纽约原版 *My Life in China and America* 书前，有恽、徐二氏略去未译的容闳自序一篇，全文不长，却于人们了解《西学东渐记》其书和容氏其人的主导思想极有裨益，兹译录如下：

> 本书前五章缕述予赴美前初受教育，以及留美就读于孟松学校及耶鲁大学诸情形。第六章始叙及予学成归国之经历。因受西学故，予去国八年，思想行为已有极大改变，致使予之归国竟一似异域之来客，然予眷恋故国同胞之热情固未曾或减。故续叙遣送幼童留美诸事，此盖为中国复兴希望之所系，亦即予苦心孤诣以从事者也。而不旋踵间，留学事务所竟被解散矣，百二十之留学幼童竟被撤回矣，予之事业其亦告终而已乎！所幸者，首批幼童中，有二三子坚忍不拔，勤奋精进，卒成经世之才。因其呼号援引，始得使中国学生复能万里来航研讨西学。中国之强，或在兹乎！
>
> 一九〇九年十一月，于康纳特克省哈特福德阿特伍德街十六号。

由此可见，从一八四七年赴美到一九〇九年写书，容闳的努力始终围绕着一个中心，这个中心就是“西学东渐”——要使西方现代文明传播于中国，使中国变成西方国家那样的现代国家。

容闳的家位于距澳门四英里的南屏镇。父亲死后，幼小的他必须从事劳动，维持家庭生活。他之所以能入学读书，并能于早年出国留学，本身就是西学东渐的结果。

《西学东渐记》自述幼年贫苦情形云：

> 予兄业渔，予姊躬操井臼，予亦来往于本乡及邻镇之间贩卖糖果……每日清晨三时即起，至晚上六时始归，……如是者五阅月，而严冬忽至，店铺咸停制糖果。予乃不得已而改业，随老农后，芸草阡陌间，予姊恒与予偕。……稻田中之泥水深且没胫。

澳门是西人最早在中国办学的地方。一八三五年，德国籍传教士郭士立的夫人(Mrs. Gützlaff)在澳门设立女塾。一八三六年，马礼逊教育会筹备开办一所学校，纪念已故的马礼逊博士(Dr. Robert Morrison)，拟招收若干中国男童，先在郭士立夫人塾中寄读，父母便托人把七岁的容闳送到这里读书。容氏说：

> 是时中国为纯粹之旧世界，仕进显达，赖八股为敲门砖。……父母独命予入西塾，此则百思不得其故。意者，通商而后，所谓洋务渐趋重要，吾父母欲先着人鞭，冀儿子能出人头地，得一翻译或洋务委员之优缺乎？至于予后来

所成之事业，似为时势所趋，或非予父母所及料也。

的确，当时即使在澳门这样的地方，比较有身家的人家也是不愿意把子弟送到“西塾”读书的，因为读这样的书不能考秀才、举人，不能仕宦显达。但是，外国人有钱，办洋务可以赚钱，这就对某些家庭有些吸引力。“忆予初入塾时，塾中男生，合予共二人耳”。可见吸引力并不是很大的。

一八四〇年，容闳正式进入马礼逊学堂，翌年又随学校由澳门迁至香港。在这里，他遇到了一位美国老师勃朗先生（Rev. S. R. Brown）。容闳的不致因为家贫辍学，以及后来能去美深造，主要是由于勃朗先生及其朋友的帮助。H. N. Shore 所著 *The Flight of the Lapwing* 一书记述：

> ……有一个聪明伶俐的小家伙，人们把他送到学校来。勃朗先生认为他是一名有前途的学生，把他收下。这位小孩的母亲很贫穷，靠着上山打柴过日子。她的意思是让这孩子在学校里多待些时候，学点儿英文的知识，将来好在英国人的家庭里当仆人。末后，这位贫穷的妇人，因生计完全不能维持，所以要把小孩领回。……有一人听到这事，保证要维持她的生活，以便使小孩留在学校。他继续维持她的生活到十七年之久。勃朗先生在领导这个学校七个年头之后，回到美国去，把班中最好的三个学生带走，其中一人就是那聪慧矮小的学生容闳。

容闳自己叙述他离家去美国时，心中充满了对母亲的留恋和对老师的感谢之情：

> 一八四六年冬，勃朗先生回国。去之前四月，先生……并谓对于本校，感情甚深。此次归国，极愿携三五旧徒，同赴新大陆，俾受完全之教育。诸生中如有愿意同行者，可即起立。……予首先起立，次黄胜，次黄宽。第予等虽有此意，然年幼无能自主，归白诸母。母意颇不乐。予再四请行，乃勉强曰："诺。"然已凄然泪下矣。……由今思之，殆望予成器，勉强忍痛也。鸣呼！……幸勃先生未宣言前，已与校董妥筹办法。故予等留美期间，不特经费有着，即父母等亦至少得二年之养赡。……资助予等之人……解囊相助，俾予等得受完全之教育，盖全为基督教慈善性质，并无他种目的。今则人事代谢，已为古人，即称道其名，亦已不及。

一八四七年一月四日，容闳、黄胜、黄宽等三人从黄埔港上了"亨特利思号"(Huntress)帆船，开始了到美国的旅程。

## 耶鲁的留学生

"亨特利思号"是纽约奥立芬兄弟公司(The Olyphant Brothers)一条到中国载运茶叶的帆船。它的航线，是由黄埔向西，经印度洋，绕好望角，再入大西洋北上而达纽约。容闳一行抵美时为一八四七年四月十二日，计居舟中凡九十八日。旋到勃朗家小住，一星期后乃赴马萨诸塞州入孟松学校(Monson Academy)。孟松学校为新英格兰最有名之预备学校，校长海门(Hammond)对容闳等三个中国留学生特予照顾，“盖亦对于中国素抱热诚，甚望予等学成归国，能有所设施耳”。

在孟松学校之第一年，容闳等三人均列英文班中，所习者为算术、文法、生理、心理及哲学等课。容闳并在海门校长亲自教授下，诵习英国文集。一八四八年秋，黄胜以病归国，黄宽决定两年学习期满后赴苏格兰入爱丁堡大学学医，容闳则立志报考勃朗先生和海门校长的母校——耶鲁，并为此而努力学习拉丁文及希腊文。

勃朗先生和海门校长也极愿容闳入耶鲁大学深造，想为容闳申请孟松学校校董会为贫苦学生升学而设置的奖学金。但学校原有规定，欲取得此项奖学金的学生，必须先具志愿书，保证大学毕业后以传教士为职业。容闳虽然感激老师的好意，却坚决拒绝了为他安排的这种前途，他写道：

> 予虽贫，自由所固有。他日竟学，无论何业，将择其最有益于中国者为之。纵政府不录用，不必遂大有为，要亦不难造一新时势，以竟吾素志。……且传道固佳，未必即为造福中国独一无二之事业。……况志愿书一经签字，即动受拘束；将来虽有良好机会可为中国谋利者，亦必形格势禁，坐视失之乎？……盖人类有应尽之天职，绝不能以食贫故，遽变宗旨也！

这真是一段掷地作金石声的文字。它说明，尽管容闳到美国是为了接受西洋的新学，但是爱祖国、爱人民的热情，融化在炎黄子孙的血液里，绝不是几阵欧风美雨冲洗得掉的。当然，每个民族都有不肖的子孙，也会有不争气的人，会有人羡慕外国的月亮好。早在容闳到美国之前二十九年即一八一八年，美国康州康威尔城的“国外布道学校”，即有来自中国广州的一名王姓学生入学（见哥伦比亚大学一九三一年出版的 *The Culture Contacts of the United States and China* 一书）。至于到欧洲去学习的中国人，更可以远溯到郑玛诺（1633—1673），他“自幼往西国罗马，习格物穷理超性之学，并西国语言文字……康熙十年来京，十三年甲寅，卒”（见韩霖、张赓《圣教信证》）。但是这些人已经被“西化”成连名字都“西式”了的“西籍华人”，被“教化”成了西方国家“差遣”来中国传教的教士。他们忘记了祖国和人民，祖国和人民当然也就把他们忘记了。

容闳和郑玛诺之流完全不同。他爱自己的祖国，追求西学也是为了有益于中国。一八五〇年，他终于取得乔治亚州萨伐那妇女会（The Ladies Association in Savannah，Ga.）的资助，考进了耶鲁大学。入学后，他生活极为俭朴，一切洒扫拂拭劈柴生火等劳动都自己干，“雪深三尺，亦必徒步”；还必须不断“为人工作”，如替同学办伙食，替“兄弟会”管理图书之类，以取得必需的零用钱。

中国有句古话说得好，“艰难困苦，玉汝于成”。容闳在困难的条件下坚持苦学，“读书恒至夜半，日间亦无馀晷为游戏运动”。因为预修不充分，他的数学成绩一直不太好，但是文学和哲学的成绩弥补了这个缺陷。第二、第三两学期，他的英文论说连续获得首奖，“校中师生异常器重，即校外人亦以青眼相向”。大家都充分承认这位优秀的中国青年的卓越的学习能力。

在一八四七至一八五四的七年间，容闳如饥似渴地吸收着新的知识。他并没有过多接触社会和政治问题，但是，对于一个思想敏锐而又时刻关心着祖国的进步和人民的幸福的青年来说，化学实验在玻璃仪器内显示的是一个全新的世界，微积分可以启发对合理化的思考和追求，古代雅典民主政治史也足以使他痛切地感觉到专制制度的违反人性和缺乏道德基础。他逐渐懂得：到外国留学，不能只学各科常识和外国的语言，那样做，“充乎其极，不过使学生成一能行之百科全书，或一具有灵性之鹦鹉耳，曷足贵哉！”

特韦契耳（Joseph H. Twichell）牧师一八七八年四月十日在耶鲁肯特俱乐部的一次演说中，对容闳在耶鲁的表现有极生动的叙述，他说：

> ……容闳终于闯了过来。他带着辫子、穿着中国长袍进入大学，但不到一年，就把这两样都割弃了。
>
> ……
>
> 一八五四年容闳的毕业是那年毕业典礼上的大事件，至少许多人是这么看的，而有些人来参加毕业典礼主要就

是为了看一看这位中国毕业生。

容闳的爱国心在大学毕业时受到了更加严重的考验。特韦契耳牧师写道：

容闳毕业时受到了莫大的劝诱，让他改变终生的打算。他居留美国已久，具备彻底归化的资格。……而且，由于他的毕业引起人们的注意，一个很有吸引力的机会向他开放了：只要他乐意，他可以留在美国并找到职业。另一方面，对他来说，中国反倒像异乡。他连本国语言也几乎忘光了。而且在中国，没有什么需要他去做的事。那里除了卑微的亲属外，他没有朋友，不会给他任何地位和照顾，可以说没有他立足之地。不仅如此，由于考虑到他在哪里待过，成了什么人，想要干什么，他在本国人当中不可能不受到歧视、猜疑和敌视。摆在他面前的是一派阴郁险恶的前景。

但是，长夜漫漫的祖国，不是正需要甘为爝火的人才吗？容闳拒绝放弃他终生为中国谋福利的打算，没有答应留在美国。关于他的这一决心，《西学东渐记》有一段至为感人的自白：

予当修业期内，中国之腐败情形，时触予怀，迨末年而尤甚。每一念及，辄为之怏怏不乐，转愿不受此良教育之为愈。盖既受教育，则予心中之理想既高，而道德之范围亦广，遂觉此身负荷极重。若在毫无知识时代，转不之觉也。更念中国国民，身受无限痛苦，无限压制。……予无时不耿耿于心……予意以为，予之一身既受此文明之教育，则当使后予之人亦享此同等之利益，以西方之学术灌输于中国，使中国日趋于文明富强之境。

一八五四年十一月十三日，容闳揣着羊皮纸的耶鲁大学毕业文凭，从纽约登上“欧里加号”（Eureka）帆船，踏上了归程。

## 和太平军的接触

经过一百五十四天的长途航行，容闳终于回到了他的贫穷老病的母亲的身边。他依坐在母亲的膝下，让老母抚遍他的全身。母亲见他已经蓄了胡子，慈爱地对他说：“你哥哥还没蓄胡子呢。”他听后，立刻出门找理发匠剃掉胡子，再回到母亲身旁。母亲十分高兴，因为儿子虽然到外国这么久，成了“洋秀才”，但是并没有变心，仍然是她的好儿子。

可是，这个好儿子回到母亲身边后的景况，远不是令人鼓舞的。正如特韦契耳牧师所说的那样，“摆在他面前的是一派阴郁险恶的前景”。

一八五五年的中国，清廷正残酷镇压太平天国和各地的农民暴动。容闳在广州目击了两广总督叶名琛指挥的大屠杀，一个夏天竟杀了七万五千馀人。一个刚刚接受了《人权宣言》和黑奴解放的观点的耶鲁毕业生，对于这种大屠杀的印象是怎样的

呢?《西学东渐记》写道:

一日,予忽发奇想,思赴刑场一觇其异。至则但见场中流血成渠,道旁无首之尸纵横遍地。盖以杀戮过众,不及掩埋。……致刑场四围二千码以内,空气恶劣如毒雾。此累累之陈尸,最新者暴露亦已二三日。地上之土,吸血既饱,皆作赭色。馀血盈科而进,汇为污池。……掷尸沟中后,无需人力更施覆盖。以尸中血色之蛆,已足代赤土而有馀,不令群尸露少隙也。……人或告予,是被杀者有与暴动毫无关系,徒以一般虎狼胥役,敲诈不遂,遂任意诬陷置之死地云。似此不分良莠之屠戮,不独今世纪中无事可与比拟,即古昔尼禄(Nero)王之残暴,及法国革命时代之惨剧,杀人亦无如是之多。……予自刑场归寓后,神志懊丧,胸中烦闷万状,食不下咽,寝不安枕。日间所见种种惨状,时时缠绕于予脑筋中。愤懑之极,乃深恶满人之无状,而许太平天国之举动为正当。……乃几欲起而为之响应。

一八六〇年,容闳真的到了太平天国的中心南京,对他“许为正当”的太平天国革命进行实地的考察。关于这次行动的缘起,容闳自述云:

一八六〇年,有二美教士,不忆其名,一中国人曰曾兰生,拟作金陵游,探太平军内幕,邀予与偕。予欣然诺

> 之。太平军中人物若何？其举动志趣若何？果胜任创造新政府以代满洲乎？此余所亟欲知也。

这里说得十分明白，容氏此行之目的，实为对太平军作政治上之考察。他们一行于十一月六日自上海启程，九日抵苏州。苏州太平军首领对他们虽反复盘诘，但礼遇尚优，并给他们发了护照。续经无锡、常州、丹阳，于十一月十八日抵南京，首先会晤了在太平军中之美国教士劳白芝(Rev. Roberts，即罗孝全)，翌日遂进谒太平天国干王洪仁玕。洪仁玕参加革命之前，曾在香港任教职。容闳自美返国居留香港时，与之相识。故此次洪氏对容闳一行极表欢迎，当天彼此即作了诚恳的交谈。容闳向洪仁玕建议七事：

> 一、依正当之军事制度，组织一良好军队；二、设立武备学校，以养成多数有学识军官；三、建设海军学校；四、建设善良政府，聘用富有经验之人才为各部行政顾问；五、创立银行制度及厘定度量衡标准；六、颁定各级学校教育制度，以耶稣教《圣经》列为主课；七、设立各科实业学校。此其大略。至若何实行，自非立谈所能罄。倘不以为迂缓而采纳予言，愿为马前走卒。

这七条，除了“以耶稣教《圣经》列为主课”，可能是迎合太平天国天父天兄的信仰以外，都是建设现代军事、政治、经济、教育的方针大计，是容闳长久以来深思熟虑的结果，是一个身受西方文明教育的人所能贡献给人民的最好的建议。洪仁玕曾和容闳详细讨论过这七条。据容闳说，洪仁玕“居外久，见闻稍广，故较各王略悉外情。即较洪秀全之识见，亦略高一筹。凡欧洲各大强国所以富强之故，亦能知其秘钥所在。故对于予所提议之七事，极知其关系重要”。但是，“一薛居州无能为役”，洪仁玕并没有掌握太平天国的实权。据《西学东渐记》载，太平天国对容闳的严肃建议的正式答复是：

> 又数日，干王忽遣使来，赠予一小包袱。拆而视之，则中裹一小印，长四英寸，宽一英寸，上镌予名。又有黄缎一幅，钤印十三，上书予官阶，曰“义”字。按太平军官制，王一等爵，“义”字四等爵。

容闳对这样的答复，大惑不解。他写道：“干王以此授予，意果何居？其以是为干旌之逮欤？……岂谓四等荣衔，遂足令人感激知己，抑亦隘矣！”他在从苏州到南京的途中，对太平军的印象主要是好的。他说：“太平军之对于人民，皆甚和平，又能竭力保护，以收拾人心”；而“官军之残暴，实无以愈于太平军”。但是，到南京以后，他“每见太平军领袖人物，其行为品格与所筹划，实未敢信其必成”。本来嘛，给这位来建议开办各类学校，组织人才政府的耶鲁毕业生一颗长方官印、一个四等爵位，这是何等荒唐的儿戏，又是何等深刻的悲剧！

容闳后来在《西学东渐记》第十一章中对太平天国革命的分

析，在当时来说是十分深刻的。他说：

> 太平军战争之起，则视中国前此鼎革，有特异之点。……以此粗笨之农具，而能所向无敌，逐北追奔，如疾风之扫秋叶……予意当时即无洪秀全，中国亦必不能免于革命。……恶根实种于满洲政府之政治，最大之真因为行政机关之腐败……官吏既人人欲饱其贪囊，遂日以愚弄人民为能事。于是所谓政府者，乃完全成一极大之欺诈机关矣。

容闳将太平军革命比为埃及之石人，“埃及石人首有二面，太平军中亦含有两种性质”：一面是革命的正义性和合理性；一面是游民分子大量加入和原始宗教信仰造成的落后性和破坏性。因为太平天国后期,“其所招抚，皆无业游民，为社会中最无知识之人。以此加入太平军，非独不能增加实力，且足为太平军之重累……迨占据扬州、苏州、杭州等城，财产富而多美色，而太平军之道德乃每下而愈况”。但尽管如此，太平军一役的“良好结果”，则是“天假此役，以破中国顽固之积习，使全国人民皆由梦中警觉，而有新国家之思想。观于此后一八九四、一八九五、一八九八、一九〇〇、一九〇一、一九〇四、一九〇五等年种种事实之发生，足以证予言之不谬矣”。

容闳希望通过太平军“为中国谋福利”的尝试失败了，这与其说是容闳个人的失败，毋宁说是太平天国革命的失败。事实就是如此。

## 幼童留美

容闳寄希望于太平军既已失望，转而于一八六三年找到了曾国藩，希望通过曾来实现自己使“西学”得以“东渐”的计划。应该说，这一次他在开头得到了某种程度的成功。他至少与两件事的办成有关：第一件是在中国建成了第一座完善的机器厂——江南制造局；第二件是在中国组织了四批官费留学生出洋——遣送一百二十名幼童赴美留学。这两件事，被称为中国办“洋务”的两桩大事。容闳本人也因为经办这些事，成了中国在美国所设立的“留学事务所监督”和中国政府驻美“副使”。

在《西学东渐记》中，容氏对曾国藩的评价极高，说曾“可称完全之真君子，而为清代第一流人物”，“一生之政绩、忠心、人格，皆远过于侪辈，殆如埃浮立司脱高峰，独耸于喜马拉耶诸峰之上”。如何评价曾国藩，这是另外一个问题。曾国藩其人在今天算是已经有了定论，但是，如果二十世纪二十年代的毛泽东，还曾经说过：

> 愚于近人，独服曾文正，观其收拾洪杨一役，完满无缺，使以今人易其位，其能如彼之完满乎？（《给黎锦熙的信》，见李锐《毛泽东同志的早期革命活动》第28页）

那么十九世纪七十年代的容闳，推崇曾国藩为“完全之真君子，而为清代第一流人物”，则更是完全可以理解的了。

曾国藩替清朝出力，打败太平军，清末以来就被人们骂为汉奸。后来因为蒋介石赞扬标榜过他，问题牵涉到现实的政治斗争，谈到他时，大家的感情往往更加不能平静。但就事论事，他接受容闳的建议，设立制造局，派学生出洋，这两件事情总算是做得对的。

问题恰恰在于，即使得到了像曾国藩这样的大人物的支持，容闳的“为中国造福”的大计划——派遣学生留学的教育计划，在勉力推行一段之后，也终于还是完全破产。《西学东渐记》十六、十七、十九等章，对这件事的全过程有详细的介绍。一百二十名学生，从一八七二年即同治十一年起，分四期逐年赴美，原定十五年学成回国。可是由于受到坚持闭关自守、反对学习外国的保守势力的疯狂攻击，继曾国藩而主持“洋务”的李鸿章首鼠两端，一八八一年这些学生又全部被撤回了。

一八七三年第二批赴美的幼童中，有一个叫温秉忠的，后来成为宋蔼龄、庆龄、美龄三姊妹的姨丈。温氏一九二三年十二月二十三日，曾向北京税务专门学校 D 班同学演讲五十年前幼童留美的经过。讲词系英文，今据高宗鲁氏译文节录如下：

> ……一位广东青年新自美国耶鲁大学毕业返抵上海，此位青年即容闳先生。……在他初入社会后，深感大学教育对他自己的裨益，而立一愿望，即游说中国政府派遣学生赴美接受西式教育，……他说，派官费学生出国，由于学生接受西方教育之知识及经验，增进与外国人民之接触，将有助中国在外交、商务及工业上之发展。

……李鸿章身为北洋大臣、直隶总督，总揽大权，但对首倡幼童出洋之事，犹豫不决，且存戒心。因为毕竟此一计划在保守的中国是太激进了。因此，他联络两江总督曾国藩及江苏巡抚丁日昌会奏朝廷，最后终于得到清廷之批准。容闳被任命为“委员”，……容闳原订计划是连续四年，每年派三十名幼童。一八七〇年(同治九年)在上海设立预备学校，招收学生学习中、英文，每半年举行考试，合格者送往美国留学。

……英文合格的幼童，直接进入美国学校，不合格的在老师家接受个别补习，做入学准备。

……当时幼童平均不及十五岁，对新生活适应很快，迅速接受了美国的观念及理想(American Idea & Ideals)，这些对他们终生影响至大。

幼童进入学校后，打棒球、玩足球，有时不惜用拳头与挑战者较量。很快，这些呼吸自由独立空气的幼童完全“美化”(Americanized)了。

幼童在学校的功课是日益进步。当时有两位“委员”，其中一位是翰林(按即吴嘉善，字子登)，深感幼童因环境蜕变之速，且正方兴未艾，他们将成为“美化”之人，不复卑恭之大清顺民矣！他上奏朝廷，如不迅速行动，幼童均将成“洋鬼”(Foreign Devils)矣！皇帝照准其请，立刻下令全体幼童即日撤局回华。

《西学东渐记》第十九章《留学事务所之终局》，叙述幼童被撤回华的原委，尤为详尽。除吴子登外，正委员及清政府驻美公使陈兰彬，所起作用尤大。容闳写道：

> 盖陈之为人，当未至美国以前，足迹不出国门一步。……即其毕生所见所闻，亦已久处专制压力之下，习于服从性质，故绝无自由之精神与活泼之思想。而此多数青年之学生，既至新英国省[1]，日受新英国教育之陶熔，……况彼等既离去故国而来此，终日饱吸自由空气，其平昔性灵上所受极重之压力，一旦排空飞去，言论思想悉与旧教育不侔，好为种种健身之运动，跳踯驰骋，不复安行矩步，此皆必然之势，何足深怪？但在陈兰彬辈眼光观之，则又目为不正当矣。……(陈兰彬)极力欲破坏予之教育计划，而特荐吴子登为留学生监督。

陈兰彬和吴子登危言耸听地夸大幼童“西化”的危险，极力主张撤回留美幼童。而“为曾文正所荐举以自代”之李鸿章，“此时不愿为学生援手，即顺反对党之意而赞成其议”。“留学事务所之运命于是告终，更无术可以挽回矣！此百二十名之学生，遂皆于一八八一年凄然返国”。

被撤回国的学生中，有一个叫黄开甲的，回国后曾于一八八二年一月二十八日从上海写给他的美国教师一封信，信中叙述他们回国以后所受到的待遇是：“为防我们脱逃，一队中国

① 新英国省，即“新英格兰”，指美国东北部最早接受英国移民及文化的地区。

水兵押送我们去上海道台衙门后面的“求知书院”。……跨进门槛，立刻霉气熏鼻，这些阴暗似乎象征我们的命运。……各人被分派各地去‘完成’各自的教育，但完全不按个人志趣及在美所学，全由中国官员来决定。”黄开甲在信中说：“我们在期待容闳先生的到达。他是由政府虐待下解救我们的希望。我们对他的信心一直不变。……”

但是，容闳这时已无可为。经过这次教训，他才认识到：一个对自己没有信心的、害怕人民的专制政府，本质上是不可能实行真正的开放政策的。

一百二十名没有完成学业而被撤回国的留美学生中，后来仍出一些著名的人物。如詹天佑第一次不假外力，设计并领导修成了京张铁路；吴应科在甲午中日海战中表现英勇，得到了“巴图鲁”的荣誉称号；蔡廷干所译的唐诗，即 *Chinese Poem in English Rhyme* 一书，至今仍为英美流行的唐诗译文；梁敦彦在清末当了外务部尚书；唐绍仪在民国初曾任国务总理……但总的说来，这件事情远远没有达到容闳预期的结果。他又一次遭到了失败。

## 埋骨在 Hartford

《西学东渐记》第二十章一开始就写道：

> 学生既被召回国，以中国官场之待遇，代在美时学校生活，脑中骤感变迁，不堪回首可知。以故人人心中咸谓

东西文化，判若天渊；而于中国根本上之变革，认为不容稍缓之事。此种观念，深入脑筋，无论身经若何变迁，皆不能或忘也。

这是一个极可宝贵的认识。为了建设现代国家，教育当然是重要的。但是，如果没有政治上的民主化，而听任叶名琛之类的酷吏、吴子登之类的官僚来领导一切，那么教育计划既不能认真施行，教育出来的人也不能真正发挥作用。

于是，容闳走上了和康有为、谭嗣同、唐才常等一道谋求变法维新的道路。第二十二章简单地记述道："予(在北京)之寓所，一时几变为维新党领袖之会议场。"戊戌政变发生，他逃出北京，到上海继续活动，参加唐才常组织的张园"中国国会"，被推为会长。结果因清政府指名通缉，逃往香港、台湾。在台湾，清政府又行公文给日本总督，请日本当局把他捕送中国。于是一九〇二年他被迫再度去美国避难，一直到死。

容闳并不乐意做美国人。虽然在本书第十四章中他说："余曩曾入美籍。"但一八九八年美国国务卿雪曼公开宣布："容闳从未合法地归化为美国公民。"一九〇二年容氏去美避难，还是通过在美国的社会关系及耶鲁同学帮忙才得以实现。容氏之子容觐槐曾说：

予父虽为华人，而予则生于美，长于美。……或有叩予以感情之所向，究为中国，抑为美国者，予殊无以应。……此或以我母之隶美籍……以是而感慨之情发于不自觉，未可知也。

一九一二年四月二十日，容闳病逝于美国康州哈特福德城。第二天，《哈城日报》刊登了如下一条消息：

身为学者、政治家及今日新中国运动的先驱者容闳博士，昨日上午十一点三十分，在他的沙京街二八四号寓所去世。……

他对过去一年来中国的急剧进步变动密切注视，因为他毕生曾努力于此目的。星期六（四月二十日），他刚收到新中国领袖孙逸仙博士赠送给他的一张照片，惜已太晚，因容闳博士早已昏迷不醒。

在他逝世时，他的儿子容觐槐正在中国接受孙中山和黄兴的委任，到胡汉民当都督的广东省担任制造局（兵工厂）总工程师兼总理，并被授予少将军衔，因此后来被袁世凯逮捕监禁，险遭杀害[①]。孙中山亲自寄赠照片给容闳，说明中国革命人民和这位居住在美国的同胞是息息相关的。

一个自始至终热爱祖国的人，却不得不“远托异国”，直至埋骨在海角天涯。这是容闳个人的不幸，也是中国的不幸。

所幸的是，容闳以他的精神和贡献，为“西学”的“东

① 详情见《东方杂志》第十一卷第二、三号（民国三年八、九月）译载美国《世界杂志》刊载的《容觐槐（容闳之子）在华遭际之自述》一文。

渐”铺下了路基，同时也为中国人在外国树立了名誉。英国的H. N. Shore氏一八八一年在叙述容闳的事迹时写道：

> 一个能够产生这样人物的国家，就能够成就伟大的事业。这个国家的前途不会是卑贱的，虽然从事物的表面上去看，这个国家也许有一些困惫与后退的迹象。和西方的国家以及人们在过去半世纪内的巨大进步相比较，中国的景象是不能令人鼓舞的；但是我们应该记住，我们今天所看到的中国文化是许多世纪以前的文化——那时英国和欧洲还在野蛮的状态之中。至于中国是否退步，它的人民是否在腐化之中，它的才能是否已经发展到了极限，这些问题都还需要证实。
>
> 从这些例子又可以看到，中国自己拥有力量，可以在真正完全摆脱迷信的重担和对过去的崇拜时，迅速给自己以新生，把自己建成一个真正伟大的国家。

容闳已矣！他长眠在哈特福德城西带山公墓（Cedar Hill Cemetery）的绿荫深处。一块方础圆顶的墓碑上，刻着一个由中文“容”字构成的心形图案，说明墓中人虽然死葬绝域，他的心却一直眷恋着自己的祖国，一直牢记着自己是一个炎黄子孙。

在一九七二年中华人民共和国政府与美国建交之前，台湾“教育部长”蒋彦士在容氏墓前立了一块纪念碑，全文如下：

> 先生字纯甫，德才朗识，淹博多通，为我国学生留学

美国之第一人。归国后力主遣幼童留学国外，当轴者纳其言。一八七二年乃遴选学生三十三人，由先生携以赴美，遂开我国派遣留学生之先河。而中美文化交流，亦以此为嚆矢也。自先生初次携学生赴美，至今适届一百周年。寻声考迹，想高躅于当年；振铎扬芬，播景行于终古。维兹俊哲，实系人思。爰泐碑文，借申虔慕。

文章还算典雅，写、刻也都不错。但是，短短一篇碑文中，却出现了两处重要的史实错误。

其一，和容闳一同去美留学的，有黄胜、黄宽二人，至少还应该加上一八八一年那位王姓学生。可见碑文称容氏"为我国学生留学美国之第一人"是弄错了，应该按容氏本人自己的说法，改称为"第一中国留学生毕业于美国第一等大学者"。

其二，一八七二年清政府派学生赴美留学，名额总数定的是一百二十名，"分为四期，按年递派，每年派送三十人"。一八七二年夏陈兰彬带往美国的第一批学生即为三十人，以后一八七三、一八七四、一八七五三年，每年也都是三十人，分别由黄平甫、祁兆熙、邝其照带往。其中仅一八七三年有广东自费学生七人搭附前往。碑文所云"一八七二年乃遴选学生三十三人，由先生携以赴美"，也是错的。

据说，台湾地区"教育部长"撰写碑文时，是依靠美国人士提供的材料。美国人士记错了一百多年前中国留学生的人数，不是什么了不起的事情。而中国人提笔写文章，不看一看中国自己的资料，完全靠向美国人士请教，就不免有些草率了。

# 第九章　王韬的海外漫游



从鸦片战争(1840)到光绪元年(1875)三十五年间，国人亲历东西洋的载记，为数实在很寥寥。林鍼和罗森，斌椿和志刚，分别代表了出洋的两种类型：个人谋生和国家遣使，通俗地说，也可以叫作为私与为公。但那时的公家乃是封建朝廷，公家人的思想往往更为正统，并不见得比民间的知识分子高明。林、罗出身市井，斌、志隶属八旗，思想见解都无足称，其载记的价值大抵只在客观记录这一方面。说到这段时期涉足西方的具有广泛影响的知识分子，除了容闳，只能数王韬了。

鸦片战争和五口通商以后，中国从长期与世隔绝的状态中惊起，突然面对着一个新的世界和一批新的对手。该怎么办呢？在官场上，在士林中，有的人厌恶这个现实，宁愿拉着车轮倒转，恢复昨天的局面；有的人害怕这个现实，觉得既然力不如人，便只能以羁縻之策求得一时的苟安。能够比较清醒地面对现实，并且拿出办法来的人，是很少很少的。

但是，在太湖之滨甫里乡间的落拓秀才中，却出了一个非凡的人物。他说："天之聚数十西国于一中国，非欲弱中国，正欲强中国，以磨砺我中国英雄智奇之士。"他认为：只要中国能向西方"借法以自强"，不出数十年，就一定能与列强并驾齐驱，屹立于世界。

这个人就是中国近代著名的政论家王韬。他于一八六七、一八七九年先后两次出游欧洲和日本。这两次出游，尤其是前一次到欧洲，对于他的思想发展有很大的影响。《漫游随录》和《扶桑游记》两书，既是他两次出游的实录，也是研究他的生平和思想的重要材料。

## 墨海书馆

王韬(1828—1897)，初名利宾，字兰卿，后因上书太平军逃亡，始改名韬，字子潜（紫诠），号仲弢，晚年自号天南遯叟。韬、弢、潜、遯(遁)，都是晦藏高蹈的意思。他是唐朝诗人陆龟蒙的同乡——江苏长洲人(今苏州)，父亲是位乡村塾师，家境十分清贫。王韬幼年多病，"凡药饵之费以及一切，皆赖母朱氏典簪珥、勤纺绩以供给"。他天资聪颖，"自九岁迄成童，毕读群经，旁涉诸史，维说无不该贯"；"于诗文无所师承，喜即为之，下笔辄不能自休，生平未尝属稿"(《弢园老民自传》)。因为如此，他从小便十分自负，目空一切，正如其《奉顾涤庵师》所云，"志锐气壮，自以为可奋迅云霄，凌躐堂奥，讲学则摧锋折角，谈诗则祧宋追唐"，同时又隐隐以继承吴中的"风流前辈"自许，养成了一派落拓不羁的

“名士气”。

一八四五年(道光二十五年)王韬十七岁，时以第一名入县学，成了秀才。第二年到金陵应闱试，从《漫游随录》中《白下传书》《白门访艳》两节看，他整天忙着写“贻某女士书”，到“校书”家吃酒，结果没有考上。他也就从此“屏括帖(八股)而弗事，弃诸生(秀才)而不为”，一面抱着“读书十年，然后出为世用”的雄心研究学问，一面仍旧过着“酒色征逐”的生活。这种生活，在王韬身上留下了很深的痕迹，流毒一直到晚年，在《扶桑游记》里也有十分明白的反映。

如果历史的时轮倒转几十年，王韬很可能会这样终其一生。他的天资再高，才学再好，也无非在吴地再增添一个唐伯虎、祝枝山式的“风流才子”。但是，王韬的时代，毕竟已经和唐伯虎、祝枝山的不同了。当他还在吴村读书的时候，“东南海警”，英国的炮火打到了长江。他后来的忘年之交蒋敦复关心国事，上书言兵，忤及当事者，避祸削发为僧(见王韬《淞滨琐话·龚蒋两君轶事》)。这种上书言事，“冀幸君之一悟”而不计其后果的行动，在不得志的士子中一时蔚为风气，不可能不对少年王韬产生影响。鸦片战争后，上海成了华洋杂处的通商口岸。江南农村日渐凋敝，上海却出现了畸形的繁荣。一八四七年，王韬的父亲到上海设馆。王韬于翌年初春到上海“省亲”，开始走进了一个新的天地。《漫游随录·黄浦樯帆》自述其初到上海的印象：

一入黄歇浦中，气象顿异。从舟中遥望之，烟水苍

> 茫，帆樯历乱。浦滨一带，率皆西人舍宇，楼阁峥嵘，缥缈云外……

就在这一次，王韬有机会接触到了伦敦会(The London Missionary Society)派遣来华的麦都思(Dr. W. H. Medhurst)。他是继马礼逊东来的新教教士之一。

马礼逊、麦都思的活动，至少在开始一个阶段内确实着重于文化方面，如编辑英汉字典、英文文法，把《圣经》译为中文，建立印刷工场出版中文书刊等等。第一份中文月报《察世俗每月统纪传》(*Chinese Monthly Magazine*)，就是在一八一五至一八二四年间，由马礼逊在马六甲创办的，麦都思曾任编辑。一八四三年，麦都思到上海传教，在现今山东路地方建立"墨海书馆"(London Missionary Society Mission Press)，出版宗教、科技等书籍。王韬记述他第一次到墨海书馆见到麦都思的情况道：

> 时西士麦都思主持墨海书馆，以活字板机器印书，竞谓创见。余特往访之，竹篱花架，菊圃兰畦，颇有野外风趣。入其室中，缥缃插架，满目琳琅。……
>
> 后导观印书，车床以牛曳之，车轴旋转如飞，云一日可印数千番，诚巧而捷矣。书楼俱以玻黎(按：即玻璃)作窗牖，光明无纤翳，洵属琉璃世界。字架东西排列，位置悉依字典，不容紊乱分毫。
>
> 与麦君同在一处者，曰美魏茶，曰雒颉，曰慕维廉，

曰艾约瑟，咸识中国语言文字。

美魏茶即 William Charles Milne，雒颉即 William Lockhart，慕维廉即 William Muirhead，艾约瑟即 Joseph Edkins，都是于十九世纪四十年代前后来华的教士，同时又都是研究汉学的文化人。如美氏为《旧约》汉文译者之一，艾氏关于中国的著作驰名欧洲，慕氏也留下了不少中文译著。此时中国口岸刚刚开通，封建文人对“夷人”普遍抱着疏远冷淡的态度。马礼逊、麦都思等东来之初，要找中国人做助手，只能找到蔡高、梁亚发等佣人工匠。像王韬这样聪明年少、富有才学的知识分子，能够主动访问墨海书馆，找“识中国语言文字”的“西士”交谈，当然大受欢迎。到一八四九年（道光二十九年己酉）夏天，麦都思便正式邀请王韬到馆参加编校工作。后来王韬在《与英国理雅各学士书》中叙述这一段因缘道：

己酉六月，先君子见背。其时江南大水，众庶流离，砚田亦荒，居大不易。承麦都思先生遣使再至，贻书劝行，因有沪上之游。谬厕讲席，雅称契合，如石投水，八年间若一日。

王韬在墨海书馆工作的情形，《漫游随录》没有提到，却可以从郭嵩焘日记中略窥一二。下面摘引的便是郭氏咸丰六年二月初九的日记，括弧内的说明为本书著者所加：

……次至墨海书馆。有麦都事者，西洋传教人也，自号墨海老人。所居前为礼拜祠。后厅置书甚多，东西窗下各设一球，右为天球，左为地球。麦君著书甚勤。其间相与校定者，一为海盐李壬叔(即大数学家李善兰)，一为苏州王兰卿（即王韬)。李君淹博，习勾股之学。王君语言豪迈，亦方雅士也。为觅《数学启蒙》一书，为伟烈亚力(即 Alexander Wylie 氏)所撰。伟君状貌无他奇，而专攻数学。又有艾君(疑即艾约瑟氏)，学问尤粹然，麦都事所请管理书籍者也。

外赠《遐迩贯珍》数部：前格物理一二事，而后录中外各处钞报，即所谓新闻报也。刷书用牛车，范钟(疑为铜字之误)为轮，大小八九事。书板置车箱平处，而出入以机推动之。……皮条从墙隙中拽出，安车处不见牛也。西人举动，务为巧妙如此。

王君挈眷寓此，所居室联云："短衣匹马随李广，纸阁芦帘对孟光。"亦有意致。询其所事，则每日出坐书厅一二时。彼所著书，不甚语习文理，为之疏通句法而已。

《数学启蒙》是介绍西洋科学的书籍。墨海书馆用牛车刷印的这些书，王韬在那里帮助麦都思、艾约瑟、伟烈亚力等人做的这些工作，毫无疑问，在中国近代启蒙运动中是起了作用的。

一八五六年麦都思因病回英，旋即下世，王韬却继续留在墨海书馆工作。在书馆工作期间，王韬结识了更多的西人，如亨利·麦华陀爵士(Sir Walter Henry Medhurst)等，同时还介绍自己的朋友蒋敦复为慕维廉助编《英国志》——在中国出版的第一部英国通史和地理书。另一位朋友应雨耕从威妥玛(Thomas Francis Wade)旅英归来，王氏也为其《瀛海笔记》作序。在上海的华洋交往中，王韬已经成了一位活跃的人物了。

王韬之所以能够从甫里乡间到墨海书馆，在中西文化交流中起到作用，当然首先是时代和环境使然，但也是他思想开通，敢于"短衣匹马随李广"的结果。

## 上书太平军

王韬涉足墨海书馆前后垂十三年，直到同治元年(1862)闰八月，因为被清政府指为"通贼"，将受逮捕，才仓促逃亡香港。关于这件事，《漫游随录·自序》只有两句话："以蜚语之猝来，遂长征而不顾。"《香海羁踪》一节讲得也很含糊："余砚田久涸，本思糊口于远方；兼以天谗司命，语祸切身，文字之祟，中或有鬼，不得已蹈海至粤，附'鲁纳'轮船启行。"

王韬跟太平军有接触，并不是一件奇怪的事情。事实上，太平军曾对西方国家表示友好，称西洋教士为"洋兄弟"；西方国家也曾宣布在太平军和清军之间保持"中立"，并派使者和太平军首领会谈。王韬从来就没有吃过清廷的俸禄，到墨海书馆后长期和西人在一起，也没有受到过太平军的打击，因此也就并未把太平军视作敌人。在太平军攻占南京的第二年，王韬曾同麦都思、慕维廉一道，到太湖地区"游历"。《漫游随录·莫厘揽胜》叙述他们一行由某城外经过，“时城为红巾所踞，城外庐舍悉被官军焚毁”，“城堞上人须发毕显”。毫无疑问，他们眼中“须发毕显”的人便是太平军的同盟者——小刀会众。

一八六〇年，即太平天国庚申十年，艾约瑟曾致书太平天国忠王李秀成，进行联络。李秀成和干王洪仁玕回信，称之为“大英国耶稣教士艾约瑟道长兄先生阁下”，邀请其“玉趾惠临，以便面倾一切”。王氏《蘅华馆日记》辛酉二月朔(1861年初)有如下记载：

> 英国牧师艾君迪谨(按即艾约瑟)，招余同作金陵之游，不获辞。金陵久为贼窟(按指其为太平军据)，丙午秋试曾一至，今屈指十六年矣。

究竟王韬是否参预了艾约瑟与洪仁玕、李秀成“面倾一切”的机要，日记并未涉及。但无论如何，王韬是在太平天国天京城内受到了优礼款待的。如果要说王韬“通贼”，那就不必等到他“上书太平军”，在这件事情上也就是“证据确凿”的了。

一八六一年冬天，因为老母病危，王韬回乡探视，“以道梗兵阻，留滞里中三阅月”。这时昆山、吴县一带属太平天国苏福省管辖。也许正是由于刚刚在天京城内受到优礼款待的缘故吧，在这三个月中，王韬和太平天国总理苏福省民务“逢天义”刘肇钧有过接触。他于“天父天兄天王太平天国辛酉十一年十二月二十三日”，按照太平天国的体制和格式，具名“苏福省儒士黄畹”（太平天国讳“王”为“黄”），向刘肇钧上了一道禀帖，一开头就说：

> 畹抱病匝月，疏于趋谒，……承大人推毂以来，无日不以兢惕持躬，以期尚(太平天国讳“上”为“尚”)副厚望，下济穷黎为念。伏枕筹思，急于报效。迩闻天兵克杭，额首欢庆，以为自此襟苏带浙，力争中原，划江之势成矣。

当时，李秀成大军攻克杭州，直指上海，太平军在苏浙战场还有相对的优势。上海的洋商害怕太平军强攻上海，会“阻碍通商大局”。于是王韬在禀帖中强调：“与我争天下者，菁(太平天国讳“清”作“菁”)也，而非英法也。”他虽然肯定“天朝恢复旧物，尺土弹丸，莫非我有，岂有尚(上)海片隅，独外生成?”但认为“事固有先其所急而后其所缓者”，“曾郭(国)藩之踞安庆，乃真心腹大患耳”。如果不集中兵力夺回安庆，“虽得志于尚(上)海，而于力争尚(上)游之大局尚有所阻，此畹所不取也”。所以，他劝太平军不应强攻上海，而应采取“明告而严讨之，阳舍而阴攻之，徐以图之，缓以困之”的策略。他认为“夷人之性，尚势而重利，趋盛而避衰”，只要在与曾国藩的决战中取得了胜利，夺取了全国政权，“大者远者既得，而小者近者自克举矣”。

王韬的禀帖最后说：“恭闻忠王瑞驾在苏，思欲晋谒，以发尚短，未敢轻入，故于大人之前略尽区区。”并在禀帖上钤有篆文“苏福省黄(王)畹兰卿印信”，准备与太平军长期联系。

根据以上情况，笔者认为，我们不应作“诛心之论”，硬说王韬上书太平军是“替帝国主义行缓兵之计”；可是也无须过分美化他，把他说成是“参加革命的知识分子”。从王韬的出身经历、社会地位、所受教育来看，他固不同于清朝统治者，但亦不同于起义农民军。他不愿太平军强攻上海是真，有意向太平军实行欺骗则未必。由于他的家属都在太平天国治下，自己对太平军初无成见，在清朝只是个普通秀才，今见“划江之势成矣”，又承“逢天义”“推毂”下问，因此愿意给太平军出点主意，一显身手，同时以此换取家属的安全，——这恐怕是比较符合他当时真实思想的吧！

王韬的禀帖到了太平军中，不久就被清军从战斗中缴获，立即由地方官府查问。此时王韬已回上海，终因西人保护，得乘轮逃往香港。离开太平军的势力范围后，王韬只能在一切公开场合否认“上书太平军”这件事情。从此他在文字中必斥太平军为“逆”为“贼”，甚至专门写了诋毁太平天国革命的记载，“以明心迹”。这些表现，受到了后世论者的讥评，但正好从反面证明了他“上书太平军”确非清方的反间计。不然的话，他大可持西人的证明向清政府请功，不必作“飞鸿避弹翔寥阔”(《扶桑游记·上》吴瀚涛赠诗)了。

总观王韬之一生,“上书太平军”一事，虽对他后来的生活和经历有极大关系，而在其思想发展上殊不值得过分重视。事实上，王韬“上书”的对象并不只有太平军。日本人增田岳阳便说过:“君曾献策当道，延西人教练，募壮勇专习洋枪为一队，号‘常胜军’，收复江浙实赖此。”

为了肯定王韬在中外文化交流和近代启蒙运动中的贡献，亦不必勉强在他头上增饰一个“赞助支持农民革命”的光环。最多是这位自命不凡、待价而沽而又接受了一些西方影响的“狂生”，在政治上有过那么一次越轨的举动。但也应该谢谢他这次越轨。如若不然，王韬就不会走香港，去欧洲，大大扩展了自己的眼界，对近代文化思想史作出这样大的贡献。古语有云：“读万卷书，不如行万里路。”王韬“曾经沧海”以后，认识大大地提高了一步，这在他的思想发展上是十分重要的。

## 从香港到欧洲

三十四岁的王韬到港时，香港开埠还不过二十来年，《漫游随录·香海羁踪》写道：

> 香港本一荒岛，山下平地距海只寻丈。西人擘画经营，不遗馀力，几于学精卫之填海，效愚公之移山。尺地寸金，价昂无埒。沿海一带多开设行铺，就山曲折之势分为三环……上、中环市廛稠密，阛阓闳深；行道者趾错肩摩，甚嚣尘上。……中环有“保罗书院”，上、下交界有“英华书院”，上环有“大书院”……“英华书院”兼有机器活字版排印书籍。

王氏在港的居停主人，为英华书院院长理雅各（James Legge）。理氏为英国著名汉学家，他的著作《中国人关于神鬼的观念》《中国的宗教：儒教和道教评述及其同基督教的比较》《孔子的生平和学说》《孟子的生平和学说》等，在西方汉学界中有广泛的影响。此时他正着手将中国的“四书五经”译为英文，早就因麦都思的介绍，得知王韬佐麦氏汉译《新约》贡献颇多，能得王氏助译，如鱼得水。在王氏的襄助下，理雅各终于完成了他的宏伟计划，共译成二十八卷英文，名为 *The Chinese Classics*，陆续出版。迄今已逾百年，理氏译本仍被认为是中国经典的标准译本。对汉学的这一重大贡献，其中也有王韬的一份心血。

王韬回忆他在港和理雅各的融洽关系道：“理君于课经馀闲，时招余往（其别墅），作竟日留连。一榻临风，凉飙飒至，……理君不敢独享，必欲分饷，真爱我哉！”在港五年多，他一面协助理雅各的译事，一面广泛接触西方的文化知识。《漫游随录·物外清游》曾谈到他在博物院看见“西国书籍甚夥，……舆地之外，如人体、机器，无不有图，纤毫毕具。院中鸟兽虫鱼、草木花卉，神采生新。制造之妙，得未曾有”。

一八六七年(同治六年)，理雅各返国，招王韬偕行，王韬于阴历十一月二十日启程，四十馀日后到达马赛，从此开始了他在欧洲两年多的旅居生活。

王韬自称：“余之至泰西也，不啻为前路之导，捷足之登。”这并不是夸张。他在苏格兰居停甚久后，方才听到中国第一个派往西方国家的外交使团(包括志刚、孙家谷、张德彝等在内的蒲安臣使团）“星轺在道”的消息。而他比郭嵩焘、刘锡鸿的驻扎英国，更整整地早了七年。尽管过去在上海、香港接触过西洋近代文化，但此次欧洲之行对他仍有“破天荒”的意义。

王韬在《漫游随录》中写道：“既抵法埠马赛里，眼界顿开，几若别一世宙。”作为一个读书人，他对这个“别一世宙”的兴趣首先在于文化方面，不像有的人那样被五光十色的百货商品和光怪变幻的魔术马戏弄得头昏眼花。在巴黎，他着重记述了卢浮（鲁哇）宫的文化宝藏和万国博览会的盛况，“凡所胪陈，均非凡近耳目所逮，洵可谓天下之大观矣！”到伦敦后，更是“每日出游，遍历各处。尝观典籍于太学，品瑰奇于名院，审察火机之妙用，推求格致之精微”。

在《制造精奇》一节中，王韬介绍英国的现代科学即所谓“实学”道：

> 英国以天文、地理、电学、火学、光学、化学、重学为实学，弗尚诗赋词章。其用可由小而至大，如由天文知日月五星距地之远近、行动之迟速，日月合璧，日月交食，彗星、行星何时伏见，以及风云雷雨何所由来。由地理知万物之所由生，山水起伏，邦国大小。由电学知天地间何物生电，何物可以防电。由火学知金木之类何以生火，何以无火，何以防火。由气学知各气之轻重，因而创气球，造气钟，上可凌空，下可入海，以之察物、救人、观山、探海。由光学知日月五星本有光耀，及他杂光之力，因而创灯戏，变光彩，辨何物之光最明。由化学、重学辨五金之气，识珍宝之苗，分析各物体质。又知水火之

> 力，因而创火机，制轮船、火车，以省人力，日行千里，工比万人。穿山、航海、掘地、浚河、陶冶、制造以及耕织，无往而非火机，诚利器也。

重科学而“弗尚诗赋词章”，正是中西文化表现不同的一点。后来王韬访问牛津、爱丁堡等地以后，对英国教育注重“实学”的情况，更有了进一步的了解：

> 所考非止一材一艺已也，历算、兵法、天文、地理、书画、音乐，又有专习各国之语言文字者。如此，庶非囿于一隅者可比。故英国学问之士，俱有实际；其所习武备、文艺，均可实见诸措施；坐而言者，可以起而行也。

当绝大多数封建士大夫把西方各国视为夷狄、讳言洋务的时候，王韬能够实事求是地去接触和研究西洋文化，确实可谓明智通达。他爱好图书，而“法国最重读书，收藏之富殆所未有，计凡藏书大库三十五所……惟‘波素拿书库’则藏中国典籍三万册，经史子集略备……”。他留心博物，而伦敦博物院“百数十楹，凡天地间所有之鸟兽鳞介、草木谷果……莫不棋布星罗，……纵令士庶往观，所以佐读书之不逮而广其识也”。他喜欢交结学士文人，则所遇法国博士儒莲“足迹虽未至禹域，而译书已裒然盈尺”，“通中国文字，能作笔谈”；苏格兰牧师湛约翰，“通中土语言文字之学，精于畴人家言”，能和王韬讨论《春秋》朔闰和日食记录。他对女人很感兴趣，而所见之英法“名媛幼妇，即于初见之顷，亦不相避，食则并席，出则同车，……然皆花妍其貌而玉洁其心，秉德怀贞，知书守礼”；“女子与男子同，幼而习诵，凡书画、历算、象纬、舆图、山经、海志，靡不切究穷研，得其精理。中土须眉，有愧此裙钗者多矣!”

十九世纪中叶的资本主义社会和文化，比起封建主义的社会和文化来，确实要进步得多。王韬看到了这一点，并且敢于承认这一点。他说：

> 英国风俗醇厚，物产蕃庶。……日竞新奇巧异之艺，地少慵怠游惰之民。尤可美者，人知逊让，心多悫诚。国中士庶往来，常少斗争欺侮之事。异域客民旅居其地者，从无受欺被诈；恒见亲爱，绝少猜嫌。无论中土，外邦之风俗尚有如此者，吾见亦罕矣。
>
> *
>
> 盖其国以礼义为教，而不专恃甲兵；以仁信为基，而不先尚诈力；以教化德泽为本，而不徒讲富强。……英土虽偏在北隅，而无敌国外患已千馀年矣，谓非其著效之一端哉!

今天看来，可能会觉得王韬对资本主义国家的反动和剥削本质缺乏认识。但是，我们难道可以拿连孙中山也未能达到的水平，去要求比孙中山还早一辈的王韬吗？毛泽东说得好：“那时的外国只有西方资本主义国家是进步的，他们成功地建设了资产阶级的现代国家。”现代化能够使人摆脱贫穷和愚昧，也就能够使人得到较好的教养，培养出与封建宗法社会不同的价值观念。王韬赞赏西方国家的正是这一点，他并没有说月亮也是外国的圆。

王韬开始懂得了和睦共处、文化交流对各国人民的意义，但他更懂得爱自己的祖国和祖国的文明。他从传统文化中来，对传统文化确有研究；又拿初步接触到的西方文化和中国传统文化作比较，逐渐弄明白了中国的传统哪些值得珍重，哪些必须坚持。《漫游随录·伦敦小憩》中访问牛津大学的记载，相当值得注意：

> 英之北土曰哈斯佛，有一大书院，素著名望。……监院者特邀余往，以华言讲学。余备论中外相通之始，言："……三百年前，英人无至中国者；三十年前，中国人无至英土者。今者越重瀛若江河，视中原如堂奥，无他，以两国相和，故得至此。……"是时，一堂听者，无不鼓掌蹈足，同声称赞，墙壁为震。其中肄业生之年长者……特来问余中国孔子之道与泰西所传天道若何？余应之曰："孔子之道，人道也；有人此有道。人类一日不灭，则其道一日不变。泰西人士论道必溯原于天，然传之者必归本于人；非先尽乎人事，亦不能求天降福，是则仍系乎人而已。

这里涉及中西文化和哲学观念的不同之点。很明显，王韬丝毫也没有自卑感，而是在“素著名望”的英国最高学府里坚持了“中国之道”。

伦敦画室曾请王韬摄影留念，“悬之阁中”。他在像上题了两首诗，中有句云：“异国山川同日月，中原天地正风尘。”“尚戴头颅思报国，犹馀肝胆肯输人?”洋溢在诗句中的，是一股眷念祖国、奋发图强的感情。

## 曾经沧海，放眼全球

一八七〇年春，因“时理君雅各已得香海书，促其言旋，重主讲席”，当时中国经典的英译还未告竣，于是王韬也一同回到了香港。

“沧海归来”的王韬，已经由一个风流自赏的唐伯虎，变成了忧国忧时的魏默深(见《扶桑游记》四月初二日与重野安绎笔谈)。他在英国写信给妻兄杨醒逋(莘圃)，历述自己一生思想的变化；弱冠时仅“思得一通籍，博庭内欢，他非所知耳!”考试不第，出外谋生，亦“但求得五百金，可作归耕计”。从抵上海到游欧洲，又经历了三次变化，“初变而为征逐之游，……直作信陵醇酒妇人想；再变而殉名利，……妄欲以虚名动世”；最后才认识到“士生于世，当不徒以文章自见”，应该讲求经世致用之道，“所望者中外辑和，西国之学术技艺大兴于中土”(《漫游随录·屡开盛宴》)，而“默深先生‘师长’一说，实倡先声”(《扶桑游记》四月初三日)，正式宣布自己是魏源“师(夷)长(技)”主张的继承者。

回香港的头两年，王韬在佐理译事之馀，编著了《普法战纪》一书十四卷。“是书虽仅载二国之事，而他国之合纵缔交、情伪变幻，无不毕具”，反映出王韬对欧洲的历史和现状的了解，已经达到了一个新的水平。

一八七三年，理雅各归国主牛津大学汉学讲座，王韬结束了“佣书”生涯，遂集资购买“英华书院”印刷设备，组织“中华印务总局”；并于翌年春创办《循环日报》，仿西报之例，每日于首栏发表论说一篇，宣传变法图强主张，一时声名大著。《扶桑游记》所记日本知识分子对他的推重，大都出于《循环日报》和《普法战纪》的影响。“夙读著书神既往”“泰西战待巨文传”之类的赠诗，证明了这一点。

王韬的政论，主要收辑在《弢园文录外编》和《弢园尺牍》二书中(本节引文除注明者外，均摘自二书)，其中心思想为变法图强，而归结于必须“尽用泰西之所长”。

王韬从纵(中国数千年之历史)和横(世界列国之形势)两个方面论证了“天下事未有久而不变者也”的道理。他充分发挥自己“曾经沧海，遍览西学”的长处，说明“自明季利玛窦入中国，始知有东西两半球，而海外诸国有若棋布星罗。至今日而泰西大小各国，无不通和立约，叩关而求互市。……秦汉以来之天下，至此而又一变”。“诸国既挟其长，自远而至，挟其所有以傲我所无，日从而张其炫耀，肆其欺凌，相轧以相倾，则我又乌能不思变计哉?”

正因为王韬“曾经沧海”，所以他在立论时能够“放眼全球”，从世界的范围来看中国的问题。当时“以西法为不可行、不必行者，几于盈廷皆是”，王韬却旗帜鲜明地鼓吹向西方“借法以自强”。他尖锐地指出：“今日者，我即欲驱（外国）而远之，画疆自守，亦势有所不能；盖今之天下，乃地球合一之天下也。”“至今日而欲办天下事，必自欧洲始；以欧洲诸大国为富强之纲领，制作之枢纽。”“我中国幅员万里，地非不广也；生黎三亿，民非不众也；采山搜海，材非不足也；能自奋发，何求不齐？”“故善为治者，不患西人之日横，而特患中国之自域。天之聚数十西国于一中国，非以弱中国，正欲强中国，以磨砺我中国英雄智奇之士。”并举日本为例：“日本与米部（美国）通商仅七八年耳，而于枪炮舟车机器诸事皆能构制，精心揣合，不下西人。巍巍上国，堂堂天朝，岂反不如东瀛一岛国哉？”

因为主张学西方，王韬也大谈洋务，甚至说，“今日之所谓时务急务者，孰有过于洋务者哉？”但是，他又尖锐批评当时“洋务派”只注意买洋枪洋炮，请洋技师洋教练，是“徒袭其皮毛”，无裨于实际。他说：明朝末年有洋枪洋炮，亦无救于明亡，“盖治国之要不系于是”；办洋务，学西洋，主要应该从以下四方面着手：“一曰取士，二曰练兵，三曰学校，四曰律例”，也就是要从根本上改革封建国家用人、行政、军事、教育、法律各个方面的制度，总起来就叫变法。变法的大要在得民心，“民心既得，虽危而亦安；民心既失，虽盛而亦蹶。欲得民心，是在有以维持而联络之”。因而他极力推介泰西“君民共主”即君主立宪的制度，“朝廷有兵刑礼乐赏罚诸大政，必集众于上下议院，君可而民否不能行，民可而君否亦不能行；必君民意见相同，而后可颁之于远近。……英国政治之美，实为泰西诸国所闻风向慕，则以君民上下互相联络之效也”。这些宣传，为康有为、黄遵宪等人的立宪主张开了先路。

王韬宣传改革，总是强调改革的目的是为了民富国强。“舍富强而言治民，是不知为政者也”。他比较注意经济方面的问题，这实际上反映了新兴的民族资产阶级的观点。他提倡新法开矿、机器纺织、造轮船、建铁路、设电线等等；在这些方面，更能感到在欧洲的观察对他的影响。

如果把王韬关于实行资产阶级民主、发展资本主义经济的主张，和他在《漫游随录》中的记述及评论进行对照，可以明显看出后者对前者的影响。如《博物大观》一节中所述：

> 西国之例，凡工匠有出新意制器者，器成上禀，公局给以文凭，许其自行制造出售，独专其例，他人不得仿造，须数十年后乃弛此禁。其法亦良善也。

就是他后来在政论中主张实行专利、奖励工商的滥觞。《漫游随录》还曾详述他所见欧洲火车铁路的情形，说“泰西利捷之制，莫如舟车”。在造船、纺织、印刷、采石各处工场，他见到的是“无一不以机器行事”，“悉以机器代人力”，“机器为助，力不费而功倍捷”。对照起中国的情形来，他不禁深为感慨，在参观英国矿产时，特意记下一位英国人的话：“闻今中国山东境内，其山矿产金甚夥。苟掘取之，国家可以致奇富，足用增课，于兵食、国饷两有所济，惜官民皆疑以为多事也。”参观英国新式兵器时，他也慨乎言之：“倘我国仿此铸造，以固边防而御外侮，岂不甚美？惜不遣人来英学习新法也。”

“尚戴头颅思报国，犹馀肝胆肯输人？”王韬很少把和西人竞胜争雄的希望寄托在封建朝廷的洋务官僚身上。他认为封建的科场和官场培养不出真正的洋务人才，“不废时文（八股），人才终不能古若，而西法终不能行，洋务终不能明，国家富强之效终不能几”。他倒是对于上海、香港、南洋的华商颇具信心，曾颇为高兴地说过：“近十年以来，华商之利日赢，而西商之利有所旁分矣。”他还描绘了华商同西商竞争取胜的远景：“华商所至愈远，其利渐溥；机器一行，制造益广；一切日用所需，不必取之外而自足。在彼者呢布为大宗，我自能仿效；在我者丝茶为巨项，我亦可捆载以前往。日新月异而岁不同，有非西人之所能制者矣！”

在一八四〇至一八七〇年的三十年间，王韬完成了由一个封建士子到资产阶级政论家的变化。“今之天下，乃地球合一之天下”，这是与“普天之下，莫非王土”根本不同的全新的观念，是现代人的观念。应该说，在前进轨迹的波峰波谷被高度挤缩的中国近代史上，思想跟得上形势发展，尤其是思想始终能走在形势发展前面的人，并不是很多的，王韬却可以算得上这样的一个。

## 扶桑之游

王韬身居香港，名声却遍于四方。此时日本正锐意求新，魏源的《海国图志》和王韬的《普法战纪》，成了日本知识分子了解世界大势的必读之书。日本中村正直氏为《扶桑游记》写的序道：

忆四五年前，余于重野成斋几上始见《普法战纪》。时成斋语余曰："闻此人有东游之意；果然，则吾侪之幸也。"察其意，若缱绻不能已者。其后，栗本匏庵过余而论文，酒半，睨余曰："吾既与佐田白茅诸子游梅园，盟于暗香疏影之下，约共招王弢园，子亦不得不与此盟矣！"……

明治十一年，先生遂来游。于是，成斋、匏庵为东道主人。都下名士，争与先生交。文酒谈宴，殆无虚日；山游水嬉，追从如云，极一时之盛。

《扶桑游记》起自光绪五年（1879）闰三月初七"摒挡行李作东瀛之游"，讫于同年七月十五回上海之翌日，逐日记载了这次中日文化交流的盛事。

王韬在日本广泛结交了文化学术界的朋友，游记中提到名姓的无虑数十人，主要是日本赞成维新讲求西学的人士。如中村正直是维新后被起用的藩士，摄理师范学校事，"兼明中西学术，意欲译编西国史以行于世"。栗本化鹏在幕府时代即欲上泰西轮船学西医，遭禁止，"坚请行，坐是获罪被废"；"维新既建，日报盛行，时始创'报知社'，聘君司编辑事"。其次则为热爱中国文化的汉学家，如冈千仞是著名中国游记《观光纪游》的作者；竹添光鸿游历四川所写的《栈云峡雨日记》，一九八一年中国新闻代表团访日时，日本文部大臣还将其作为礼物赠送给代表团；还有著《清史揽要》的增田贡，选《明清八大家文》的星野恒诸人，以及《韩非子纂诂》《左传辑释》《西河析妄》等汉学专著的作者等等。除此以外，还有好学少年叩门求见，“操笔纵谈，久之不去”；两京著名女史湘烟、花蹊诸氏，呈诗请改或托人求教；……的确可算是一时之盛。

这些日本文化学术界的朋友，对王韬的访问是极表欢迎的。此一则出于中日两大民族间长期存在的友谊，如冈鹿门(千仞)所云：

> 敝邦自唐以下，如晁衡、吉备，大臣屡游中华，而中华无一名士东游者。今先生以中华名士来游，夫岂偶然？愿留住以尽赏析之欢。

二则是王韬“逍遥海外作鹏游，足遍东西历数洲”，深为渴望了解世界、走向世界的日本知识分子推重。如重野安绎谓：

> 或序先生之文，谓为今时之魏默深。默深所著《海国图志》等书，仆亦尝一再读之。其忧国之心深矣。然于海外情形，未能洞若著龟。于先生所言，不免大有径庭。窃谓默深未足以比先生也。

但是，王韬的扶桑之游，却不免有些令人失望。他这时年过半百，赌酒征歌早就毁坏了他的健康，“往往风雨一庐，未秋先病”，壮志渐不如前，生活更加颓废。日本是一个新的思想和旧的生活奇异地交织在一起的国度，王韬跟那里的酒与女人一见如故，难解难分，《扶桑游记》很落下了这方面的痕迹。一九三七年七月《逸经》杂志上陈振国[1]所撰《“长毛状元”王韬》文中说：

> 他（指王氏）的体态臃肿，貌亦不扬；复因屡受环境的刺激，致成早衰。三十五岁以后，便已目眊齿腐，面皱发稀；所以，并不似我们想象中的“金马玉堂”中的风流人物。但好色的憧憬，老而弥笃，这也可见他生活的畸形了。

看了这一段话，再看《扶桑游记》里那些以刘阮天台、陈王梦里自况的诗文，不禁使人有肉麻之感。这确实是生活的畸形，文人的变态，也是旧社会的恶疾，世纪末的悲哀，今日必须用批判眼光来看待的。

但《扶桑游记》毕竟也是一部可传之书，它的政治观点依然是进步的。四月十三日论及日本大将西乡隆盛发动叛乱被讨平时云：





① 陈振国曾访问王韬妻兄杨醒逋（莘圃）之孙，从其家中获见王韬旅欧时写给杨醒逋的十多封书信。

观西乡排阵结垒，深知兵法，指麾众军，先后数战，几于荡决无前。而卒不能久抗王师者，顺逆之势殊也！

四月十九日与西尾鹿峰讨论“中西诸法”时，针对当时一部分人中出现的盲目崇洋，不顾国情的偏向，他说：

法苟择其善者，而去其所不可者，则合之道矣。

五月二日评冈本监辅所著《万国史略》，又说：

仿效西法，至今日可谓极盛；然究其实，尚属皮毛；并有不必学而学之者，亦有断不可学而学之者。……

“择其善者，而去其所不可者”，这仍然是我们今天引进外国文明时所应持的态度。我们不必学那些“不必学”的绮靡浮华，更不可学那些“断不可学”的病毒痈疽。作为十九世纪的先进的中国人，王韬的远见卓识正在于此。至于他的名士癖性和诗酒风流，乃是早已被埋葬了的旧时代的痼疾，跟现代人健全的心理和精神完全格格不入，那就让它仅仅属于王韬去吧！

此外，游记中颇多两国文化交往的史料。如记增田岳阳著《清史揽要》，本多正讷著《清史逸话》，说明日本人在明治时代即已注意对中国现况进行研究；与黄遵宪多次“剧谈”，最早介绍黄氏《日本杂事诗》；记日本戏剧所演阿传事迹始末及剧场光景，并作《阿传曲》长诗一首……这些记载，虽觉零星，却很可贵。

在去日本途中，王韬曾返故乡一行。“上书太平军”事隔多年，大概也已“销案”，所以之后他又一再去上海和吴中，后来终于归老上海。此时他助理雅各译的《诗经》《春秋左传》《易经》《礼记》等书先后出版，在国外的名声越来越大，但在“朝廷”心目中仍然是个“废人”。据说曾国藩曾想招致他，李鸿章也有意请他去主持译事。李在给冯竹如信中说过：“昆山王君，不世英才，胸罗万有，沦落香港，殊为可惜。执事能为我招致，不惜千金买骏骨。”但终于也“不果行”。一八八四年，王韬移家至沪，任《申报》编纂主任。翌年又创办木活字印书馆，名“弢园书局”。一八八五年，出任上海格致书院掌院。这时他的健康状况已是：“略致思索，辄通夕不能成寐。见客问姓名，转顾即忘。……握管三四行后，意即不相缀属。”(《淞滨琐话·自序》)可见他身体已经完全不行，确实成了一副“骏骨”。一八九七年，王韬病逝于上海，了结了他作为一位有幸走在时代前头而又不幸被旧习气缠绕着的又幸又不幸的一生。

# 第十章　李圭的环游地球





在近代中国人关于欧美日本的记述中，非外交官员的记述比较少，因而也就比较更有价值。其中李圭作为中国工商界的代表，于一八七六年到美国费城参加为纪念美国建国一百周年而举办的世界博览会，来去环行地球一周后所写的《环游地球新录》，尤其值得注意。

李圭取的书名是意味深长的。原刻本附有《地球图说》，云：

> 地形如球，环日而行，日不动而地动。我中华明此理者固不乏人，而不信此说者十常八九。圭初亦颇疑之。今奉差出洋，得环球而游焉，乃信。……使地形或方，日动而地不动，安能自上海东行，行尽而仍回上海，水陆共八万二千三百五十一里，不向西行半步欤？……知地形如球，日不动而地动，无或疑矣！

"地形如球""日不动而地动"，在今天是连小学生都懂的真理。但我们却不能因为这一点，就低估了李圭在"不信此说者十常八九”的时候，能够通过实践去检验真理的大智大勇。而应该想到：我们今天“相信”的东西，也许还会跟“地形或方，日动而地不动”一样靠不住；我们今天“不信”的东西，却也许是如“日月经天，江河行地”一样的真理呢！

## 痛定思痛

李圭（1842—1903），字小池，江苏江宁（今南京）人。世居乐丰乡夏庄，去城五十里许，为当地巨族，号称殷实。李圭自幼“居家读书，未尝行远，间至亲戚家，虽五七里，必有代步者，初不料有八万里之快游、环行地球之壮举也”。

一八五三年，太平军下江宁，改号天京。初时实未曾扰及民间，李氏之居夏庄也如故。迨咸丰十年（1860），清军江南大营再溃，溃兵及流氓地痞趁机掳掠焚杀，李圭家男女死者二十馀人，其母、妻、幼女均属焉。李圭被俘，留太平军中凡三十二月。开始时隐瞒身份，很吃了一些苦。后见太平军“对于文人，大有礼贤下士之风，每得一人，辄解衣推食，延纳惟恐不周，即拂逆其意，亦柔气假借，不加呵斥”，便当了太平军的“写字先生”。直至同治元年（1862）七月，始得间从杭州逃到上海。

太平天国被扑灭后，李圭追忆自己这段经历，写成《思痛记》一书。他站在反对太平军的立场上，口口声声称太平军为“贼”；但在描写人民在兵燹中所受极可怕的痛苦时，却并没有把责任全部归之于太平军。如云：

贼亦有令禁止骚扰百姓及劫掠衣物等，盖一恐行军累坠，一恐怠惰军心，兼亦以收拾人心也。……

……贼馆甚安静，居处若无事；然街衢往来，与平人等。乡人蓄发来此，摆摊贸易，各物咸备。城外瓦砾场搭草屋，称“买卖街”，土娼且争趋之。……

……行此类事者(按指奸淫烧杀)，大抵以湘鄂皖赣等籍人，先充官军，或流氓地痞裹附于贼，或战败而降贼军，积资得为“老兄弟”者居多。其真正粤贼，则反觉慈祥恺悌，转不若是其残忍也。……

……至官军一面，则溃败后之掳掠，或战胜后之焚杀，尤属耳不忍闻，目不忍睹，其惨毒实较贼有过之无不及。余不欲言，余亦不敢言也。

《思痛记》异于一般写战祸流离的文字的地方，是它不止于客观记录人民被虐杀的斑斑血泪，而能促使读者去对这种惨剧发生的原因进行冷静的思索。《思痛记·跋》中，李圭有几句画龙点睛的话道：

斯痛也，非吾一人之痛，而凡为贼所掳者，千万人之痛也。非贼能尽人而与之痛，而实人人自召之痛也。

在此后李圭一生的活动中，应该说有了一种“痛定思痛”，进而求其所以使国家民族免于再罹惨痛的意念。《环游地球新录》之作，与此念不无关系。

李圭一八六二年到上海后，为了谋生，经友荐赴青浦“常胜军”营中办理文案，因而得识西人。一八六五年，英人好博逊(H. E. Hobson)任宁波海关税务司，聘李圭司文牍事。据李圭传记资料，到海关任事后，圭“私计国家既已通商，江海弛禁，彼族沓至。设有龃龉，重以奸黠华民构煽其际，必为大梗。阴与西人之愿谨者往来款密，习其情性及彼国约例，徐叩以抵隙间执之说，尽得要领，储以有待。……盖言西国政艺大概者，莫先于君，遂以‘习洋务’名，君固不乐承也”(李详《运同衔升用同知浙江海宁州知州李君事状》)。

赴美观会和环游地球，是李圭到宁波海关服务十年后的事情。这时李圭还是一名在“华洋界上”混饭吃的百姓，并没有任何功名和官职。游罢归来，李鸿章给《环游地球新录》写了篇序，上之总署，给资印行三千部。想求新知的士大夫争相购买，坊间也相率翻版。郭嵩焘在使英期间，便翻阅过这部书，记入了日记。康有为也是在读了这本书和其他一些介绍世界形势的书以后，才开始走上了向西方寻找真理的道路。作为这本书的作者，李圭开始在知识分子中有了一些名气。

之后，李圭于一八八〇年上书南北洋大臣，对“洋务”提出七条建议：谓“朝鲜宜广行通商，边界宜稽核侵越，武备宜讲求变通，器械宜专职采办，利源宜预防涸竭，国债宜官为开办，洋务宜使人通晓”，得到赏识。这时东北、东南边事日亟，他接着又发表了一篇《蠡测罪言》，主张迅速学习西方的军事和其他技术：

广延西国教习，教以水陆兵学，演习行阵及命中致远之技、建筑炮台之法。……更致力矿务以富国，设铁路、电报、邮政以便载运而捷信息。

一八八三年，薛福成任浙江宁绍道，荐李圭兼任洋务委员，参加防御法军入侵的备战工作。一八八五年初，法舰迫近镇海海口，李圭劝薛福成曰：

马江所以致败者，以和战未定，莫敢先发。今敌既来，宜速饬镇海炮台，视炮弹能达，燃炮轰击，毋落人后，此先发制人之道。

薛福成接受了李圭的主张，下令当法舰进入射程，立即开炮，结果击退了敌人对镇海的一次进攻。在炮战中，李圭“护远镜至招宝山安设，出没于颠风巨浪中，命在飘忽”。这个在《思痛记》中视流血如谈虎色变的人，在外寇侵略面前却表现得从容镇定。他还在战争中写诗鼓舞镇海守将，“相与悲歌不置，人咸壮之”。事后，薛福成保举他“以知州留浙补用”，一八九三年到海宁州上任，才做了几年官。

据说，李圭在知州任上，倡修水利，浚河至二万二千馀丈；又劝绅民广开支河港汊，多掘鱼池，以资灌溉，民大称便。甲午中日战起，李圭奉命到上海“游说英人，冀有所援”；

战后又应张之洞之请，赴苏州规划开埠事宜，认为宜自设巡捕，加强管理。这些都是李圭所做的好事，可以说与他环游地球时的收获是互为因果的。

一八九八年，李圭忽患脑疾，"瞀乱不复省视人事，时或愤咤，若有不平迫未得遂者"，因开缺养病，以一九〇三年五月卒于杭州。

## 百年盛会

《环游地球新录》卷一为《美会纪略》，首记美国设立博览会缘起，云：

> 北阿墨利加洲有美国者，洋文称"友乃德司得次"，译即合众国，又称"米利坚"，俗称"花旗"，泰西强大国也。在地之西半球。以球而论，适与中国腹背相对，自昔不通声闻，……
>
> 光绪二年，为有国百年庆期。……因择喷夕尔费尼阿省费里地费城，建屋设会，广致天下物产，互相比赛，美其名曰"百年大会"，又曰"赛奇公会"焉。

费城赛会共有三十七国参加，中国亦在其内。当时清政府的"总税务司"为英国人赫德，海关和外贸都是由外国人"代办"。外国人为了赚钱，希望中国扩大和外国的商业联系，很怂恿中国去参加赛会。一八七三年奥京维也纳赛会，赫德派包腊(E. C. Bowra)代表中国参加，在国外有一些影响。这次由于美国重视亚太市场，着意邀请，中国参加的规模又大了一些。据《环游地球新录·自序》介绍：

> 光绪二年丙子，美国创设百年大会。先经其国驻京公使照请总理各国事务衙门，咨行南北洋通商大臣转饬地方官，出示晓谕工商人等送物往会，并酌拨款项，札行总税务司赫德，援照奥国赛会例，选派海关税务人员办理。

这些海关税务人员就是：东海关税务司德璀琳(G. Detring)、闽海关税务司杜德维(E. B. Drew)、粤海关税务司赫政(J. H. Hart)、前津海关税务司吴秉文(A. Huber)等。不过这次总算有了几位中国人参加了这一工作，为首的就是李圭。

李圭携带译员一名(粤人)，同美国旅华客商鼐达结伴，于光绪二年四月二十一日(1876.5.14)由上海赴横滨搭乘美国轮船"北京城"号，于五月二十日抵达美国三藩市(旧金山)，行程二十八天。而容闳一八四七年一月四日从广州坐美国帆船"亨特利思"号，于四月十二日抵纽约，"计居舟中凡九十八日"。两相比较，李圭的旅程整整缩短了七十天。这是轮船较帆船的进步，是七十年代较四十年代的进步。接着李圭又坐了七天火车，于闰五月初二日到达费城。

李圭所见到的费城博览会"各物总院"，"屋长一千八百八十尺，宽四百六十四尺，悉以精铁为梁柱，巨块玻璃为墙壁"，是当时世界上最大的展览大厅。"美国物在总院中约居十之三四”。其次则是“机器院”,“屋长一千四百零二尺，宽三百二十尺”；“位置之地，美国最大，由西至东皆其器，约居十之八”。这两个院是李圭参观和记述的重点。

李圭的记载是翔实而生动的。现从布朗氏《美国历史地理》一书中摘录几段文字，可与《美会纪略》参看：

一八七六年在费拉德尔非亚(费城)举行的“百年纪念展览会”使参观者对于这一国家截至当时在工业方面的发展有一个概括的印象。展览大厅占地二十一英亩，陈列采矿部门和制造部门的展品；另一座建筑物占地十四英亩，陈列各种机器。

U. S. 格兰特(Ulysses Simpson Grant)总统站在机器馆中七百吨重的科利斯式蒸汽机车前面，选择了一段适当的话作为开幕词：

“一百年以前，我国刚刚成立，而且只有部分地区有人居住。我们的需要使我们不得不把自己的力量和时间主要用于砍伐森林，征服草原，建造住房、工厂、船舶、码头、仓库、道路、运河和机器。这些都是不能拖延的极其必需的首要工作，虽然我们承担了这方面的巨大工作，可是我们在法律、医药、神学、科学、文学、哲学和美术各方面的工作，也足以同古老而先进的国家相颉颃，这些方面的成就将在本展览会中展出。在我们为自己的成就而骄傲的同时，我们也为自己没有能够多做一些而感到遗憾。然而，我们的成就很大，足以使我们的人民能够安然无愧地承认无论在哪里看到的成绩。”

参观者可以从这里看到：康涅狄格出产的工具和刀剑；新泽西出产的缝纫机；普林斯的改良自来水笔，“保证书写十小时”；打字机，“可以代替钢笔书写除簿记以外的各种文件的机器”；纽约出产的“华尔山姆牌”表和芝加哥的“爱琴牌”表；还有费城为儿童制造的幻灯和放映机。

《美会纪略》所述“各物总院”和“机器院”的各种展品，不仅与上文若合符节，有的且更为详尽。如“七百吨的科林斯式蒸汽机”，李圭把它叫作“哥阿力斯”，下面再予介绍。这里先看看李圭所述“可以代替钢笔书写除簿记以外的各种文件的机器”：

……有一式极小巧，置方几上，高仅尺许，宽约八寸，以铁为之。中有机括嵌墨汁，设铁板。下列洋文字母二十六，若棋子然。以一女工司之。将纸置铁板上，再如西国鼓琴法，印某字以手按某字母，内则推上一字印之，联接而成句，颇极灵捷。办公处各置一具，用处颇多，价仅百数十元，惜不能印华文。

而其所述美国人语云：

当华盛顿开国时，为省仅十有三，人民亦稀少。今则拓地日广，共有三十九省，人数多至四千万。此虽由外来

> 入籍者众，而能骤增若此，亦正以见我国政治之善也。欧洲诸大国所以称雄者，以地大兵强、民安物阜耳，今我国岂出其下哉？且以大势观之，又安知将来不能驾乎其上耶？兹届庆期，宜举一极盛事以志不朽。

显然，李圭是同意把美国建国百年来的迅速发展归功于所谓“政治之善”的。在《美会纪略》和《环游地球新录》其他各卷中，都不是单纯猎奇志异，而能注意探求美国富强的根源，就作者所能达到的水平做了一些分析，并和中国的情形进行一些比较。他在自序中说，赫德推荐他赴会，并嘱咐他“将会内情形并举行所闻见者，详细记载，带回中国，以资印证”，“亦欲敦交谊，广人才，冀收利国利民之效”。薄薄的一本游记，包含了李圭对吾国吾民的一片孤诣苦心。

## 机器正当讲求

正如李鸿章在为《环游地球新录》写的序文中所说：“泰西诸国，日出其聪明才力以相角逐。凡可为富强计者，若铁路、电线、车舡、炮械之属，转相仿效，务极新奇，而于商务尤所措意，舍是则无以自立其国。”因此，李圭“详细记载”的，首先是工商制造方面的成就。关于当时号称“全世界最伟大的机器”的柯林斯(Corliss)蒸汽机，李圭的记载是：

> (机器院)正中，置大机器一副，轮径三丈馀，力抵马

一千五百匹……大轮动，则院中各器凡需蒸汽者，皆借汽以运动。其有不需蒸汽，惟借皮条扯动者，各器有大小轮盘缠皮条套梁际铁轴之轮盘，亦可随时拨动运用，如吸水、印字、纺织、锯、磨诸器咸赖焉。器名“哥阿力斯”，为美人哥阿力斯手制，故以其名名其器。……如此大器，动时无甚声响，且一人即可运之，是可异也。

在此处还有一段话，谈对机器的认识：

……具机心者，尚且精益求精，巧益思巧。此出一器，彼仿行之，尔争我竞，莫可底止。何怪机变之事，日出而日盛，且日盛而日新哉！吾华有言：“有机事者，必有机心，古人所不为也。”而今则不能概论矣！夫机心用于器物，惟以利国利民，而弗为身家谋，则机心亦何尝不可用？是机器正当讲求，不得援古人桔槔之说，概谓机器不当用，凡机器之可以利民者置诸弗取也。

虽然美国机器生产的发展，既是“利国利民”，又是“为身家谋”，二者是完全一致的，李圭于此等处未免失之考察。但他肯定机器生产的进步意义，针对某些人宁可抱瓮灌园也反对使用机械的守旧观点，大声疾呼“机器正当讲求”，在当时却是了不得的认识。

在参观“各样吸水机器”时，李圭“因思中国江河之水，涨落不时，旱涝互患。西北高原，种植每艰灌溉。……仿而行之，亦经世一助”。参观机器造纸，见工省事倍，稻草亦能作绝精之纸，而念及“我中国造纸之法，由来二千馀年，纸亦绝佳，西人每称赞之。然精者皆用棉、竹，若稻草所制，皆恶劣不堪之物，制法亦迟缓”。参观“绞棉子器”，认为“尤妙在不借蒸汽运动也。产棉之乡能家置一具，或数家、数十家合置一具，较之手挽脚践，诚大省工力”。尤其是“耕种院”陈列的农田机器，李圭曾逐一观览，且就询洋人，虽不甚解，却肯定其为中国所必需，“倘日后议垦西北旷土，尤必得购用，以代人力”，还注意到了日本定购十八种农田机器的情形。

然而，无论在会内还是在会外，李圭所注意的范围又不限于工商制造。参观“女工院”时，他见到供事妇女“乐为人道，娓娓不倦，举止大方，无闺阁态，有须眉气。心甚敬之，又且爱之”，因而发表一通极可注意的关于妇女地位的议论：

> 泰西风俗，男女并重，女学亦同于男。故妇女颇能建大议，行大事。……天下男女，数目相当；若只教男而不教女，则十人仅作五人之用。妇女灵敏，不亚男子，且有特过男子者，以心静而专也。若无以教导之提倡之，终归埋没，岂不深负大造生人之意乎？故外国生男喜，生女亦喜，无所轻重也。若中国，则反是矣，有轻视女子者，有沉溺女子者，劝之不胜劝，禁之不胜禁，究何故欤？答曰：无他，亦由女学坠废所致耳！……今且有口边一语曰：“女子无才便是德。”噫！惟此语为能误尽女子矣！

这可以算是一八四〇年以来第一个大张旗鼓为妇女争平等权利的宣言。如果李圭不环游地球、亲历美国，光凭他在太平军中当“写字先生”时接触新老姐妹的经验，这篇宣言是无论如何也写不出来的。

结束“百年盛会”的参观活动后，李圭又游览了华盛顿、哈特福德、纽约等城市，然后前往英国伦敦、法国巴黎，继续东行回国。《环游地球新录》卷二、卷三为《游览随笔》，杂记游览见闻、议论感想；卷四为《东行日记》，逐日记述旅途情景，亦均有可览者。如卷二记费城医院，见西医“必先于人之形体、脉络、脏腑，事事考证无讹，然后出试其技”，谓“宜乎西人医术所以有迈于中华”。又记监狱云：“外国监狱，迥异中华，第一务取洁净，第二饮食调匀，第三作息有节，第四可习技艺，第五则其总管、司事一切体贴人情……。”在华盛顿游“渭德好施”（按：即白宫），拜会“洋务衙门”费大臣，了解办公情况。费氏问李圭：“办公之法，较中国何如？”李圭虽答以“大致相同”，心里却不能不承认资本主义比封建官僚主义的效率要高得多，引费氏之言，“公事宜简不宜繁，用人宜少不宜多，俸金宜厚不宜薄；盖事简易明，人少无推诿，俸厚则心专”，谓其“诚确论也”。

李圭向中国人介绍了一个新的世界，这个世界比旧世界确有不少优胜之处，但却远不是十全十美的。作为一位有文化修养和社会经验的知识分子，李圭看到了繁华景象背后的一些阴暗面。美国人民是富裕、文明的；可是美洲土地原来的主人“因颠”（印第安）人，却过着“披发赤皮”的生活，政府还要

“派兵驻守弹压”他们。美国城市是热闹、繁华的；可是噪音嘈杂，在旅舍的四层楼还感到床榻动摇，不能成寐。大学是办得很好的；可是“生徒中名门巨室居多，贫素者少，以每年千元食用无出也”。文化生活是丰富多彩的；可是也有“赤身演戏”一类下流黄色的表演，在“坏人心术”、毒害社会。李圭参观纽约市第十七警察局，见到一天之内因为犯罪被拘留的即有六十八人；全市三十五处警察局，统共每天拘留的在二千人以上。这种现象，不能不使他深思：“一处日有数十案，弗乃多事耶?”

李圭在研究美国关税例则后，发现“凡外国进口货，税极重，每估本百元，征税自十元至六十元不等”，而出口货则多免税。他写道：

> 盖西人专尚取利他国，而己国之利源必开浚深广，并不肯轻易少泄，此其立意精密深固处。吁！可虑哉！

事实证明，李圭的“虑”是有道理的。曾经有几位西方传教士向李圭抱怨，说在中国内地传教很是为难。李圭直率地奉告他们：“以鄙观之，尤莫若不传之为妙。”他虽然主张向西方学习，但是从爱国立场出发，对于外国的经济侵略和思想渗透，保持了必要的警惕。

## 大清国展览馆

《环游地球新录》最使中国读者感兴趣的是中国参加一八七六年赛会和中国留美幼童的情形。这在近代中外经济、文化交流史上，确实是十分宝贵的资料，故略多摘录一些如下：

中国赴会之物，计七百二十箱，值银约二十万两。陈物之地，小于日本，颇不敷用。此非会内与地不均，盖我国原定仅八千正方尺，初不意来物若是之多也。

地居院之西门内，左为智利、秘鲁，右为日本、埃及、土耳其，对面为义大利、哪喊、瑞典等国。北向建木质大牌楼一座，上面大书"大清国"三字，横额曰"物华天宝"，联曰"集十八省大观，天工可夺；庆一百年盛会，友谊斯敦"，此为德君嘱圭所拟者。两旁有东西辕门，上插黄地青龙旗，与官衙一式，极形严肃。

进牌楼，正中置橱柜数事，高八、九尺，仿庙宇式，亦以木制涂金彩，四面嵌大块玻璃，储各省绸缎、雕牙、玩物、银器及贵重之品。左列武林胡观察景泰窑器；右列粤省漆器、绣货、镜屏；后列各式乌木椅榻；再后为宁波雕木器、海关经办瓷器及粤人何幹臣各种古玩；再后临窗则为公事房。……物件悉遵华式，专为手工制造，无一借力机器。即陈物之木架、橱柜以及桌椅铺垫、公事房之陈设字画，亦无一外洋款式者，悉为他国游览官民所目未经见……

南门外平屋，列各省丝、茶、六谷、药材，亦皆海关经办，由总院分列于此。药材不下七百种，丝、茶亦各种俱备。洋人谓深得赛会本意，愿以他物相易。……

物产以丝、茶、瓷器、绸货、雕花器、景泰器，在各国中推为第一；铜器、漆器、银器、藤竹器次之；若玉石器，几无过问者。

因忆从前法、奥之会，我国虽亦送物比赛，而未获贸易之益，以无华人往也。今则已得工商十馀人，逐日在会与西人相处，深知其爱憎。闻一、二年后，法国又兴大会。则将来赴会者，置货必有把握，非若前时之凭空揣拟矣。



中国留美幼童的学习情况，李圭最初也是从博览会上看到的。记云：

甘那的格省哈佛书馆，我国幼童课程、窗稿亦在列。尝见其绘画、地图、算法、人物、花木，皆有规格。所著汉文策论，如《游美记》《哈佛书馆记》《庆贺百年大会序》《美国地土论》《风俗记》，亦尚通顺。每篇后，附洋文数页，西人阅之，皆啧啧称赞。



甘那的格省哈佛城，即康涅狄格州哈特福德市。由容闳组织安排到美国留学的中国幼童，都在这里学习。中国政府并于此地设立“出洋总局”。幼童平时分住哈城多处美国家庭中，“随其子弟就傅习洋文”；“以三个月一次来局习华文，每次十二人，十四日为满；逾期，则此十二人复归，再换十二人来；以次轮流，周而复始”。容闳此时已专任驻美副使，“幼童出洋总局”由区谔良任总办，容致祥、刘其骏任教习，邝其照任翻译。中历七月初三日，幼童一百一十三名，由刘其骏、邝其照和美国教师饶托鲁带领，由哈市到费城参观博览会。《游览随笔·书幼童观会事》一篇记云：

……数日前，各处新报早已播传其事。至是，复论及中国办法甚善。幼童聪敏好学，互相亲爱，见人礼数言谈彬彬然。有进馆方年馀者，西语亦精熟。此次观会又增其识见，诚获益匪浅云云。

初四日，见诸童多在会院游览，于千万人中言动自如，无畏怯态。装束若西人，而外罩短褂，仍近华式。见圭等甚亲近，吐属有外洋风派。幼小者与女师偕行，师指物与观，颇能对答；亲爱之情，几同母子。

……因择其年较长者，询以此会究有益否？则云：“集大地之物，任人观览，增长识见；其新器善法，可仿而行之；又能联各国交谊，益处甚大。……”问何物最佳？曰：“外国印字法，中国雕牙器。”问想家否？曰：“想也无益，惟有一意攻书，回家终有日耳。”……问何以作洋人装束？则曰：“不改装，有时不方便。我侪规矩，惟不去发辫、不入礼拜堂两事耳。”言皆简捷有理，心甚爱之。西学所造，正未可量。

从中国幼童身上，李圭看到了西方教育的优越，那就是“不尚虚文，专务实效；是以课程简而严，教法详而挚，师弟间情洽如骨肉。尤善在默识心通，不尚诵读，则食而不化之患除；宁静舒畅，不尚拘束，则郁而不通之病去。……且其不赏而劝，不怒而惩，则又巧捷顽钝之弊亦无由以生”。用现代的语言来说，就是教学内容联系实际，教学方法提倡自觉，教学思想鼓励自由，一反八股科举制度的迂腐浅薄、机械灌输、造成奴性。这是一股新鲜的风，是四十年后“德先生”和“赛先生”在中国吹起的狂飙的先兆。李圭能始见于青萍之末，实不得不承认其高明。

但是，新生事物在它初出现时，总是十分脆弱的；旧势力会压迫它，窒息它，扼杀它。进步过程会有曲折和反复，决不可能一帆风顺。以幼童留美为象征的中国改革教育的尝试，很快就以失败而告结束。当李圭“心甚爱之”，盛赞“西学所造，正未可量”的时候，国内却正在酝酿着撤销“出洋总局”，撤回留美幼童，结果居然不幸而成为事实。

在《书幼童观会事》一节中，李圭曾经尽力对这股逆流进行阻击：

有谓：中国不尚西学，今此幼童越数万里而往肄业，弗乃下乔木而入幽谷欤？曰：是非尔所知也！幼童之往业者，业其事为耳。我圣人之达道达德、三纲五常，此幼童固自有，亦固自在，不以业西人之事为而少有阙也。且取长补短，原不以彼此自域；则今日翊赞宏图，有不当置西人之事为而弗取也。

“取长补短，原不以彼此自域”，这是一种开放的思想。李圭心目中的“宏图”，是一个富强的中国，一个不再有“人人自召之痛”的中国。为了实现它，就“不当置西人之事为而弗取”。但是这些道理，又岂是放纵官军掳掠焚杀的专制朝廷所能懂得的呢？

回国途中，李圭在香港见到了王韬。《东行日记》记载了他们的接触，云：“遇吴中王君紫诠，言谈半日，颇能洞悉中外机宜；虽坐而言，要皆可起而行也。不意天南羁旅，世不知其才，良可惜哉！”大概王韬对于李圭也有同感。他们都是具有初步民主和科学思想的知识分子，主张打开眼界，走向世界。但是，中国的封建势力毕竟太根深蒂固了，结果李圭只留下了《环游地球新录》等几本小书。尽管康有为从他的书里受到鼓舞，在变法维新的路上又向前走了几步，他的影响毕竟是微小的。《环游地球新录》当时虽印了三千部，以后却一直很少流传。“若有不平，迫未得遂”，本来是具有中世纪特征的社会里，一切有先见之明的知识分子的普遍的悲剧。

# 第十一章　西方文明与郭嵩焘



毛泽东说："自从一八四〇年鸦片战争失败那时起，先进的中国人，经过千辛万苦，向西方国家寻找真理。"(《论人民民主专政》)这段话包括两层意思：(一)当时的真理只能向西方去找。因为"那时的外国只有西方资本主义国家是进步的，它们成功地建设了资产阶级的现代国家"。(二)向西方寻找真理的中国人是当时的先进分子。毛泽东举出的代表有洪秀全、康有为、严复和孙中山。著者觉得，其中也可以包括我们准备在本章中加以讨论的郭嵩焘。

尽管毛泽东的意思是如此明白无误，但有的时候，人们还是特别讳言西方文明对近世中国的影响。其实，"资本主义要比封建主义优越"，"技术问题是科学，生产管理是科学，在任何社会，对任何国家都是有用的。……这些东西本身并没有阶级性"(邓小平《答意大利记者奥琳埃娜·法拉奇问》)，早已是马克思主义者和非马克思主义者一致承认的事实。我们实在无须羞羞答答，尽可以大胆地承认近代西方文明对中国的影响，正如他们承认古代东方文明对欧洲的影响一样。

十九世纪五十年代和六十年代，在中国的士大夫中，只有极少数人在新鲜空气吹来时头脑比较清醒。他们看到了闭关自守的危机，承认有向西方学习的必要。他们所要学的，首先是坚船利炮，其次是铁路轮机、声光化电。这些都是“洋东西”。接触、讨论、研究和推广这些“洋东西”，也就是所谓“洋务”。郭嵩焘也是这批人中的一个。但他是鸡群中的鹤，高出同侪很多。他的思想没有停止在坚船利炮之类东西上，而能“由表及里”，进一步接触到社会、文化、政治等方面的问题，也可以说是在一定程度上接触到了“真理”的领域。在郭嵩焘的身上，可以比较明显地看到近代西方文化对一个传统知识分子的影响。

本章准备比较详细地介绍郭嵩焘对西方文化的研究，试图评价郭嵩焘在近代中国走向世界进程中的地位；而为了这样做，仍须先从郭嵩焘这个人讲起。

## 孤独的先行者

> 挐舟出海浪滔天，满载痴顽共一船；无计收帆风更急，那容一枕独安眠。

这是郭嵩焘光绪六年(1880)八月十七日作的一首诗。“挐舟出海”归来，他深深地感觉到：封建末世的中国，外部环境正值“浪滔天”“风更急”；和他同命运的士大夫阶级，却犹如满满“一船痴顽”。既“无计收帆”，又不忍心独自安睡；这种不甘束手而又无可奈何的心情，相当生动地反映出一个孤独的先行者的形象。

中国的被迫开放是从一八四〇年前后开始的，郭嵩焘对近代世界的关心也是从一八四〇年前后开始的。

一八四〇年在中国发生的事情，用马克思的话来说，就是：

> 天朝帝国万世长存的迷信受到了致命的打击，野蛮的、闭关自守的、与文明世界隔绝的状态被打破了。……
>
> ……与外界完全隔绝曾是保存旧中国的首要条件。而当这种隔绝状态在英国的努力之下被暴力所打破的时候，接踵而来的必然是解体的过程，正如小心保存在密闭棺木里的木乃伊一接触新鲜空气便必然要解体一样。(《中国革命和欧洲革命》)

传统社会的解体，包括了传统知识阶级的解体。传统的知识阶级开始分化了，对外部世界的态度再也不是“铁板一块”了。是竭力维持“野蛮的、闭关自守的、与文明世界隔绝的状态”，还是睁开眼睛看世界，设法跟上世界历史的潮流？新的历史条件向中国知识阶级提出了这个带根本性质的问题。

在这个根本问题上，郭嵩焘同他自己所属的封建士大夫阶级发生了深刻的分歧。

传统的观念是“天朝臣服中外，夷夏咸宾，蕞尔夷邦，何得与中国并论”，必须“严夷夏之大防”，实行彻底隔绝。郭嵩焘则说：“茫茫四海含识之人民，此心此理所以上契于天者，岂有异哉？而猥曰‘东方一隅为中国，馀皆夷狄也’，吾所弗敢知矣！”何况近世技术发达，“七万里一瞬而至”，要隔绝也无从隔起。

传统的观念是只能“用夏变夷”，绝不能“用夷变夏”。郭嵩焘则说：“计数地球四大洲，讲求实在学问，无有能及太西各国者”；“其强兵富国之术，尚学兴艺之方，与其所以通民情而立国本者，实多可以取法”。

传统的观念是“夷狄之有君，不如诸夏之亡也”；洋人纵有坚船利炮，而“天朝上国”的政治教化天生地优于外洋，自然能够“万世长存”下去。郭嵩焘却说：“西洋以智力相胜，垂二千年，……质有其文，视春秋列国殆远胜之。……此岂中国高谈阔论，虚骄以自张大时哉？”

郭嵩焘对当时世界的认识，特别是对西方文明的了解，远远超过了同时代人。他的思想突破了咸同时期大多数谈洋务、办洋务的人的水平，而在实际上为他身后蓬勃兴起的维新变法思潮开了先路。

无论就教养和社会地位来看，郭嵩焘都属于封建士大夫阶级的上层。可是，自十九世纪六十年代以后，他却成了一个被封建士大夫“聚呵丛骂”的角色。梁启超在六十年前便讲过关于郭氏的故事：

> 光绪二年，有位出使英国大臣郭嵩焘，做了一部游记。里头有一段，大概说，现在的夷狄和从前不同，他们也有二千年的文明。嗳哟！可了不得。这部书传到北京，

> 把满朝士大夫的公愤都激动起来了，人人唾骂，日日参奏，闹到奉旨毁板，才算完事。(《五十年中国进化概论》，载《申报》五十周年纪念文集《最近之五十年》)

这里所说的“一部游记”，其实是郭嵩焘从上海到伦敦途中五十天的日记，当时由他本人抄寄总理衙门，以《使西纪程》书名刊行，确实引起了一场轩然大波。“满朝士大夫的公愤”，如李慈铭谓“嵩焘之为此言，诚不知是何肺肝，而为之刻者又何心也”；何金寿更疏劾郭“有二心于英国，欲中国臣事之”。结果，“有诏申斥郭嵩焘，毁其《使西纪程》板”。

据郭氏自言，“初议，至西洋，每月当成日记一册呈达总署，可以讨论西洋事宜，竭所知为之。得何金寿一参，一切蠲弃，不复编录”。于是他三十馀年、二百万言的日记，一直未能与世人见面，直到近年，始由岳麓书社同人整理出版。这部日记，尤其是收入《走向世界丛书》的《伦敦与巴黎日记》部分(包括《使西纪程》在内)，占了郭氏全部日记的三分之一左右，乃是研究郭嵩焘生平和思想的极其重要的史料。

《使西纪程》毁板后不到一年，郭氏即从驻英法公使任上被撤回，从此未再起用。光绪十七年郭氏病卒，李鸿章奏上其学行政绩，援例请予立传赐谥，奉旨：

> 郭嵩焘出使西洋，所著书籍，颇滋物议，所请着不准行。

直到他死后九年，京城搜杀“二毛子”时，还有京官趁机奏上一本：请戮郭嵩焘之尸“以谢天下”(见《清鉴纲目》卷十五，光绪二十六年五月，郎中左绍佐奏)。

以上事实说明，郭嵩焘出使西洋以后，他同封建统治阶级的分歧已经十分深刻。这件事情本身，便是封建末世解体的一个象征。

先行者总是孤独的。郭嵩焘同“野蛮的、闭关自守的、与文明世界隔绝的”顽固保守风气的斗争，带有一种一往无前，义无反顾的悲剧色彩，如他从伦敦写给朱克敬(香荪)的信中说：

> 是以谤毁遍天下，而吾心泰然。自谓考诸三王而不谬，俟诸百世圣人而不惑，于悠悠之毁誉何有哉！(《中和月刊》第一卷第十二期《郭筠仙手札》)

这种个人的勇气，应该说是从忧国忧民的爱国心中产生出来的。回国以后，有友人劝他不谈洋务，他却表示“不可不谈”：

> 所以谈者，欲使人稍知其节要，以保国有馀。苟坐听其昏顽而已，不动兵则坐削，一旦用兵，必折而为印度。此何等关系，而可不言乎？……诸公乃视言及洋务为忌讳，然则将听其终古昏顽而莫之省也！果可以昏顽终古，则自洞庭以南，蠢蠢之三苗，至今存可也，而其势固必不能。《传》曰：“铸鼎象物，使民知神奸，以能使魑魅魍魉莫能逢之。”夫惟其知之也，以先知觉后知，以先觉觉后觉。

予于此亦有所不敢辞，于区区世俗之毁誉奚校哉！

此种精神，自不能不使人感动。但是，郭嵩焘的勇气主要表现在思想、言论上，行动则因动辄得咎，几经蹉跌，锐气就显得消减了。他的身份仍然是一个封建士大夫。到一八八〇年以后，因为不得志于庙堂，便以退隐山林的“优游岁月”来消遣，过着官僚地主的生活，怀着怨天尤人的情绪。临终前不久自题小像诗有句云：

流传百代千龄后，定识人间有此人。

只得寄希望于百世而后，唯愿后之论者终能克服时代的偏见，对他作出一个比较公正的评价。

## 大风吹蹙洞庭波

研究郭嵩焘思想（包括他的洋务思想）的形成，讨论他为什么会同封建统治阶级在思想上发生如此深刻的分歧，需要对作育郭嵩焘这个人的社会文化历史诸因素进行分析。不仅要分析属于个人的因素，如家庭出身、个人的性格和气质等等；还要分析郭氏的学问渊源，特别是作为一个道咸时期湖南地方的读书人，湖南地方历史条件对他的影响；此外当然还应该着重分析西方思想文化传入对他的影响。

郭嵩焘于一八一八年（嘉庆廿三年）出生于湖南省湘阴县

城，十七岁进学，十九岁中举，二十九岁成进士，点翰林，完全是按照封建社会作育人才的程式而跻身于士大夫阶级上层的。

但是，郭嵩焘有一个异乎寻常的特点，即是他很少有传统士大夫的轻商思想。同治元年，他在写给曾国藩的信中说：“用才各有所宜。利者，儒生所耻言，而汉武用孔仅、桑弘羊，皆贾人，斯为英雄之大略。”光绪八年退休还乡后，还在省城禁烟会上讲演“商贾可与士大夫并重”之义，致为王闿运等所批评。

郭嵩焘的这个特点，似与他的家庭出身颇有关系。郭家为湘阴有名富室，致富原因是由于经商和放贷。从现有关于他的家族史的不多的材料来看：

曾祖父(号望湖)“善居积，富甲一邑”(《养知书屋文集》卷廿六《书湘乡易龙长先生轶事》)。

祖父(字括矩)“然诺一语，千金不惜”。据说当时湘阴知县曾向他“贷重金”，以致无力偿还(《柈湖文录》卷七《郭氏家传》；《湘阴郭氏家谱》卷九《杂述》)。

父亲(字春坊)仍营借贷，“或日费数十万钱”，“他人相称贷，要君一言为质”；“岁中为人理宿逋，率三四役”(《曾文正公文集·湘阴郭府君墓志铭》)。

但是，他家收取田租的土地，似乎并不很多。据台湾“中研院”近代史研究所专刊(29)《郭嵩焘先生年谱》：道光十一年辛卯，“田租无所出，先生家往往不能举餐”。如果有很多土地，收成再差，也不至于到“不能举餐”的地步。

这三代人都读过书，但最多只挣到贡生(曾祖)、秀才(祖)，没有走上“学而优则仕”的道路。

十九世纪初期，洞庭湖区的商业和手工业已经比较发达，城镇已经集中了一定数量的居民和财富，借贷资本已经同商业资本一道在城镇经济中出现。郭家的情形，与通常自谦为“耕读传家”，即以地租为收入来源、以做官为发展方向的地主不同，其封建性可能较少，而具备着向资产阶级转化的条件。

郭嵩焘和他的弟弟崑焘、崙焘兄弟三人，都“生而颖异”，家里决定让他们多读一些书。据《郭嵩焘先生年谱》记载，道光十一年嵩焘十四岁（年谱所记为虚岁，实岁为十三岁）时，发生过这么一件事情：

> 一日暑甚，先生默坐斋中。钧台公（嵩焘之伯父）与二三执友纳凉阶下，相与言曰：“龄儿遇事恂恂，独其读书为文，若猛兽鸷鸟之发。后来之英，无及此者。虽少，然观其意志，无幾微让人，岂徒欲为诸生之雄哉？”龄儿为先生乳名。先生窃闻所言，大喜过望。

这段短短的记述，勾画了一个有鲜明个性的读书少年的形象。其特征是：外貌温恂，但思想非常活跃，精神活动属于“进取型”（“若猛兽鸷鸟之发”）；好胜心强，“无幾微让人”；才识出群，但不免急于求名，过于自负。另外，崑焘曾说他“心直口快，往往面责之处，直与人以难堪”。这说明他脾气不好，在别人眼里就是傲慢。

封建社会里赋有如上性格的读书人，得志可能踔厉风发，纵横如意；不得志则往往入于狂狷者流，像历史上的屈原、贾生那样，在政治上或者文化上成为反对派。郭嵩焘走的有点近乎第二条道路。

十八岁读书长沙岳麓书院时，郭嵩焘与刘蓉、曾国藩换帖订交。曾、刘都是“笑谈都与圣贤邻”，立志要建功立业的人物。郭的志向却与他们颇有不同。刘蓉曾在一封信中以曾国藩为榜样对他进行规劝：

> 涤兄（指曾国藩）迩日进学可畏，顷寄书论为学之方，体认殊深，他日建树，殆非科名之士所及。书中盛称吾弟（指郭嵩焘）词翰之美，将为文苑传人，是则善矣；顾某所以期于吾弟者，不在是也。（《养晦堂文集》卷三《复郭伯琛孝廉书》）

二十二年后，三人早入中年，在李鸿章意欲保奏郭嵩焘到江苏做官时，曾国藩表示反对，理由仍然是：“筠公（郭嵩焘号筠仙）芬芳悱恻，然著述之才，非繁剧之才也。”（《曾文正公书札》卷一八《复李少荃》）

郭嵩焘喜欢自称为楚人，“芬芳悱恻”正是形容屈原辞赋的用语。颇有知人之明的曾国藩，早知道郭嵩焘的气质好议论，喜批评，往往不满现实，不是能够替封建朝廷担当“繁剧”之任的材料。

一八五二年（咸丰二年），太平军出广西，过湖南。这场暴风骤雨，成了以曾国藩为代表的一大批湖南在野士人登上政治舞台的契机。湖南这块地方，一变历史上长期沉寂、“少人多石”的状态，出现了“楚境一隅，经营天下”的局面。郭嵩焘写过《湘中竹枝词》四首，赞颂这种当时在他看来是令人感奋的局面，其四云：

> 捶鼓家家起荷戈，大风吹蹙洞庭波；由来楚境横天下，千里潇湘地几多。

一八四〇到一八五二年的“大风”，确实吹蹙了洞庭之波。道咸以后的湖南，确实是“楚境横天下”，在全国政治思想舞台上占了一个奇特而重要的位置：一方面仍旧以保守、“霸蛮”而出名；另一方面，又在各个方面都出了不少很大胆、很活跃、能“开风气之先”的人物。这些人物在敌意的环境、尖锐的冲突里冒尖，以一种异己的精神面貌和惊世骇俗的言论行动，使得举国上下都为之侧目。甚至可以说，正是敌意的环境炼出了不世出的才人，有如暗黑的冬夜将寒星反衬得更加明亮夺目。

这种现象有它地域文化史上的原因。在古代，正如曾国藩所说，“湖南之为邦，北枕大江，南薄五岭，西接黔蜀，群苗所萃”，位于中原文化和江淮文化向岭南和苗僮地区传播的过渡地带，实际上已是“蛮荒边缘”(沈从文不是把他写湘西的小说叫作《边城》吗)。近代洋人从广东入侵，湖南又首当其冲。新旧观念在这里互相冲突，新旧思想在这里激烈交锋；新形势带来的问题在这里显得格外尖锐，旧制度固有的毛病在这里表现格外分明；对于大小事都十分认真而又容易走极端的“蛮气”，在这里的人们包括知识分子身上也特别强烈。甲午年间到日本游历的黄庆澄，在他的《东游日记》中写道："中国之民之气，如湖南一带坚如铁桶，遇事阻挠者，虽可嫌，实可喜。"他在这里讲的是认真坚忍的性格比浮华易迁的性格易于有成，但也或多或少接触到了湖南地方风气的一种特色。"相反相成，相克相生"，正是由于这个原因，湖南在道咸之际，突然由"少人多石"一变而为"惟楚有材"，而郭嵩焘就是这批"楚材"中拔萃的一个。在这一点上，我们和曾国藩的评价是不同的。

## 思想危机和出路

与曾、刘订交以后，青年郭嵩焘又陆续结识了左宗棠、江忠源、罗泽南诸人。这批人的封建主义立场是十分坚定的，但他们在讲求"格致诚正修齐治平"时，却从宋明理学、乾嘉汉学和顾炎武、王夫之、魏源的"经世致用之学"中，广泛地吸收营养，形成了曾国藩借姚鼐的话称为"义理、考据、词章三者不可偏废"而又特别注重现实政治的研究和实践的所谓"经世之学"。时机一到，际会风云，这批人便发展成为以"曾左彭胡"为代表的湘系集团，替封建主义的坏殿颓楼充当了最后一排支柱。

郭嵩焘是和"曾左彭胡"一道登上政治舞台的。他与曾、刘是换帖之交，与曾、左是儿女亲家，关系不可谓不深；聪明才学，也不在曾、左之下。可是他的阀阅，则不要说比不上

“曾文正”“左文襄”，就跟廪生出身的曾国荃也不能相比。后来他回忆自己与国荃（沅浦）一同被诏出山，结果是：

沅浦惠泽遍及亿万生灵，嵩焘骂名穷极九州四海；沅浦俎豆汾晋而秉德益谦，嵩焘尘秽湖湘而执词愈亢；沅浦功施社稷生民而无有暇豫，嵩焘身兼衰颓疾病而方幸退休。

一个成了“国家柱石”，一个却成了山野逸民。此固由于他的气质“非繁剧之才”，但更重要的却是由于他的学问根源不完全是“曾左彭胡”一路。刘蓉嫌他偏重“词翰”，曾国藩说他“芬芳悱恻”，都带着几分礼貌，实际上是说他行必由径，不走正道。

早在一八五六年（咸丰六年），郭嵩焘就在日记中对现实政治作了不少尖锐批评，如：

……天下受敝之由，必官吏先失其职，冤苦之积，戾气乘之，古今一辙也。……以无为有，以枉为直，违法徇情，灭亲害义，无所不有。……自古及今，未有穷其下而能无危者也。

*

唐文宗之言，〔去〕河北贼易，去朝廷朋党难。予亦曰，肃清江路易，肃清官〔吏〕之路难。未有官吏之路不清，而能戡定乱离者也。……今致乱之原，官耳，吏耳。不此之治，又附益之，而曰“吾能弭乱”，吾不信也。

当时清朝的政治确实腐败到了极点，官吏贪暴，人民怨怒，已经到了统治不下去的程度。政治上的危机，在郭嵩焘思想上也引起了危机。这是他和“曾左彭胡”不同的。“曾左彭胡”也熟悉民情，也深知朝廷统治的危机；但他们却要“知其不可而为之”，拚命去“戮力澄清”，所持盖传统儒家和法家的态度。郭嵩焘的根本立场与他们虽无二致，态度却颇有不同。翻开同治年间的郭嵩焘日记，还可以发现如下一些观点：

托法而治谓之暴，不戒致期谓之虐，不教而诛谓之贼，以身胜人谓之责。责者失身，贼者失臣，虐者失政，暴者失民。

*

自秦任法吏矫虔天下，民之受其迷者二千馀年。《节南山》之诗曰：“俾民不迷。”王者之政，务此而已。

*

明主谨于尊天，慎于养人。……今出令如反汗，用贤如转石，去佞如拔山；如此望阴阳之调，不亦难乎？……则汉唐以来，末流之士，覆辙相仍。宋明诸儒，崇奖言路，眩乱朝廷，能知此义者鲜矣。

从这些字里行间，可以发现郭嵩焘的思想上，的确接受了一些非正统的因素，有一些异端的气味。后来刘锡鸿参劾他，也有“违悖程朱”“藐玩朝廷”等罪名。中国封建社会的正统思想是孔孟之道的儒家；秦汉以后，法家的专制主义理论也上升到统治地位。不得志的、对现实有所不满的知识分子，"不入于杨，则入于墨；不入于老，则入于佛"，只能从杨墨佛老那里找寻精神上的出路。这种情况，到近世才开始发生变化。一种新的、能够拿来反对传统思想的精神武器，随着洋人洋货输入进来了，这就是"西学"。魏源、谭嗣同好谈佛理，王韬喜欢老庄，康有为认为耶稣近于墨子，都说明固有的反传统思想容易与"西学"相通，也说明"西学"容易为本来具有反传统思想情绪的人所接受。这是近代思想史上一种值得注意的现象。

在曾左诸人的所谓"中兴"事业中，郭嵩焘曾出过一些重要主意。如劝左出山佐张亮基幕，劝曾遵旨夺情出办团练，首倡开厘捐筹军饷，建议练水师保交通，都是影响全局的重要关键。但是，他的兴趣似乎只限于出主意，而对实际的军事政治活动并不那么积极。留存至今的一些信札，颇能说明这一点。如江忠源咸丰三年三月从武昌写给他的信中说：

> 奉手教……岂以为竖子不足与谋邪？兄纵不为弟出，独不为天下计邪？

曾国藩咸丰四年七月廿七日致诸弟的信中也说：

> 兵凶战危之地，无人不趋而避之。平日至交如冯树堂、郭云仙尚不肯来，则其他更何论焉！

湘军初出省时，郭嵩焘也曾到江西、湖北帮带过几个月的兵，但很快就离队了。当时他有诗致江忠源：

> 觅得疲驴试短衣，尺书屡召敢频违？此生戎马真非分，半夜星辰尚合围。

把打仗看成是“非分”之事，表示自己不想多干。

就这样，郭嵩焘在曾国藩集团中，始终只被认为是个“著述之才”，只是个游离分子。功是别人在立，官当然也只好让别人去当。而他又不能居人下，除了曾国藩外对谁都不买账，于是别人也越来越不喜欢他。咸丰九年，他随僧格林沁办理天津海防，赴山东查办事件，跟僧抬杠，受到降三级处分，旋即“告假”回家。同治元年，经李鸿章保奏出任苏松粮道，翌年擢两淮运司，署(代理)广东巡抚，又与总督不合，被左宗棠纠参丢了官。到曾左诸人“大功告成”、官居一品时，他却还是个“赋闲三品”。

由于在统治集团中不得志，对现实政治不满意，郭嵩焘“行必由径”的思想和性格更加发展；这就使他有可能离开传统的“大经大法”，去寻求一条摆脱封建制度危机和个人思想危机的新的出路。

## 洋务观

郭嵩焘自称“年二十二，即办洋务”。这是指的一八四〇至一八四二年中英战争期间，他在浙江学政罗文俊幕中，“亲见浙江海防之失，相与愤然言战守机宜。自谓忠义之气，不可遏抑”。奕经宁波战败后，他作《丰乐镇题壁诗》，对畏葸避敌的晋鄙式的边帅，以及用金缯乞盟的国耻，表示了满腔的悲愤，但于“沧海奔鲸”的形势还谈不到有什么了解。翌年，“馆辰州，见张晓峰太守，语禁烟事本末。恍然悟自古边患之兴，皆由措理失宜，无可易者。繇是读书观史，乃稍能窥知其节要，而辨正其得失”。

战争失败使郭嵩焘开始思索“洋患”这个问题。他的思路是“读书观史”，从史书中去推求处理“夷务”的得失。他认为“自南宋以来，议论猥繁，而控御夷狄之道绝于天下者五百馀年”，于是悉心考察“秦汉以来下讫于明边防战守之宜，著其得失”。这个时期他读书研究的成果，体现在后来所写的《绥边征实》一书中，而其精义则见于以下一段日记中的议论：

> 故中外之相制，强则拓地千里，可以战，可以守，而未始不可以和；汉之于匈奴，唐之于回纥、吐蕃是也。弱则一以和为主，南宋之犹赖以存是也；而终南宋之世，二百馀年亦未尝废战。……计战与和二者，因时度势，存乎当国者之运量而已。未有不问国势之强弱，不察事理之是非，惟瞋目疾呼，责武士之一战，以图快愚人之心，如明以来持论之乖戾者也。

郭嵩焘主张根据力量对比，审度利害得失，来确定战争与和平这样的重大问题，这是针对咸丰皇帝荒谬错乱的外交方针而发的。当英法两国按上年签订的条约入京换约时，咸丰派怡亲王载垣到大沽，令僧格林沁（此时郭氏正在他营中）于洋人进口时“悄悄击之，只说是乡勇，不是官兵”（咸丰九年三月初八日记）；又在京中传旨“将夷酋或领事之首级枭其一二，以寒贼胆”（《东华续录》咸丰卷六十四八月丙子）。这当然不可能不把事情弄糟，使自己陷于被动。大沽冲突之后的谈判中，咸丰又“荒谬地以为英法派到通州的谈判代表巴夏礼是他们的‘谋主’，把他扣留下来就是一个大胜利”（胡绳《从鸦片战争到五四运动》上册，第一七三页）。终至战局扩大，“一败而至通州，再败而遂远出古北口；二万馀之兵，数百万之饷，一败无馀”。

正因为“与外界完全隔绝曾是保存旧中国的首要条件”，所以当这种隔绝被打破时，中国的抵抗难免“带有这个民族的一切傲慢的偏见、蠢笨的行动、饱学的愚昧和迂腐的蛮气”（恩格斯《波斯和中国》）。郭嵩焘比傲慢、蠢笨、愚昧、迂腐的咸丰、载垣、僧格林沁等人高明得多。他直截了当地批评朝廷的外交方针道：

> 吾尝谓中国之于夷人，可以明目张胆与之划定章程，而中国一味怕。夷人断不可欺，而中国一味诈。中国尽多事，彝〔夷〕人尽强，〔当〕一切以理自处，杜其横逆之萌，而不可稍撄其怒，而中国一味蛮。彼有情可以揣度，有理可以制伏，而中国一味蠢。真乃无可如何！

人们也许会反感，为什么不骂外国，反而骂中国呢？其实，怕、诈、蛮、蠢无非是傲慢、蠢笨、愚昧、迂腐的同义词，而且说的也是咸丰皇帝和执行皇帝旨意的僧格林沁之流，"中国"在这里不过是"朝廷"的代词而已。

郭嵩焘认为自己是既不蠢、也不怕的。他不怕和洋人接触，又知道有可能通过接触去"揣度"和"制伏"洋人。当一八六三年(同治二年)他到广东办过一些交涉事件(如阻止英商擅自到海南岛开矿，照会港英当局截留被骗卖出国的贫民，引渡太平天国森王侯玉田）以后，他的态度就更加明确了。后来，他总结自己这一段认识过程道：

> (咸丰间)有谓嵩焘能知洋务者。其时于泰西政教风俗、所以致富强，茫无所知，所持独理而已。癸亥(同治二年)秋，权抚粤东，就所知与处断事理之当否，则凡洋人所要求皆可以理格之，其所抗阻又皆可以理通之，乃稍以自信。

"彼有情可以揣度，有理可以制伏"——这便是郭嵩焘对"洋务"的一个基本观点。

既然知道"彼有情可以揣度，有理可以制伏"，重要的问题就是怎样去"通其情，达其理"。

比郭嵩焘大二十四岁但是同科(道光乙巳)进士的魏源，在《海国图志》中说过一段有名的话："同一御敌，而知其形与不知其形，利害相百焉；同一款敌，而知其情与不知其情，利害相百焉。”郭嵩焘对此极为赞赏，誉为“至论”，并且注意身体力行，通过各种渠道去求“知”。在这方面，他的条件比魏源好，做得也比魏源多。

仅从咸丰六年游沪和咸丰八年初入值南书房两段不长时间的日记中，我们即可看到：郭嵩焘与友人“谈西洋测天之略”；从李善兰处觅得西人所撰《数学启蒙》；从王韬处得到西人刊行之《遐迩贯珍》数部，“即所谓新闻报也”；与何秋涛讨论俄罗斯史地，索观其《朔方备乘》；记《海国图志》近增一百卷及俞正燮《癸巳类稿》、郑复光《镜镜诊痴》，皆“多详西洋制器之法”；记俄罗斯“进呈”图书仪器共三百馀种，有《发明西洋各国通例》《行兵战守论》《管船事宜论》等书；又与人讨论中外语文异同；……求“知”的范围十分广泛。

咸丰六年，郭嵩焘替曾国藩到浙江筹饷，因至沪上“观海并火船之奇，兼为涤公(曾国藩)觅洋器”。他在上海拜访了英、法和大西洋国(葡萄牙)的领事，参观了“利名”“泰兴”等洋行和火轮船，还访问了麦都思所办的“墨海书馆”，会见了伟烈亚力和艾约瑟以及在那里助译的王韬和李善兰。

同治初年，他在上海、广东等地，继续接触西人、西学。从与李鸿章“言军事战守方略”“议论纵横”的英国军官身上，看到了“彼国有人”；从英法军队“会攻嘉定，克期下之”，感到洋人“兵精而器利，此可虑也”；至“得利洋行”观火轮磨及“传书铁线”(电报)，认为“直夺天地造化之巧”。

应该看到，在咸同之际开始接触“洋务”的知识分子中，能够像郭嵩焘这样注意了解“洋情”的人是不多的。他于咸丰九年指出："通市二百馀年，交兵议款又二十年，始终无一人通知夷情，熟悉其语言文字者。"第二年又说："中国与西夷交接二十馀年，至今懵然莫知其指要，犹谓国有人乎？京师知者独鄙人耳。"咸丰十一年底，他赋闲家居时，崑焘给他寄来一些关于"内江洋务"的文件，他"阅之愤懑终日"，在日记中写道：

> 国家无人久矣！国体、事要、商情、地势，四者无一能知，外人亦遂加之以愚弄。在事者徒知据为私利而已。……国家之无人，无一而有人心者也！

这种口气和神情，固然表现了郭嵩焘目无馀子的个人风格，但也确实反映了他对国家利病的关心。洋(夷)务已经办了二十来年，办洋(夷)务的人却还"无一人通知夷情"，这难道还不是使国家不断吃亏上当的一个重要原因吗？

办洋务必先"通其情、达其理"。——这是郭嵩焘对洋务的又一个基本观点。

## 本末论

提倡"通情达理"，就是赞成开放，不赞成封闭；赞成向外看，不赞成继续隔绝；赞成进步，不赞成继续保持马克思所说的"野蛮的、闭关自守的、与文明世界隔绝的状态"。

郭嵩焘在十九世纪五十年代和六十年代能够如此主张，是因为他认识到："洋人之入中国，为患已深，夫岂虚憍之议论、嚣张之意气所能攘而斥之者？但幸多得一二人通知其情伪，谙习其利病，即多一应变之术。"而且，"西洋立国自有本末，诚得其道，则相辅以致富强，由此而保国千年可也；不得其道，其祸亦反是"。

在这个认识基础上，郭嵩焘提出了与当时主办洋务的大臣们颇为不同的主张。这些主张，集中体现在光绪元年（1875）他所写的《条议海防事宜》（以下简称《条议》）里。

先是，总理各国事务衙门"奏上海防六事"，即办洋务、谋自强的六项措施，曰练兵、制器、造船、筹饷、用人、持久。奉旨"下各督抚详议"，实际上是在统治集团内部开展一次关于洋务方针的讨论。《条议》便是郭氏参加这场讨论的一份意见书。

总理衙门把"船坚炮利"看成西洋强盛的主要因素，以为只要筹到大笔款项，买来坚船利炮，便可以巩固海防。《条议》痛驳了这种主张，诘问道：

> 诚使竭中国之力，造一铁甲船及各兵船布置海口，遂可以操中国之胜算，而杜海外之觊觎，亦何惮而不为之？而……果足恃乎，果不足恃乎？此所不敢知也！

那么怎么办呢？《条议》写道："窃以为中国与洋人交涉，当先究知其国政军政之得失、商情之利病，而后可以师其用兵制器之方，以求积渐之功。"这就是说，首先要学西方的政治和经济。

在具体措施上，《条议》主张扶植中国的资产阶级(郭嵩焘称之为“商贾”)，让他们效法洋人，在中国发展资本主义工商业。“造船、制器，当师洋人之所利以利民。其法在令沿海商人广开机器局。……使商民皆能制备轮船以分其利……”在“急通官商之情”一条中，郭氏自陈：

> 嵩焘前署广东巡抚，与英领事罗伯逊等商制造轮船之方。罗伯逊言，西洋机器，惟舟车外轮(案：原文如此)机器最巨，各国多者不过数具，国主不能备，则富商备之；国主兵船，亦多借商人机器用焉。丁韪良亦言，英人铁路通至缅甸，俄人铁路通至伊犁，皆商人为之。

从扶植“商贾”的观点出发，《条议》反对当时办洋务的做法——由封建国家垄断新式企业。他指出：官办企业办不好；“官督商办”也因“商人与官积不相信，多怀疑不敢应，固不如使商人自制之情得而理顺也”。“通筹公私之利”一条提议：海运和外贸也应交由商办，“宜在各海口设市舶司，由商人公举，经营商船贸易”；因为“洋人本以商贾之利与中国相交接，正当廓然处以大公而使商人应之，明示天下所以与洋人交接之意”。“急通官商之情”一条还强调：商人“有计较利害之心，有保全身家之计，因而有考览洋人所以为得失之资”。也就是说，只有“商贾”才会认真学习外国资本主义的长处，也才能真正把这些长处学到手。

郭氏的这些意见，肯定与他和罗伯逊、丁韪良等西人的接触不无关系，亦即是他“通情达理”的结果。《条议》“兼顾水陆之防”一条特别强调“学”的重要：

> 西洋之法，通国士民，一出于学；律法、军政、船政，下及工艺，皆由学升进而专习之。……能通知洋人之情，而后可以应变；能博考洋人之法，而后可以审机。非但造船制器，专意西洋新法，以治海防者之宜急求也。

《条议》将西洋的情形拿来和中国比较，着重指出要“先明本末之序”，批评了总署诸人本末倒置的不当。谓“夫政教之及人，本也；防边，末也。……敬绎六条之议，如练兵、制器、造船、理财，数者皆末也”。此处明指政教、用人为中国积弱之源，亦即为改革图强之本，一反十馀年来坚船利炮之说，实为主张变法之先声，在当时可以说是具有真知灼见的议论。

这个“本末之论”，他不厌反复，三致意焉，最重要的一段话是：

> 西洋立国，有本有末。其本在朝廷政教，其末在商贾。造船制器，相辅以益其强，又末中之一节也。……
>
> 彼之所长，循而习之；我之所短，改而修之。……以中国之大，土田之广，因地之利皆可使富也，用民之力皆可使强也，即吾之所以自治也。舍富强之本图，而怀欲速之心，以急责之海上；将谓造船制器，用其一旦之功，遂

可转弱为强，其馀皆可不问，恐无此理。

就这样，郭嵩焘在十九世纪七十年代中期，就已经突破了办洋务就是练兵、制器、造船、筹饷……的水平，在封建庙堂之上首倡“循习西洋政教”，成为士大夫阶级中最早主张向西方寻找真理的人物。



## 巴力门和买阿尔

郭嵩焘在广东被参，家居八年之后，由于文祥向恭亲王奕䜣推荐，于光绪元年元旦前奉诏入京，二月初授福建按察使。在按察使任上，因为上《条议》，他的名气越来越大。值逢英国驻华使馆翻译官马嘉理(A. R. Margary)在云南被杀，引起交涉，要派大员赴英“通好谢罪”。清廷遂于七月命郭嵩焘为“出使英国钦差大臣”，随后并令其“署兵部侍郎，并在总理各国事务衙门行走”，参与外交事务。但荐引他的文祥不久去世，其馀总署大臣沈桂芬、董恂、景廉诸人都不愿他插手洋务，“不免上下抵牾，必挤去之而后已”（李鸿章《朋僚函稿》卷一五《复沈幼丹制军》）。郭氏接受使命后，上疏主张将云南巡抚岑毓英议处，更被封建士大夫视为辱国。当时流传过一首嘲骂他的对联，用的是集句体：

出乎其类，拔乎其萃，不见容尧舜之世；
未能事人，焉能事鬼，何必去父母之邦？

湘籍人士，攻击尤多。刘坤一居然质问他“何面目以归湖南？更何以对天下后世？”湖南乡试诸生甚至在玉泉山集会，商议捣毁他家住宅。在京友人，多劝他辞谢使命。而他“意以为时艰方剧，无忍坐视之理”，终于接受了任务。当然，出使可以进一步“通察洋情”，探究西学和西洋政教的真理，也应该是郭氏以望六多病之躯毅然命道的重要原因。友人之中，唯有李鸿章称其“七万里之行，似尚慨慷”。其他人则或叹惜他“文章学问，世之凤麟，此次出使，真为可惜”(《桃花圣解盦日记》丁集第二集，第十五页)；或同情他“费力不讨好，亦苦命也”(台湾出版《湘乡曾氏文献》第九册，第五四二一页)。

郭氏于一八七六年底由上海出发，一八七七年一月二十一日抵伦敦，至一八七九年一月三十一日离英回国，在英时间仅仅两年，在外交上的建树是不多的。但是，作为“天朝帝国”亲历西方世界的高级知识分子，他在这两年中对西洋政教的考察和研究，却在近世中西文化交往史上占有不可抹杀的地位。

郭嵩焘精通传统文化，熟悉封建政治，了解洋务内情。在出国以后，他有可能将资本主义的货色和封建主义的货色进行比较，进一步具体地认识资本主义的优越性和封建主义的落后性。对于近代中国而言，这是具有重大历史意义的。

关于郭嵩焘在这方面的活动，拟分为以下几个方面来评述：

第一个方面，郭嵩焘考察了以议会民主和自由选举为特征的西方民主政治的现状和历史，接触了以亚当·斯密为代表的资本主义经济理论和英国资本主义发展的实际情形，认识到“非民主之国，则势有所不行”，对“中国秦汉以来二千馀年适得其反”的封建专制主义提出了批评。

在出国以前，郭嵩焘已经看到“西洋立国以政教为本”。出国以后，他虽然也注意欧洲的技术文明，但是却更为关心整个的社会经济生活，并且能够从国家制度、经济理论等方面探索当时英国繁荣兴盛的根本原因，比那些只知震骇于“泰西富甲天下”的观察者要高明得多。

还在赴欧途中，郭氏听禧在明(W. C. Hillier)谈到英人在澳洲、印度进行开发的情形后，即谓：

> 西洋赋敛繁重，十倍中国，惟务通商贾之利，营立埔头，使其人民有居积之资，交易数万里，损益盈虚，皆与国家同其利病，是以其气常固。

抵英之初参观伦敦邮局，又写道：

> 英国行政务求便民，而因取民之有馀以济国用，……如信票，远至数万里，近至同居一城，但粘信票其上，信局即为递送，每岁收入千数百万磅，……此专为便民也，而其实国家之利即具于是。此西洋之所以日致富强也。

封建专制国家只求“富国”，资本主义国家却懂得先要“富民(资产阶级)”。郭嵩焘不仅发现了这个区别，而且还试图研究产生这个区别的原因，对西方的经济理论很感兴趣。他到英国后不久，即向井上馨、马格里(S. H. Macartney)等询问研究财政经济当读何书，得知阿达格斯密斯（即亚当·斯密)的《威罗士痾弗呢顺士》(*Wealth of Nations*，即《国富论》，严复译作《原富》)、刳蔑儿(即詹姆士·密尔)的《播犁地加儿伊哥那密》(*Political Economy*，《经济学》)等经典著作(参看刘锡鸿《英轺私记·井上馨谈西学》)。后复与英、日学者官员多次讨论，有“中国要务在生财，宜以开采制造等事委之于民，而官征其税”；“日本仿行西法，尤务使商情与其国家息息相通”等记载。某次诸人讨论英国税法，知所得税“俸入三百磅以上，亦一例输税”，因而得出一个结论：

> 此法诚善，然非民主之国，则势有所不行。西洋所以享国长久，君民兼主国政故也。

这在当时算得是一个大胆的结论。

对于英国“君民兼主国政”的情形，郭氏很感兴趣，颇为注意，日记中有关的记载颇多。如光绪三年二月三十日“赴下议院听会议事件”，听议员阿定敦、阿葛尔得与兵部尚书哈尔谛辩论，“诘政府因循坐视，不能出一计、定一谋，其言颇强坐以无能”。十一月十六日记“西洋一切情事皆著之新报。议论得失，互相驳辩，皆资新报传布。执政亦稍据其所言之得失以资考证，而行止一由所隶衙门处分，不以人言为进退也。所行或有违忤，议院群起攻之，则亦无以自立，故无敢有恣意妄为者”。这里涉及行政、立法分权和言论自由等问题。十二月十四日讲到两党制度，谓专制政体“随声附和，并为一谈，则弊滋多。故自二百年前即设为朝党、野党，使各以所见相持争胜，而因剂之以平”。十八日同李凤苞评论英国的政治风气，李问：两党之人平日相处很好，对于国政却各持己见；辩论以人多为胜，败者亦遂敛然退听，无挟气以相难者，不知其何以能然？郭氏回答时，发表了一段十分精彩的议论，指出这是政治制度的问题，而不是政治人物个人品质的问题。他说：

> 西洋君德，视中国三代令主，无有能庶几者；即伊、周之相业，亦未有闻焉；而国政一公之臣民，其君不以为私。其择官治事，亦有阶级、资格，而所用必皆贤能，一与其臣民共之。朝廷之爱憎无所施，臣民一有不惬，即不得安其位。自始设立议政院，即分同、异二党，使各竭其志意，推究辨驳，以定是非；而秉政者亦于其间迭起以争胜。……朝廷又一公其政于臣民，直言极论，无所忌讳；庶人上书，皆与酬答。其风俗之成，酝酿固已深矣！

“国政一公之臣民，其君不以为私”，郭嵩焘认为这个保证比“君德”更靠得住一些。何以能如此呢？他进而研究英国从君权到民权的历史，光绪三年十一月十八日的日记长达数千言，实际上是一篇英国政治小史。其中特别提到“一千二百六十四年，令诸部各择二人，海口择四人入巴力门会(Parliament，议会)，为今下议院所自始”；“一千一百八十年后，设立伦敦买阿尔(mayor，市长)衙门，令民自选”。结语云：

……其初国政亦甚乖乱。推原其立国本末，所以持久而国势益张者，则在巴力门议政院有维持国是之义，设买阿尔治民有顺从民愿之情。二者相持，是以君与民交相维系，迭盛迭衰，而立国千馀年终以不敝；人才学问相承以起，而皆有以自效。此其立国之本也。

接着说明，限制君权不是那么容易做到的，提倡民权却容易得到人民支持：

巴力门君民争政，互相残杀，数百年久而后定，买阿尔独相安无事；亦可知为君者之欲易逞而难戢，而小民之情难拂而易安也。中国秦汉以来，二千馀年，适得其反。能辨此者鲜矣！

就这样，郭嵩焘肯定了英国的“巴力门”和“买阿尔衙门令民自选”，否定了“中国秦汉以来二千馀年”的封建专制政体。当其时(1877)，王韬虽然已经到过英伦，还没有来得及对英国政治进行深入研究；孙中山尚未“见轮舟之奇，沧海之阔”；康有为也还要再过两年，方“知西人治国有法度，不得以古旧之夷狄视之”哩！

定大、虎克诸实学士

第二个方面，郭嵩焘从欧洲看到了教育在建设现代文明中的关键作用，认为泰西学校“一皆致之实用，不为虚文”，比中国专门崇尚“时文小楷”的封建教育优越得多；于是力倡开办学校、多遣留学，像日本那样大规模向西方学习。

出国之前，郭氏已知“西洋之法，通国士民，一出于学”。船过香港，仅留两天，他便“周历学堂数处”。到英国后，参观各类学校，深感中国教育之落后，谓：“中国收召虚浮不根之子弟，习为诗文无实之言，高者顽犷，下者倾邪，悉取天下之人才败坏灭裂之，而学校遂至不堪闻问。”他在牛津大学见到“仕进者各就其才质所长，入国家所立学馆如兵法、律法之属，积资任能，终其身以所学自效”，谓“士大夫知此义者鲜矣”。在苏格兰一女子学校见到课堂满悬挂图，皆地理、植物、动物、机器、工艺、数学、簿记各科教学内容，不禁慨叹：“皆中国士大夫所未闻见者也。”

于是，他在伦敦写信给沈葆桢，力言当以教育为急务：

> ……人才国势，关系本原大计，莫急于学。……至泰西，而见三代学校之制，犹有一二存者。大抵规模整肃，讨论精详，而一皆致之实用，不为虚文。宜先就通商口岸开设学馆，求为征实致用之学。……此实今时之要务，而未可一日视为缓图者也。

除了学校以外，博物馆、图书馆、各种学会、各处科学实验表演，都是郭氏热心参观的场所。初到英伦的两三个月内，他即先后结识了数学、化学、天文、地理、海洋、测量、植物、医学等方面的“实学士”即科学家；曾到物理学家斯博德斯武得(Spottiswoode)处观看光电实验；到皇家学院听化学家定大(Tyndal)讲化学，谓“此邦学问日新不已，实因勤求而乐施以告人，鼓舞振兴，使人不倦”；到植物园请植物学家虎克(Hooker)介绍植物分类常识及木材标本；到天文台看望远镜和光谱仪，得知太阳光谱“黄者为铅，青者为铁……日中所产，与地球略同”；到伦敦地理学会听斯坦利(Stanley)报告非洲探险经过，对“英人好奇务实，不避艰苦”的精神深表赞佩；又到科学家谛拿尔娄（Warren de la Rue)的实验室，见“收贮电气(电池)八千八百瓶”，详细记录了实验过程和解说。光绪四年四月十九日，他还在伦敦参观了爱迪生表演刚刚发明的留声机。

郭嵩焘在伦敦度过了他六十岁的生辰。这位年届退休的老人，在中国早有地位和声誉，出身是翰林，官任礼部侍郎，参与总理各国事务，却能孜孜不倦地寻求新的知识；有时日记阅历所得达五六千言，毛笔蝇头细字，看了真不能不使人肃然起敬。有次他在与一些英国科学家接触后写道：“所愧年老失学，诸事无所通晓，不能于此取益，有负多矣！”有时他又因自己不懂英语，译员亦不能胜任而深感痛苦。对于懂得外文的马建忠、罗丰禄等人，以及通汉语的外国学者，他总是如饥似渴地向他们请教，表现了一种学人虚受的风格。

特别值得提到的是郭嵩焘在伦敦和严复的交往。严复当时用严宗光(又陵)的名字在英国海军学校留学，同学有方伯谦、萨镇冰等人，都是二十岁上下的青年。郭嵩焘对这些青年人十分关心，而特别赏识严复的才学。严复不止一次向郭介绍西洋学术，曾为郭抄录格林尼治学馆考问课目，译示蒲日耳游历日记和报纸评论。二人“论析中西学术政治之异同，往往日夜不休”(参看《碑传集补》卷末陈宝琛《清故资政大夫海军协都统严君墓志铭》，王允哲《侯官严先生行状》)。严氏曾入英国法庭观其听狱，出语郭曰：“英国与诸欧之所以富强，公理日伸，其端在此一事。”郭亦曾告严：“吾观英吉利之除黑奴，知其国享强之未艾也。”(参看严译《法意》卷十一，第八页和卷十第五页的案语)这两位年龄相差近四十岁、身份相隔悬殊的中国人，在并肩前进向西方寻找真理的时候，是很有一些共同语言的。

当时中国在英国的留学生不过数人，全是学海军的。郭氏却已注意到：

> 日本在英国学习技艺者二百馀人，各海口皆有之，而在伦敦者九十人。嵩焘所见二十馀人，皆能英语。有名长冈良芝助者，故诸侯也，自治一国，今降为世爵，亦在此学习律法。其户部尚书恩娄叶欧幕①，至奉使讲求经制出入，谋尽仿效行之。所立电报信局，亦在伦敦学习有成，

① 恩娄叶欧幕：日本井上馨的名字的英文拼写式 Inoue kaoru 的汉语对音。

即设局办理。而学兵法者甚少。盖兵者末也，各种创制，皆立国之本也。

因而深深感到“日本大小取法泰西，月异而岁不同，泰西言者皆服其求进之勇”；转念“中国寝处积薪，自以为安”，不禁深为忧惧。

郭嵩焘认为效法泰西，关键在于要有通西学、行西法的人才，即使是办洋务，也应该懂得“事事须洋人为之，必不可常也，当先令中国人通晓其法”；否则，“即倾国考求西法，亦无裨益”。因此，他除了建议“通商口岸开设学馆”外，还建议“各省督抚多选少年才俊，资其费用，先至天津、上海、福建各机器局考求仪式，通知语言文字；而后遣赴外洋，各就才质所近，分途研习”。他不赞成当时选派出洋学生专习军事的做法，欲令其“改习相度(勘探、测量)煤铁及炼冶诸法，及兴修铁路及电学，以求实用”，可惜他的建议因被反对而没有实现。

## 从退夫子到比耕到纽登

第三个方面，作为一位资深的有地位的中国学者，郭嵩焘从中国到欧洲系统地考察了西方的历史文化，开始对中西政治哲学和伦理观念作了比较研究。他从旧垒中来，对传统的东西十分熟悉；在深入了解西方文化以后，拿了新的思想武器来批判旧的观念，就使这种批判达到了前所未有的深度，也包括了前所未有的内容。

在郭氏以前亲历欧美并留下记述的人，樊守义、谢清高文化低，见闻有限；斌椿、志刚、张德彝是旗人，思想水平不高；容闳出国虽早，却只通西学而不通中学[①]；王韬才学兼优，但以落拓书生而“佣书”异国，接触范围和研究条件亦远不如郭氏。这些人都谈不到对西方的历史文化进行系统考察和比较研究，只有郭嵩焘才有可能开始这样做。

出国以后，郭嵩焘亲眼看到“他们也有二千年的文明”。光绪五年二月十六日日记长达七千馀字，分述“犹太、巴比伦尼亚、亚述利亚、埃及、希腊、罗马、印度及中国凡八国，并立国数千万年”。其述希腊古圣贤云：

> 有退夫子(泰勒斯)论人伦、治术、文章、算法、天文、地理，亦言天地万物从水火出来。有毕夫子(毕达哥拉斯)尤精音乐、天文，论行星转动远近、大小、快慢，有一定声音节奏。有琐夫子琐格底(苏格拉底)，爱真实、恶虚妄，言学问是教人有聪明、德行、福气，作有用之事，教别人得益处。有巴夫子(柏拉图)言凡物有不得自由之势……巴夫子有一学生，为亚力克山太先生，名亚夫子(亚里士多德)……言天地万物原来的动机就是神，这个动机不能自立，有一个自然之势教他不得不然。……耶苏(耶稣)前四百二十年有安夫子（安提西尼），言福气不在加在减，





① 容闳《西学东渐记》第六章《学成归国》，自述其归国时“于本国语言，几尽忘之”。又云：“予之汉文，乃一八四六年游美之前所习者，为时不过四年。以习汉文，学期实为至短，根基之浅，自不待言。”

常减除心里所要的，就是德行；所以常轻视学问知识、荣华富贵。其学生杜知尼(第欧根尼)名尤著，常住木筒中，……其后又有哎夫子(伊壁鸠鲁)，言天地万物是从无数原质配合起来，自然成了所有的诸形。——近世格致家言，希腊皆前有之。——希腊学问从亚力克山太以后传播天下，泰西学问皆根源于此。

国人译述古希腊哲学，盖以此为嚆矢；文词亦复简洁可喜，要言不烦，实在可以称为珍贵的早期西学文献。像这样述学纪史的文字，在郭氏《伦敦与巴黎日记》中是颇多的。

十九世纪七十年代西方的观念已经是现代的观念。这些观念，四十多年后被大规模介绍进中国来时，被形象化地称之为“德先生”和“赛先生”。这是现代意识形态区别于中世纪意识形态的两大标志。郭嵩焘通过“巴力门”和“买阿尔”，初步接受了西方民主的观念；又通过对文化学术的考察，初步接受了西方科学的观念。他的日记中有如下的记述：

英国讲实学者，肇自比耕(培根)。始时，……亦习剌丁、希腊之学。久之，悟其所学皆虚也，无适于实用，始讲求格物致知之说，名之曰新学。当时亦无甚信从者。同时言天文有格力里渥(伽里略)，亦创为新说，谓日不动而地绕之以动。比耕卒于一千六百二十五年，格力里渥卒于一千六百四十二年。至一千六百四十五年，始相与追求比耕之学，……而天文士纽登(牛顿)生于一千六百四十二

> 年，与格力里渥之卒同时。英人谓天文窍奥由纽登开之，此英国实学之源也。相距二百三四十年间，欧洲各国日趋于富强，推求其源，皆学问考核之功也。

为了弄清欧洲实学（科学）的源流，郭氏听“瓜得利类非有”（*Quarterly Review*，《每季评论》）编辑卜刊颉斯讲过“刚莫特学问”（孔德哲学）；从马建忠（眉叔）接触过嘎尔代希恩（笛卡儿）的哲学思想：

> 其言以为古人所言无可信者，当自信吾目之所及见，然后信之；当自信吾手足所涉历扪摩，然后信之。既自信吾目矣，乃于目所不及见，以理推测之，使与所见同；既自信吾手足矣，乃于手足所未循习者，以理推测之，使与所循习同。于是英人纽敦（牛顿）因其言以悟动学（力学），意大里人嘎里赖（伽利略）因其言以悟天文日统地不动而地自动，德人来意伯希克（莱布尼茨）又有性理之学。……

这些都是中国介绍欧洲科学哲学思想的最早的材料。难得的是郭嵩焘的认识已经达到了一定的水平，比如对笛卡儿“系统的怀疑”的方法的表述便相当准确具体。

郭嵩焘精通中国传统学问，食古而不泥于古，具有一种批判的精神。旅欧期间，他曾有机会和外国学者讨论东方文化。如法国立滃（里昂）“东方会堂”即邀郭氏入会，并请其准备论文，题目之一为“中国孔子之前何教？老子学问与今道士绝异，何以道士皆宗老子？”郭氏为此做了认真的准备。这类接触，当然也有助于郭氏对中西文化思想进行比较研究。

西方的伦理观念是以基督教精神为基础的，与中国儒家的伦理观念颇有差别。郭氏研究的结论是：

> 中国圣人之教道，足于己而无责于人；即尼山诲人不倦，不过曰“往者不追，来者不拒”而已。佛氏之法，则舍身以度济天下，下及鸟兽，皆所不遗。西洋基督之教，佛氏之遗也。孟子之攻杨墨，以杨墨者，佛老之先声也。孟子独知其为害之烈，所以为圣人也。而其言曰，逃墨则归于杨，逃杨则归于儒，以杨氏之为己，尤近于儒也。……圣贤不欲以兼爱乱人道之本，其道专于自守。而佛氏之流遗，至西洋而后畅其绪，其教且遍于天下，此又孔孟之圣所不能测之今日者也。
>
> *
>
> 大率耶苏(耶稣)术士，而其为教，主于爱人，其言曰“视人犹己”，即墨氏兼爱之旨也。因推而言之曰：……人之生世，继绍乎天以成其事业，实有继事述志之责。故其自视常若天之子，而凡同为人以并生于天地之间者，皆兄弟也。其旨亦近于《西铭》，……固不能逮佛氏之精微，而其言固切近而可深长思也。

这里指出儒家思想“专于自守”，是内向的，保守的；基督教精神“主于爱人”，是外向的，进取的；后者“不足为师道也，而较之中国固差胜矣”。这可以视为中国传统伦理观念的一种反省。

在政治哲学的范畴内，郭嵩焘也作了同样的比较。他写道：

> 三代有道之圣人，非西洋所能及也。即我朝圣祖之仁圣，求之西洋一千八百七十八年中，无有能庶几者。圣人以其一身为天下任劳，而西洋以公之臣庶。一身之圣德不能常也，文、武、成、康四圣，相承不及百年；而臣庶之推衍无穷，愈久而人文愈盛。颇疑三代圣人之“公天下”，于此犹有歉者。秦汉之世，竭天下以奉一人。李斯之言曰：“有天下而不恣睢，命之曰以天下为桎梏。”恣睢之欲逞，而三代所以治天下之道于是乎穷。圣人之治民以德，德有盛衰，天下随之以治乱。……西洋治民以法。法者，人己兼治者也，故推其法以绳之诸国，其责望常迫。其法日修，即中国之受患亦日棘，殆将有穷于自立之势矣！

这里分析了“以其一身为天下任劳”的专制政治和“公之臣庶”的民主政治的根本区别。专制政治即使有“明君贤相”进行治理，也只可能是一种随机的、偶然的现象；如果出现了如秦皇之君，如李斯之相，那就“竭天下以奉一人”，也填不满他们的“恣睢之欲”了。只有使政治“公之臣庶”，才会“推衍无穷，愈久而人文愈盛”。不同的效果，便是现在西洋日强，而“中国之受患亦日棘，殆将有穷于自立之势矣”。封建政治的最高理想是所谓“三代之治”，郭嵩焘却直指“三代圣人之‘公天下’，于此犹有歉者”，对封建君主制批判的深刻，大大超过了以前的李卓吾和黄梨洲，这当然是因为他从西方思想武库中拿来了新的思想武器的缘故。

## 夷狄？中国？

第四个方面，郭嵩焘反对中国封建士大夫“内中国而外夷狄”的虚骄习气，他主张开放，主张向西方学习，在这方面被误解受打击而无悔。

封建社会在本质上是封闭的。在千百年来封闭社会的传统观念中生长起来的士大夫阶级，思想上一直把中国当成唯一的文明世界，而把边境外一切民族都称之为“蛮貊”和“夷狄”，一律给加上虫、豸、犬类的标记；意思就是说，他们不是人，至少不是和我们一样的人。民国初年被袁世凯聘任为国史馆总裁的王闿运，便曾批评郭嵩焘道：

> 人者万物之灵，其巧敝百出，中国以之一治一乱。彼夷狄人皆物也，通人气则诈伪兴矣。使臣(指郭氏)以目见而面谀之，殊非事实。(《湘绮楼日记》光绪六年二月初二日)

王闿运的老气横秋，体现了当时士大夫阶级的典型性格。这是一种貌似自尊实为自卑、害怕竞争害怕开放的性格。孔子曰："夷狄之有君，不如诸夏之无也。"孟子曰："吾闻用夏变夷者，未闻变于夷者也。"这些在爱新觉罗氏初入关时忌讳过一阵子的昔圣先贤之言，到封建末世又被搬了出来，一方面作为抵御外来影响的精神武器，一方面作为训诫臣民不得违抗的教条。郭嵩焘奉命出使英国，明明是"为国家任此一番艰难"（慈禧太后召见时语），却被舆论斥为"不容于尧舜之世"的丑行。何金寿的奏参，《使西纪程》的毁板，都是在"严夷夏之大防"的口号下发动的对于这个甘愿"事鬼"的异端的围剿。

郭嵩焘通过自己两年多的实际观察，深知对西洋各国绝不能再以"夷狄"视之：

> 西洋立国二千年，政教修明，具有本末，与辽、金崛起一时，倏盛倏衰，情形绝异。

并举出事实，说明欧洲国家的文明程度。如光绪四年八月初八日在伦敦参加万国公法学术讨论会，见"其议论之公平，规模之整肃"，云："惜中土列国时无此景象，虽使三代至今存可也。"同年四月廿一日晚赴柏金宫殿跳舞会，见"嬉游之中，规矩仍自秩然"，谓"其风教实远胜中国"，虽跳舞"动至达旦"而"从未闻越礼犯常，正坐猜嫌计较之私实较少也"。

文明是社会进步的标志。资本主义社会比封建社会、奴隶社会进步，自然也比封建社会、奴隶社会文明。郭嵩焘敢于承认这个事实。他写道：

西洋言政教修明之国曰色维来意斯得(civilized，文明的)，欧洲诸国皆名之。其馀中国及土耳其及波斯，曰哈甫色维来意斯得（half-civilized，半开化的)。哈甫者，译言得半也；意谓一半有教化，一半无之。其名阿非利加诸回国曰巴尔比里安(barbarian，野蛮的)，犹中国“夷狄”之称也，西洋谓之无教化。三代以前，独中国有教化耳，故有“要服”“荒服”之名，一皆远之于中国而名曰“夷狄”。自汉以来，中国教化日益微灭，而政教风俗，欧洲各国乃独擅其胜。其视中国，亦犹三代盛时之视夷狄也。中国士大夫知此义者尚无其人，伤哉!

承认落后是努力进步的起点，这样做需要勇气和明智，而这正是封建士大夫非常缺少的。郭嵩焘批评“中国士大夫一用其虚骄之气，庞然自大；井干之蛙，跃冶之金，非独所见小也，抑亦自甘于不祥矣!”盲目排外的行为，“如弄空枪于烟雾之中，目为之眩，手为之罢(疲)，而终一无所见。……皆所谓身死而魂不悟者也”。

针对封建士大夫“中国有道，夷狄无道”的观点，他写道：

三代以前，皆以中国之有道制夷狄之无道。秦汉而后，专以强弱相制；中国强则兼并夷狄，夷狄强则侵陵中国，相与为无道而已。自西洋通商三十馀年，乃似以其有道攻中国之无道，故可危矣!

三代以前，华夏中国比“东夷西戎南蛮北狄”文明先进，可以说是中国有道。秦汉以后，有时少数民族入主中原，有时中原汉族统治四裔，都是凭借武力解决问题，无所谓有道无道。到了近世，西洋各国已经比中国文明先进，就应该承认西洋有道，承认是中国向西方学习的时候了。

承认文明先进地区的转移，承认过去比较落后的地区和民族可以转化成先进，当然是一种发展的、进化的历史观。

## 洋务派内部的批评者

第五个方面，郭嵩焘对西洋事物进行实际考察后，对于国内在六十年代办起来的“洋务”，提出了不少尖锐的批评。对于办洋务的方针和指导思想，也提出了一些中肯的意见。

如果把十九世纪六十年代谈洋务、办洋务的人都称为“洋务派”，那么这个“派”的情况确是复杂的。有极少数人的观点可能同郭嵩焘比较接近，但他们对洋情的了解，以及文化修养和思想水平却大都不能与郭氏相比，至少是难于在这两个方面同时达到和他同样的水平。有的人(如沈桂芬、崇厚)完全是旧式的封建官僚，谈不上有什么新的知识和新的思想，不过被派到“洋务”上来当差而已。还有的人是夤缘时会，他们“办洋务”是为了“发洋财”，充分表现了没落封建主义的腐朽性和落后性。

郭嵩焘虽然也可以被称为“洋务派”，但他在“洋务派”中始终处于一种特殊的地位：第一，他的思想认识水平高出绝大多数同侪；第二，他主要是在以书生论政，于洋务的具体活动接触不多，也不像李鸿章那样负了很大的实际责任。因此，他就能够站在比较高也比较“超然”的立脚点上来看当时的“洋务”，充当了“洋务派”内部的批评者。

还在国内时，郭嵩焘即对办洋务诸人津津乐道的“造船、制器、练兵”之类的设施提出过批评。出国以后，和洋人有了更多的接触，他更进一步看出了国内所办这类“洋务”的脆弱和虚假，如：

> 傅兰雅(J. Fryer)言，在上海目睹两事：同治十三年，日本兴师台湾，沿海戒严，因派一轮船驻扎吴淞江口，以备不虞。凡共管驾兵弁三百馀人，令甫下，以病告者六七十人。迟久，乃开行，而告退者半，逃逸者亦半。比至吴淞，存者二十馀人而已。……一日，至铸枪厂，见用开通内膛机器，一童子司之，惟用车口机器长二寸许，轮转不息。因诘童子：“此当开通内膛，舍长用短，是不求通也。”童子窘不能对，因曰：“……不过挨延岁月而已，横直总办不能知，莫吾诘也。”

这些情形，郭嵩焘听说以后，心情异常沉重，感叹地说：

> 泰西制造机器所应取效者，岂值(止)枪炮而已哉？人心风俗偷敝至于此极，即有枪炮，亦资寇兵而赍盗粮而已。然且相为欺诬浮滥，处之泰然。闻傅兰雅之言，为之

悼叹。

因为“相为欺诬浮滥，处之泰然”，确实是当时南北洋水师和上海制造局的普遍情形。

在当时主持洋务的官员中，郭氏少所许可，只对李鸿章、沈葆桢、丁日昌三人算是例外。据《翁文恭公日记》，郭曾对翁说：“方今洞悉洋务者止三人，李相国、沈葆桢、丁日昌也。”但他对于这三个人也不是没有提出批评。光绪三年九月十四日，他听说沈葆桢为了“息事宁人”，决定备款赎回吴淞铁路加以拆毁，写道：

(铁路)若竟毁弃，(英国)外部德尔比必益怀轻视中国之心……沈幼丹日怀赵孟朝不谋夕之心，又乐委顺时论而据之以为名。两次寓书陈论，不一回报，其志决矣，无可斡旋。鄙人亦惟有设法求退之一义而已，其他无可言者。

光绪四年九月十二日，见到李鸿章、丁日昌关于西洋枪炮的论述，他又写道：

丁禹生译刻前门枪炮口令、阵法，有图有说。……合肥考求西洋军火，可云精博。……蒙甚惜其徒能考求洋人末务而忘其本也！

光绪五年闰三月十九日，与张力臣诸人讨论洋务，曰：

> 合肥伯相及沈幼丹、丁禹生诸公专意考求富强之术，于本源处尚无讨论，是治末而忘其本，穷委而昧其源也。纵令所求之艺术能与洋人并驾齐驱，犹末也，况其相去尚不可以道里计乎！

郭氏还曾记下英国驻华公使威妥玛在伦敦对他讲的一席话：

> 中国地利尽丰，人力尽足，要须从国政上实力考求，而后地利人才乃能为我用，以收其利益。购买西洋几尊大炮、几支小枪，修造几处炮台，请问有何益处？近年稍知讲求交接矣，而于百姓身上仍是一切不管，西洋以此知其不能自立。

这些“稍知讲求交接矣，而于百姓身上仍是一切不管”，只是想方设法去“购买西洋几尊大炮、几支小枪，修造几处炮台”的人，是连李鸿章诸人也包括在内的。郭嵩焘认为自己高出他们一头。光绪三年七月初五日他在伦敦致书朱克敬云：

> 往常论近日考求洋务之人，合肥能见其大，沈尚书能得其实，丁中丞能致其精。……(今)体察各国情伪，与其所见为利病避就者，自信于此确有所得。孟子曰“当今之世，舍我其谁也”，诚亦无所多让。

就这样，开始向西方寻找真理的郭嵩焘，在他的思想上，与一个封闭社会的传统观念，与封建专制政治的伦理哲学，与他自己所属的士大夫阶级，逐渐产生了深刻的分歧，发生了深刻的矛盾。在这同时，他与其他讨论洋务、办理洋务的朋僚们，也拉开了认识上的距离。他的思想走在大多数人的前面，一种孤独感时常萦绕在他的心头。

## 寂寞身后事

孤独的先行者的结局往往是悲剧性的。郭嵩焘一八七九年撤任归国，便是他政治生命的终点。

郭氏在京师受命出使时，总署大臣不顾他的反对，硬要派一个唱反调的刘锡鸿为副使。据说刘受命于李鸿藻，随时准备对郭进行“检举揭发”，“其出京一切皆未携备，惟携备折件”。出国前夕，郭氏拟上疏条陈办理洋务机宜，“疏成，刘锡鸿守争三日，遮遏使不得上”（《郭嵩焘先生年谱》第五三二页）。

刘锡鸿这颗钉子，对制约郭嵩焘起了不小的作用。郭氏在嘲骂声中出国，心情本已不好。何金寿奏参、《纪程》毁板后，刘锡鸿立即向郭发起攻击，指数郭之“三大罪”：（一）“游甲敦炮台披洋人衣，即令冻死，亦不当披。”（二）“见巴西国主擅自起立，堂堂天朝，何至为小国主致敬？”（三）“柏金宫殿听音乐，屡取阅音乐单，仿效洋人所为。”刘并在使馆同人中扬言：“此京师所同指目为汉奸之人，我必不能容。”后又“密劾”郭氏十款，于“三大罪”之外又加上“藐玩朝廷”“议论黄旗”“违悖程朱”等罪名；并举英国蓝皮书称誉郭氏一段议论，“据以为交通之实证”，“直欲见诬以逆谋”。

郭嵩焘上疏为自己辩解，请求查处刘锡鸿、何金寿勾通构陷情形，朝廷反而责备他“固执任性”，“所见殊属褊狭”。京师士大夫也继续攻击他，要求将他撤职。翰林院侍讲张佩纶疏称：

> 《纪程》之作，谬轻滋多。朝廷禁其书而姑用其人，原属权宜之计。……今民间阅《使西纪程》者既无不以为悖，而郭嵩焘犹俨然持节于外，……愚民不测机权，将谓于郭嵩焘者将蒙大用，则人心之患直恐有无从维持者，非特损国体而已。……（《涧于集·奏议》卷一《请撤回驻英使臣郭嵩焘片》）

在这样的形势下，郭嵩焘只好自行引退，奏请因病销差。总署甚至拟“查办”郭氏，因李鸿章力持不可，才算保留他一点面子，宣布由曾纪泽接任。其时距郭氏到差仅仅一年零七个月。

郭嵩焘在他去世前一年写给黎庶昌一封信，谈到刘锡鸿这件事对他的影响：

> ……开端奉使西洋，颇谓朝廷用人为不虚，区区才力亦尚能堪之。而于其时力举一刘锡鸿充当随员，枢府遽以副使任之。一意傅会京师议论，以嵩焘为的，自负能攘斥

夷狄，深文周内，以相踦龁。不独区区一生愿力无所施用，乃使仰天欷歔，发愤呕血，志气为之销靡，才智聪明亦为之遏塞。

当然不是一个小小的刘锡鸿整垮了郭嵩焘。在刘锡鸿的背后，有“枢府”，有“京师议论”，有封建朝廷，还有最高统治者慈禧太后。这个精通“驭下”权术的主子，虽然在令郭嵩焘出国办事时满面春风，说什么：

你只一味替国家办事，不要顾别人闲说，横直皇上总知道你的心事。

在派曾纪泽来接郭嵩焘的任时，还假惺惺对曾纪泽说：

上头也深知道郭嵩焘是个好人，其出使之后所办之事不少。

可是“严旨训诫”起来，却又声色俱厉：

……本应立予撤回，严行惩处，以示炯戒。姑念郭嵩焘驻英以来，办理交涉事件，尚能妥为完结，……倘敢仍怀私怨，怙过不悛，则国法具在，不能屡邀宽宥也！

于是郭嵩焘只得奏请销差，回国后又称病乞休，慈禧都立即诏允。

数年之后，刘坤一陛见时，慈禧命他留意人才。刘在奏保洪汝奎时，附片奏称："如该侍郎（郭嵩焘）者，似未可散置投闲。可否召令入都，俾参末议。"结果洪被任命，郭却迄无消息。富有统治经验的慈禧，对郭嵩焘是心中有数的。

郭嵩焘对慈禧也心中有数。他在巴黎同德国驻英公使巴兰德（M. A. S. Brandt）作私人谈话时，谈到中国的进步必须俟皇帝（光绪）亲政后始有希望。巴问："此何故？"郭谓：

> 中国……成法，遵行已三千馀年，本不易言变通。而自天津定约至今二十年，并值圣躬幼弱，大臣无敢主事者。此须候至十馀年亲政后，能考求变通，始可望有前进之机。

当时光绪皇帝还是个小孩子，郭嵩焘把中国的"前进之机"寄托在这样一个小孩身上，说明他对当朝太后是不抱任何希望的。

自英伦回国后，听说太后每日披阅雍正上谕，意以"严"整饬天下，郭氏在光绪五年三月二十七日日记中私下议论道：

> 不明而严，为害滋大。……民气郁塞，盗贼肆行，坐视而不为之所，而徒欲以严治之！……援是而行之，未有不趋于危乱者也。此可为大惧者也！

这已经是毫不掩饰对太后的不满了。

当郭嵩焘乞休归里时，湖南守旧之风正盛。郭氏于光绪五年闰三月十五日抵长沙，据当天日记：长善两县竟“以轮船不宜至省河，属书阻之”；“士绅至于直标贱名及督抚之名，指以为勾通洋人，张之通衢”，官员“自巡抚以下，傲不为礼”。

但是，在这充满敌意的环境中，郭嵩焘仍然要批评国事，批评洋务。光绪五年四月初七日记：

> 吾谓洋务与他事不同。正惟举天下人不知，又方以为忌讳，相顾而不敢言。……所以酿成三十年之大变，惟无一人知之故也。诚知之，则亦可以弭祸于幾先，而稍存国体，以不至贻笑天下矣！吾是以发明此义，惟恐人不知之；以为苟且缄默，规免人言之嚣而自附于明哲，吾所不敢知也！

这确实表现了一个以先知先觉为己任的人勇往直前、九死不悔的精神。

应该说，郭嵩焘以先知先觉自任并没有错。问题是当士大夫的大多数仍在“痴顽”状态时，先知先觉者的命运绝对不会好。结果打击和冷遇终郭嵩焘之一生，绝不止“人言之嚣”而已。

在继续“书生论政”的同时，郭嵩焘也曾经想在本地做一些推行“教化”的实际工作，亦无一不遭梗阻。光绪五年在省城组织“禁烟公社”，好不容易才邀到十来位朋友参加。其中有人“以女病不肯列名”；有人则遣其子至，“而自以病辞”；

有人甚至“以禁烟为骚扰，谓合长沙一省城，烟馆三千有奇，一旦绝其生理，此三千馀之穷民激而称变，何以御之?”光绪十五年省河开行轮船事，他三上其议，卒不果行，反招来王闿运一场讥讽：“公之行湘轮，李(鸿章)之开津路，皆为家门外宜有此一洋货，高兴之举也。……先生休矣！不如专攻郑康成、剽学黄山谷之横恣优游也!”郭嵩焘却始终坚持向西方学习的主张，他于光绪十五年写道：

> 虽使尧舜生于今日，必急取泰西之法推而行之，不能一日缓也。

对于各地兴办的洋务设施，他也不断发表意见，意欲使有改进。他去世前一年，张之洞在两湖开办煤铁，购置机器，筹设电线。郭氏谓张“能有豪杰之风，而所行亦实切要便民”，但对企业由政府垄断的效果则深致怀疑：

> 泰西立国之势，与百姓共之。国家有所举废，百姓皆与其议；百姓有所为利害，国家皆与赞其成而防其患。汽轮车之起，皆百姓之自为利也……(《铁路后议》)

*

> 然则西洋汲汲以求便民，中国适与相反。……今言富强者，一视为国家本计，与百姓无与；抑不知西洋之富，专在民，不在国家也。(《与友人论行西法书》)

打着“国家”招牌在“发洋财”的官老爷们，对于郭嵩焘这些议论，是不愿听也不能听的。在凄凉的晚景中，他心情落寞，去世前抱病撰成《玉池老人自叙续记》，谓：

> 吾在伦敦，所见东西两洋交涉利害情形，辄先事言之……而一不见纳。先之机会不复可追，未来之事变，且将日伏日积，而不知所穷竟。鄙人之引为疚心者多矣！

这便是郭嵩焘对他自己大半生涉猎洋务的最后感想，真可谓“鸟之将死，其鸣也哀”矣。

郭嵩焘死于光绪十七年六月十三日(1891.7.18)，虽经王先谦等具呈，李鸿章代奏，讲了他为人与治学方面的许多好话，慈禧太后还是不准给他立传赐谥。“千秋万载名，寂寞身后事”，本来是“察见渊鱼者”的共同的命运。

## “终为一中国人”

虽然本章的目的限于讨论郭嵩焘在近代中西文化交流史和洋务运动中的地位，不准备也没有可能对他的整个生平事业作出叙述和论断，但仍有必要指出：郭嵩焘毕竟是剥削阶级的上层人士，他对封建专制主义和马克思所谓“隔绝状态”下的政治文化的批评，是站在资本主义立场上进行的，代表着刚刚从封建社会中生长起来的资产阶级的利益。郭嵩焘主张实行开放，主张向西方学习，都是为了在中国发展资本主义，建立一个以西方为模式的社会。从使古老中国现代化的意义上说，这当然有它的进步性；但从反对一切剥削，反对西方帝国主义的立场来看，则又是颇有问题的了。

郭嵩焘从不隐瞒他轻视人民群众的观点。同治六年，总署就外交、洋务各事请地方大吏各抒所见，曾国藩曾有“借民拒外”之说，郭却不以为然，谓曾：

> ……让中国亿万小民与彼为仇立论，此正数十年来中外诸公所用以为藏身之秘术者。中国小民，何知远计哉？洋人弄而玩之，夺其利而又歆之；稍厚其资，受其雇役，靡然以从。据此为言，适为洋人所笑，而中外诸公至今无能省悟。惜哉！无是可也。（《陶凤楼藏名贤手札》第五册《郭嵩焘致曾国藩》，同治七年正月十七日）

在欧洲，郭氏对“君民同主国政”“国政一与民共之”很感兴趣。但是这里所说的“民”都是“富民”，也就是资产阶级；而对于工人搞罢工、群众闹革命，他则极不以为然：

> 白兰苐尔得工匠数十年前纠众滋哄，减工加价。……去年美国火轮车工匠毁坏铁路，情形与此正同。盖皆以工匠把持工价，动辄称乱以劫持之，亦西洋之一敝俗也。

归国途中，郭氏听到一个法国保皇党人大讲“法国改立民政”和美国“以民制君”使得“纪纲倒置，为弊滋甚”，也就同意他的一些观点，谓“泰西政教风俗可云美善，而民气太嚣”，故虽行民主，“要须略存君主之意，而后人心定，国本乃以不摇”。这充分体现了他的民主观念的局限性。

对于西方资本主义国家的扩张野心和剥削本质，不能说郭嵩焘没有一点认识。据文廷式记载，郭氏光绪十二年十月初九在八指头陀（寄禅）所开“碧湖吟社”聚会上说过：

> 洋人敦朴，有古风，然窥伺中国实未尝一日忘之。如有内乱及水火盗贼之变，恐各国将来乘机裂我土地，事当在二十年内……（《文廷式全集》第二册《志林》）

但他总觉得西方国家眼前的利益只在通商，对中国实行军事进攻的危险并不十分迫切，所以在对外交涉上一贯反对言战。当然，像僧格林沁那样“悄悄击之，只说是乡勇，不是官兵”的做法，张佩纶、李鸿藻等人“派兵东征登陆日本”的建议，可谓成事不足败事有馀，确实应该加以反对。但是，对左宗棠用兵新疆，彭玉麟主张抗法，他也曾加以反对，那就很难说是正确的了。连曾国荃也对郭责备左宗棠有“激怒之意，乐战之心”表示不满，驳他道：

> 必谓有“激怒之意，乐战之心”，未免求之过深。况彼之怒与否，初不系乎我之激不激；彼之战与否，亦不系乎我之乐不乐也。……我诚上下一心，百度修举，彼必持重而不轻发。如其不然，我虽兢兢焉惟惧生衅，彼且将激

我之怒，以遂彼乐战之心，尚何待我之迫彼哉！

不能不承认，在这个问题上，曾国荃驳郭嵩焘驳得十分有理。

但同时需要指出，郭嵩焘虽然在向国内建议时反对左宗棠用兵，甚至还讲过“喀什噶尔之地宜割与雅谷刊(阿古柏)”的错话，但在对外交涉中却并未丧失立场。如光绪三年五月初五日照会英外相，指出“喀什噶尔本中国辖地”,“中国例应收复，并非无故构兵”（转引自《郭嵩焘先生年谱》第六四二页）。后来英国以斡旋为名，劝中国与阿古柏“议和息兵”，郭氏曾据以入奏，建议接受调停。但他致函英国外相，仍表示“本大臣奉使在外，万无私行议和之理；一切由中国国家权衡，亦非本大臣所能与闻也”（转引自《郭嵩焘先生年谱》第六五五页）。入奏时且申明：

臣以喀什噶尔应抚与否，宜由总理衙门请旨办理。而其办理之法，必应由督兵大臣左宗棠审度情形……如幸西路军务成功有日，不独此折可置不论，即英国派员调处一节，亦必自行终止。(《清季外交史料》卷一一)

在这件事情上，我们可以批评郭嵩焘的主张错误，但也不能“求之过深”，说他有什么卖国的嫌疑，给他戴上“买办外交官”的帽子。

我们的看法是，尽管郭嵩焘有过一些错误的观点和主张，却无碍于他作为中国封建士大夫阶级中转向西方寻找真理的先行者的历史地位。

郭氏被任使事时，赫德从北京向英国提供情报，称其“为一诚实君子，识见明达，具有决心，但终为一中国人”(转引自《郭嵩焘先生年谱》第五二二页)。郭氏离英归国时，伦敦《泰晤士报》写道：“郭去曾继，吾人深为惋惜。郭氏已获经验与良好之意见，此种更调实无必要，对于其国家将为一大损失。”(转引自《郭嵩焘先生年谱》第七九〇页)《字林西报》也写道：“凡熟悉欧洲政情者，均知郭氏对其政府确已尽职。”又云：“郭氏已树立一高雅适度榜样，与外国相处无损于其影响与威仪。”(转引自《郭嵩焘先生年谱》第八三九页)

由此可见，无论是作为一个率先到西方国家去寻求真理的知识分子，或者是近代中国向欧洲列强派出的第一个外交代表，郭嵩焘都是经得起检验的，他并没有给中国人丢脸。

# 第十二章　刘锡鸿“用夏变夷”

郭嵩焘出使英国的副使刘锡鸿（字云生），也留下了一部使英日记，叫作《英轺私记》。

轺，是古代一种轻便的车子，后来借指使者乘坐的专车。《英轺私记》，意思就是出使英国的私人日记。

出使期间，郭、刘二人积不相能，从遇事扞格直到互相奏参，对使事及二人仕途均有影响。平心而论，郭嵩焘的器识、学问以及对“洋务”的见解，均远在刘锡鸿之上。两人发生矛盾，一方面固然包含有性格冲突的成分；另方面也确实由于郭的思想比较开明，而刘则倾向保守，存在着立场和观点的分歧。

郭、刘一行于光绪二年十月十七日（1876.12.2）出国，十二月八日（1877.1.21）抵伦敦。光绪三年三月十七日（1877.4.30），刘被改派出使德国，十月初九日（1877.11.13）离伦敦赴柏林，在英国只住了九个多月。到德国后，他也没有待多久，于光绪四年七月二十七日（1878.8.25）即被召回（同一天郭嵩焘也从英国被召回），十月十六日（1878.11.10）离柏林返国，为时不过一年。《英轺私记》之外，刘氏还有《日耳曼纪事》若干则，记录了刘锡鸿在德国的一部分见闻。

刘锡鸿其人无足称述,《英轺私记》却是一部很有意思的书。

## 一场大辩论

刘锡鸿任驻英副使之前，在做刑部员外郎——一个地位不高的京官。他是广东番禺人，年轻时在广东参加过抵抗英国侵略的战争。郭嵩焘于一八六三至一八六六年署理广东巡抚时,“爱其才，怜其不遇”(郭嵩焘:《萝华山馆遗集》)，曾经找他办过一些事情，一度还“颇加倚畀”。后来刘锡鸿到了京师，与都人士相接。当时对他的评论，如李慈铭谓“其人已老，雅以经济自许”；王闿运则云其“欲为一代名人”，但“不近人情而以为率真，故所至受诟病”；可见说他态度褊傲、急于用世，大概是不错的。他也常谈洋务，但又“言养兵无益，及洋炮、轮船不足学”(《湘绮楼日记》)，这就和主张学习西方的郭嵩焘大不相同了。

在郭、刘出使前一年多时间里，也就是一八七四至一八七五年期间，清朝政府内部发生过一场大辩论。刘锡鸿和郭嵩焘在洋务问题上互相对立的观点，在这场大辩论中表现得清清楚楚。

同治十三年(1874)，由于日本侵略台湾，中国朝野又一次感到国势危急，亟待自强。这时候，在中央主持洋务的奕䜣、文祥等人，用总理各国事务衙门的名义上了一道“切筹海防”的奏疏，提出“练兵”“简器”“造船”“筹饷”“用人”“持久”六条办法。朝廷命军机大臣密寄全国督抚“详细筹议，将逐条切实办法，限于一月内复奏；此外别有要计，亦即一并奏陈”。事实上不仅限于各省督抚，京师内外许多官员都参加了这一次“筹议”。广东巡抚张兆栋为丁日昌代奏，提出了又一个六条，也由廷寄各地一并讨论。两个六条的主要内容是要采用西法练兵，向外国购置兵船枪炮，筹建制造机器和军火的工厂。丁日昌并提出要选拔通晓洋务的人才担任沿海地方官，任命懂得西学和外文的人管理制造厂，以备他日出使外国、办理军务、主持行政之用。大辩论就是围绕着这两个六条展开的。

在地方大吏中，赞成两个六条的主要代表为李鸿章。李的中心论点是：“穷则变，变则通”，“办洋务、制洋兵，若不变法，而徒骛空文，绝无实济”；必须变通旧法，才能适应“数千年来未有之变局”，应付“数千年来未有之强敌”。他在两个六条的基础上，进一步提出了发展工商实业、兴办西式教育的主张，说：

> 丁日昌拟设厂造耕织机器，曾国藩与臣叠奏请开煤铁各矿、试办招商轮船，皆为内地开拓生计起见。盖既不能禁洋货之不来，又不能禁华民之不用。……曷若亦设机器自为制造，轮船铁路自为转运？

他认为：只有开矿办厂，发展交通，才能避免“家有宝库，封锢不启，而坐愁饥寒”的现象。而为了推行新法，又必须提倡西学，改变专由“小楷试帖”即八股文章取士的办法，

“设立洋学局”，培育自然科学、工艺技术人才，使之“与正途出身无异”。

反对两个六条的主要代表是于凌辰和王家璧。于凌辰的中心论点是：“师事洋人，可耻孰甚。”他说：“如谓今日之变，旷古未经，岂前人已经之事皆今人所优为，古法必不足以弭今变乎？”尤其使他愤愤不平的是：

> 惟李鸿章、丁日昌胪列洋人造船、简器最详……李鸿章复请各督抚设立洋学局……是古圣先贤所谓用夏变夷者，李鸿章、丁日昌直欲不用夷变夏不止！

这是一顶吓得人死的大帽子。“用夷变夏”，就是卖国主义、投降主义。只有“用夏变夷”，才符合古圣昔贤的教导，也才能体现“天朝上国”的威风啊！

王家璧的话说得更挖苦一些。他奉劝想用新法、行新政的人：“勿以事非已出轻改前人，勿以能顺夷情不顾国是。”意思就是说：轻改“祖宗成法”一定是出于自己的私心，不执行老章程一定是为了讨好洋鬼子。他质问李鸿章：“欲弃经史章句之学而尽趋向洋学，试问电学、算学、化学、技艺学，果足以御敌乎？”并大骂丁日昌：“有‘丁鬼奴’之称，如此谋国，诚不知其是何居心。”

郭嵩焘和刘锡鸿也参加了这一场辩论。郭嵩焘对两个六条的大方向是肯定的，以为“海防之大用具备于此”。因为他对中外形势和世界形势的了解，不仅超过了奕䜣和文祥，也超过了李鸿章和丁日昌，所以他又指出了六条之不足：仅仅注意“练兵”“简器”“造船”等是不够的，根本问题在于“政教”，其次则是“通商”；只有在这两方面都“循用西法”，放手发展资本主义经济，练兵、简器、造船之类的事情才有基础；就是造船制器这些事，也应该放手让民间商人来办，“因民之利而为之制，斯利国之方也”。

刘锡鸿的态度则大不相同。他对两个六条尤其是郭嵩焘的意见，逐条进行了驳议，说：“如必欲用机器以壮军心，可令教操洋人代为购办，不必开局自制。”因为“募人学习机器，辗转相教，机器必满天下。其以此与官军对垒者，恐不待滋事之洋匪也”，“故仁义忠信可遍令人习之，机巧军械万不可多令人习之也”。郭所提“商人自制轮船之说”，他也“意颇不谓然”。尤其对于郭所主张的“先通商贾”“循用西法”，他更是大加反对，谓“夷狄之道未可施诸中国”。他说：

> 中国天下为家已更数千载，政令统于一尊，财富归诸一人，尊卑贵贱礼制殊严，士农工商品流各别。……逐末之人何得妄参国是？……市侩之贱何得擅蓄甲兵？

他在给丁日昌的信中说：“御英夷不恃乎船械，摧劲敌不系乎战具。”又在给李鸿章的信中说：“西洋技巧文字，亦第募艺士数人蓄之即足备用，似不可纷纷讲求，致群骛于末，而忘治道之本。”

刘锡鸿的根本立场是坚决反对把“夷狄之道”“施诸中

国”，坚决捍卫“政令统于一尊，财富归诸一人”的封建专制主义。他认为，如果让“逐末之人”“妄参国是”，打破“尊卑贵贱”的“礼制”，弄得“机器满天下”，危害到“天下为家已更数千载”的大经大法，那就是“用夷变夏”，神州就要陆沉了。

在这场大辩论中，两个六条由于外有李鸿章等重臣支持，内有奕䜣、世铎等亲王作主，算是勉强得到了“廷议”的认可。但是，反对的力量是十分强大的。即使在总理衙门内部，多数大臣也不真正赞同两个六条。他们表面上不得不行一点“新政”，实际上却在各方面设下重重障碍。出使英国的正副使臣，本已派定郭嵩焘和许钤身，这时总理衙门忽然决定改派许钤身出使日本(并未成行)，而由刘锡鸿担任郭的副使。在刘、郭二人辩论中发表的政见如此尖锐对立的情况下，作出这种安排显然是为了使他们互相钳制，彼此掣肘。主其谋者，是军机兼总署大臣李鸿藻(兰荪)和沈桂芬(经笙)。郭氏谓刘在“京师受命李兰生(荪)，令相攻揭；其出京，一切皆未携备，惟携备折件，亦出李兰生之意”(《花随人圣盦摭忆》第一六二页)，证以使欧期间刘跟郭抬杠的事实，谅非虚语。

## 舞空枪于烟雾之中

从上面那场辩论中，已经能够看清楚刘锡鸿是一个什么样的人了。刘之去欧洲，绝不是因为他本人有向西方学习的要求，而是守旧派大臣看中了他的“坚定立场”，希望他对郭嵩泰起牵制作用。刘锡鸿自己也在《英轺私记》中承认："此行能左右郭公，善为修好弭衅，私愿即毕，不必……为三年驻扎计。"

所以，刘锡鸿在前往英国时，思想上做好了对一切"用夷变夏"的尝试都给以迎头痛击的充分准备，而且还准备努力去"用夏变夷"，克尽一个大清臣子的职责。

还在上海候轮的时候，刘锡鸿参观了西人所办向华人传授科学技术知识的"格致书院"（The Chinese Scientific Book Depot），就在日记中大放厥词：

> 大学之言格致，所以为道也，非所以为器也。……一器一技，于正心修身奚与？入学而先事此，不且役乱其心，淆杂其意，愈考索而愈乖其所向哉？
>
> ……端士习，当由审义明道始。若犹令殚心西学，使益致力于百工，与商贾习处，是适增其商贾之行也。……所谓西学，盖工匠技艺之事也。……夫士苟自治其身心，以经纬斯世，则戎器之不备，固可指挥工匠以成之，无待于自为，奈何目此为格致乎？

赴英途中和抵英之初，刘锡鸿对于外国的"一器一技"，总是不忘予以贬斥。如见到以机器代人力耕作，"无论起土、引水、打稻，随处皆堪行使"，却议论道：

> 夫农田之以机器，可为人节劳，亦可使人习逸者也；

> 可为富民省雇工之费，亦可使贫民失衣食之资者也。

接着主人又想导观机器截铁、锯木，他表示不感兴趣了，说："无非机器，皆非余所心属。"后来听说伦敦有大戏馆三十馀所，坐客常万人，认为英国风俗过于奢侈，又归罪于机器，说："机器之用，教之逸乐而耗其财也。人之精神，不用诸此，则用诸彼。故圣王常勤其民，而不使逸。"

外国有些好东西、好办法，刘锡鸿不得不承认它们确实是好，但又总要说它们不符合中国的国情，只能行于外国，不能行于中国。如始见火轮车之快捷，"程之慢者，一时亦百馀里，故常数昼夜而万里可达"，惊叹"技之奇巧，逾乎缩地矣"。接着却说：

> 然以行诸中国，则裸股肱、执策绥、操舟挽辇以度载人货者，莫不尽废其业。……我圣朝绥奠群黎，同安乐土，农工百艺，莫肯轻去其乡。……势将乘坐寥寥，求抵一日之煤费工需而不可必得……是故火车之不能行于中国，犹清静之治不能行于欧洲，道未可强同也。

又如述苏伊士运河工程，知"洋人每有创建，皆商民合凑股分，谓之曰公司，虽数千万金不难克期而办；凡凿山开河，穷天究地，制造奇器，创置新埠，罔不恃此，所谓众擎易举也"。但又说：

然使欲效其公司所为，则又有不可强致者。欺诈之风流行日甚矣！数人合伴以业商贾，资本或仅千百缗，苟非身亲注睇其间，犹辄为同伙攘窃以去；况数千万金之重，谁则信之，而肯通力以合作哉？

火车之不能行于中国，理由是圣朝绥奠乐土，使人皆“莫肯轻去其乡”。公司之不能行于中国，理由又是这片乐土上“欺诈之风流行日甚矣”，千把几百吊钱的合伙生意，如果不亲自守着瞧着，本钱就会被同伙用欺骗方法吞蚀掉。如此看来，乐土之乐，岂不也就很有限了吗？

在参观泰晤士报馆时，见到印刷机器“风驰电掣，为时仅及瞬息，新闻纸之堆案者已累累然。故一点钟而七万分皆就”，刘锡鸿却认为不如用中国旧式的手工刷印方法来印。他算了一笔账：每份报纸四个版，七万份报纸共二十八万版，以每个工人每点钟刷印一百版计，共需二千八百个工人；七万份报纸的报费计洋银四千馀圆，足可养活这二千八百个工人及其八口之家；“是二万数千人之生命托于此矣，何为必用机器，以夺此数万人之口食哉？”

光绪三年二月三十日，他连日观“艺师”演试光学、电学以后，针对某些中国士大夫（恐怕主要是针对郭嵩焘）“惑溺”于西洋“实学”即科学的情况，发表了一大篇“用夏变夷”的议论，云：

此皆英人所谓实学。其于中国圣人之教，则以为空谈无用。中国士大夫惑溺其说者，往往附和之。

余为之辩曰：彼之实学，皆杂技之小者，其用可制一器，而量有所限者也。子夏曰：虽小道，必有可观者焉，致远恐泥，君子不为。非即谓此乎？

圣人之教，仁义而已。……而其大用，则维持夫君臣、父子、兄弟、夫妇、朋友之五伦。……君所以治其臣，故君尊臣卑；有父而后有子，故父尊子卑……夫尊自尊，卑自卑……教之为用，孰大于是？孰实于是？……非然者，一意讲求杂技，使趋利之舟车、杀人之火器，争多竞巧，以为富强，遽谓为有用之实学哉？

中国自天开地辟以来，历年最多；百数十大圣继起其间，制作日加精备；其言理之深，有过于外洋数倍者。外洋以富为富，中国以不贪得为富；外洋以强为强，中国以不好胜为强。此其理非可骤语而明。究其禁奇技以防乱萌，揭仁义以立治本，道固万世而不可易。彼之以为无用者，殆无用之大用也夫！

“外洋以富为富，中国以不贪得为富；外洋以强为强，中国以不好胜为强。”这联骈语是写得很漂亮的，大概是刘锡鸿的得意之作吧。但把近代科学贬为“杂技之小者”，把“君尊臣卑、父尊子卑……尊自尊，卑自卑”的“纲常”捧为“教之为用，孰大于是”，毕竟改变不了外洋富强、中国贫弱的事实。刘锡鸿的警句，事实上变成了“外洋以富为富，中国以贫为富；外洋以强为强，中国以弱为强”，变成了一种尖锐的讽刺！

在“用夏变夷”也就是用封建意识批判近现代观念方面，刘锡鸿是十分认真努力的，但有时确实弄到了荒谬可笑的地步。请看下文：

> 博郎与刘孚翊论中国阃教之严，博曰：“妇女亦人也，何独幽诸室而不出？”刘无以答。洎晚，余谓刘曰：“君何不云，胸吾体，背亦吾体，何为胸则前而背则后乎？以胸阳而背阴也。头吾皮肤，少腹以下亦吾皮肤，何为头则露而少腹则覆之乎？以头阳而少腹阴也。”

还有绝妙的一例：

> 英人无事不与中国相反。论国政则由民以及君，论家规则尊妻而卑夫（家事皆妻倡夫随，坐位皆妻上夫下……），论生育则重女而轻男，论宴会则贵主而贱客(主人居中，客夹之)，论文字则自右而之左(语言文字皆颠倒其先后，如“伦敦的套儿”则曰“套儿的伦敦”，“父亲的花园”则曰“花园的父亲”，此翻译之所以难也)，论书卷则始底而终面(凡书自末一页读起)，论饮食则先饭而后酒。盖其国居于地轴下，所戴者地下之天，故风俗制度咸颠而倒之也。

英语中的“父亲的花园”无论如何不能译成“花园的父亲”，外国人读书也无论如何不会“自末一页读起”。刘锡鸿把这些勉强罗织的“颠倒”现象，跟“国政则由民以及君”列在一起，无非希望大家得出这样一个结论：中国的一切（首先当然是国政）是正常的，洋人的一切（首先当然是国政）则和中国相反，是颠而倒之、不可理解的，因而也就是不值得学习的。其实，他这番苦心，就像郭嵩焘所形容的，如“舞空枪于烟雾之中，目为之眩，手为之疲，实则一无所见”。因为“花园的父亲”的叫法固足以使人错愕片时，“父亲的花园”的存在却是无法推翻的事实。

## 郭嵩焘的死对头

这样一位副手，郭嵩焘当然不会欢迎。当枢府决定派刘锡鸿为副使时，郭曾设法拒绝，表示：“刘锡鸿出洋有三不可：于洋务太无考究，一也；洋务水磨工夫，宜先化除意气，刘锡鸿矜张已甚，二也；其生平好刚而不达事理，三也。”但守旧大臣们意在使刘与郭相持，偏要以刘锡鸿代替许钤身为副使。结果刘在受任谢恩的当天晚上，就到郭处有所责备，“词颇愤激”（《郭嵩焘先生年谱》第五三八页），两人的关系一开始就很紧张。

郭嵩焘在中外关系问题上的观点，早已在西方国家人士中引起好感。英国驻华公使威妥玛于一八七五年九月九日即清廷明诏以郭氏出使英国两天后，写信给外相德尔贝，称郭为进步人士，其才能虽不可知，但确属适当人选。在中国任总税务司的英人赫德，亦对郭十分钦佩，称其为识见明达、具有决心之诚实君子（均据《郭嵩焘先生年谱》转引 *Confidential Print*）。而刘锡鸿一则地位素低，二则倾向排外，外国对他的态度也就有所不同。当郭、刘自北京启程将到上海时，上海英文《字林报》(*The North China Daily News*)于十一月十六日发表社论，对郭、刘二人一褒一贬。抵伦敦后，一八七七年二月二十一日之*The Illustrated London News*(《伦敦图画新闻》)及本周之*Graphic*图画版刊出二人肖像，介绍文字中又隐含褒贬，也就是《英轺私记》所云："其文扬诩正使学问履历，甚至谓余学虽优，不如正使，故文翰不足以入词林……"云云。此种情况，当然也无助于二人的团结。

到伦敦后，郭、刘很快即势同冰炭；二人的出使日记，对此均有充分的反映。原来决定遣使时，总署曾奏请饬令出使大臣，"将交涉事件、各国风土人情详细记载，随时咨报"。郭氏自称："初议，至西洋，每月当成日记一册，呈达总署。"郭氏的第一册日记呈达总署后，以《使西纪程》为书名刊行，守旧派大哗，上疏严劾，竟遭到毁板。以后，郭就再不把自己的日记呈达总署了。而刘锡鸿却在这种情况下，将自己写的日记定期抄寄总署大臣李鸿藻、沈桂芬等人，除了表明自己心迹的用意外，和郭嵩焘立异的目的也是明显的。郭嵩焘光绪四年十一月初八日的日记提到了这一点：

(刘)且谓在西洋久，深知铁路之无益。土国公使亦言土国之穷困误于铁路，自铁路行，百物俱至昂贵，是其确证。……刘生编造此等言论至多。土国公使实无此说。其蓄意在迎合总署。知其惮于兴造铁路也，故力为此说。先

> 意承志，以幸其相倚信，而又可以倾及区区，故编造土国公使之言以为信据。

断言刘锡鸿蓄意编造事实，也许夹杂了郭嵩焘的个人意气在里边。至于说刘锡鸿蓄意迎合守旧派，则并不冤枉。同时，刘锡鸿也是在随时宣传自己的观点，他的观点本来就是守旧的嘛。

郭嵩焘苛察多疑、心境褊狭也是事实。如光绪三年七月十八日，他因仆人周发“以小机智玩弄主人”，大发了一次脾气；随后听说刘锡鸿到白珥名登(伯明翰)旅行受到隆重接待，竟“辗转思之，遂至失眠”。当天日记写道：“云生与周发之罪，并与谋害人命同科矣。”

但是不管如何，郭和刘的主要矛盾，毕竟是主张向西方学习和反对向西方学习二种不同观点的矛盾。性格冲突并没有掩盖也不可能掩盖这一点。郭氏光绪三年十一月二十日的日记说得十分明白：

> 晚与彦嘉、湘甫、在初论刘云生之凶悖。彼亦直率其性耳，而不知关系大局无若刘云生为害之烈者。盖自南宋以来，士大夫以议论争胜，中外之势相持，辄穷于所以自处。无论曲直、强弱、胜负、存亡，但一不主战，则天下共罪之。……西洋之局，非复金、元之旧矣；而相与祖述南宋诸儒之议论以劫持朝廷，流极败坏，至于今日而犹不悟。鄙心实独憾之，不惜犯一时之大忌，侃侃焉谋举国计边防之大要正告之天下……乃至被京师一时之诟毁，使此

心无所控诉。刘云生皆亲见之……遽至反戈相攻，不遗馀力。然则鄙心终无以自明，而刘云生屈身数万里与洋人周旋，而其议论亦如此，亦终无复望有能省悟者矣！鄙人乃以是郁郁成病。彦嘉徒以刘云生谬妄不足较，用相慰勉，岂有当于鄙人之心哉！

两人的矛盾不断扩大，恶感不断积累，终于导致公然“厉色相向”，以至互相奏参。刘锡鸿奏参郭嵩焘的“十款”，大部分是鸡毛蒜皮之类的事情，却可以窥见刘锡鸿当时的认识水平和思想境界。这十款是：一、折奏列衔，副使上不加“钦差”字样，为蔑视谕旨；二、游炮台披洋人衣，即令冻死，亦不当披；三、擅议国旗，谓黄色不当；四、崇效洋人，用伞不用扇；五、以中国况印度；六、效洋人尚右；七、无故与威妥玛争辩；八、违悖程朱；九、怨谤；十、令妇女学洋语、听戏，迎合洋人，坏乱风俗。

凭良心说，这十条没有一条够得上称为罪状。说郭嵩焘“投降媚外”，“无故与英人争辩”，也无媚态可言。即以“披洋人衣”而论，事实是郭、刘应邀参观喀墩炮台，乘小船至水面看搭浮桥，时寒风凛冽，英国提督见郭年迈寒噤，取所携褐氅一披其身，这究竟对国体有什么损害呢？刘锡鸿“见之大喜，据为罪状”，徒然证明他自己脑子里装满了“正朔、服色”之类的僵硬教条罢了。

后来刘锡鸿出使柏林，在向威廉第一递交国书时，“礼节疏阔，有夷然不屑之意”，几乎引起外交纠纷。沈桂芬却在写给李鸿章的信中，称赞刘“天分高(！)”,“能贬刺洋人”。这种表现，确实无以名之，也许只有称之为阿Q的精神胜利法才比较恰当吧。

光绪四年十二月，曾纪泽到巴黎接郭嵩焘任，将刊刻的刘锡鸿日记拿给郭嵩焘看。郭云：

> 其推衍人伦之旨，仁义之言，一皆以济其逢迎诡合之术。

话虽然说得过分一点，却是抓住了刘锡鸿的要害。

刘锡鸿和郭嵩焘互相参劾，使清政府感到下不来台。刘锡鸿也有一个“滥支经费”的问题，被郭嵩焘抓着不放。结果采取“各打屁股五十”的办法，严旨训诫：

> 郭嵩焘、刘锡鸿自奉使出洋后，意见龃龉，……怀私互讦，不顾大体。以堂堂中国之使臣，而举动若此，何足以示协恭而御外侮？

接着便将二人同时撤回。回国以后，刘锡鸿作为钳制郭嵩焘的工具，已经失去了利用价值；他“惟携备折件”随时准备检举揭发的习惯不能改变，继续攻击洋务诸人，后来搞到李鸿章头上，结果触了大霉头。据《德宗实录》卷一二七：光绪辛巳(1881)二月廿二日,“通政使司刘锡鸿劾李鸿章跋扈不臣，俨然帝制。诏斥其信口诬蔑，交部议处。寻革职”。

所谓弱国无外交。郭、刘二使，在外交上一样的无建树可言，但在文化思想史上，他俩却一正一反，各自留下了一份有价值的资料。

## 半推半就地认错

但《英轺私记》也不仅是一份反面资料而已。如果用客观的、公平的态度细读这部日记，那么应该说，尽管刘锡鸿观点十分保守，态度也很顽固，但他却并非完全没有观察事物和思考问题的能力。他在英时间前后不过九个来月，这九个月的观察和思考，在刘锡鸿的身上还是留下了一些痕迹。

英国给刘锡鸿的第一个印象是繁华。初至伦敦，拜会外部大臣后，他“乘便周游街市。衢路之宽洁，第宅之崇闳，店肆之繁丽，真觉生平得未曾见也”。

第二个印象是英国人也讲文明，重文化。郭、刘一行到伦敦十日后，有跟役“入市采买，路遇本土醉人，以肱戏击其颠，落帽。巡捕共擒是人，送罗地美亚(Lord Mayor，伦敦市长)审办。美亚以中国使者憩驾甫数日，土人遽敢妄为，从重罚管两月示惩，并刊布新闻纸，令众力同护使署随从人等”。刘锡鸿对此颇有感触，写道：

……又前在“北绍尔”舟中，有附载洋客诃詈余仆。掌船者见之，到亚丁遽逐洋客于岸。亦经余为之讨免，乃罢。向疑英人僻处海岛，惟知逞强，无敬让之道；乃上下同心，以礼自处，顾全国事如此。

两月以后，刘锡鸿专门写了一节日记总论英国政俗，云：

到伦敦两月，细察其政俗，惟父子之情、男女之别全未之讲，自贵至贱皆然。此外则无闲官，无游民，无上下隔阂之情，无残暴不仁之政，无虚文相应之事。……两月来，拜客赴会，出门时多，街市往来，从未闻有人语喧嚣，亦未见有形状愁苦者。地方整齐肃穆，人民鼓舞欢欣，不徒以富强为能事，诚未可以匈奴、回纥待之矣！

从力持“夷狄之道未可施诸中国”，到承认“诚未可以匈奴、回纥待之矣”，不能不说是认识上的一个变化。及参观播犁地士母席庵（British Museum，大英博物馆），见其藏书八十万卷，目录亦六千卷之多，“放门纵令百姓男女往观，所以佐读书之不逮而广其识”；所蓄中文图书除经史而外，“其馀如群儒诸子、道释杂教、各省府州县之志、地舆疆域之纪、兵法律例之编、示谕册帖尺牍之式、古今诗赋文艺之刻、经策之学、琴棋书画之谱、方技百家、词曲小说，无不各备一种”，更是不禁叹服，“英人之多方求洗荒陋如此”了。

英国给刘锡鸿的第三个印象是：普通英国人民对中国多半是友好的，而英国国家当时所有求于中国者亦只在通商。初到伦敦，“两使者出门，百姓夹道欢呼，男摘冠、女摇巾以为礼”。后又有伦敦绅士上书中国使者，指出英国欺负中国的六件事：

一、鸦片流毒；二、传教多事；三、商人不归地方官管束，领事袒护不公；四、擅造吴淞火车路，反索赔偿；五、借马嘉理案强索开埠；六、接待使者礼有未至。并云："中国钦使若许面毕其词，当集合同志为向议院争辩。"《英轺私记》写道：

……盖使于其国，不便妄听绅民唇舌，以与彼君国为难也。然英人之爱重中国，实其本心。凡宴饮茶会，惟外部署及各国公使所请必有他国使；此外官绅私局，非中国使者未尝与焉。每日茶会必数家，赴不胜赴。与其官绅相见，常谆切恳至，嘱以自强，永敦和好。

刘锡鸿和其他中国人一样，对于英国两次把战争强加在中国头上，是刻骨铭心的。但在直接接触英国官绅以后，他发现大多数英国人并没有什么反华情绪，"其求通于中国，亦只意在商贩"。他分析英国在直布罗陀以东的殖民形势，"往来冲要可以泊舟，可以成市者，皆篡取其口岸而布置之，独无所蚕食于其内地，则其营谋只在商贩可见"。因此，在这方面，他的认识也和过去不同了。他写道：

此时，英国官绅以行善为志，息兵安民为心者，十居六七然。其俗究以理之是非为事之行止，非专恃强力者。……曩闻人谓武员与公使合谋，即可奋动干戈者，传讹耳。……我中国与英人交际，能持理，能恤商，斯尽之矣。

大概在一些具体事物上，在与他自己思想上的“大本大原”关系不大的一些问题上，刘锡鸿的观点是比较容易松动的，甚至也有他承认错误的时候。如见到英国报纸甚多，“官绅士庶各出所见，以议时政”，而使馆翻译人少，无由遍读新闻纸，就写道：

> 出使西洋，必须熟于翻译者多员，遍观其书报，乃有济。向谓洋语洋文不必广募人学习者，误耳！

但这种情形毕竟少见。总的说来，刘锡鸿对于西方的新事物、新道理，正如本章第二节所述的那样，基本上是抵触的，抗拒的。只有当事实胜于雄辩，事实一次又一次击破了他原来的偏见之后，他才能半推半就地对一些事物或道理表示许可。

刘锡鸿原来认为“中国立教尚义不尚利”，而“夷狄之道”则是“尚利”；因为“尚利”，就得让逐末之人妄参国是，让机巧制造之事尽人习之，这就会动摇中国君尊臣卑的政教基础（应该承认，这里的逻辑推理并没有错）。但是，经过在英国的观察分析之后，他终于部分地同意说西人“尚利”有收效，逐末之人参定国是有作用，机巧制造尽人习之有好处了（尽管他很不愿意这样说，说时又常常半推半就、遮遮掩掩）。

光绪三年七月初十日，马格理（S. H. Macartney）导刘锡鸿参观伦敦毕克福林饼干厂（刘锡鸿称之为“饽饽作房”）。全厂工人三千，每年所入数百万金镑。《英轺私记》写道：“询其所以销流之多，则曰：‘自有火轮车船，货物通于各国，各行买卖，皆较前十数倍，不独饽饽为然也。’英人之富，宜矣。”又在“英人之奖制造”一节中写道：

故英国之富，以制造之多也。其制造之所以多，则官为经理以归利，人人咸乐图谋也。他国之人之不肯用心者，则反是也。

这里的“他国”，实际上也就是中国。后来在“英人讲求教养”一节中，又指出人民素质与国家富强的关系：

英之众庶，强半勤谨，不自懈废；商贾周于四海，而百工竭作，亦足繁生其物，以供懋迁之需：国之致富，盖本于此。非然者，火车轮船即能致远，而可贩之货，国中无从造而成之，金币究如人何哉？

这和出国前在上海时斥西洋之图富强为“刳天剖地，妄矜巧力，与造化争能”，态度已相去远矣。

在“开会堂”一节中，刘锡鸿目睹英国议会“官绅出庶各出所见，以议时政。辩论之久，常自昼达夜，自夜达旦，务适于理、当于事而后已”。评论道：

官政乖错，则舍之以从绅民。故其处事恒力争上游，不稍假人以践踏；而举办一切，莫不上下同心，以善从之。盖合众论以择其长，斯美无不备；顺众志以行其令，斯力无不殚也。

“合众论”“顺众志”的政治，比起刘锡鸿所卫护的“政令统于一尊”的封建专制政治来，自然弊病要少。刘锡鸿当然不敢接触到这一点。但他在介绍英国地方选举“看司勒”（councilor，市议员）、“奥德门”（alderman，参议员）的情形时，说：“此制与汉之三老、明之里老略同；然其所举者富民，举之者亦富民，官不复参预其事。”并指出中国明朝（注意：他不敢说清朝）“洪熙以后，此选益衰，仆隶匪人，滥竽相继……贵官愈多，牵掣愈甚，供亿奔走亦愈繁，百姓之生路乃尽绝而无可逃免”。

虽然刘锡鸿在日记中多次要中国百姓“戴天履地，无忘高厚之恩”，时刻怀念着朝廷的恩德，但有上面这段话，就足以说明他并不完全盲眼盲心。郭嵩焘如果想照样给他戴上一顶“怨谤”的帽子，也就不要怕找不着材料了。

## 旧思想的破产

如果我们认为，短短九个月，就能够改变刘锡鸿几十年来从源远流长的封建社会传统里承袭下来的基本观念，那就不仅太简单，而且也不符合事情的本来面目。果真如此，刘锡鸿和郭嵩焘的从遇事抵牾到彻底决裂，也就是不可理解的了。实际情况是：刘锡鸿是全力捍卫他的“圣人之道”，十分希望能够“用夏变夷”的。但正如毛泽东所说，在一个很长的时期内，中国人没有什么思想武器可以和西方的资本主义文明相对抗。“旧的顽固的封建主义的思想武器打了败仗了，抵不住，宣告破产了”。刘锡鸿拿来“捍卫圣教”“用夏变夷”的，正是“旧的顽固的封建主义的思想武器”。这个武器在一八七四至一八七五年的北京朝廷上还可以舞弄一番，拿到伦敦市面上却非打败仗不可。刘锡鸿想“用夏变夷”，结果却是马格里、井上馨、博郎等人“用夷变夏”，使刘锡鸿虽然谈不到放弃自己的根本立场，却不能不承认自己原来确实存在某些偏执和误解，总算“变”了那么一点点。

《英轺私记》保存了刘锡鸿和马格里、博郎、井上馨等外国人思想交锋的记录，也就是“旧的顽固的封建主义的思想武器”打败仗的记录。正是由于这些交锋，才使刘锡鸿在事实面前打开了一些眼界。

井上馨是日本向西方学习的先驱、明治维新的先进。他“十四岁入伦敦学艺，十年而返，以英人船炮火车之用告于其国。咸恶之，屏不与语，有指为私通西洋而群殴之者。迨英军攻日本，力不能支，乃乞井上馨言和，擢户部尚书，献策更政令以从西洋。今又来英，稽求征税之法”。郭、刘在伦敦同井上馨有多次接触。井上曾对郭、刘说：“中国宝藏实多，何为货弃诸地？胡不效西法，改弦而更张之？”郭未作答，刘答道：“祖宗制法皆有深意……第能讲求旧制之意，实力奉行，悉去其旧日之所无，尽还其旧日之所有，即此可以复治。若改弦而更张，则惊扰之甚，祸乱斯生，我中朝敢不以贵国为戒乎？……”

刘锡鸿这番表示拒绝的话，看似厉害，实却无力。因为日本效西法改弦更张，并没有出现“惊扰之甚，祸乱斯生”的后果，刘的反诘等于无的放矢。日本公使在英监制轮船，派人学习水师，一派蒸蒸日上的景象；造成兵船下水，还特邀中国使者观礼并参加宴会，《英轺私记》亦记其“船法精巧”。而英厂“易炸之炮，以贱值售诸中国，采买委员利其可以冒报银数，辄与收之；鱼雷初制，亦多不可用，并为中国购去”。甲午黄海之战的胜负，此时已早露端倪矣！

井上馨特别在宴会上问刘：“中国尚有林则徐其人否？”刘答云：“曾国藩、左宗棠，何多让也。”井上曰：“否，否！中国若有此忠良，两君玉趾不贲英矣。……”这才是当头一棒，给刘锡鸿指出了中国积弱召侮的可悲事实。井上又曾向刘谈火车有益民生、贸易可丰国计，并推荐挨登思蔑士（亚当·斯密）所著《威罗士疴弗呢顺士》(*Wealth of Nations*，即《国富论》)一书给刘阅读。《英轺私记》一一记载了这些接触，对井上之说没有再进行驳斥。

马格里和刘锡鸿关于中国厘金是否妨碍通商的辩论，更是以刘锡鸿的明白服输而结束的。三年六月初六日，马格里谓刘曰：“中国厘卡于商货或征或不征，或征而轻，或征而重，恐非公道。”刘曰：“此皆奸商勾串巡役为之……”马曰：“英国无此弊，何也？”刘曰：“……大江大河，则垢秽无所不有，虽天地亦无如何。今英只此片土，而万人之目集之，故无弊。”马曰：“商货流通，非百姓之益乎？”刘曰：“百姓之害也！洋货非日用所必需，不见此物则心不动。……我中国治法，以教民勤俭为主，与外洋不同，故不欲洋货运入内地。”二十七日，马格里用明白浅近的方法告诉刘锡鸿："假如有货于此，由上海将至四川，除已纳正、子两税外，湖北共应完厘若干，四川共应完厘若干，或三倍，或五倍，制为定额，均于上海全收之。……于商情固便，而中国筹饷亦可免吞蚀之虞，是两益也。"刘锡鸿无法再驳，只好答称："所言尚是。"结束了这场辩论。

博郎"盖英人，幼居德国读书，长则效力于中国，历十馀年，能华语者"。有次刘锡鸿与之论及火车，谓："中国游客较少，造铁路制火车必至亏本，势不可行。"博郎曰："不然，火车之利在载货，不在度人。中国货物最多，生理最大。若制火车，利息必倍，税课亦增，实是足国裕民之道，且借此可省兵力……"刘曰："贼夺火车以袭我，则奈何?"博郎曰："……贼即能夺火车，不能尽占铁路；铁路划断，则火车不可行。"刘曰："一铁路须银六七千万……中国奚能有此巨款?"博郎曰："可借诸外国也。外国罔不借债，中国亦何惧而不为……?"刘曰："此皆非治国正轨，恐未可恃。洋人医足疾，辄断其筋而续以他物，如此灭裂办法，其何能久?"

"断其筋而续以他物"，又成了"花园的父亲"，不能算是认真的讨论了。但是"能华语"的博郎还不肯罢休，过几天又找刘锡鸿谈中国应该购买轮船，发展外贸，因为"不筹贩运，第见洋人载银以出，不见华人载银以入，不数十年，中国必尽困匮矣"。刘问："轮船当得若干?"博郎云约需二百艘，价银二千万，借诸外洋，不过岁输银八十万耳；海军既成，裁汰旧式水陆师岁可省银数百万，贩货外洋往来岁税又可增收数百万，"中国何惮而不为乎？"刘问："轮船驾驶，非华人所习，奈何？"博郎云：水手可择师船少壮充当，管轮、机器及领航当亟选聪慧子弟数百，"分赴各国从根底学习"。

博郎所建议的，正是刘锡鸿在一八七四至一八七五年的辩论中所反对的。但是，经过反复交锋之后，这次刘锡鸿不再坚持自己的看法了，他给自己转圜道：

> 余闻其言，而心口熟商之曰：事理无穷，因乎时势。如人之一身，疾疠未起，则补养元气，自可退外邪，此一理也；疾疠一起，不先袪外邪，而惟言补养，则其病终不可瘳，此又一理也。……余素持治国务本之说，由今思之，未可偏执也。诚如博郎云……于各国各局分投办理……一面派人赴各国讲求水战，当难我欺矣。

这已经到了刘锡鸿"进步"的极限。他永远不可能像郭嵩焘那样，认识学习西洋"政教"的必要。但是，九个月的实际观察和了解，特别是和外国人士的直接接触和讨论，终于使他开始承认，自己过去确有"误"和"偏执"的时候。

刘锡鸿作出这样的承认是极不容易的，对于他来说恐怕是十分痛苦的。从《英轺私记》可以看到：他在进行观察和接触的时候，就像是一个他所形容的小财东，拿了几吊钱同别人合伙做生意，时时刻刻都在"身亲注睇其间"，生怕上当受骗。比如：

> 英人狱制之善，余虑其有所饰以美观也，（六月）二十三日偕博郎出门，突至其禁犯之所觇之，饲养、督教无异，房室之洁亦无异。

又如：

> （七月）十二日，余与刘孚翊、博郎偕至野士凌墩游览。不以公往而以私往者，公往则告董事预为洒扫，虑不得其真耳。

经过这样“突击检查”，反复验证，确实相信已经“得其真”了，刘锡鸿才不得不在某些具体问题上修正他自己原来的错误和偏见。只此一点，即可见守旧观点改变之艰难，亦可见新事物优越性之终于不可抹杀矣！

这就是刘锡鸿和《英轺私记》留给我们的一份值得看重的遗产。

# 第十三章　黎庶昌记西洋风土



中国读书人于近代前往西方(包括开放后的日本)，林鍼、罗森、斌椿、志刚只能算前奏，容闳、王韬和李圭也只能算序曲，真正的主题歌大概要到光绪二年(1876)郭嵩焘等一批有地位、有身份的传统知识分子出使东西两洋时才正式开始。

黎庶昌是作为参赞随郭嵩焘出使英国的。光绪三年(1877)十月，他改任驻德使馆参赞，随刘锡鸿去了柏林；四年(1878)四月奉调赴巴黎，任驻法使馆参赞；六年(1880)，又改任驻日斯巴尼亚国(西班牙)参赞，在马德里住了一年多，直到七年(1881)七月回国就任出使日本大臣时为止。

《西洋杂志》一书，收集了黎庶昌旅欧期间所写的杂记、游记、有关书简和三篇地志，此外还摭录了郭嵩焘、刘锡鸿、陈兰彬、李凤苞、曾纪泽、罗丰禄、钱德培等人的一些文章。在出使诸人载记中，这是别具一格的一种。

从郭、刘、黎开始，出国的记述，尽管因为作者立场态度各不相同，思想内容互有差别，但同以前的记述相比，容量和深度都普遍有所增加。这个情形，反映了中国知识分子对外部世界的认识的深化和发展。《西洋杂志》，便是一个例子。

## 出发点：经世之学

黎庶昌，字莼斋，贵州遵义人。贵州是个偏僻地方，在清朝文化发展比较缓慢，到咸同之际才有所谓“莫(友芝)郑(珍)之学”。黎庶昌少时从莫郑两先生游，“稽经考道，学以大进”。同治纪元下诏求言，他以廪贡生只身行万里至京师，上书论时事，受到重视，被派往安庆由曾国藩以知县试用。曾国藩很器重这个二十多岁的青年人，说他“意气迈往，行文坚确，锲而不舍，可成一家言”，留他在营办事。当时曾氏幕中人才甚多，黎庶昌与武昌张裕钊、桐城吴汝纶、无锡薛福成都有文名，志趣接近，被称为“曾门四子”。

清朝中叶以后，汉学、宋明理学和以桐城派为代表的词章之学，都已经走入脱离实际、脱离生活的死胡同。一批出身中小地主阶级的士人，起而力求匡正。龚自珍、魏源等人，都开始强调以古观今、学以致用的经世之学。莫友芝和曾国藩都要算是开创新学风的人物。不过莫友芝的官太小，影响也小；曾国藩官做得大，影响也就大了。

在曾国藩幕中，黎庶昌继续读书作文，成了所谓“湘乡派”的代表人物之一。他曾同曾氏讨论群籍，提出应将《庄子》《楚辞》《文选》《史记》《汉书》《通鉴》《通典》《文献通考》《说文》以及杜诗、韩文十一种书列为“亚经”，和“十三经”一道作为国学基本读物。这主要是为了反对当时科举制度“专以《论》

《孟》《学》《庸》发题，先四书而后五经，废注疏而遵朱说”，把传统学问简单化和庸俗化的恶劣风气，在当时是有进步意义的。

这里值得特别指出的是黎庶昌对《通典》《文献通考》以及《史》《汉》的重视。他说：欲“究天人之际，通古今之变”，举“文字之渊源、经世之大法”，弄明白“王朝邦国旧典”，“观后世帝王因袭之迹”，就必须熟读这几部书。这说明他的思路比当时一般的读书人要宽得多，读古书也有一个经世致用的目的。

所谓“世”，就是社会，就是现实世界。读古书要有利于研究现实的政治、经济和社会，势非着重于史籍、典章以及舆地之学不可。

当时一般人读书只是为了“做文章”。而所谓“文章”，除了功令规定的八股文外，就是以姚鼐（姬传）为宗师的桐城派古文。姚鼐选定的《古文辞类纂》，学做古文的人几乎人手一编，势力极大，其中所少的偏偏就是经世致用的文字。对于这一点，曾国藩和黎庶昌都是很不满意的。曾氏于军书旁午之际，亲自编选了一部《经史百家杂钞》，就是想补救《古文辞类纂》之不足，把“文章”的范围加以扩大。曾氏死后，黎庶昌又编选了一部《续古文辞类纂》，分上中下三编，共二十八卷，更明揭曾氏之说，“以补姚氏姬传《古文辞类纂》所未备”，自陈其主旨云：

> 文章之道，莫大乎与天下为公，而非可用一人一家之

私议。……姚先生兴于千载之后，独持灼见，总括群言，……即其所自造述，亦浸淫近复于古。然百馀年来，流风相师，传嬗赓续，沿流而莫之止，遂有文敝道丧之患。至湘乡曾文正公出，扩姚氏而大之，并功、德、言为一涂，挈揽众长，轹归掩方，跨越百氏……余今所论纂，其品藻次第，一以昔闻诸曾氏者，述而录之。……将尽取儒者之多识、格物、博辨、训诂，一内诸雄奇万变之中，以矫桐城末流虚车之饰，其道相资，无可偏废。

黎庶昌把“多识、格物、博辨、训诂”四项要求提出来，作为矫正“桐城末流”脱离实际、脱离生活的衰颓学风的一种手段，的确是抓住了要害。要做到“多识、格物、博辨、训诂”，就必须接触自然、接触社会，研究自然、研究社会，而这正是封建社会里一般学“做文章”的读书人所不愿做、不能做的。

我们关于黎庶昌的学问文章之道讲了这么多，却不能算是离题。因为非如此即不能说明：何以黎庶昌会怀着很大的兴趣去“出使绝国”；在欧洲四年多，又何以会异乎寻常地对西方的风土民俗发生兴趣，把一些观察所得写入《西洋杂志》；更不能说明他何以愿意“舍欧土之繁华而趋沙漠之荒邈，释轮车之便利而取驼马之艰辛，去使馆之舒和而乐风沙冰雪之寒苦”，一再请求去考察中亚细亚和西伯利亚；到日本任出使大臣后，又何以会出钱出力，和杨守敬合作，穷搜博采，辑印了大规模的《古逸丛书》。

《古逸丛书》在版本学上有很高的价值，其中如影宋蜀大字本《尔雅》、覆元本《楚辞集注》、覆旧钞卷子本《玉烛宝典》、影北宋本《姓解》、影宋本《史略》、影旧钞卷子本《天台山记》和影宋《太平寰宇记》佚文，在名物考证、史地研究上，都是重要的典籍。尤其是《太平寰宇记》，这是北宋时的一部地理书，文章并不算好。它的价值就在于：在传统地志一类书的基础上，增加了民俗、风土、物产这些人文地理的内容，使"地"和"人"的关系密切起来。它在中国被冷落了几百年，并且散佚掉一部分；直到十七世纪，中国的社会、经济、政治、对外关系诸因素发生变化，徐霞客（1587—1641）、顾炎武（1613—1682）、顾祖禹（1631—1692）、刘献廷（1648—1695）等开始把"舆地之学"引上自然科学和经世致用的道路以后，才重新受到重视。黎庶昌和杨守敬在日本刻意搜求这类佚书，当然不单纯是文人好古的趣味。

一八四〇年西方的大炮轰开了中国的大门，中国的有识之士开始认识到，为了救亡图存，必须了解"天下大势"，使自己对于迅速变化中的世界由无知变为有知。这个"大势"，就包括世界地理知识（自然地理和人文地理，而尤其是后者）在内。应该说，古代中国关于外国地理的知识是很少的。徐霞客指出过："昔人志星官舆地，多承袭傅会。江河二经，山川两戒，自纪载来，多囿于中国一隅。"顾炎武在他那有名的《天下郡国利病书》中转引傅玄初的资料，说"海外之夷，有大西洋、有东洋，大西洋则暹罗、柬埔寨诸国……而东洋则吕宋，其夷佛郎机也"，与真实情形相距甚远。林则徐主持编译的《四洲志》、魏源的《海国图志》和徐继畬的《瀛寰志略》等书，是中国人讲述世界地理的开始。但他们足迹不出中国，所述偏重自然地理，再加上些行政区划、都市人口的材料，对“活”东西介绍得很少。黎氏抱着“经世致用”的明确目的和对人文地理的浓厚兴趣，仗着一支“雄奇万变”的笔杆子，在《西洋杂志》中向国内介绍了欧洲各国的国政民俗、社会生活、交通途径、风土人情。尽管他思想上倾向性不强，政治态度无宁说略近保守，文章也不像薛福成那样多发议论、鼓吹改革；但也许正因为如此，这些“客观”的、平实的记叙，更容易使当时多数读者乐见喜闻，起到了让中国人打开眼界、了解世界的作用。

## 一卷西洋风俗图

《西洋杂志》中黎庶昌的文字，有一种与众不同的特色。他所记述的重点，不是本人的行踪交往，亦不是使馆的交涉应酬，甚至也不是外洋的基本情况，而是当时英、法、德、西等国的社会和文化。它们就像是反映十九世纪西洋生活的一卷风俗图，画面奇特，色彩新鲜，为当时国内的人们见所未见。

就拿《斗牛之戏》这一篇来说吧，黎氏大概是中国描写西班牙斗牛的第一人。在他之后，动笔的人无虑百十，仅本书作者见到过的少说也有一二十篇；而论描写的简明生动，却很少有人能够超过他。今节录如下，供读者欣赏：

斗牛之戏，惟日斯巴尼亚有之，为国俗一大端。距马得利二里许，山冈略平处，有房杰然特出，斗牛场也。圆墉四周，而空其中央，径八九十丈；外为走廊，内列坐，可容一万数千人。……日国分四十七府，每府各有其一，多者二三，较法国赛马之风为尤甚。……

中四月初一日，予买票往观。……始开门，纵牛入。骑马者二人，手持木杆，上安铁锥，先入以待。所踏脚镫，系铁鞋如斗形，牛不能伤。又有数人，各持黄里红布一幅，长约六尺，宽约四尺，诱张于前。牛望见红布，即追而触之……角入马腹，肚肠立出。……

俟斗伤两马后，即易以人，诱法如前。牛有时不触，或逐急，其人即弃红布于地，而跃出围外。有持双箭者，箭皆以五彩布剪绥裹束，捷出牛之左右，插入背脊隆起处。箭有倒钩，即悬挂于脊上，血出淋漓。如是者三，插入六箭。再易一人，用剑刺之。其人右手持剑，左手持红布一幅，且诱且刺。剑从脊背刺入心腹，牛即倒地。大众拍手欢呼，亦有掷帽于围内以贺。……

是日凡斗七牛。第一牛斗伤两马，一马死于围内，一马骑出死；用剑者六刺始中脊缝。第二牛……怒逐人，跃出围外二次；用剑者三刺始中，血从牛口喷出。……第四牛斗死两马。一马腹裂，肚肠全堕于地，立死；一马肠拖丈馀，倒地，骑者用带束之，鞭起再斗，然后死。……越五日，闻第六牛所伤之马，骑者亦因马鞍筑胸而死。是日在坐万馀人，该国君主亦与焉。

此事，西洋各邦无不讥其残忍；然成为国俗，终不能革；并属地古巴，亦有此风。观其房式，正与罗马斗兽处废址如一。闻罗马古时，以罪人与各种猛兽徒搏；此只用牛，则习俗由来已久矣！数月前，有上议政院绅名生达纳者，新闻纸馆总办也，发论于议院，请设一斗牛学堂，以备选人练习，其视重如此。……

纯用白描手法，把斗牛的残忍用貌似冷静的态度细细刻画出来，作者的爱憎也许需要稍微纤细的神经才能感觉到，却恰能增添文字的真正的力量。

黎氏描写国风民俗，不是单纯猎奇志异，专寻热闹场面，而十分注意文化的内涵。这固与他的文化修养有关，但更可以看出他对“地”与“人”的研究兴趣。在马德里时，适逢西班牙名诗人、剧作家卡尔德隆(黎氏写作加尔得陇)逝世二百周年，西班牙国家和人民举行了隆重的纪念活动。《西洋杂志》中《加尔得陇大会》一篇，也是写得十分出色的：

日国才人名加尔得陇者，以能诗及善撰戏曲称，……死已二百年矣。一千八百八十一年西历五月二十五日，国人为作百年大会。予初意以为寻常出会而已，岂知踵事增华，竟是小题大做。

先期，马得利知府致书各国，请派员前来观会。又征诗于欧洲各国，以相倡和。本地富贵之家，以及文人学士，亦各自为会。或萃聚各家珍宝之物，罗列陈设，备人游观。或聚集文人，讲论加尔得陇故事，诵其遗诗。或考试学徒，散给奖赏。有一会最雅，将各国寄到之诗，汇印成册，赴之者各赠其一。其不入选者，则用信封封之，书其人姓名于外，逐一唱名，置银碗内，用烧酒焚化之，以示吊加尔得陇也。……

……二十七日为出会正日，君主请至宫前观看。首为巡捕马兵一队；内有八骑，系二百年前装束。次为各戏馆旗帜。次为铁作之车，工匠十馀人，烧炉、熔冶、锤铁之声与音乐相间，自成节奏。次印书作房之车，二人坐于车中，用机器印书，随印随散。次铁路街军行之车。次各教习会车旗。次卖酒会，白铅所铸二尺许高大杯，两人扛之以行。……次别国派来入会作戏曲之教习。次属地古巴之车，上塑果隆(哥伦布)像，即初寻得亚墨利加地者。……

过王宫前，男则摘帽，女则摇巾，向君主致敬，亦向加尔得陇塑像为礼。每队会首各持花圈，置于像之左右，西洋上坟礼也。车皆装束故事，最后一车，中塑加尔得陇，前后飞仙四人，金身裸体护之，尤觉壮观。

用中国的古文描写异邦景物，不是那么容易的。黎庶昌却能娓娓写来，神气活现。有的篇章，不在后来朱自清用白话文写的《欧游杂记》之下；比起“浸淫近复于古”的姚先生写的《登泰山记》之类的文字，读来亲切有味多了。又如记油画：

……一画女子衣白纱，斜坐树下，手持日照，旁有白鹅求食；萍花满地，蕉绿掩映其间，清气袭人衣袂。一画垂髫女子六七人，裸浴溪涧中；若闻林中飒然有声，一女子持白纱掩覆其体；一女子一手掩额，偷目窥视，馀作惊怖之状。一画命妇赴茶会归，与夫反目，掷花把于地，掩袂而泣；花皆缤纷四落，散满坐榻；其夫以手支颐，作无主状。

又如写瑞士风景：

十四日巳刻，行至两峰尽处，忽然开朗，有大湖横列于前，清澈可鉴，所谓勒沙得勒湖也。湖东诸山，连绵不断，石骨秀露，层晕分明，绝似倪云林画意。回望两崖上，云气蓊然涌出，旭日射之，皆成黄金色。……

即使在纯粹记游的文章中，黎庶昌也对社会比对自然更感兴趣，虽然这两个方面他是写得一样的好。《西洋游记》第四篇写摩纳哥一节云：

是夜至马纳哥。马纳哥以赌为国。法富人不郎氏建赌庭于山巅，壮丽无比。闻每岁赌项出入约十四五兆，纳八十万佛郎于邦君。远方游人来此赴赌者，取保而后入。予与眉叔升其庭，阍者问："欲与赌乎？"答曰："非也，行客过此，欲进内一观耳。"阍者以告总办，授两绿票，遂入至赌场。厅长十馀丈，现设长桌三，环坐数层，冬日则增桌至七。桌上皆画斜格，中设圆转盘，盘中有球。每次由赌官转盘，视球之所落，以定胜负。金钱之声，铿锵盈耳，堆积者动以万计，胜者用象牙长柄小爪爬之，真可谓见所未见。

## 文人·学者·外交官

《西洋杂志》的许多描写，在外交官的出国记述中确实是别具一格的。但这并不是说，黎庶昌仅仅写了一部描写社会相的游记。从《西洋杂志》中看到的黎庶昌，不仅是一位关心社会、善于用笔的文人，一位有探索精神的地理学者，同时也是一位有爱国思想的外交官。

在《郭少宗伯咨英国外部论喀什噶尔事》一篇中，写到了中国政府平定新疆阿古柏叛乱时的外交斗争。当时“英国之私意，欲建喀什噶尔自成一国，为印度藩篱”。英国外相屡次向中国驻英公使郭嵩焘“缓颊”，希望中国停止平叛战事，与阿古柏（黎氏称为牙古波）派到伦敦的“使人”进行谈判。郭嵩焘曾“因其所请，据以入奏”。对此，黎庶昌是坚决反对的。他认为，“喀什噶尔业已破坏，万无久存之理；老湘营一军，百战不挫，必蒇大功”，“欲乞宗伯（郭嵩焘）寝此奏而不克”。其后数月，新疆叛乱终于全部平定，“斯议乃止”。黎庶昌在柏林闻捷音，赋诗一章志喜，诗云：

轻车度幕不惊尘，矫矫将军号绝伦。回准降幡齐入汉，图书旧版复收秦。雪消葱岭鸿难度，草长蒲稍马易驯。

索地陈兵君莫让，乌孙西去付行人。

时伊犁尚为俄人所据，故云然尔。

“索地陈兵君莫让”，就是黎庶昌对沙皇俄国在新疆西境侵略扩张野心的态度。他主张抵抗，不赞成退让。《西洋杂志》中《答曾侯书》，讲得至为透彻：

当咸丰年间议割黑龙江时，以为弃此数千里不甚爱惜之地，以惠俄人，重订新章，当可保百年无事；乃曾未十年，而伊犁已入俄人之手矣。新疆道远费重，人人谓难。假令中国此时笃守先王“不勤远略”之义，即举新疆而尽让之，画嘉峪关以为守，而关以内仍不能不用重兵屯扎。俄人得尺进丈，又不数年，而驻军哈密等处，复假通商为名，以与中国议增口岸，求索他地，不与则兵戎从事，其将何以自处？一国如是，他国又从而效之，更何以自处？……若依中国小儒之见，不但新疆可弃，即西北等省亦在可弃之列，只留东南数处足矣。……当俄人取伊犁之日，议割黑龙江诸臣已不及见矣。设令幸在，而其人富贵固自若也！

这是多么可悲可痛的历史教训！有爱国心的黎庶昌，对放弃领土主权的行为可说是鞭挞不遗馀力了。

从外事工作的实践中，黎庶昌对资本主义国家的强权政治和实力外交深有体会。他在《上沈相国书》中指出：“一遇公事交涉，则各国俱颇自尊大，纯任国势之强弱以为是非，斯固未可尽以理喻。”所以，外交最重要的是靠增强国家实力；但同时也应该讲究外交策略，看清主要危险，实行区别对待。他始终认为沙皇俄国“行事谲诈”，“志在得地南侵，蒙古、新疆，垂涎已久”，是中国最紧迫的危险，所以不赞成联俄，而主张联英。联英的主张虽未见得正确，但防俄的主张却是不错的。

出于对“多识、格物、博辨”的追求，以及对地理考察的热爱，再加上考虑到防俄的需要，黎庶昌“不惜躯命”，想趁曾纪泽赴俄订约的机会，争取去俄国西伯利亚、中亚细亚广大腹地考察旅行，为此而给曾纪泽(曾氏袭封侯爵，故黎呼为侯爷)写过三封信。在第一封信中，他写道：

> ……中国从未有遣一介之使，涉历欧亚两洲腹地以相窥觇者。从前康熙年间，曾遣兵部郎中图里琛出使，假道俄罗斯西悉毕尔(西伯利亚)以行，往返三年，仅至土尔扈特而止。其地在哈萨克游牧之西，尚未出亚细亚境也。同治中钦差副使志刚奉使至俄，亦有从陆路回国之议，嗣以畏难而止。…………
>
> 庶昌不惜躯命，乞充一路之任，以上报国家，为奔走臣，……愿至京师后，再出张家口，而至俄都，然后销差，始终其役。如此，庶昌虽死，亦可以无朽矣！昔博望侯张骞发间使四出，其姓名皆轶不传；惟定远侯班超遣掾甘英往通大秦，至条支临海，欲渡安息西界，船人以海水广大止之，载在范史。侯爷若能行此英谋伟略，是亦今之

骞、超也。

为了给旅行考察做准备，黎庶昌“博访周咨，搜求书籍”，“竭数月之力”，找到了下列资料：1. 一英商由上海、北京经恰克图取道西伯利亚回欧洲行纪节略；2. 英人密溪由北京出蒙古中路至俄都载记；3. 法人密仰由俄都经西伯利亚至北京载记；4. 英人伯尔拉贝至机洼(基发)等处游记；5. 英人瑞勒尔至土耳迄司当、伊犁、塔什干等处游记；6. 法人涉发尔卫及其妻布尔当夫妇至土耳迄司当、萨马耳罕、伊犁等处游记；7. 俄人卫勒果夫游历新疆载记。他令本署洋翻译先行摘录，译成中文，然后“以路为经，以说为纬”，亲自整理成《由北京出蒙古中路至俄都路程考略》和《由亚西亚俄境西路至伊犁等处路程考略》两份材料，“行路得此，已足取资”。

这两份材料，是中国人对西伯利亚、中亚细亚进行系统调查研究的“开山之作”，在地理学史上应有一定的地位。正如黎庶昌在给曾纪泽的第二封信中所说，中国以前关于西北边徼以外的地理著作不多，在实地旅行考察基础上写成的著作更少。徐氏《汉书西域传补注》、何氏《北徼汇编》(即《朔方备乘》)，只是辑录古籍中的有关记载；图里琛的《异域录》，仅至土尔扈特，尚未出亚洲境；“张遂宁相国之日记……遂宁相国系随大军出塞，至库伦而还”。这些书对于前往实地考察的旅行者的参考价值都很有限。黎庶昌搜集整理的两份材料却完全不同了，兹各录一节如下：

（由北京出蒙古中路至俄都）过蒙古地方可以骑骆驼，亦可骑马。骑马须用蒙古马鞍。当于七月内行走（西洋七月，中国之五月底六月初），其时有草，可以养喂牲口。若骑马速行，一日一换，可以十二日经过沙漠。但行路如此，辛苦异常，因其路有八百买特尔[1]之遥，实中国之二千四百里。

*

（由亚西亚俄境西路至伊犁等处）在俄境道上，必须自买一车，方利行走。否则逐处更换，一日之间多至数次，最为不便。行路事毕，仍可转售。雪车无轮，惟以两弯木条直拖在地而行；馀亦用木无多，轻而能速。顶遮布卷篷，敞其前面。车之左右各有木条，前则紧着而后斜张如两翅，以防同别车相碰。一日之间，多者碰至一二十次，两不相碍。车有大小两种；若两车相碰，大车反容易翻倒。

## 于平实中见深意

自郭嵩焘以下，清季的外交官当中，出了不少的“洋务派”和“维新派”，如曾纪泽、李凤苞、薛福成、黄遵宪等。黎庶昌似乎没有被划归什么派，他的兴趣也确乎不大在政治、经济方面，访书、编书、著书、刻书，都是文人学者“当行”

① 此处买特尔指“英里”。

的事情。但是，他和上述诸人一样，也是被一八四〇年以后的历史潮流送上走向世界的道路的。从封建专制的中国，到资本主义的欧洲，他所看到的当然不仅仅是不同的肤色、不同的服式、不同的风俗、不同的山河，而是一种不同的生活方式，不同的价值观念，不同的制度和文明。尽管黎庶昌不愿意多往深处想，尤其不愿意多发表政治议论，但只要他关心社会，关心国俗民风，他就不会看不出这些根本不同，也不会不在平实的记叙中透露一点发人深省的消息。事实也确是如此。

他看到了机器生产的优越性和十九世纪欧洲的技术文明。英国乌里治制炮厂将六吨重的坯料锻制成炮管的情形，在他的笔下是：

> ……凡十卷而成一巨箍，其重六吨。又入一大炉，炉宽而不深，可熔热二万尺方烧至三千度之融热。屋顶有起重架，可起八十吨。钳长六十尺，十馀人曳出之，钳使竖立；用铁锤锤十馀下，令其缝融合；再以冷铁管套入，徐徐横卧而横锤之。……铁锤重四十吨，汽机动之如数十百斤然，可谓灵巧之极。

一八七八年巴黎万国博览会上展出的气球，会后安置在卢浮宫前，星期日游人可以买票乘坐升空。黎庶昌“随众一试”后，也写了一则杂记，中云：

> 球下悬大圆木筐，护以铁栏，为站立处，可容五十

人。……欲坐者纳十佛郎买票。上升在空中五分时。……既下，则人受一径寸大之铜钱，面铸球形，极其精致，用为纪念。

球皮用布缝成，涂以印度胶、松香、白油，日晒雨淋，不易败坏。其大径三十五买特尔，围圆一百零五买特尔，容轻气二万六千建方买特尔[①]。……此球因有绳系，故下降时不用泄气。间一二日微有走漏，则增气填实之。昼夜兼放。

造纸、纺织是在中国有悠久历史的传统工艺，但黎庶昌在法国看到的造纸、织呢，又是一番景象。造纸“凡经机轴六次，皆一气呵成，神速异常，不假人力”。织呢则“其次第一如中国纺织棉布，并无差异；所异者，中国以人工，西人用机器；西人可为百者，中国只能为一，优劣巧拙遂殊耳”。

他也看到了西方国家的议会民主制，这是跟中国君主专制政体完全不同的一种新的政体。他虽然没有着重考察外国政治，但在德国、法国和西班牙，都曾应邀去议院旁听，也一一留下了记载。其记西班牙更换宰相一则有云：

西洋朋党最甚。无论何国，其各部大臣及议院绅士，皆显然判为两党，相习成风；进则俱进，退则俱退，而于国事无伤，与中国党祸绝异。

① 二万六千建方买特尔，即二万六千立方米。

记法国总统马克蒙(麦克马洪)辞位云：

> 缘下议院绅左右两党(左为民,右为君)数常相埒，故领部事袒左则右排之，袒右则左排之，……至七十七年春间，从左者渐众，……左党之首刚贝达(甘必大)发论，力抗朝政。马克蒙商请上议政院，遣散下议院绅，令民重举。下议院从左党者众，……至开会堂时，下院绅遂恣意求索，……(马克蒙)遂决意辞去。朝定议，夕已退位矣。巴黎之人，若弗闻也者。

在《与李勉林观察书》中，他说自已到伦敦月馀,“往观会堂者一，往与公朝者二。默察该国君臣之间，礼貌未尝不尊，分际未尝不严。特其国政之权，操自会堂，凡遇大事，必内外部与众辩论；众意所可，而后施行。故虽有君主之名，而实则民政之国也”。

黎庶昌承认：民政之国比起君主之国来是一种进步。《西洋游记》第二篇介绍瑞士的民主制云：

> 瑞士分二十二县，每县举上议政院绅二人；下院绅则以人数之多寡为额，大率二万人得举一人。其入议院者，共一百三十馀人，办事则推七人为首，七人之中推一人裁决，定例每岁一易。西洋民政之国，其置伯理玺天德本属画诺，然尚拥虚名。瑞士并此不置，无君臣上下之分，一

切平等，视民政之国又益化焉。盖其地本山国，各邦无欣羡之心，故得免兵事，而山水又为欧洲绝胜，西洋人士无不以乐土目之。

比较起《答曾侯书》中所云，“中国君主专制之国，有事则主上独任其忧”来，瑞士这片“无君臣上下之分，一切平等”的乐土，不是也颇能令人向往吗？

特别值得提到的是，黎庶昌还看到了十九世纪七十年代欧洲的社会革命运动，对德国社会革命党人和俄国民意党人行刺皇帝的事件，分别作了客观的记述。其《开色遇刺》一篇云：

开色（恺撒，德皇称号）于五月初二日归至近郊，距宫门数十武。车经一寓楼下，忽枪声訇然自窗中出，伤开色右臂及腮。……行刺者就获后，刑司讯之，以“为民除害”为词，迄无他语。刑司亦不株连。久乃知为“索昔阿利司脱会党”。

“索昔阿利司脱”，译言“平会”也。意谓天之生人，初无歧视，而贫贱者乃胼手胝足，以供富贵人驱使，此极不平之事；而其故实由于国之有君，能富贵人、贫贱人。故结党为会，排日轮值，倘乘隙得逞，不得畏缩；冀尽除各国之君，使国无主宰，然后富贵者无所恃，而贫贱者乃得以自伸。彼会之意如此，非有仇于开色也。其党甚众，官绅士庶皆有之，散处各国。

（行刺者）一曰黑得尔，系工人。一曰诺毕令，系“刀克特尔”（博士），犹如中国之进士。黑得尔被诛，诺毕令以创死。

“贫贱者乃胼手胝足，以供富贵人驱使，此极不平之事”，此当系中国人对社会主义革命思想最早做出的浅显说明。“索昔阿利司脱”为 socialist 的对音，即社会主义者。黎庶昌在一八七八年写下的这一报道，可算近代中国介绍欧洲社会主义运动之嚆矢。

《俄皇遇刺》一篇虽然也纯用白描，却写得更酣畅淋漓一些，文曰：

俄皇阿赖克桑得尔第二(亚历山大二世)，……事皆独断独行，又不设立议院，民情不能上达，素为国人所忌。其国有名“索息阿利司脱尼喜利司木”（索息阿利司脱者，会;尼喜利司木者,会之名。)者，译言“平会”，欲谋害俄皇者屡矣。去年曾开地道深入王宫，用地雷轰塌其厅堂；又伏地雷于火轮车道，发皆未中。由是国禁愈严，坐此入狱者甚众。而该党亦誓不两立，志在必行。

辛巳二月十四日，西历一千八百八十一年三月十三也。两点半钟，俄皇出外阅兵而还。……行至不拉司密晒尔之法国戏馆前，猝有一人抛掷炸弹于车下。火药猛发，击伤从官两人，兵数名，俄皇幸免。马惊车裂，御者犹欲鞭马疾驰以过，俄皇止令驻车，下视武官之被击伤者。……俄皇甫下，从官下犹未毕，复一炸弹至，正中俄皇，立将两腿小腹迸裂，筋肉皆碎，额旁亦穿一巨穴。……亟用独铁轮雪车扶载入宫，已不能言。医者缚束其血管，血溢不止，须臾而薨，年六十三。

谋逆者立时擒获。其第一人，则矿务馆学生也。次者亦自受弹伤，送入医院，逾二时死。……而该会党竟于是夜遍传示谕，谓："俄皇于一千八百七十九年九月初七日已定死罪，今始行诛。若嗣立者仍不革前皇之所为，罚亦不远。"

《西洋杂志》中黎庶昌谈政治的文字并不多。皇帝被刺这样的大事，他也只作为社会上发生的凶杀案来记述。也许他觉得这样可以"自由"一点，可以暂时抛开大清帝国官员的身份吧！

# 第十四章　外交人才曾纪泽





一八七八年（光绪四年），出使英国法国大臣郭嵩焘被撤回国，接任的是比他年轻二十一岁的曾纪泽（1839—1890）。

曾纪泽是曾国藩的儿子。曾国藩死后，曾纪泽袭封“一等毅勇侯”爵，致身从政，补授太常寺少卿，奉使英法（一八八〇年又兼使俄国）。郭嵩焘和曾国藩旧有“金兰之谊”，郭子刚基娶曾女为妻，彼此又结成了儿女亲家。所以，序起辈分来，曾纪泽在郭嵩焘面前，是名符其实的晚辈。他属于在郭嵩焘之后正式经办“洋务”的“第二梯队”，是真正开始担负起比较繁剧的外交工作的“洋务派”中的一个人才。

曾纪泽使期甚长，从一八七八年到一八八六年，蝉联八年有半。他所做的事情，最著名的是赴俄改约，挽回了“里瓦几亚条约”给中国造成的部分损失。其次则是在有关越南的交涉中，反对言和，力主抵抗，在国内外产生了较好的影响。在清季外交史上，曾纪泽可以说是没有给中国带来更多失败和屈辱的罕见的一人。

## 五千年未有之创局

郭嵩焘被撤回国时，心里满是牢骚，但对曾纪泽仍然寄托着希望，临别写了一首诗赠曾：

> 十洲天外一帆驰，踪迹同君两崛奇。万国梯航成创局，数篇云海赋新诗。罪原在我功何补，壮不如人老更悲。要识国家根本计，殷勤付托怅临歧。

对于“万国梯航成创局”的形势的认识，曾纪泽是和郭嵩焘完全一致的。在光绪四年九月赴欧的船上，他为汪凤藻编的一部英文文法书写了一篇序，畅谈了对当时形势的看法，发表了他对应该怎样适应这一形势的意见，摆出了他对洋务和西学的根本观点，云：

> 士大夫方持不屑不洁之论，守其所已知，拒其所未闻，若曰：事非先圣昔贤之所论述，物非六经典籍之所纪载，学者不得过而问焉。
>
> 夫先圣昔贤之所论述，六经典籍之所纪载，足以穷尽宇宙万物之理若道，而不必赅备古今万世之器与名。学者于口耳之所未经，遂慨然操泛泛悠悠茫无实际之庄论以搪塞之，不亦泥乎？
>
> 上古之世不可知。盖泰西之轮楫旁午于中华，五千年

来未有之创局也。天变人事，会逢其适。其是非损益、轻重本末之别，圣人之所曾言，学者得以比例而平骘之；其食饮衣饰之异，政事言语、文学风俗之不同，尧、舜、禹、汤、文、武、周、孔之所不及见闻，当时存而不论，后世无所述焉，则不得不就吾之所已通者扩而充之，以通吾之所未通。则考求各国语言文字，诚亦吾儒之所宜从事，不得以其异而诿之，不得以其难而畏之也。

“就吾之所已通者扩而充之，以通吾之所未通”，是一种博大宽容的开放的态度，是一种同“守其所已知，拒其所未闻”的保守态度完全相反的态度。

由于历史条件的限制，曾纪泽只能在坚持“先圣昔贤之所论述，六经典籍之所纪载”的前提下做文章。但他实际上指出了，这些论述和记载，只是一种“泛泛悠悠茫无实际”的“庄论”，不能适应五千年来未有的巨大变化，也不能解决今人面临的实际问题。他说：尧、舜、禹、汤、文、武、周公、孔子没有去过外国，更来不及研究当今世界上的问题；对于外国的政治、经济和文化，只能由我们自己去考求，才能搞通它，了解它，才好跟外国打交道；对于这件事情，是既不能简单拒绝，也用不着特别害怕的（“不得以其异而诿之，不得以其难而畏之也”）。

过了十四天，曾纪泽又在复杨商农的信中，重申了自己的开放主张。杨商农与曾纪泽“至好，但不甚以洋务为然”，曾经劝曾纪泽“不应讲求西学”；此次来函，“谆谆恳恳，以清议为言”，希望曾纪泽和士大夫阶级的舆论妥协，辞掉出使英法的任命。曾纪泽在回信中，尖锐批评了“清议之流”“硁硁自守”,“除高头讲章外，不知人世更有何书；井田学校必欲遵行，秦汉以来遂无政事”，指出：

中西通商互市，交际旁午，开千古未曾有之局，盖天运使然；中国不能闭门而不纳，束手而不问，亦已明矣。穷乡僻左，蒸汽之轮楫不经于见闻，抵掌抚髀，放言高论，人人能之；登庙廊之上，膺事会之乘，盖有不能以空谈了事者。吾党考求事理，贵能易地而思之也。

曾纪泽亲历欧洲以后，使事之馀，注意考求西国“政事言语、文学风俗之不同”，日记多有记载。如与万国公法会友屠爱师研究国际公法，听凿通苏伊士运河的勒色朴斯说明拟议中的巴拿马运河工程，到伦敦大书院舆地会听学术报告，同牛津汉学教授理雅各讨论东西方文化的互相影响，到剧场看“演丹国某王弑兄妻嫂，兄子报仇”的戏剧(即《哈姆雷特》)，都是考求“政事言语、文学风俗之不同”的活动，因小见大，事事关心。如光绪五年正月二十日记：

中华人来欧洲者，有二事最难习惯，一曰房屋太窄，一曰物价太贵。西人地基价值极昂，故好楼居，高者八九层，又穴地一二层为厨室、酒房之属，可谓爱惜地面矣。然其建造苑囿林园，则规模务为广远，局势务求空旷；游观燕息之所，大者周十馀里，小者亦周二三里，无幾微爱惜地面之心，无丝毫苟简迁就之意。与民同乐，则民不怨。

由用地规划谈到城市建设，归结到社会、政治制度，“与民同乐，则民不怨”，就把问题点出来了。

经过这样考求以后，曾纪泽办理洋务、讲求西学的指导思想更加明确了。光绪八年九月，他从巴黎写信给陈俊臣，论“洋务之要端，谓必知彼之所长，我之所短，然后办理不至孟浪”，为“至哉言乎”,“兹三语者，即是普天下办洋务之圭臬南针，再贡千言万句，亦不能出此范围矣”。接着写道：

西洋诸国，越海无量由旬，以与吾华交接，此亘古未有之奇局。中国士民，或畏之如神明，或鄙之为禽兽，皆非也。以势较之，如中国已能自强，则可似汉唐之驭匈奴、西域、吐蕃、回纥；若尚未能自强，则直如春秋战国之晋、楚、齐、秦，鼎峙而相角，度长而挈大耳！彼诸邦者，咸自命为礼义教化之国；平心而论，亦诚与岛夷社番、苗瑶、僚倮情势判然。又安可因其礼义教化之不同，而遽援“尊周攘夷”之陈言以鄙之耶？

他认为外国和中国都有礼义教化，观念虽然不同，“情理”却是相通的。“事之不在情理中者，则虽僻在数万里外之国，亦不能径行而无滞。”所以，国与国之间互相学习长处是可以的，也是应该的；办洋务也“并非别有奥窍”，遇事只须以情理酌之，“理之所在，百折不回，不可为威力所绌；理有不足，则见机退让，不自恃中华上国而欺陵远人。可许者开口即许，不可许者始终不移。庶交涉之际，稍有把握”。

但话虽然如此说，在当时办外交要做到合情合理，却极感为难。曾纪泽在慈禧太后召对时便曾说过：

办洋务难处，在外国人不讲理，中国人不明事势。中国臣民当恨洋人，不消说了。但须徐图自强，乃能有济；断非毁一教堂、杀一洋人，便算报仇雪耻。现在中国人多不明此理，所以有云南马嘉理一事……

在写给陈俊臣的信中，也指出：

惟西人之赴华者，较少安分守礼之徒。工商、教士之嗜利者无足论已，即洋官亦往往冒言于众曰：“处东方之人，不厌谲伪；去诈用诚，难以成事。”编为口诀，转相授受。此必有前人已行之陈迹，足以召侮而来讪者，思之喟然。

曾纪泽的外交活动，可以说一直在尽力酌情据理，与“洋人不讲理”的帝国主义政策作斗争。这是他在历史上的主要贡献，也是下文要着重评述的。

## 待凭口舌巩河山

一八六五年，中亚细亚浩罕部的军事头目阿古柏带兵入新疆，先后侵占南疆各城，以喀什噶尔为中心，于一八六七年建立所谓“哲德莎尔”，明目张胆地肢解中国领土。阿古柏的这些活动，得到当时正在中亚地区激烈争夺的俄、英二国的支持。一八六六年，俄国即同阿古柏政权签订协议，保证互不干涉对方的行动，并互相允许对方入境追捕逃人。一八七二年，双方竟正式订立通商条约，俄国承认阿古柏为“哲德莎尔首领”，阿古柏则应允俄国在南疆设立“商馆”，俄国“商队”自由通行南疆，货物入疆只纳低税。在这前后，俄国还向阿古柏提供武器和物资，派军官到喀什噶尔为阿古柏训练军队，企图控制阿古柏政权。

阿古柏在和俄国勾结的同时，更加积极地靠拢英国，和英国建立了更密切的关系。为了争夺霸权，将新疆的一部分变为自己的势力范围，俄国于一八七一年夏天公然派兵侵踞伊犁，强占牧场耕地，掠杀各族人民，撤销中国机构，监禁中国官员，中国西北边疆的形势十分危急。

用什么样的方法来处理西北边疆危机，在统治集团内部引起了激烈的争论。正在全力经营北洋海军的李鸿章，主张放弃新疆，移“塞防”之饷以筹海防。他说：“新疆不复，于肢体之元气无伤；海疆不防，则腹心之大患愈棘。”正在陕甘镇压回民起义节节得手的左宗棠，则力主进兵新疆，规复失地。支持左宗棠主张的王文韶称：“但使俄人不能逞志于西北，则各国必不致构衅于东南。”最后清廷采纳了左宗棠的意见，命左宗棠于一八七六年遣军出关，先克乌鲁木齐、玛纳斯等地，北疆平定。一八七七年，清军下吐鲁番，进兵南疆；阿古柏兵败势穷，服毒而死。这时，原来扬言替中国“代为收复”伊犁，“权宜派兵驻守”的俄国，却以“先议通商”为幌子，拒绝交还伊犁。

一八七八年，清朝派崇厚(字地山)为全权大臣，前往俄国谈判。一八七九年，中俄双方在俄国克里米亚半岛上的里瓦几亚地方签订了一个条约：中国付给俄国“代收”“代守”伊犁的兵费五百万卢布；俄商在蒙古、新疆贸易一律免税；新开两条直达天津和汉口的商路，税率较海关减少三分之一；俄国得在新疆各地设立“领事”；中俄国界按俄方要求作出有利于俄方的修改，将伊犁西境霍尔果斯河以西地区和南境帖克斯河流域全部割给俄国，中国收回一个险要尽失、无法据守的伊犁破城。

崇厚的丧权辱国，使得举国哗然，一致要求改约。清廷迫于舆论，拒绝批准条约，以“不候谕旨擅自起程回京”为由，将崇厚革职拿问，定为“斩监候”罪；并于光绪六年(1880)正月派出使英法大臣曾纪泽兼充出使俄国大臣,“将崇厚所定约章再行商议”。

这项任务，正如曾纪泽在巴黎接到总署电报后致总署总办的函件中所说，“须障川流而挽既逝之波，探虎口而索已投之食”，是极端艰巨的。他在写给丁日昌的信中说：

> 夫全权大臣与一国帝王面订之件，忽欲翻异，施之至弱极小之邦，然且未肯帖然顺从。况以俄之强大，理所不能折，势所不能屈者乎？……

总署有总署意见，京官有京官意见，左帅有左帅意见，俄人有俄人意见。纪泽纵有画策，于无可着棋之局觅一“劫”路，其奈意见纷歧，道旁筑室，助成者鲜而促毁者多，盖不蹈地山覆辙不止也。

然而，凭着对国事的忠心和对情理的了解，曾纪泽毅然接受了这项任务。他分析当时国际形势，“俄国自攻克土耳其后，财殚力竭，雅不欲再启衅端”；又利用英俄矛盾，从伦敦采访俄国内情，知“布策诸人虽坚执各条不肯放松，而俄国皇帝与其外部丞相吉尔斯实有和平了结之意”；而在中国方面，“西陲一带，左相手握重兵，取伊犁或犹可期得手”，谈判仍有实力作后盾。因此，他认为事犹有可为，正同下围棋一样，还可以“于无可着棋之局觅一‘劫’路”。

在曾纪泽准备赴俄时，于四月十七日收到总理衙门一份密电，其中竟说：“如因条约不准，不还伊犁，大可允缓；能将崇议两作罢论，便可暂作了局，意在归宿到此。”但曾纪泽认为，保持国家领土完整，是无可退让的原则问题。他在《与总署电报密商情形片》中，向皇太后皇上直陈：

惟是伊犁一域，实我要区；暂置不论，终系未了之案。况旧约亦有通商、分界诸事，虚悬未定，是暂置伊犁而争论仍不能遽息者，在我本有万难遽息之势也。臣愚以为缓索伊犁，姑废崇厚所订之约，总理衙门所谓“意在归宿到此”者……似仍宜办到通商稍予推广，伊犁全境归还，乃可真为了结。……臣到俄之后，即当恪遵奏定准驳之条，硁硁固执，不敢轻有所陈，不敢擅有所许，啮雪咽旃，期于不屈而已。

“啮雪咽旃，期于不屈”，这是何等坚强的斗争意志和爱国精神！曾纪泽还在送原署理出使俄国大臣邵友濂回国的诗中，写下了这样的诗句：

仓卒珠盘玉敦间，待凭口舌巩河山。

对自己为捍卫国家领土主权折冲樽俎充满了胜利的信心。

曾纪泽的谈判对手，是俄国代理外交大臣吉尔斯、驻华公使布策、外交部高级顾问热梅尼等。开始谈判时，“吉尔斯面冷词横”；“布策阴柔狡狠，本有入水不濡、近火不爇神通”；“热梅尼等嫌臣操之太蹙，不为俄少留馀地，愤懑不平”。他们首先说，崇厚是“特派头等使臣，全权便宜行事”，而曾纪泽只是二等公使，不称全权，“头等所定，岂二等所能改乎？”“全权者所定尚不可行，岂无全权者所改转可行乎？”曾纪泽义正词严地回答道：

使臣无论头等二等，均无可以故违其国家之意而专擅自便者。订约必候批准，自是天经地义。……从前倭、布两位大臣有何等事权在中国办事，吾现今事权亦正与之相同。使者所力争之处，中国国家容或有酌予通融之时；至于国家所坚持未允之说，则使者丝毫不能通融，但可据贵国国家之意，转询朝廷耳。

在交还伊犁问题上，曾纪泽认为伊犁南境之帖克斯河流域，“地当南北通衢，尤为险要，若任其割据，则俄有归地之名，我无得地之实”，故而寸土必争，寸步不让。俄人一直想割腹地而归孤城，曾纪泽“硁硁固执”，俄人无奈，最后始允归还，“然犹欲于西南隅割分三处村落，其地长约百里，宽约四十馀里”。曾纪泽“检阅舆图，该处距莫萨山口最近，势难相让，叠次厉色争辩，方将南境一带地方全数来归”。

在喀什噶尔划界问题上，俄方坚持照崇厚原议，把中国现管之苏约克山口等地划归俄国。曾纪泽力言：“已定之界宜仍旧，未定之界可另勘”；要中国在已定之国界再向后退让，实不合情理。吉尔斯说：“既以原议为不然，不妨罢论。”曾虑未定界不勘定，日后又起衅端，“特假他事之欲作罢论者相为抵制”。布策意欲为崇厚原议辩护，又称：“原议所分之地，即两国现管之地。”曾应之曰：“如此，何妨于约中改为‘照两国现管之地勘定’乎?”结果取消了崇厚与俄人所定的界址，保全了苏约克山口等处领土。

在偿付兵费问题上，热梅尼、布策等坚持应偿一千二百万卢布，且言：“如谓未尝交绥，无索兵费之理，则俄正欲一战，以补糜费。”曾纪泽毫不示弱，针锋相对地回答道：开战则“胜负难知，中国获胜，则俄国亦须偿我兵费”。“彼之言虽极恃强，臣之意未为稍屈。”最后，吉尔斯只好转作笑脸，说：

"俄国岂以地出售者？果尔，则以帖克斯川论之，岂仅值五百万圆乎？不过改约多端，俄国一无所得，面子太不光彩，假以此自慰耳！"

曾纪泽掌握了"酌情据理"的谈判艺术，发扬了"啮雪咽旃，期于不屈"的斗争精神，终于在一八八一年签订的中俄《改订条约》中，为国家争回了一部分领土主权。这在清季外交史上，实在是绝无仅有的事。

现在节录一段热梅尼在谈判期间写给吉尔斯的信，从对手方面看看曾纪泽是怎样坚定而机智地捍卫国家利益的：

> 今天与曾会谈以后，我们和毕佐夫(布策)一起从邮局给您寄上此信。……我坚信对于这些中国老爷们不能再抱任何幻想①。他们十分傲慢②，并且熟悉世界政治③。我们的示威没有使他们害怕，正如科托尔的示威没有使苏丹害怕一样。(查尔斯·耶拉维奇、巴巴拉·耶拉维奇编，北京编译社译《俄国在东方(一八七六至一八八〇)》)

## 一腔愤血

忠心和才干使曾纪泽在对俄谈判中取得了某些胜利。但

① 可见俄国人曾幻想曾纪泽也能像崇厚那样容易屈服。

② 帝国主义者习惯于别人俯首帖耳任其宰割，不肯屈辱投降就是"傲慢"。

③ 原来他们把曾纪泽的水平估计低了。

是，个人的品质和能力，毕竟只能在一定的历史条件下起作用，并且不能不受到历史条件的制约。在一八八三至一八八四年因法国侵略越南而引起的中法交涉中，曾纪泽的苦心孤诣就完全失败了。

十九世纪六十年代，法国开始侵略越南，首先占领了南圻（越南南部），接着又开始觊觎北圻。法国侵略者并不掩饰他们侵略越南是为了侵略中国的“战略思想”。当时法国驻海防领事土尔克曾经说过：

> 法国必须占领北圻……因为它是一个理想的军事基地。由于有了这个军事基地，一旦欧洲各强国企图瓜分中国时，我们将是一些最先到达中国腹地的人。（依罗《法国——东京回忆录》）

在茹费理执政期间（1880—1881，1883—1885），法国一再发动对越南的侵略战争，于一八八三年强迫越南签订《顺化条约》，接受法国“保护”。对于法国的野心，出使法国的曾纪泽早有觉察。光绪七年（1881）冬他在《复陈法国大概情形疏》中说：

> 法人觊觎越南，蓄意已久。缘该国初据西贡、柬埔寨等处之时，满意澜沧江、湄南河可以直通云南；其后见该二水浅涸，多处不能通舟，遂欲占据越南东京，由富良江入口以通云南，添开商埠。……上年冬间，臣在俄议约，

> 因闻法国有派兵前往越南之议，比即照会越南外部，并与法国驻俄公使商犀(Chanzy)晤谈，力言越南受封中朝，久列属邦，该国如有紧要事件，中国不能置若罔闻。本年闰七月间，臣由俄换约事毕，回驻巴黎，又于八月初一日照会外部，将总理衙门历年未认法越所订条约之意，剀切声明。

无奈当时实际主持外交的李鸿章，认为“各省海防兵单饷匮，水师又未练成，未可与欧洲强国轻言战事”，主张对法妥协，牺牲越南。延至光绪九年(1883)初，越事益不可为。曾纪泽“一腔愤血，何处可洒？刻下无他技能，惟向英法绅民及新报馆以口舌表我之情理，张我之声威，冀以摇惑法绅，倾其执政”(《伦敦复左中堂》)。因而法国政府中的侵略分子非常恼怒曾纪泽，对他发动了疯狂的攻击，甚至“在议院诋毁纪泽，语言过肆”。法国政府也借口曾纪泽说过“中国此时虽失山西(北圻地名)，尚未似十年前失守师丹[①]之故事也”，有损法国“尊严”，要求中国政府撤换驻法公使。曾纪泽内忧和议，外抗敌廷，心力交瘁，致成病症，六月十七日致总署总办函云：

> 近日每晨起辄咯血数口，血虽不多，颇形委顿。方事之殷，不敢乞假。然自愧无养气之功，诚恐法人再加凌辱，则病必增剧而不可救药矣！

① 师丹，今译色当，一八七〇年法、普二国交战，法军在色当大败，法国皇帝拿破仑三世成为俘虏。色当之败成为法国的国耻。

七月初九日，又在给郭家外甥的私信中说：

公务不甚如意。法兰西欲吞并越南，蓄谋已久；余为未雨之绸缪，亦四年于兹矣。始也，枢廷、译署诸公暨合肥相国，均于鄙说不甚措意。事已发动，而后图之，未免迟晚。……余终日焦灼，百事颓废。

当时，普遍有“李(鸿章)主和，曾(纪泽)主战”的说法。曾纪泽确实是主张备战，主张坚决抵抗的。光绪十年(1884)初，法国陆海军已在越北、华南做好了对中国大规模进攻的准备，战争已成一触即发之势。曾纪泽从伦敦写信给陈俊臣，分析了法国的弱点，指出中国可以用准备持久作战的方针挫败法人。这封信十分重要，且又不长，全录如下：

敬再启者：法越之事，虽强邻蓄意已久，然实由吾华示弱太甚，酝酿而成。目前相持不下，日在危机；我诚危矣，彼亦未尝不危。若我能坚持不让之心，一战不胜，则谋再战；再战不胜，则谋屡战，此彼之所甚畏也。越国鄙远，以争地于数万里之外，谓之不危，得乎？十馀年前麦西哥之役，即彼国前车之鉴也。今彼所冀幸者，谓我器械不备，训练不精，必无再接再厉之力。故欲轻于一试，将以战舰十馀艘、土客兵万馀人，遂羁东方。我若为彼所慑，遽如其愿，岂非亘古一大恨事？且非一让即了也，各

> 国之垂涎于他处者，势将接踵而起，何以御之？内乱如法、孤立如法且不能制，况英俄诸强国乎？此次不振，则吾华永无自强之日，思之愤叹。

曾纪泽对法国情况和“法越之事”的分析都是很正确的。事实上，极力主张以武力侵占越南的茹费理政府的地位并不稳固，法国可以用于远东的兵力也很有限，在外交上法国处境更为孤立。如果中国能积极援助越南，准备作持久战，法国未必敢于冒险。但此时清廷一味惧战，生怕“衅由我发”，把主张坚决抵抗的曾纪泽视为与法言和的障碍。同事和朋友中也有些不明真相的人，责备曾纪泽“一意主战，以国家为孤注”。曾纪泽却始终坚持他的正确观点，并不辞舌敝唇焦，反复开导别人：

> 夫纪泽所谓备战者，特欲吾华实筹战备，示以形势，令彼族知难而退。……惜备战稍迟，法人增兵略地，获利已多，譬诸骑虎，势难复下。吾华以惧战过甚，反酿成不得不战之势，此可为太息者也。（《伦敦复李香严》）
>
> 若早采主战之言，断不至有战祸。正坐持重太久，而今日之战祸，乃难免矣。（《伦敦复邵筱村》）

十年四月，清廷终于派李鸿章在天津和法人谈判，签订了《中法会议简明条款》，只要求法国不侵犯与越南北圻相连的中国南界，中国即同意从北圻撤兵，并对法越所有已定未定之条约“均不过问”。

曾纪泽是坚决反对签订这个条约的。他认为这是一个导致战争的条约，而不是一个保障和平的条约。为了排除障碍，清廷于光绪十年四月初四日下谕：免掉曾纪泽出使法国大臣兼职，改任许景澄为出使法国、德国并义、和(荷)、奥三国大臣，未到任前使法大臣由使德大臣李凤苞兼署。

一片忠心反而受到如此打击的曾纪泽，此时的心情是可以想见的。向李凤苞交代后，他离巴黎到伦敦，写了一封信给九叔父国荃，云：

> 自巴黎来英，意兴恶劣，手颤难于作字。……吾华闻法不索兵费，遂将全越让之，且云中国南界亦由法人保护，后患何可胜言！……侄于公事则一腔愤血，寝馈难安；至于私情，则不惟不怨李相，且深感之。向使侄留巴黎，而吾华订此条约，侄亦无可如何，而数年豪气，一朝丧尽矣。将侄调开乃订此约，侄之志愿虽未遂，侄之体面仍存。中国议论则不可知，若西洋各国，则尚无议侄者，此李相之见爱处也！

这是何等的悲愤呵！“将侄调开乃订此约，侄之志愿虽未遂，侄之体面仍存……此李相之见爱处也！”难道曾纪泽这样一心为国、才干优长的人才，竟应该如此被“见爱”吗？

不出曾纪泽所料，《简明条款》墨迹未干，法国就出兵“接收”谅山。接着，法国舰队开入马尾军港，逼近中国水师船只；船政大臣何如璋、会办海疆事宜大臣张佩纶秉承政府意旨，“严谕水师，不准先行开炮，违者虽胜亦斩”；结果法舰突然开火，清军毫无准备，福建水师的军舰和运兵船在很短的时间几乎全部被击沉。这时，全国民情激愤，舆论也对政府退让致败深为不满，迫使清廷于八月二十六日下诏抗法。翌年春，中国在陆海守卫战中都取得了胜利。冯子材谅山大捷，在巴黎引起了反对茹费理的示威，法国内阁当即垮台。但清廷却决定“乘胜即收”，匆忙同法国达成停战协议，重申《简明条款》有效。四月，李鸿章又同法国代表在天津重开谈判，于六月九日签署《会订越南条约》，正式承认越南是法国的保护国。中国是“不败而败”地失败了，曾纪泽也失败了。

大概是为了抚慰曾纪泽，在解除他使法兼差两个月后，因左宗棠奏保人才，上谕“曾纪泽着交军机处存记”。过了五个月，朝廷任命他为兵部右侍郎。又过了六个月，即光绪十一年(1885)六月，朝廷改派刘瑞芬充任出使英国俄国大臣，要曾纪泽“回京供职”。他于一八八六年八月离英，年底回到北京。

## 曾国藩的影响

曾纪泽在办理“洋务”中，能够有这样的表现，绝不是偶然的。在上面所引复杨商农的信中，曾纪泽一共批评了三种人：一种人是“除高头讲章外，不知人世更有何书”的“泥古者流”；一种人是“附会理学之绪论，发为虚悬无薄之庄言”的“好名之士”；还有一种人则是“视洋务为终南捷径”，竭力钻营，谋取升官发财的庸俗官僚。他立志要自外于这三种人，也确实和这三种人划清了界限。

曾纪泽之所以异于一般洋务官员者，首先因为他能知西学，通过刻苦钻研、认真思考，达到了对“五千年来未有之创局”的正确认识，从而懂得了“中国不能闭门而不纳，束手而不问”的必然之理，下决心去“扩而充之，以通吾之所未通”，并且“不得以其异而诿之，以其难而畏之也”。一句话，他是先接受“西学”，才来办“洋务”，而不是把“洋务”作为博取利禄的渊薮。他是一个有思想的“洋务派”。

曾纪泽生于道光十九年。这时他父亲已经成进士、入翰林，他可以算是“大少爷”了。但是，曾国藩对儿子的教育极其严格，绝不允许他们染上丝毫少爷习气，而只要求他们“读书明理”，成为有学问的人。这里从曾国藩写给纪泽兄弟的信中略摘几节，即可推见：

> 凡人多望子孙为大官。余不愿为大官，但愿为读书明理之君子，勤俭自持，习劳习苦……（咸丰六年九月廿九日）
>
> ……泽儿看书天分高，而文笔不甚劲挺，又说话太易，举止太轻……以后须于说话走路时刻刻留心。……银钱田产，最易长骄气逸气。我家中断不可积钱，断不可买田。尔兄弟努力读书，决不怕没饭吃。（咸丰十年十月十六日）
>
> 知尔已到省。城市繁华之地，尔宜在寓中静坐，不可外出游戏征逐。……凡世家子弟，衣食起居，无一不与

寒士相同，庶可以成大器；若沾染富贵气习，则难望有成。……谒圣后，拜客数家，即行归里，今年不必乡试……（同治元年五月廿七日）

对于读书求学，曾国藩的要求也颇不寻常，他在信中说过：

余生平有三耻：……天文算学，毫无所知……；每作一事，治一业，辄有始无终……；少时作字，不能临摹一家之体……尔若为克家之子，当思雪此三耻。……今年初次下场，或中或不中，无甚关系。榜后即当看诗经注疏，以后穷经读史，二者迭进。国朝大儒，如顾（炎武）、阎（若璩）、江（永）、戴（震）、段（玉裁）、王（念孙）数先生之书，不可不熟读而深思之。光阴难得，一刻千金。以后写安禀来营，不妨将胸中所见，简编所得，驰骋议论，俾余得考察尔之进步，不宜太寥寥。（咸丰八年八月二十日）

尔阅看书籍颇多，然成诵者太少，亦是一短。嗣后宜将《文选》最惬意者熟读，以能背诵为断……又经世之文如马贵与《文献通考》序二十四首，天文如丹元子之《步天歌》，地理如顾祖禹之《州域形势叙》……尔与纪鸿儿皆当手抄熟读，互相背诵。将来父子相见，余亦课尔等背诵也。（同治二年三月初四日）

曾国藩要求纪泽、纪鸿熟读深思马端临、顾炎武、顾祖禹、戴震、王念孙诸人的书，为他们尔后的学业打下了良好的基础。曾纪鸿在数学上曾经显露了才能，因早死而未能卒其业。曾纪泽则利用曾国藩首创洋务、绾接中西的方便条件，比纪鸿更早也更广泛地接触了西洋的文化，进一步走上了向西方学习的道路。

曾国藩在咸丰十年(1860)，就发表过“驭夷之道，贵识夷情”的意见，提出了“师夷智以造炮制船”的建议，并把这个建议提到“救时第一要务”的高度。曾国藩的目的，当然是为了“资夷力以助剿济运”，为了镇压农民起义。他以为“方以全力与粤匪相持，不宜再树大敌，另生枝节”，所以主张对洋人要“言必忠信，行必笃敬”，“但有谦退之义，更无防范之方”。但是，他在这方面也不是毫无戒备的。同治元年，清廷就是否请洋兵直接参加对太平军的战事这个大问题，数次征求曾国藩的意见。国藩回奏说：“借兵助剿，不胜为笑，胜则后患不测。”“中国之寇盗，其初本中国之赤子；中国之精兵，自足平中国之小丑。……即使事机未顺，贼焰未衰，而中华之难，中华当之。在皇上有自强之道，不因艰虞而求助于海邦；在臣等有当尽之职，岂轻借兵而贻讥于后世?”就在这一年，曾国藩于安庆创办军械所，试用西法制造轮船。第二年，又找到“熟习泰西各国语言文字，往来花旗最久”的容闳，“拨给银两，饬令前往西洋采办铁厂机器”(《出洋委员容闳请奖片》)。他实在是中国近代创办洋务的第一个负责官员。

在“师夷长技”这一点上，曾国藩也一开始就有“为我所用”“以我为主”的思想。同治元年十二月二十七日，他在《迭奉谕旨并案复陈折》中道：

> 恭奉九月二十六日谕旨，饬派都司以下武弁学习外国兵法。臣虽未尝亲见洋人用兵，然闻其长处约有二端：一曰器械精坚；二曰步伍严整。其短处亦有二端：不扎营垒，不住帐棚，人数稍多，势难合并，一也；口粮太重，制器太贵，用兵稍久，国必困穷，二也。善学者自须用其所长，去其所短。……臣愚以为：有心学习，人不在多。人多而聚学，则学者图增重饷，教者图侵兵柄；人少而窃学，则一人可教十百，十人可衍千万。

同治七年九月初二日，曾国藩在《新造轮船折》中，报告和李鸿章合办上海制造局新造轮船成功的经过，说是“中国自强之道，或基于此”。奏折中特别提到“另立学馆，以习翻译”等情形：

> 盖翻译一事，系制造之根本。洋人制器，出于算学。其中奥妙，皆有图说可寻。特彼此文义扞格不通，故虽曰习其器，究不明夫用器与制器之所以然。本年局中委员，于翻译甚为究心。先后订请英国伟列亚力、美国傅兰雅、玛高温三名，专择有裨制造之书，详细翻出。现已译成《气机发轫》《气机问答》《运规约指》《泰西采煤图说》四种。拟俟学馆建成，即选聪颖子弟，随同学习。妥立课程，先从图说入手，切实研究，庶几以理融贯，不必假手洋人，亦可引伸……

同治十年七月初二日，曾国藩又上折奏请选派子弟出洋学艺，云：

> 窃谓自斌椿及志刚、孙家谷两次奉命游历各国，于海外情形亦已窥其要领，如舆图、算法、步天、测海、造船、制器等事，无一不与用兵相表里。凡游学他国得有长技者，归即延入书院，分科传授，精益求精。其馀军政船政，直视为身心性命之学。今中国欲仿效其意，而精通其法，当此风气既开，似宜亟选聪颖子弟，携往外国肄业，实力讲求……西人学求实济，无论为士为工为兵，无不入塾读书，共明其理，习见其器，躬亲其事，各致其心思巧力，递相师授，期于月异而岁不同。中国欲取其长，一旦遽图尽购其器，不惟力有不逮，且此中奥密，苟非遍览久习，则本源无由洞彻，而曲折无以自明。古人谓“学齐语者须引而置之庄岳之间”，又曰“百闻不如一见”，比物此志也。况诚得其法而归，触类引伸，视今日所为孜孜以求者，不更扩充于无穷耶？

这里所说的“得其法”“触类引伸”“扩充于无穷”，就是七年后曾纪泽所谓“就吾之所已通者扩而充之，以通吾之所未通”的说法的张本。不仅此也，曾国藩对“西学”和“洋务”的根本观点，可以说是被曾纪泽整个地继承下来了，成了曾纪泽思想的重要来源和重要组成部分。

## 由通西学而入洋务

曾国藩十分重视对儿子的教育，曾纪泽也十分用心接受父亲的教导。在纪泽六妹纪芬自订年谱中，有他们兄妹在“文正公构造之船厅中”观看“制造局所作径约六尺之大地球仪”，“于是粗知地理”的记载。年谱卷首并有《侍文正公看地球图》，图中曾国藩居中而坐，青年的纪泽和髫龄的纪芬正在指点巨大的地球仪。应该说，这样的情景，在同治年间中国士大夫家庭中，确实是绝无仅有的。

曾国藩负责重任以后，纪泽在他身边的时候很多。光绪三年七月，曾纪泽母忧服满，进京谢恩，皇太后皇上于十六日召见。慈禧问他出身经历，他回答：因随侍父亲，在军营日多，岁时未及考试。直至父亲调任直隶总督，才得入京考荫，分在户部。但当差不久，又因父亲患病，仍旧随侍。其后父亲调回两江，又随侍到两江。慈禧又问：“你在外多年，懂洋务否？”曾纪泽答：

> 奴才父亲在两江总督任内时，兼署南洋通商大臣；在直隶总督任内时，虽未兼北洋通商大臣，却于末了儿办过天津教堂一案。奴才随侍父亲在任，闻见一二……

当然，在曾国藩生前，纪泽恪遵父训，并没有出外做官。他对于“洋务”只是“闻见一二”，对于“西学”却在“切实研究”。同治三年，曾纪泽二十六岁时，伟烈亚力和李善兰继续利玛窦和徐光启的事业，将欧几里得《几何原本》译出全书。这是中西文化交流史上一件有意义的事情。曾国藩为之校勘，并要纪泽用他(国藩)的名义给书作一篇序。纪泽在序文中，实事求是地指出了欧洲数学较之中国古代算法的长处，表现他的“西学”已经达到了一定的水平。序云：

> 盖我中国算书以“九章”分目，皆因事立名，各为一法。学者泥其迹而求之，往往毕生习算，知其然而不知其所以然，遂有苦其繁而视为绝学者。无他，徒眩其法而不知求其理也。……观其象而通其理，然后立法以求其数，则虽未睹前人已成之法，创而设之，若合符契。……《几何原本》不言法而言理，括一切有形而概之曰：点、线、面、体。点、线、面、体者，象也。点相引而成线，线相遇而成面，面相叠而成体。其形有相兼，有相似。其数有和，有较；有有等，有无等；有有比例，有无比例。……明乎点、线、面、体之理，而后数之繁难者可通也。“九章”之法，各适其用；《几何原本》，则彻乎“九章”立法之源，而凡“九章”所未及者无不赅也。

曾国藩对纪泽写的这篇序文很满意，批曰：“文气清劲，笔亦足达难显之情。”郭嵩焘也对它评价很高，说：“‘观其象而通其理，然后立法以求其数’，数语尽算学之用。”他们都欣赏纪泽的才分，也可以说除了父辈的心情而外，还有几分“股勤付托”之感吧！

为了“切实研究”西学，曾纪泽在三十岁以后，下苦功学习英文，努力数年，居然通解。之后，他和在中国的西人艾约瑟、德约翰、丁韪良、梅辉立等人交上了朋友，时相过从。后来他在《大英国汉文正使梅君碑铭》文中，叙述这一段情形道：

> 同治末年，结庐先太傅墓次。负土既竣，以吾旧时所知双声叠韵、音和類隔之术，试取泰西字母切音之法，辨其出入而观其会通。久之，亦稍稍能解英国语言文字。然穷乡僻左，无友朋相与讲证，不敢谓闭门造车，出门而合辙也。
>
> 光绪丁丑秋，以承袭侯封，来京觐谢，侨寓禁城东南，与泰西诸国朝聘之使，馆舍毗邻。于是，英国汉文正使梅君辉立，偕副使璧君利南闻声见访，纵谈竟日。而绩学之士英国艾君约瑟、德君约翰、美国丁君韪良，亦先后得订交焉。

光绪四年九月十七日的日记中又写道：

> 西文条例虽极繁密，然于空灵处轻重分寸不甚入细，故较华文为易。子弟口齿明亮者，塾课之暇日，令兼肄西文三五年，便可通晓。……余能西音，然在湘苦无师友，取英人字典钻研逾年，事倍功半；又年齿渐长，自憾难记而健忘，一知半解，无可进矣。深愿友朋年富而有志者，

相与勉焉。

在他的日记中，总是连日见有读英文(有时还读法文)的记载。其用功之勤，确实令人佩服。出使之后，他能用英语交谈，以英文写作，甚至译拟外交文件。从现存他写赠外国友人的“中西合璧诗扇”看，他的英文程度已经很高。难得的是他虽很重视学习外国语文，并且学得相当好，却并不本末倒置，不是为了学外文而学外文。兹录其召对时的两段问答如下：

(太后)问：你能懂外国语言文字？

答：臣略识英文，略通英语，系从书上看的，所以看文字较易，听语言较难，因口耳不熟之故。

…………

问：你既能通语言文字，自然便当多了，可不倚仗通事翻译了。

答：……通洋文洋语洋字与办洋务，系截然两事。办洋务，以熟于条约、熟于公事为要，不必侵占翻译之职。臣将来与外国人谈议公事之际，即使语言已懂，亦候翻译传述。一则朝廷体制，应该如此；一则翻译传述之间，亦可借以停顿时候，想算应答之语言。英国公使威妥玛能通中华语言文字，其谈论公事之时，必用翻译官传话，即是此意。

他还曾经在《〈文法举隅〉序》中，谈到学外文的必要和学外文必须先“通华文”的道理。他说：如果士大夫不学外文，“一旦有事，朝廷不得贤士大夫折冲樽俎之材而用之，则将降而求诸庸俗驵侩之间；诗书礼义无闻焉，唯货利是视”，这怎么行呢？但是，如果“专攻西学，不通华文，鉴其貌则华产也，察其学术情性，无以异于西洋之人；则其无益于国事，亦相侔耳！”

由于有了深厚的国学修养，又有了一定的西学基础和西文程度，曾纪泽在欧洲八年，对于“海国人士深思格物、实事求是之学”，又继续进行了研究。回国以后，他为艾约瑟汉译的《西学述略》一书作序，已经能够阐明光学、热学的理论，从“投铁杖与兽皮于火，可执不可执之别”，论及“考求太阳、地心热力，与一切机器键辖、火轮舟车蒸汽生力之大凡，稽化学生克之源，察冷热涨缩之理”，结论是：西人为儿童发蒙而编写的自然科学常识读物，其重要可比《尔雅》和《急就章》。他说：

> 古称通天地人为儒，又曰：“一物不知，儒者之耻。”儒岂易言！发轫于此书（指《西学述略》），就性天之所近，更著研耽之力，其于专门之学，殆庶几乎！

可惜这只能是纸上的文章。回到北京以后，曾纪泽虽然先后被安插在“帮办海军”“户部右侍郎兼管钱法堂事务”“钦派管库大臣”“兼署刑部右侍郎”“派管同文馆事务”“兼署吏部左侍郎”等职位上，却始终没有能够主持译署、枢廷，得到一发其平生蕴积的机会，在五十一岁上就死掉了。据李鸿章说：在最后几年里，曾纪泽“亦颇不得意，既为同官所排，又不得当路之助，郁郁蹙蹙，赍志以终”。

初到欧洲接受郭嵩焘的“殷勤付托”时，曾纪泽意气如云，踔厉风发。他那个时候写的诗，如：“秦皇无术求三岛，邹衍凭空撰九州；南北自教鹏运海，古今非复貉同丘。”“九万扶摇吹海水，三千世界启天关；从知混沌犹馀窍，始信昆仑别有山。”都具有一种走向世界的豪情和气魄。及至越南事起，他的交涉主张不得信用，甚至被视为“妨碍邦交”，被迫去职，“一腔愤血，寝馈难安”，心境不同，诗也就不同了。

> 不可淹留是岁华，鬓毛斑白尚天涯。深知恋栈空馀豆，颇欲安炉去炼砂。故国音书多懊恼，中年诗集半伤嗟。低头一拜陶彭泽，万事乘除问酒家。

而在他生命的最后几年中，做着不小不大的京官，度着不死不生的岁月，诗中的希望也就变成失望，尽管在无可奈何中还保留着从来如此的倔强：

> 九方皋死心先冷，八尺躯存项总强。

即使是一匹能够驰骋疆场为国立功的骏马，因为没有能识马、能驭马的九方皋，终究无法发挥最大的潜力。他人未死之前，心先已经冷了。

总观曾纪泽的一生，是又得意，又不得意。有兼严师的严父，连法国总统在接受国书后，也“慰劳良厚，颂及先人”；自己袭爵封侯，三符在握。但是，外被遏于强敌，内受制于枢廷；“既为同官所排，又不得当路之助”，他的政治主张始终无法实现。最主要的一点，则是他的思想在本阶级知识分子中居于绝对少数的地位，自不能免于孤立和打击，而使他感到深深的寂寞。他在给梅辉立作的墓志铭中，表达了自己对中外交通的见解是：交流吸收才有益于发展，闭拒排斥只能导致愚蒙：

> 宣圣巍巍，欲居九夷；龙纪鸟名，亦何常师？横渠醇儒，始涉佛老；博约有序，乃臻至道。下士婞婞，不耻颛蒙；谁能执冰，而咎夏虫？……睥睨空谈，宁足立威？贬驳失当，适足贻讥。爰有药言，持愈美疢；尘壤不辞，层峦益峻。

而当时一班士大夫的态度则是：

> 荐绅先生，讳言边裔；望洋向若，固拒深闭。斗室雄辩，百喙同声；谓人燕石，我则瑶琼。浮夸相和，虚憍不怍；有道人长，谓之示弱。

如此，欲其不寂寞也，得乎？

这就是曾纪泽的最大的悲哀；但又何止是曾纪泽个人的悲哀呢？

## 手书日记

曾纪泽出使日记传世通行的都是节本。最早的本子就是曾氏本人光绪八年九月廿一日在巴黎复陈俊臣书中所说的：

> 初出洋时，写日记寄译署。不知沪人何由得稿，公然刷印。奉一册以供一笑。

这一册日记，起自光绪四年九月初一日，止于光绪五年三月二十六日，其间缺日不多，后来被收入《小方壶斋舆地丛钞》第十一帙，题作《出使英法日记》。

曾纪泽死后，江南制造总局于光绪十九年刊行《曾惠敏公遗集》，收有日记二卷。卷一为光绪四年的日记，于九月初一日之前，增加了七月二十七日、八月初四日和二十八日三天的记载。卷二从光绪五年起，于三月二十六日后又有所增加，但断缺越来越多；光绪六年每月还各有数日或一日记载，八年以后则甚至一缺几个月，至十二年十一月十九日回京便结束了。

后来《小方壶斋舆地丛钞再续编》又将这二卷收入，题作《使西日记》，而在开卷处割取《大英国汉文正使梅君碑铭》中"光绪三年丁丑秋，以承袭侯封，来京觐谢……"这几句，并在光绪六年六月离英赴俄时以意增加了几天简单的记事。

著者在编辑《走向世界丛书》时，曾在湖南、南京、北京、上海等地遍访曾氏日记，结果除上述四种版本外，再无所获。

最后只好约请北图张玄浩先生将这几种版本汇辑为一册，仍名《使西日记》，由湖南人民出版社于一九八一年出版。

《使西日记》出版后，始知原来保存在湖南曾家的曾纪泽日记手稿，已经于一九四九年春运去台湾，并已陆续影印出版。随后，黎志刚君又将台湾版《曾惠敏公手书日记》八册全部复印见赠。

现将手书日记和通行节本的字数，分年对比，列表如下。表中“年份”均为光绪纪年，“手书日记”据台湾影印本，“通行节本”据一九八一年版单行本。

| 年份 | 手书日记 | | 通行节本 | |
|---|---|---|---|---|
| | 页码 | 字数 | 页码 | 字数 |
| 四年 | 1795—2066 | 29,000 | 1—49 | 27,000 |
| 五年 | 2067—2373 | 85,000 | 49—93 | 25,000 |
| 六年 | 2374—2599 | 57,000 | 93—99 | 3,000 |
| 七年 | 2600—2794 | 59,000 | 99—102 | 2,100 |
| 八年 | 2795—3016 | 48,000 | 102—103 | 630 |
| 九年 | 3017—3210 | 51,000 | 103—104 | 680 |
| 十年 | 3211—3394 | 60,000 | 104—105 | 350 |
| 十一年 | 3395—3573 | 59,000 | 105—106 | 370 |
| 十二年 | 3574—3741 | 46,000 | 106—108 | 1,200 |
| 合计 | 1795—3741 | 494,000 | 1—108 | 60,330 |

从近五十万字的日记中节录六万字，无论如何不能算是“一个比较完善的本子”了。著者在单行本《使西日记》初版前言中所说的这个话，看来需要修改了。

那么，节本究竟是怎样“节”的呢？这也只有在通读全部手书日记，并将二者逐日进行对比以后，才能看得清楚。

让我们拿节本开头第一天来做个例子：光绪四年七月二十七日的记事，节本只有寥寥十六个字（标点符号未计字数，下同）：

奉旨赏戴花翎，派充英国法国钦差大臣。

将手书日记拿来一看，原来曾纪泽在这天写了一百一十七字：

辰初二刻起，看英小说。饭后，与栗、松一谈。冯展云来，谈极久。看英小说。至上房一坐。王夔石遣信来报，余奉旨赏戴花翎，派充英国法国钦差大臣。至上房久坐。饭后，与松生久谈。许仙屏来，谈极久。作谢恩折。剃头。与仙屏、松生一谈。夜饭后，清检入朝衣饰。亥初睡，未成寐。子初三刻起，与栗弟、松生、省斋同饭。

除了“奉旨赏戴花翎”等十六个字外，看英文小说，王夔石（文韶）遣人来报，准备入朝、夜不成寐、子初即起，这些都是有价值的材料，节本却全部“节”掉了。

整天整天被“节”掉的日记中，有的材料更多。节本七月二十七日以后便是八月初四日，中间“节”掉了五天。这五天的日记，也各有一些内容，如（括弧内为著者所加注释）：

廿八日与崇地山（厚）、景秋坪（廉）、恭邸（奕䜣）、沈相（桂芬）、王夔石等人久谈；至丁冠西（韪良）寓中一坐。

廿九日写信给九叔父（国荃）、四叔父（国潢）；至总理衙门晤崇地山；先后与丁冠西、李壬叔（善兰）、王逸梧（先谦）久谈。

八月初一日看郭筠仙(嵩焘)《使西纪程》；德微理亚(Gabriel Devéria)来谈。

初二日批(英文)字典；拜白罗尼(Brenier de Montmorand)、德微理亚、璧利南、傅磊斯(Hugh Fraser)，各处均久坐；"因从前交涉事件须调案牍考求，故移寓(总理衙门)署中"；续看《使西纪程》。

初三日开单向总署调取旧卷，又开单调取书籍；看(英文)话规(文法)；裴式楷(Robert Edward Bredon)、阿恩德(Karl Arendt)、丁冠西等来谈；沈相、王夔石来谈，坐极久。

对于这些记载，近代史研究者当然不会不发生兴趣，虽然看了日记以后，又可能会埋怨曾纪泽的文字太简略。光是记某某人来谈，却不记一点谈的内容，正所谓只嫌其短不嫌其长呢。

节本越往后"节"得越凶。光绪六年六月，曾纪泽由英赴俄去改订条约。对于这样一件大事，《遗集·日记》从五月二十日"(在伦敦)编电寄译署"，一下跳到六月初八日"抵巴黎""赴法国换旗会"，再跳到二十九日"偕康侯、霭堂至外部"，连到达俄国这件事都没有提一笔。只有熟悉史事的读者，才知道这个"外部"已经不是法国外部或英国外部，而是圣彼得堡的外部了。《小方壶斋舆地丛钞再续编》的编者，大概也觉得这样不大像话，才在五月二十日至六月二十九日之间，代为加上"初七日离英""二十四日行抵俄国都城"几天的简单记事。殊不知这位编者并未见到曾纪泽手书日记，这几天记事全是他老先生闭门造车造出来的。一查对手书日记，真相方才大白。

拿手书日记和节本对勘，发现节本“节”掉的重要内容确实不少。如光绪六年七月十七日在圣彼得堡进见俄皇当天日记，节本在“设宴相款”以下，删掉了这样一段极有关系的文字：

> 余至密室中，将濒行时所接译署初八日电报查考码号，知各案奏结，为之大慰。

而在“礼官引余与从官出”以下，节本竟又删去了一段更长的文字：

> ……复引日本新到驻俄公使柳原前光入觐俄皇。礼毕，礼官复至余处，邀余遍拜俄之随扈各大员，遂至车栈。日本使亦拜各官，礼官漠不照应，相待殊有轩轾，不解何故。似因柳原前光不能作英法语，故各官无由与谈，又不欲屡呼译官也。日本使至栈，与余谈良久；余作英语，而日本之翻译学生以英语传焉。……乘车回署，小村来，谈极久。谓俄皇既面催商议条约，则余之节略宜于数日内办去，不宜更候译署续电，余韪而从之。饭后，发电告译署，偕康侯查码号百一十七字。

当然，在节本“节”掉的部分中，关于日常生活、例行事务的“流水账”确实很多，读来不免生厌。但作为一种文化史资料，则平凡琐屑的记载亦自有其价值，何况披沙拣金，还时有所得呢？如光绪六年九月廿七日读“英国名士遂夫特文章”，恐怕是，Swift（今译斯惠夫特）在中文中首次出现。九年六月十三日“拜法国君党议绅喀萨尼亚克，即助余立言以驳政府，而被〔罚〕半月不入议院者也”；十九日又有“法商米洛来谈极久，即前与堵布盖挑出越南东京之事，与法廷不合，余遣白德勒笼络之，使不为祟者也”：这些都可以作为前引曾氏《伦敦复左中堂》信中“惟向英法绅民及新报馆以口舌表我之情理，张我之声威，冀以摇惑法绅，倾其执政”一语的注脚。十年四月廿九日为中国参加“养生会”展览题额，茶馆曰“幔亭”，饭馆曰“紫气轩”，后楼曰“燕衎楼”；五月十七日又接见中国到“养生会”的商人、厨役、乐工、木匠、画匠共三十人，且为乐工作曲正拍，也可算是中国在国外办展览的重要资料。

可惜的是，曾纪泽写日记不像郭嵩焘，他极少谈自己，也不大谈公事，驰骋议论的情况几乎完全没有。就拿他一八八六年离英归国前在伦敦杂志上发表那篇著名的论文[1]来说吧，日记中竟无一字提及。不然的话，人们也就不至于只能从一篇三流译文来分析他写文章的出发点，进而对古人作出诛心之论了。

① 曾氏用英文写作的论文，发表于伦敦 *The Asiatic Quarterly Review*（可译《亚洲季刊》），题为 *China, The Sleep and the Awakening*（可直译为《中国从睡梦中惊起》）。这篇文章在中国只有颜咏经、袁竹一合译的译文，题为《中国先睡后醒论》，见《新政真诠》一书。

# 第十五章　技术专家徐建寅

一个病毒攻心、溃烂垂死的病人，如果仅仅靠手术从异体移植几块皮肤，是无法延长其生命的。“洋务派”的“练兵、简器、造船……”等“自强”措施，正同这种手术差不多，难怪郭嵩焘在当时就讥之为“舍本逐末”的做法。但是，在“简器、造船”亦即从西方引进(包括购买和订造)军火制造技术和设备的过程中，也培养出了中国的第一代技术专家。徐寿、徐建寅父子，就是其中的杰出代表。

徐建寅的《欧游杂录》，记述他光绪五年(1879)由李鸿章派往德国定购铁甲兵船，同时考察兵工、机械、化学工厂的情形，阅时三载，内容十分丰富，是近代中西交流和技术科学发展史上的一份重要资料。

## 西洋格致之学

欧洲在希腊、罗马时期开始产生，在文艺复兴以后逐步形成体系的自然科学，其传入中国的时间，从一五八二年利玛窦西来时就开始了。一些学科在中国“开山”的译著是：

地理学：《山海舆地图》，利玛窦绘刻，明万历十二年(1584)

天文学：《浑盖通宪图说》，利玛窦述，李之藻译，明万历中(1600—1610)

数学：《几何原本》，六卷本，利玛窦、徐光启合译，明万历中(1600—1610)

物理学：《奇器图说》，邓玉函述，王徵译，明天启间(1621—1627)

生理学及医学：《人身说概》，邓玉函著，明天启间(1621—1627)

兵工学：《则克录》，介绍火炮战术，汤若望授，焦勖译述，明崇祯间(1628—1644)

但是却没有人介绍化学、机器制造学和航海学。

清朝政府对西方各国基本上采取闭关政策，特别是乾隆以后，这种政策愈加严格。因此，中国人重新接触欧洲自然科学，特别是学习在产业革命后迅速发展起来的以实验为基础的，以实用为目的的近代科学，也就是所谓“格致之学”，主要是从一八四〇年以后才开始的。

以曾国藩、左宗棠、李鸿章为代表的，在太平天国战争开始掌握部分地方实权的汉族地主阶级知识分子，首先在革新战争手段即军火这件事情上，接受了林则徐、魏源“师夷长技”的思想。李鸿章同治元年写信给曾国藩，说他“深以中国军器远逊外洋为耻，日戒谕将士虚心忍辱，学得西人一二秘法，期有增益”。后来，他又在致总理衙门的信件中说：

中国欲自强，则莫如学习外国利器；欲学习外国利器，则莫如觅制器之器，师其法而不必尽用其人；欲觅制器之器与制器之人，则当专设一科取士。

“专设一科”，以“西学”取士，这与以八股文取士的传统科举制度格格不入，顽固的封建士大夫不能接受。于是，他们只好退而求其次，一面聘请外国科技人员，翻译科技书籍；一面选派学生出国留学，同时在国内努力物色“制器之人”。曾国藩首先在安庆设立军械所，李鸿章则在上海设立制炮局，后来又合力办成“江南机器制造总局”（今“江南造船厂”的前身）。正如黎庶昌所说：

幼童出洋肄业，发于容纯甫(闳)，而文正公(曾国藩)主行之；轮船公司（即制造局)之设，亦发于容纯甫诸人，而伯相(李鸿章)主行之。

尽管出国幼童不是去接受革命训练，制造局制造枪炮兵船也不是为了支持农民战争，但在当时历史条件下，这些事情对促进中国的近代化进程，毕竟有一些积极作用。

徐寿、徐建寅父子，就是曾国藩开办安庆军械所时最先物色并造就的科技人才，也是“洋务派”一直最得力的中坚力量。

徐寿(1818—1884)，号雪村，世居无锡北乡，祖、父都是“力田”的乡民。他“幼习举业，继以为无裨实用”，就弃八股而不为，终身不求功名，连秀才亦不曾是，至死仍为“布衣”。咸丰初年，麦都思、伟烈亚力等在上海开设“墨海书馆”介绍西学，并吸收中国知识分子入馆助译。著名数学家李善兰便是最早入馆的学人之一。“是时西学初入中国，钩辀诘屈，读而能解之者寥寥无几。”徐寿和好友华蘅芳[①]，“于举世不为之日，冥心孤往，潜精绝学”，如饥似渴地搜读“墨海书馆”编译的介绍“代数、几何、微积、重学、博物之书”，“洞烛扃钥，能推阐而发明之”(引文均据《锡金四哲事实汇存》)。华蘅芳的兴趣主要在数学上，后来成了和李善兰齐名的大数学家；徐寿的注意力，则集中在博物(物理、化学)方面。

当时把西人介绍的各门科学都叫作“格致之学”。这是从传统儒家“格物致知”那里截取而来的一个名词，按其内容来说，二者之间并无什么关系。中国的儒家讲“格物致知”，是和“诚意正心”“修身齐家”联系在一起的，跟一切依赖实验并严格遵循逻辑推理的近代自然科学完全是两码事。古时王阳明对着庭中的竹子“格”了好多天，人也“格”病了，对竹子的性质还是“知”之不多；这是他不肯动手对竹子做实际研究，只是主观唯心主义地在那里“致良知”的缘故。这种治学方法，当然是不能够推动自然科学的发展的。

徐寿和华蘅芳对西学的学习、研究，注意采用了实验的方法。“是时声、光、化、电各种器皿运入中土者绝希”，徐寿

① 华蘅芳是金匮人。金匮和无锡二县同城，所以后人把华蘅芳、世芳兄弟和徐寿、建寅父子合称为“锡金四哲”。

和华蘅芳“多方搜求，始致什一”。他们“朝夕研究，目验手营，偶有疑难，互相讨论，必求涣然冰释而后已”。有次见到书中讲三棱镜可以把日光分为七色，他们想尽法子找不到三棱镜，就花工夫把一颗水晶图章磨成三角长条，果然能够把日光分成七色。书中讲枪弹的弹道呈抛物线，发射角四十五度时射程最远，徐寿“疑其仰攻与俯击之矛盾也”，又设法弄来枪支，设立由近到远许多靶子，实地加以验证。

徐建寅(1845—1901)是徐寿的第二个儿子，故名仲虎。他们父子只相差二十来岁，父亲做实验，有时儿子也参加。父子俩很快就掌握了“墨海书馆”介绍的“格致之学”，并且开始将它们用于实用。徐寿尝言：“格致之理，必借制器以显；而制器之学，原以格致为旨归。”他手自操作，搞化工、机械的试验研究，渐渐在江南有了一些名气。咸丰十一年(1861)，驻营安庆的曾国藩，以“研精器数、博学多通”，向朝廷保荐了“贡生”华蘅芳和“起自田间”的“布衣”徐寿，在筹办安庆军械所时，聘请他们来主持科技工作。同治元年(1862)，徐建寅随父亲来到了安庆。

## 军械所和机器局

徐建寅到安庆军械所时只有十七岁，但是他有成为一个优秀科学技术人才的品质，勤奋、踏实、聪明，特别是有一股发愤图强的热情。

这时军事上很需要轮船。向外国买船、租船得出高价，请

"西洋匠师"来修船造船更要花大钱。同时，如果说曾国藩等人对外国人就没有一点戒心，也是不合事实的。有记载说"(曾)愤西人专揽制器之利，谋所以抵制之"。他问徐寿和华蘅芳："能不能不请洋师洋匠，完全由中国人造出轮船?""初生之犊"的徐建寅，极力支持父辈把这个任务承担下来。于是，由徐寿出面"呈请自造轮船"，曾国藩予以批准。他们从上海找到关于汽机、造船和机械设计制图的技术资料，一边学习，一边绘图，一边指导工人动手制造，终于在安庆造出了中国第一台蒸汽机和第一艘轮船。这艘轮船由曾国藩命名"黄鹄"，长五十馀尺，每小时能行二十馀里，"全用汉人，未雇洋匠"，"皆由手造，不假外人"。这是中国技术人员和中国工人的光荣。

根据记载,"黄鹄号"蒸汽机的计算是华蘅芳完成的，船体设计和施工则完全由徐寿负责，而徐建寅"屡出奇思以佐之"。"黄鹄号"下水后，徐寿立即被任命为新建的江南机器制造总局的"总理"，徐建寅也一同到了上海。上海的局面比安庆大，工作也比安庆做得更多，陆续造成了"操江""测海""驭远"等兵船，以及船上所用的各式大炮。制造总局成了我国近代工业的起源地，培养了最早一代的技术人员和技工。直到如今，江南造船厂仍然是我国造船工业的重要基地，徐氏父子的功劳是不可埋没的。

主持江南机器制造总局以后，徐氏父子大大开展了对化学、机器学和造船学的研究。他们向曾国藩建议，在造船造炮的同时，必须研究和发展基础理论，才能"探索根柢，不受西人居奇”。曾国藩对此“大为嘉许”，批示说：“此举较办制造局尤要。”于是在制造局附设了翻译馆；后来又和其他方面合作，建立了“格致书院”，邀集华蘅芳、李凤苞、王德均、赵元益等科学家，并聘请外国人傅兰雅(John Fryer)、林乐知(Young John Allen)、金楷理(Carl T. Kreyer)等人，进行研究译述工作。

我们现在所看到的徐寿译著的科学著作，有《西艺知新正续刻》《化学考质》《化学鉴原正续补篇》《化学术数》《物体遇热改易记》《汽机发轫》《营阵揭要》《测地绘图》《宝藏兴焉》等十二种。徐建寅的译著更多，有《化学分原》《声学》《电学》《兵学》《器象显真》《器象显真图》《摄铁器说》《艺器记珠》《造硫强水法》《石板印法》《造铁全法》《汽机新制》《汽机必以》《海军章程》《运规约指》《水师操练》《轮船布阵》《营城揭要》《操格林炮法》《测地捷法》《绘画船线》《造船全书》《兵法新书》等二十多种。

徐氏父子的译著，用今天的水平来衡量，虽然不免幼稚，但在中国的化学、制造学发展史上，却起了“筚路蓝缕，以启山林”的作用。一九一〇年杨模为《锡金四哲事实汇存》一书所作的序言说得好：

今者欧学岁渐东行，新书新理饷我学界，弥日出而不穷；后生末学，负其锱铢升斗之积，或且蔑弃前贤，以为陈迹。不知天下之理，历世而益明，子孙之所发扬，或胜于高曾之矩矱；然其所凭借以深入理薮者，舍前贤学术涂径又奚从？居恒窃叹，谓诸君子出世未遥，著书虽益显，而俗士耽新厌旧，或且以刍狗株兔视之，不深负当年开迪后进之盛心耶？

在《欧游杂录》里，可以看到诸如“淡轻四绿”“铝二养三”这样一些化学名词。虽然我们今天已经把$NH_4Cl$称为氯化铵，把$Al_2O_3$称为三氧化二铝；但徐氏父子当时想出把化学元素N译作“淡”，H译作“轻”，O译作“养”，Al译作“铝”[①]，却确实煞费了苦心。我们今天所叫的“氮”“氢”“氧”，不还是“淡”“轻”“养”的同音字吗？

徐氏父子开始译述化学书籍的时候，日本也同样在努力引进西学。日本学者柳原前光到上海译书局访问，特别赞赏徐氏父子的译作，决定再用日文翻译出版，并且借用部分徐氏所定汉文译名作为日文译名。所以，有些中文已经停止使用的化学名词，在日文里有时还可以见到，这也是徐氏父子留下的痕迹。

“徐建寅之学，即受之于其父徐寿”，也可以说是家学渊源吧；但他们父子之间，“代沟”也还是存在的。徐寿的性格比较内向，“少无宦情”，“澹于进取”。自经曾国藩赞誉后，地方洋务大员争相延致，请他去筹划或主持制造、矿务事业，他总是辞谢的时候居多，谓“译书行世，较专治一事，影响于社会尤大”。他在制造局研究试制成功镪水、棉花火药、汞爆药后，即把主要精力放在译书和格致书院的讲学工作上。徐建寅

① 在汉文中，“铝”字本来是金属镶嵌工艺的意思。

的性格却比较外向，他比较关心政治，也比较懂得科技事业只有在一定的政治、经济条件下才能得到发展的道理。所以，他跟提倡洋务诸人的接近更多一些，参与技术行政管理方面的时候也多一些。同治十三年(1874)，李鸿章在北洋创办天津制造局，调徐建寅去负责研制硝酸。硝酸是制造火药的基本原料，进口价格很贵。徐建寅对化学有丰富的理论知识和高超的实验技术，亲自试制，很快就获得成功。建厂以后，产品比进口货便宜好几倍。

这时候，洋务运动内部已经开始出现维新变法的思想和主张。有的人渐渐认识到，不从政治上实行改革，光是把“声光化电、坚船利炮”引进来，还是达不到富国强兵的目的。徐建寅表示赞同维新派的主张，开始在政治上进行活动。在天津，他取得了“道员”的资格后，便向“总理各国事务衙门”上万言书，主张派人到欧洲去考察工艺技术和管理制度。总理衙门向朝廷奏保他是“胜任外交之材”。他不仅在技术上卓著声名，在政治上也初露头角了。

光绪元年(1875)，徐建寅由山东巡抚丁宝桢派任建设中的山东机器局的总办。在济南两年，他“躬自创造，未尝延用西人”，建成了一座制造枪炮弹药的兵工厂，得到“心思缜密、条理精详”的好评。通过这段时期的工作，他和李鸿章建立了比较密切的关系。李鸿章准备以德国为榜样筹建北洋海军，需要有懂得技术的内行去办理订购兵船等事宜，于是在推荐李凤苞出使德国之后，又于光绪五年(1879)推荐徐建寅以驻德参赞名义，专门负责到德国及英法考察造舰、兵工，订购舰只。

《欧游杂录》，便是徐建寅此行的实录，是清季出使诸人载记中有关工业技术交流的一部专著。

## “定远”和“镇远”

李鸿章筹划“练兵、简器、造船”的情形，详见徐建寅光绪五年十月二十八日到达柏林当天所见李鸿章写给李凤苞的信中，兹节录如下：

……德国各军，大操之期，以炮队、马队弥缝步队，相济为用。现令斯邦道三弁（按指中国选派在德国斯邦道军营接受训练的三名初级军官）乘马随阅，冀其渐有心得。……

阿蒙士唐炮船（按指在英国订购的快船）不日来华……已委派刘、林、何三生管带此船。……刘、林两生，将来可调管大船。严生宗光，学业却能深造，以充学堂教习最为相宜。魏、陈两生，可胜督造快船之任。……

……（克虏伯）五十生米脱炮，击二尺厚铁甲，莫不洞穿，制造精良，洵甲天下。将来订购铁甲船，似可即用此炮。中国弁勇，已略习其手法。

徐仲虎昨由津南下，定于八月二十六日出洋。赫德总司大炮之议，现已停罢。……赫德欲以师丹炮船制铁甲船，总署颇为所惑。弟与幼帅（沈葆桢）极力辩争，而赫总海防司始罢论。弟已两次函告总署，请执事与徐仲虎在西洋访求合用铁甲新船。现存款百万，约可敷购一船，虽嫌单薄，慰情聊胜无耳。幼帅谓由华员订购，恐多周折，省费而必致縻费，不若仍属赫德、金登干(James Duncan Campbell)等觅购。赫素不以中国购铁甲船为然，今新罢总司海防之议，更不便相托。前已面嘱仲虎，至英、德后留心访询……幸勿缓图。

仲虎将来游历各国工厂，须另开销川费……倘订购铁甲，亦须有学生在厂监造，一面学驶，庶船成时可雇洋弁一同驾驶来华，均希荩筹及之。

这里说得很是明白，派徐建寅去欧洲，主要是为了“订购铁甲”，同时还要“游历各国工厂”。所谓“铁甲”，系当时海军的主力舰种，为英、德等海军强国的主要战争工具。李鸿章统筹海防，计划“订购铁甲”，作为新建海军的主力。担任中国政府总税务司的英国人赫德，却“不以中国购铁甲船为然”，建议向英国购买“师丹炮船”；总理衙门居然“颇为所惑”，拟请赫德兼任“总海防司”，掌握中国的海防大权。北洋大臣李鸿章联合南洋大臣沈葆桢“极力辩争”，才使此事成为罢论。同时，李鸿章又拒绝了沈葆桢不信任“华员”，仍打算委托外国人去“觅购”的主张。可见决定要李凤苞、徐建寅“在西洋访求合用铁甲新船”，非同寻常小可，而是关系到中国海防主权的一件大事。

徐建寅到英、法、德等国“留心访询”后，最后在德国司旦丁（今波兰什切青)伏耳铿船厂订造了两艘铁甲船。《欧游杂录》光绪六年十一月初一日记："订定伏耳铿造钢面铁甲船合同，价六百二十万马克。"七年六月二十九日又记："往伏耳铿议第二号铁甲船合同各条款。"这两艘铁甲船，就是有名的"定远"和"镇远"——中国北洋舰队的两大主力。它们后来虽在甲午战争中遭到损失，却也曾经为保卫祖国海疆尽过力量，舰长(管带)刘步蟾等也以死殉国了。

关于中国订造两艘铁甲船的情况，可见《欧游杂录》以下一段记述：

> 查铁甲船英国虽素称雄武，然得力者不过"英弗来息白"(Inflexible)一船，式最新，甲最厚，炮最大，用双旋台。……然用旋台有一弊，若被敌人大炮击坏，必致旋转不灵，即成弃物。德国鉴此，("萨克逊"船)改用定台，但嫌炮击之方向大小，乃用露炮之法；铁甲之厚十六寸，斯为德国最新之船……其馀各国之铁甲船，无有能驾乎其上者矣！惟前定台内置炮二尊，而后定台内置炮四尊，炮多而不大。……现在中国拟造之船……铁甲之厚等于"萨克逊"；用二圆台，仿"英弗来息白"之制，以免如"萨克逊"一台四炮之弊；仍用露炮，炮轻而台定，以免如"英弗来息白"之弊。每台内用炮二尊，为新式后膛炮，内径十二寸，其击力与"英弗来息白"之八十吨炮相埒。如此经营，似可列于当今遍地球第一等铁甲船，而价仍不逾"英弗来息白"之数。

为了使中国海军增添“坚船利炮”，徐建寅可以说是费尽了心血。

## 游历各国工厂

徐建寅到欧洲的另一项重要任务是“游历各国工厂”。这是中国科学技术人员第一次对欧洲的近代工业进行系统的考察，非常值得重视。现据《欧游杂录》记载，将徐氏在欧洲各地“游历”的工厂和其他科技单位的名称，以及其参观考察的主要内容，顺序开列如下（同一个地方的若干单位，只在第一个单位前冠以地名；科学技术工艺名词，尽量改用今译）：

| | |
|---|---|
| 柏林格致院 | 真空管　计算器　留声机 |
| 放枪院 | 试放后膛枪 |
| 机器印书厂 | 铸造铅字 |
| 罗物机器厂 | 夹板锤　模锻　磨床夹具　量规　热处理 |
| 巴黎矿务院 | 石灰之化学成分 |
| 机器博物院 | 各种机器　工具 |
| 自来水厂 | 蓄水池及输水管 |
| 油烛肥皂厂 | 制造工艺　真空泵　油水分离器 |
| 玻璃厂 | 坩埚制造　煤气切割 |
| 肥皂香水厂 | 制造工艺 |
| 克路苏钢厂 | 监工、工师、工匠人数及工资情况 |

| | |
|---|---|
| | 监工与匠头之职责　别色麻法炼钢　钢材初轧和轧制　薄钣　百吨汽锤　铸造工艺　机器加工工艺 |
| 造火砖厂 | 制砖工艺 |
| 里昂染丝厂 | 染丝工艺 |
| 商务学堂 | 织布机 |
| 山沙孟铁厂 | 大轧机　转炉炼钢　镗削 |
| 汕得天煤矿 | 采煤技术 |
| 巴黎运河船闸 | 船只运行 |
| 千里镜厂 | 光学镜头制作 |
| 石灰(水泥)厂 | 水泥配比 |
| 柏林官瓷厂 | 制瓷工艺 |
| 仪器厂 | 细牙螺纹车削　平面锉削 |
| 信部博物院 | 电报　管道通信 |
| 汽(机)车厂 | |
| 造光学器厂 | 镜头抛光　平面磨削 |
| 西门司电机厂 | 电弧灯　电磁铁　电缆　电报机 |
| 农器会 | 各种农机 |
| 试枪处 | 试“煞司颇”枪及“旁米来”枪 |
| 造假石厂 | 制造工艺 |
| 格致器具店 | 购化学仪器　试用平板测量仪器 |
| 玻璃器厂 | 制造工艺及煤气窑 |
| 汉堡杜屯好夫火药局 | 制造工艺及钢绳传动　球磨机　水压机 |

| | |
|---|---|
| 运河双闸 | 闸门结构及启闭 |
| 棉花火药厂 | 制药工艺　造硝酸 |
| 制桶厂 | 制桶工艺 |
| 制皮厂 | 制革工艺 |
| 胡采夫火药厂 | 制药工艺及设备 |
| 化学作坊 | 提纯硝、樟脑、硼砂、氯化铵等 |
| 基尔天文台 | 天文及气象仪器 |
| 河东船厂 | 七千吨新造铁甲船　船坞 |
| 水雷库 | 水雷　鱼雷 |
| 炮台 | 炮台结构及二八生重炮 |
| 磨坊 | 机制面粉 |
| 哈茨矿区 | 井巷　汽机　水机　选矿　总工程师之出身和待遇　巷内采掘　矿层剖面　铜及其他金属之提炼　电冶铜 |
| 柏林河闸 | 闸门结构 |
| 机器厂 | 球体车削　煤气发生炉　工匠活计分配与工资结算 |
| 西门子电气厂 | 验收电光灯　发电机　看钻模 |
| 刷次考甫厂 | 造鱼雷　水雷　水压机锻造　铸造车间起重设备　镀锌 |
| 瓷器会 | 水泥窑式　造砖机 |
| 仪器厂 | 抛光 |
| 刷次考甫厂 | 鱼雷压力试验 |
| 司旦丁伏耳铿船厂 | 造铁甲船　船台　软轴传动 |

| | |
|---|---|
| 皮件作坊 | 模压皮件 |
| 罗物机器厂 | 车间劳动管理及工具管理 |
| | 监工(工程师)的分工和职责 |
| | 计件工资定额管理 |
| 伦敦森达茂厂 | 铁甲船设计与制造　造船设备 |
| 怕麻船厂 | 估算铁甲船造价 |
| 扑资茅斯船厂 | 船坞　泊位　大铁甲船 |
| 伦敦来得厂 | 船池　栈房　转桥　船坞 |
| 格拉斯哥讷比尔船厂 | |
| 爱勒达船厂 | |
| 曼雪勒船厂 | 冲孔切钣法 |
| 洒门司船厂 | 挖泥船 |
| 苏格兰钢厂 | 马丁炉炼钢　材料试验 |
| 设非尔得布郎钢厂 | 钢面铁甲　弹簧试验 |
| 卡米里钢厂 | 坩埚炼钢 |
| 海部营造司 | 研究船式 |
| 柏林水雷厂 | 制水雷壳 |
| 铜件厂 | 焊造铜管　冷拉铜管 |
| 炼铜厂 | 炼精铜　反射炉　铸黄铜 |
| 电报机厂 | 造电磁铁 |
| 印片坊 | 石印法 |
| 埃森克虏伯工厂 | 弹壳加工　炮管镗削　铣磨来福线 |
| | 罐铸优质钢　铸钢　锉刀制造　验 |
| | 钢材牵力、挤力、折力 |

| | |
|---|---|
| 司旦丁伏耳镪厂 | 查验材料　测定断界、红弯、淬水弯　观汽机施工零件图 |
| 罗乏机器厂 | 手枪制造 |
| 西门子电气厂 | 铜线包橡皮、包麻、包铅管 |
| 铜厂 | 焊制黄铜管 |
| 乌盆叨夫毛式(瑟)枪厂 | |
| 胡脱微尔杜屯好夫火药厂 | |
| 卡而斯胡弹壳厂 | |
| 法兰克福砂轮厂 | |
| 柏林铸铜小件厂 | |
| 印刷厂 | 感光玻璃板　套色石印 |
| 印地图厂 | 刻制石板 |
| 司旦丁伏耳镪船厂 | 工厂管理 |
| 赛门敦石灰(水泥)厂 | |
| 化学材料厂 | 硫酸　漂白粉　氯气 |
| 柏林刷次考甫厂 | 蒸汽喷水机　压路机 |
| 柏林造筑铁路处 | 筑路章程及图说 |
| 司旦丁伏耳镪船厂 | 考究报表格式　汽车图纸　雷艇图纸　挖河船图纸　运土车图纸　铁甲船木样图纸 |
| 柏林蜡像院 | 能写字答问的“机器人” |

在“欧游”的二十来个月中，参观考察了八十多个工厂和其他科技单位，近二百项工艺、设备、管理方法，徐建寅的学

习热情和工作态度，的确是很不错的。

## 务实精神

无论是在克虏伯、西门子、伏耳铿造船厂和基尔海军基地等考察重点单位，还是在顺便参观的小工厂、小作坊和交通运输设施，徐建寅都深入现场，仔细了解设备运转和生产过程，认真观察人员的实际操作，把他认为对中国有参考价值的东西记下来，充分表现了务实的科学精神。

他详细介绍了许多种当时世界上最先进的金属加工工艺和设备，如模锻、挤压、冲制成型、复合钣轧制、仿形切削、软轴传动、铜管拉制、表面渗炭、百吨汽锤、电冶铜、转炉炼钢等等。因为自己是内行，他的介绍非常具体，有的简直等于正式的技术文件。

比如光绪六年六月初六日，他偕金楷理参观柏林某观器厂，见到用车床车削铜球的方法很好，当即亲手绘了下面这张草图，并说明如左：

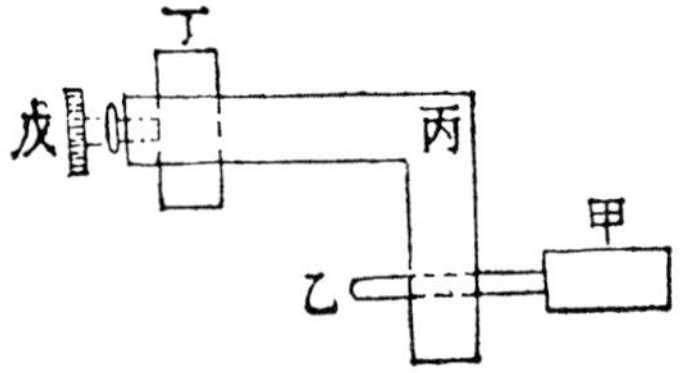


甲为方铁条，端有圆颈如乙；另以一曲铁如丙，一端作圆孔，套于乙端，能转动；又一端作方孔，能容小车刀如丁，以戊螺丝抵紧之。将甲铁条压于车床之刀台，而丁刀头对于铜球外缓缓

转过，即车成正圆球，然尚不光。即在相连处锯下，将锯口略磋圆。而以坚木一块，夹牢于车盘，内面车作半球凹，将铜球嵌入。以钢作正圆管，磨其端使平而内口锋利，以手执之，合于球外。球转，而内口刮之极光。将球打出，调换一面嵌入再刮之，至外面全光，即成矣。

这张图在原刻本《欧游杂录》卷下第二页上，可以算是近代中国书籍中早期出现的按西法作成的机械制图了。

光绪六年二月，徐建寅由法国汕答天（圣太田）到巴黎，途中见河道“如中国山东之运河，每距一二十里即建一闸，制度与中国略同”，但闸的设计却优于中国，皆：

作双闸，形如船坞。凡船自上游来者，先开上闸，使坞中水满，与上流相平；船入坞，即闭上闸而启下闸，使坞中水又与下流相平，即放船出坞。其自下游过闸者反是。……每过一船，不过数分钟，较用盘车、绞关，省力多矣。

他对这种适用中国的河闸特别感兴趣，五月初六日，从柏林到汉堡郊区参观杜屯好夫火药厂后，又特地去看了附近运河上的水闸。“见上、下游水高低悬八尺馀，每二船并行，启闭一次只五分时，仅用闸夫二人，绝不费力。”五月底他回到柏林，又于六月初二日到柏林郊外，仔细研究了闸门的结构：“闸两重，相距六七丈。……每闸皆有双门，门皆有限。……闸堍与两旁之堤俱用砖砌，两闸之双门亦俱用木作框，钉以斜板。门中各开一小涵洞，亦用木为之，以小齿轮动齿条使上下。……各件皆甚简便，中国易于仿造也。”后来回国以后，他还拿出自己画的图纸，饬木匠做成一个双闸模型，直到《欧游杂录》出版时还保存在他家“味莼园”中。

在德国哈茨铜矿参观时，徐建寅换上矿工衣帽，手持油灯，深入井下，爬过供工人们使用的百馀级木梯，亲眼看了开辟巷道、风力凿岩、人力凿岩、采空区和废窿。出井后，再听总办(总工程师)讲解矿层剖面图和井巷木样(模型)，对掘进和回采便有了完整的了解。

在英国设菲尔德卡米里钢厂参观重型轧机轧制钢面铁甲时，正好那里发生了一次设备事故。“轧甲一块，进退共轧十九次，所减薄不过四五寸，而轧轴颈断折。是日早晨已轧一次，亦断一轴。另有前日所断一轴，共断三轴矣。”徐建寅虽然是远道来的参观者，却很注意分析事故发生的原因，写道：

> 轧轴长八尺，径三尺。余意轴之断折，因受大热，而非受力过大。盖每轧一次，仅转过大螺丝四分周之一，夹力尚不甚大也。

为了掌握新购测量仪器的用法，光绪六年四月二十八日，徐氏于“早七点半钟，偕王弁得胜往南郊旷野，试验平面桌并测量器”。第二年五月十五日，又特地携带仪器到司旦丁海边，去测量固定设立在那里供练习用的“表杆”，“时风雨甚大……

不能持伞，衣服皆湿”。大概是怀疑在大风雨中观测不能准确吧，六月初八日早晚又各去测量了一次，结果测出四杆互为直角，“相距一千八百五十五迈当，即一海里”。此虽小事，亦足以见他锲而不舍的精神。

尤其是在向国外采购、订货的业务接洽中，徐建寅认真负责的态度，更使人留下了深刻的印象。

为了弄清海军主力战舰建造技术水平的动向，徐建寅认真向德国铁甲舰权威、基尔海军总镇(基地司令官)请教。“总镇年近七旬，陪阅数日，详示细说，无不明畅。”“其至要者九事”：

> 一曰行速……；二曰船大，可不畏风浪，且可远出海口外交锋；三曰易转……则炮弹击出有准；四曰煤多，船中须备数日全力之煤，且可用煤以保护；五曰甲厚……；六曰船坚……；七曰炮多而大……；八曰炮弹之路宽，凡炮旋转之角度，愈大愈佳；九曰炮高……则自高击下，易伤敌船之内……
>
> 以上九事，互相牵制。欲行速，则船必加长……；船太长，则转动不灵……欲炮路极宽，莫妙于露炮。……欲铁甲加厚，则莫妙于前后不用铁甲，而将减去前后之甲，加厚于中腹之要害处……

后来“定远”和“镇远”的设计思想，主要就是从这里得来的。

徐建寅首先详细了解了德国铁甲舰只和造船技术的情况，接着又往英国朴茨茅斯海军基地和森茂达、怕麻、达迷斯、讷比尔、爱勒达、曼雪勒、洒门司等船厂参观，研究船式，“嘱令核算价值，以便比较”，并拜访英国海军部，向营造司、船法总管等征求意见，之后方和德国伏耳铿船厂签下订造第一号铁甲船的合同。第二号铁甲船又曾与法国地中海船厂接洽，因法厂索价八百十五万佛郎，较德厂贵至二十五万佛郎，未能成交。

为了监督施工质量，徐建寅派中国留学生陈兆翱、郑清濂驻厂监工。亲自译出德、英两国海部造船章程及验收章程，严格按规程办事。关于这方面的情况，《欧游杂录》有许多记载，今试举一例：

> 初八日八点钟，乘汽车偕金翻译、郑清濂往伏耳铿厂。十一点到司旦丁，往客寓中饭。二点钟往伏耳铿厂……查验所收用之钢角条，亲同金楷理、郑清濂及艺徒逐条取看，共数百条，约二小时而毕。见一条之边，稍有碎裂之状；又一条之面，有瘢痕一处，其馀皆绝无疵瑕。所有钢板约二百块，令艺徒随意取八块打印记号，令将记号处剪下……试验牵力断界（拉伸极限、断裂点）：横纹之块，横剖面每方密理得三十九纪罗，较章程少一纪罗；直纹之块得四十三纪罗，较章程多三纪罗；伸长性一百分之二十三，较章程多三分，可为佳料。又观红热弯与淬水弯，皆能与章程相符。

## 身殉科学技术

徐建寅是作为一位技术专家到欧洲公干的，但此次欧洲之行，却不限于使他得到了技术上的收获。

自从办洋务以来，中国花了大量的钱，从外国买回了不少设备。江南制造总局的机器，就是曾国藩委托容闳从美国订购来的；从设备看，确实已经“现代化”了。徐建寅在英国看到造大铁甲船的工厂，“有大刨床、大车床、大压水柜(水压机)，俱与沪局相同，无他奇异”。可是那里造出来的东西，“沪局”却造不出来。

尤其是光绪六年五月初八日，在汉堡郊区参观胡尔甫火药厂，见其“厂屋极陋，器具极简，而成药亦能适用”。徐建寅因而感慨曰：

> 历观德国造药各厂之器具，皆不及中国津、宁、济、沪各局之精备，而所成之药反良者，何也？则因试验涨力、速率、重率各法，尽心竭力，有弊即改，随时消息于无形，无他秘法也。

由此可见，仅仅买回机器设备还是不行的，即使培训出了一批能操作机器设备的工人也不行，还必须使整个国家的技术水平和管理水平跟上去。因此，徐建寅在调查研究外国的设备、工艺的同时，很注意了解各厂的生产管理和技术管理的情况。在哈茨矿区熔炼厂，他询知该厂有工人三百六十名，人日工资一至三马克；“头目”六人，人月工资一百数十马克；“司事”四员，人岁俸各二三千马克；“总办”一员，岁俸六千马克。这些“头目”均由“次等学堂”（即中等专业学校）出身，能知粗浅矿学；“司事”由“寻常学堂”（普通学校）出身，能明写算，专管册籍；“总办”则须由大学堂出身，考取矿师，历任学堂教习、矿务委员等职务，由积资升任。这和中国那班专“吃洋务”的不学无术的大小官吏相比，人才的素质迥然不同了。

在柏林罗物机器厂，徐建寅看到对工人的劳动管理做得有条不紊：

> （工匠）每五六人有一小匠目管理，自亦做工。皆依做成物件发给工钱，不依工数。每匠有一印好之单，单内填所造物件名目，每若干件给工价若干，某日发交何物件，某日做成若干件，应给工价若干。凡大物件，注明已做工若干分，应先给工价若干分，径由该匠送至银钱所支领。

该厂的技术工作，概由“总监工”（即总工程师）负责：

> 为之副者十馀人。七八人在厂照料制造，如管造洋枪者数人，管造机器者数人，考察一切机器之理法，监视工作。又监工六七人在内绘图出样。如欲造新式机器，则集

总、副及内外监工，考订利弊，各抒所见，互相辩论商议，以求折衷一是。是以内监工绘图，外监工监造，同心一意，一气呵成，而事无不举。

这又和中国许多洋务企业，外行官僚把持一切，技术人员无职无权的状态，不可同日而语了。

大抵欧洲各国的工业发达、工效提高，关键之一在于管理方法鼓励竞争、利于改革，这一点给徐建寅的感受尤深。他多次和伏耳铿船厂的管理人员交谈，记载非常详尽。该厂工人全部实行计件工资，“勤而速成，则工食可多；惰而缓成，则所得即少”，每周约可得九马克至二十一马克。工人勤奋可靠，可以升为匠头，年工资多的可到一千八百马克。工程师的工资亦分数等，总工程师年工资高达三万马克。“专令绘图，不能自行构样(设计)”的只算次等；“初出学堂者，习练数年，即自能出样监造，可升为上等；亦有终身专做绘图，不能升上等者，此则系乎其人之天资耳!”

在伏耳铿、刷次考甫等厂，徐建寅都“观其收发工料册籍之格式”，“考究其记册籍之法，共二十馀种，皆条分缕晰，综核精详，能知工料成本，乃每种取回其式样一张”。他对于欧洲的先进管理方法，和对欧洲的先进技术设备一样，都是很感兴趣、希望学习的。

但是，在十九世纪八十年代的中国，究竟有没有可能建成英国和德国式的现代化企业呢？这当然不单纯是一个技术问题，也不单纯是一个管理问题。徐建寅虽不多谈政治，却从来就是一位关心政治的技术专家。欧游之后，他的政治观点更加鲜明了。《欧游杂录》记载了他访问各国议院，翻译议院章程的活动。回国以后，他将自己翻译的《德国议院章程》一卷刊行，表示他赞成维新派开议院、行宪政的政治主张。

一八八四年徐寿去世，徐建寅为父亲守制三年后，应曾国荃邀请到南京机器局主持工作，先后造成新式后膛枪和铸钢设备，同时不断著书。他的名声越来越大，薛福成又一次奏保，光绪皇帝于一八九四年召见了他，派他到威海卫视察。但是，随着甲午战争的失败，他苦心孤诣在德国订造的两艘铁甲舰，连同整个北洋舰队，统统覆没。国家的危难，使他在思想上更加靠拢已经公开主张变法的维新派了。

戊戌变法之初，中国上空吹过一阵新鲜的风，一时国事似乎大有可为。随着谭嗣同等入掌军机，徐建寅也被派充新设立的农工商总局"督理"，"赏给三品卿衔，一切事件，准其随时具奏"。本来，中国如果走改革之路，真的让徐建寅这样认真务实的技术专家来管理农、工、商业，确实再恰当也没有了。但是，历史前进的道路从来就是曲折的。以慈禧太后为首的顽固派打倒了维新派，一切新的事物都被扼杀了，成立不到两个月的农工商总局也宣布"裁撤"。徐建寅总算运气好，因为是技术专家，没有受更大的处分。他借口"扫墓"回到家乡，从此只能把政治上盼望改革的念头收起，不得不做一个不关心政治的人了。

然而他热爱科学技术的心却没有冷却。张之洞在湖北办工业，练新军，邀他前去工作，他又到了武昌、汉阳。庚子之后，外国停止向中国供应火药。徐建寅一肩挑起设计、安装、试制的担子，三个月办成一所“保安火药厂”，生产黑色火药。原有的“汉阳钢药厂”，是准备制造硝化纤维无烟火药的，也因为洋工离厂，投产无期。于是徐建寅又到“钢药厂”试制无烟火药。他“日手杵臼，亲自研炼”，试制很快获得成功。工厂正准备投产时，一九〇一年三月三十一日，试验室不幸发生爆炸，为了科学技术，徐建寅献出了他的生命。

# 第十六章　薛福成的洋务思想



正如徐崇立为《庸盦内外编》作序时所说，薛福成是一位出现在“风气略开以后，异学未兴以前”的过渡时期的人物。

薛福成也算是“洋务派”，但和一般出身洋场或科场的洋务官僚又有所不同。他曾潜心于传统的“经世之学”，被曾国藩称为学人；又曾长期担任曾氏和李鸿章的幕僚，积累了丰富的政治社会经验。因此，他对于办洋务，既有一个比较明确的思想，又有一套比较切实的办法，是洋务运动中并不多见的干才。

在洋务派中，薛福成很早提出“变法”的主张，认为西人之法得风气之先，“虽以尧舜当之，终不能闭关独治”，“必尽知其法而后能变，变而后能胜”。但是，在一八九〇年奉使英法义比四国以前，他只能从译书谈西事，就洋务论洋情；他的变法主张，没有也不可能跳出洋务派的窠臼。直到一八九〇至一八九四年亲历欧西，旁征博览以后，他才进一步扩大了眼界，解放了思想。他的《出使英法义比四国日记》（包括续刻）十六卷，记录了一位洋务派学人开始向维新派人物蜕变的痕迹，为我们研究从洋务到变法的过渡时期的情况提供了有价值的材料。

薛福成又是一位古文家，写得出一手漂亮的文章，在近代文学史上占有“曾门四子”之一的地位。和他一样的还有黎庶昌，二人的出使记述均以文笔优胜而别具特色。

## 洋务派的一颗新星

薛福成(1838—1894)，字叔耘，号庸盦，江苏无锡人。他的父亲薛湘，字晓帆，一生在科举场中努力往上爬，到老终于成为进士，当了州县官。薛福成兄弟六人，从小也被送上读四书、做八股的道路。

旧式科举“专以八股六韵，徒事空谈”；考试的弊端尤深，即使耗尽心血钻研揣摩，能够根据故弄玄虚的“搭截题”，做出对偶工整的八股文，也往往不能“中式”。所谓“一命二运三风水，四积阴功五读书”，便是对这种考试制度的辛辣而又生动的嘲讽。薛福成从小苦读，日课常常达到寻常学子的两倍，并且能写一手好文章。但他在科场中却不顺利，二十一岁才考上秀才，此后即蹭蹬场屋，累试不第；直到三十岁，才在同治六年江南乡试场中，考了个不能进京会试的“副贡”。后来他写的《选举论》中，揭露科举制度的罪恶，说它害得无数聪敏有为的人才，“迍邅场屋，槁项黧馘，以老死牖下”，确实是慨乎言之、有感而发。

就在薛福成考上秀才后不久，他那刚刚从知县升迁知府还没有来得及上任的老父亲，便因病去世。接着，太平军击溃清朝江南大营，他家刚刚发达的家业又倾荡于兵燹战乱之中。青年薛福成开始觉得，不能不在科举以外另谋出路，便把眼光投向了父亲的旧友曾国藩。曾氏正以“提倡实学，拯济时艰”自命，隐然为江南封建士人所推重，也就成了薛福成心目中读书人的榜样。

于是，薛福成转向了由龚（自珍）林（则徐）魏（源）始倡其风的“经世之学”，“于千年成败兴坏之局，用兵战阵变化曲折之机，旁及天文、阴阳、奇门、卜筮之崖略，九州厄塞、山川险要之统纪，靡不切究”。接着，他又推本“性理之学”，舍朱、张而入陆、王，特别对王阳明的“心学”下了一番功夫，“以收敛身心为主”。这实际上是把研究历史、军事、天文、地理的心得，提到政治伦理哲学思维和修养的高度，“然后浩然若有所得”。

在研究“经世之学”时，薛福成注意到了刚刚成为天下大事，被称为“时变”的“夷务”和“海防”。他继承了林、魏“师夷长技以制夷”的思想，主张“夺其所长而乘其所短”。即要派人出洋留学，购回“制器之器”，取回洋人“火器猛利、轮船飞驶”之“所长”；利用洋人万里来航、兵粮不继，西洋各国互相矛盾、互相牵制之“所短”，逐渐改变被动挨打的局面。

同时，薛福成还注意到了在“夷务”中办好交涉、整饬内政的重要。他认为中外立约，“通有无以裕税饷，得利器以剿强寇”，是中国的“大益”；鸦片流毒全国，教士横行不法，则是中国的“大害”。但只要讲究交涉之道，则中国有权禁止国民吸食鸦片，有权惩办仗势违法的教徒，害处是可以减少的。

薛福成的这些看法当然还非常肤浅，但却是一个十分重要的开端。一八六五年，曾国藩以钦差大臣督师剿捻，经由运河北上，沿途贴榜招贤。薛福成遂将自己研究经世之学和海防夷务之所见，写了一封万言书，于宝应舟次面谒曾国藩，当面呈上。

关于这件事，曾国藩同治四年闰五月初六日的日记中是这样记载的：

> 阅薛晓帆之子薛福辰(成)所递条陈，约万馀言。阅毕，嘉赏无已。

于是，曾氏遂延揽薛福成加入他的戎幕，并且得意地对左右说：“吾此行得一学人，他日当有造就。”

曾国藩的幕府中，确实“致力延揽、广包兼容”了不少人才。薛福成后来曾将其比为“众流之汇”和“播种之区”，在这里，曾国藩和大家“晨夕晤谈”，不断“以兵事、饷事、吏事、文事四端训勉僚属，实已囊括世务，无所不该”。即使像薛福成这样“专司文事”的青年幕僚，在这里也能够“克揽其全”，得到比较全面的锻炼。他和黎庶昌、张裕钊、吴汝纶四人，尤其服膺曾国藩“文章与世变相因”的理论，为文也师法曾氏，好谈“经济”，不墨守“桐城义法”，被称为“曾门四子”。

在曾国藩幕中七年，薛福成为曾氏拟办过许多文稿，从而熟悉了兵事、饷事、吏事，也熟悉了曾氏开始经办的“洋务”，同时进一步提高了写作和综合分析的能力。由于劳绩，他被保举为官，最后已经有了“直隶州知州，赏加知府衔”这样的身份。他还用“鹅湖居士”的别号，利用业馀时间，写了许多篇笔记小品，在《申报》刊载。其中虽然也有说鬼谈狐的作品，但较多的却是寓幕所接触的佚事遗闻。如《太监安德海伏法》《张汶祥之狱》等篇，都是宝贵的社会政治史料。

一八七二年曾国藩死后，薛福成在苏州书局中待了一段时间，参加整理刊刻曾国藩奏稿的工作。一八七四年同治帝死后，清廷决定“博采谠言，用资治理”，谕令“内外大小臣工，竭诚抒悃，共济时艰”。薛福成应诏陈言，向朝廷提出了“治平六策”和“海防密议十条”，请山东巡抚丁宝桢代奏；前者主要是关于内政的建议，后者则集中表现了他当时的洋务水平。这十条是：“择交宜审，储才宜豫，制器宜精，造船宜讲，商情宜恤，茶政宜理，开矿宜筹，水师宜练，铁甲宜购，条约诸书宜颁发州县。”总的说来，这十条并没有突破当时“洋务派”“坚船利炮”之说的水平。但是，至少在以下两个方面，已经看得出薛福成对人才培养和工商政策的见解，确实要比一般“洋务派”高明不少，这当然与他对经世之学的钻研和在曾氏幕中的历练是分不开的。

一、薛福成认为，必须注意在知识阶层中培养洋务人才，而培养的方法则是鼓励有识之士（不论是正途出身还是官幕书吏）都来“研求时务”，让大家有机会与洋人周旋。他建议为

"洞达洋务者"专设一科，派"胆识兼优、才辩锋生者"为出洋使节，任"熟谙条约、操守廉洁者"为税务司；同时应该将国际公法、中外约章刊印颁发给州县官员，责成他们学习；还应该选派能工巧匠出洋游历，参观各种工厂，探求科技的奥妙。

二、薛福成认为，求富是致强的基础，必须"体恤商情，曲加调护"。像洋商船只在内河往来自如，华商船货报税过关反遭留难勒索的情形，决不应该再有。同时只有发展矿业，发展交通，发展商业，才能改变"货弃于地"的情形，"杜彼族觊觎之渐，兴中国永远之利"。他甚至设想：由于国家保护工商，投资造船的华商必会源源而来，中国的商船也可以驶往西洋各埠，"夺洋人之所恃，收中国之利权"，使国家变为富强。

这次应诏陈言，使薛福成由"微官末秩"一跃而为京国知名的人士。太后面谕军机大臣将他的"六策""十议"交由吏、户、礼、兵四部和总理各国事务衙门核议，对当时正在拟议中的一些洋务措施，如遣使出洋、刊布约章等，起到了推动的作用。之后，丁宝桢即疏保他"学堪致用，识略闳深"；郭嵩焘也奏举他"博学多通，精习西洋地势制度"，"可胜公使之任"。他就这样成了"洋务派"的一颗新星。

## 北洋"筹洋"

薛福成这颗新星，很早就为洋务派中心人物李鸿章所注目。李鸿章向朝廷奏陈曾国藩"忠勋事实"的奏疏，就是函请薛福成和钱应溥代笔的。薛福成也曾写过《论西人传教书》寄李鸿章，向李建议拒绝西人传教。在薛福成应诏陈言、名满京师之后，主持北洋洋务的李鸿章，便请他入幕，延为上佐。从此薛福成成为李鸿章办理洋务的重要助手，时间一直延续了整整十年。

此十年间，薛福成于北洋幕中，多所赞襄策划。其中最为人称道的有三件事。

(一)马嘉理一案，主张“以拒为迎”，在加强防务的同时，运用谈判技巧，卒能保全和局。钱基博先生《薛福成传》，关于这件事情的叙述，最为要言不烦，今节录如次：

> 二年夏四月，英使威妥玛以旅滇英人被戕，多所要索……国人恟惧。福成则以为，英自俄德交合，方惴惴顾虑，必不轻用兵中国。……不妨以拒为迎，一面备战，一面将滇案本末布告各国使臣……请其评论；仍密饬海关税务司设法刊布外国新闻纸，彼都人士非无公论，久必有据理以讥威使者。已而威使果迁延烟台，不即南下，示转圜意。六月，诏鸿章就与议，而携福成偕行焉。既俄德美法各国公使咸会，均不直威所为。威为气沮，而事遂定。

(二)抵制任英人赫德为“总海防司”之议，使中国的海军建设和指挥的事权不致落入外人之手。《薛福成传》叙述此事云：

> 五年，总署王大臣将以总税务司赫德总司南北洋海

防，下鸿章议。鸿章复书颇瞻徇，福成则以为：……夫赫德为人阴鸷，虽食厚禄、受高职，其意仍内西人而外中国。……若复授为总海防司，则中国兵权饷权，皆入赫德一人之手。若总署已与定议，不能中止，宜告赫德以兵事非可遥制，须亲赴海滨，专制练兵；其总税务司一职，则别举人代。赫德贪恋利权，必不以彼易此也。……赫德果不欲行，遂罢此议。

（三）定计迅速平定朝鲜乱事，消除日本扩大侵略的借口，推迟了东亚危机的爆发。这是发生在甲午之前十二年的事情。钱基博写道：

八年夏六月，朝鲜内乱，毁日本使馆……而张树声代督。闻之，与幕僚议，函请总署奏发兵。福成则以为：发兵是也。然辗转筹商，往返之间，若日兵先至，彼且虏其王而据其都。事机得失，间不容发，请即遣“超勇”“扬威”“威远”三兵轮东驶，扼朝鲜之仁川海口；然后函商总署，发陆军东渡，直指朝鲜都城。……我宜乘日兵之未至，为朝鲜速定内变；内变定，而日无能为矣。树声用其计，我兵先一日至，驰入王京平乱，而日无所逞其志。

薛福成这些主意，充分表现了他在长期幕府历练中造就的识见和能力，颇为时论所赞许。丁宝桢称其“识微鉴远，洞中机宜；其体国之忧，匡时之略，应机之敏，料敌之明，超越寻常万万”。李鸿章更把他称为“不可多得之才”。

在李鸿章幕中,“不可多得之才”实际上并不能得到充分发挥，但是薛福成却有了对光绪初年的洋务进行全面考察的机会。行有馀力，则以为文，他的文就是著名的《筹洋刍议》。

筹洋者，筹划洋务也。《筹洋刍议》十四篇，尤其是《约章》《商政》《船政》《矿政》《利权》和《变法》诸篇的观点，较之七年前的“海防密议”，有了很大的变化和发展。七年前，他还把“坚甲利兵”当成首要的急务，认为中国应该不惜巨款，向西方订购铁甲兵船。和“海防密议”同时写成的《赠陈主事序》[1]，虽然承认西方的军事技术比中国先进，但又坚持中国以“三纲五常”为基础的政教比“饕利、朋淫、腥膻”的洋人要好。而在《商政》篇中，薛福成却向读者指出：

> 西人之谋富强者，以工商为先。……迩者英人经营国事，上下一心，殚精竭虑，工商之务，蒸蒸日上，其富强甲于地球诸国。诸国从而效之，迭起争雄；泰西强盛之势，遂为亘古所未有。夫商务未兴之时，各国闭关而治，享其地利而有馀；及天下既以此为务，设或此衰彼旺，则此国之利源源而往，彼国之利不能源源而来，无久而不贫之理。所以，地球各国，居今日而竞事通商，亦势有不得已也！……然则为中国计者，既不能禁各国之通

① 陈主事即陈兰彬，一八七二年带领首批留美幼童出洋，后任出使美国大臣。

商，惟有自理其商务而已。

薛福成接着指出“商务之兴，厥要有三”，曰贩运之利、艺植之利、制造之利；在这三方面，亦即发展现代商业运输业、农业和工业，中国都应该向西人学习，“始步西人后尘，终必与西人抗衡矣”。

《筹洋刍议》的精华，尤在《变法》一篇。这是洋务派人士首先将“变法”这个词标在自己的旗帜上，所以值得注意。在这一篇中，薛福成首先从中国历史的进化，说明了“变”是经常的，也是无法避免的：

上古狉榛之世，人与万物无异耳；自燧人氏、有巢氏、包羲氏、神农氏、黄帝氏相继御世，教之火化，教之宫室……以启唐虞，无虑数千年，于是鸿荒之天下，一变为文明之天下。自唐虞讫夏商周，最称治平；洎乎秦始皇帝，吞灭六国，废诸侯，坏井田，大泯先王之法；其去尧舜也盖二千年，于是封建之天下，一变为郡县之天下。……降及今日，泰西诸国以其器数之学勃兴海外，履垓埏若户庭，御风霆如指臂，环大地九万里，罔不通使互市。虽以尧舜当之，终不能闭关独治。而今之去秦汉也亦二千年，于是华夷隔绝之天下，一变为中外联属之天下。……彼其所以变者，非好变也，时势为之也。

在说明今日之天下已不是“华夷隔绝之天下”，而是“中外联属之天下”，“虽以尧舜当之，终不能闭关独治”这个极重要的道理之后，薛福成着重发表了“宜变古以就今”的主张；所谓“就今”，实际上便是“就西洋诸国”。薛福成写道：

> 夫西洋诸国，恃智力以相竞。我中国与之并峙，商政矿务宜筹也，不变则彼富而我贫；考工制器宜精也，不变则彼巧而我拙；火轮舟车电报宜兴也，不变则彼捷而我迟；约章之利病、使才之优绌、兵制阵法之变化宜讲也，不变则彼协而我孤、彼坚而我脆。……而既厕于邻敌之间，则富强之术，有所不能废。
>
> 或曰：“以堂堂中国而效法西人，不且用夷变夏乎？”是不然。夫衣冠、语言、风俗，中外所异也；假造化之灵，利生民之用，中外所同也。彼西人偶得风气之先耳！安得以天地将泄之秘，而谓西人独擅之乎？又安知百数十年后，中国不更驾其上乎？

在这里，薛福成不仅有承认落后的勇气，而且有后来居上的信心。在他身上，现实感和责任感是完全一致的。虽然他在《筹洋刍议》中主张“效法西人”，只是为了“取西人器数之学，以卫吾尧舜禹汤文武周孔之道”，仍然没有超越洋务派的目标；但至少已经从“坚船利炮”的框框里跳出来，开始提倡商政矿务、考工制器、火轮舟车、兵制阵法，提倡“变古以就今”，掌握西人的“富强之术”；这就确实“超越寻常万万”，达到了洋务派所能达到的最高水平了。

## 从防海到出使

薛福成在曾、李幕府中盘桓了近二十年，到一八八四年才得到做官的机会，出任浙江宁绍台道。宁绍台道管辖宁波、绍兴、台州三府，为浙东海防要区。尤其是宁波城东五十里的镇海海口，更是浙江的门户。薛福成受任之际，正值法国侵略军在越南和中国军队发生冲突，法政府命海军中将孤拔率领远东舰队沿中国海岸北上骚扰，沿海戒严，形势紧急。薛福成到任后，浙江巡抚即在宁波设立海防营务处，檄令薛氏“综理营务，尽护诸军”，负责海防重任。

在镇海设防工作中，充分看出了薛福成处事应变的能力。他和浙江提督欧阳利见等人协调统一了炮台守将和增防陆师将领的指挥部署，切实加强战备；用沉船的办法堵塞海口，只留出一条狭窄的通道，准备随时堵死，以防止敌船入港登陆；切实控制熟悉镇海水道的引水员，不使其为敌所用；迅速架设镇海—宁波电报线路，保证通讯灵捷畅通；对于从前线退到镇海的三艘兵船，则严令管驾兵官，必须就地参加抗战，如敢再逃，即以军法从事。他还运用自己办洋务的经验，在外交方面采取了一些措施和提出了一些建议，如通知外国领事，中立国军舰入口，必须事先联系；对到港中外客轮，一律实行稽查；将宁波地区的法国侨民，迁移集中居住，派兵加以“保护”；报请南、北洋大臣，依据原有条约，请求英国劝阻法国攻打孤悬海中的舟山；并撰成《英宜遵约保护舟山说》，译成英文，寄往伦敦各报馆[1]；电请总理衙门照会各国，不得为侵华法国舰队供应作战物资、提供通讯条件，等等。

孤拔率领的法国舰队，在侵袭福州马尾军港时，由于中国统帅慢不设防，打了一个大胜仗。侵略者原来以为，在镇海这个小地方更可以轻易得手。可是这一回，他们却大大失算了。一八八五年三月一日，法舰队向镇海发起攻击。海口各炮台和口内三艘兵船一齐开火，第一艘法舰连中五弹，头桅折断，船腰负伤。第二日晚上，法军两次用鱼雷艇进袭，又被击退。第三日清晨，法国装甲舰驶近虎蹲山企图进攻威远炮台。守备吴杰亲自发炮，第一炮命中烟囱，第二炮击断船桅；口内兵船也协同射击，将其击走。之后，孤拔多次黑夜派小船探测航道，屡被炮火击沉；悬赏六万两银子招募引水人员，也无人应募；只得停泊口外，进退失据。守军积极发动反攻，钱玉兴部将八门陆军炮秘密运到前沿，三月二十日半夜突然向敌舰轰击，结果命中五炮，杀伤了很多敌人。据说孤拔也在这次夜袭中负伤，不久后便伤重而死。薛氏还广发文告，号召中外军民用爆炸、火攻等办法围攻敌舰，使得法军十分惊恐，急忙在军舰周围布置木簰、竹筏、铁丝网，日夜戒备，不得安宁。

法国舰队在镇海口外窥伺了四十五天，直到中法和议告成，一直没有讨到便宜。这支偷袭马尾成功后耀武扬威、不可一世的侵略舰队，在小小的镇海口外却屡战屡败，损兵折将。

① 由于中国进行交涉，结果英国驻上海总领事与法国驻华公使达成了英国不宣布阻碍法国行动，法国则自动不进攻舟山的秘密协议。

钱基博论曰：

是役也，孤拔乘中国无海军，以铁甲舟十馀，齮我海疆。直、苏、闽、粤、台湾，督防皆特派大臣，会办络绎，宿将棋置，拨部帑巨万万，然要皆幸无事；而台湾告急，福州丧师，我武未扬。惟浙防无督办之大臣，亦未请拨帑项，仅福成以一分巡道拄撑，位望既轻，而兵不过数千，兵轮只“元凯”“超武”两艘；然屹不为敌军乘，而防守之固称一时最，论者以为难焉。

浙东之役，说明中国人民有抵抗外国侵略的决心和力量，也说明薛福成这个作“筹洋”之论者有保卫祖国的胆略和才能。事定之后，他得到嘉奖，加布政使衔。这时候，他开始整理出版自己的著作，早已传诵一时的《筹洋刍议》，即刊行于一八八四年。其自序回溯了这一组论文写作的背景和产生的影响，云：

光绪五年，日本……灭琉球；……而西洋德意志诸国方议修约事，议久不协；俄罗斯踞我伊犁，索重赂，议者尤汹汹。余愚以为应之得其道，敌虽强不足虑；不得其道，则无事而有事，后患且不可言。窃不自揆，网罗旧闻，略抒胸臆，笔之于书，凡得《筹洋刍议》十四篇。

既属稿，以呈伯相北洋大臣合肥李公，公大韪之，为达总理各国事务衙门备采择。岁辛巳，余友遵义黎庶昌莼

> 斋，以出使西班牙参赞超授出使日本大臣，至自西洋，携一册视余，且曰：“曩过伦敦使馆，见曾侯案上有是书。讽玩数周，心益异之。手写一通，请曾侯用泰西铅印法印得数十册，稍贻同志。今且尽矣，而索者未已也，盍速付诸剞劂。”

但薛福成并不因为时论的许可而高估《筹洋刍议》的价值。他说：“此特一时私论，大端所宜发挥者，十未得一二。”“今距与莼斋相晤时又四年矣，事变愈繁，时艰未艾，余所欲言者滋益多”；现在把它刊刻出来，“倘异日阅历益进，或所见更有异同，岂特借为自镜之资，亦以显天下之理之日出不穷焉”。这说明，他的思想并没有停顿在《筹洋刍议》的水平，而是准备进一步增进自己的阅历，去弄通“日出不穷”的“天下之理”。这样的机会，他不久就得到了。

前面已经介绍过，在薛福成一八七二年应诏陈言后，郭嵩焘便曾奏举他“可胜公使之任”。一八七八年春天，由使英副使改任出使德国大臣的刘锡鸿，也以“襄赞需人”为由，请朝廷旨派薛福成为驻德使馆参赞。薛福成未尝不想早些出国，去亲自考察一下西方国家的“富强之道”；但此时他的母亲刚逝世不久，李鸿章也不愿他离开，便以“丁忧人员，例应终制”为理由，替他辞掉了这次差使。一八八四年，清廷遴选接任使才，薛福成又一次同张荫桓等人被召见；结果又因赶赴浙东，没有能和张荫桓同批出国。

一八八九年初，出使英法义比大臣刘瑞芬三年任满，已被授为广东巡抚，遗缺本拟由江苏臬司陈钦铭接替。可是陈在被任命后一个月就因病免职，朝廷遂以刚刚升授湖南按察使尚未到任的薛福成继任。薛福成于一八九〇年一月离沪出洋，至一八九四年七月回到上海，在欧洲度过了四年半时间。回到上海后，他忽罹时疾，不到一个月就去世了。在欧洲的这几年，也就是他五十七岁生涯的最后几年。

清朝政府于一八七八年有过"出使各国大臣应随时咨送日记等件"的规定，内称："凡有关系交涉事件，及各国风土人情，该使臣皆当详细记载，随事咨报……自当用心竭力，以期有益于国。"薛福成本有在自己"阅历益进"后论述"天下事理"的计划，他写出使日记，确实做到了"用心竭力"。

光绪十七年(1891)十月朔日，薛福成在伦敦使馆，将他从光绪十六年(1890)正月到十七年二月的日记整理为六卷，共十七万馀言，饬员楷录，用西洋糖印法印出六份，一面咨送总理衙门，一面在国内刻版印行，名为《出使英法义比四国日记》。他去世后，他的第三个儿子莹中，又将他光绪十七年三月至二十年(1894)五月的日记遗稿厘为十卷，共三十五万字，于光绪二十三年(1897)冬付梓，名为《出使日记续刻》。《走向世界丛书》将正续二编合为一册，一其名曰《出使英法义比四国日记》。

薛福成在光绪十七年十月朔日为自己日记写的序道：日记所载"由考核而得于昔者十有五六，由见闻而得于今者十有二三"。这说明他的日记，比较注重收集历史资料，而不限于记录亲自的见闻，表现了一种"学人"的特色。《续刻》因为没有经过本人整理，资料的比重更大一些，有时不免显得芜杂。但正如《自序》所云：

凡斯编所言，要有所致意。然太史公讥张骞使西域不得要领，庸讵知我所谓至要，人固以为非要；我所谓非要，人固以为至要乎？是则非福成所敢测矣！

在下面，就来看一看，在国内经历了洋务场中二十多年的“时艰”和“事变”，接着又亲身“厕于邻敌之间”以后，薛福成所殷殷“致意”的到底是哪些事物？他“所谓至要”的到底是哪些东西？

## 始信郭嵩焘之说

薛福成在出国前，虽然也主张“筹洋”，主张“变法”，但他的主体思想，一般说来还限于“取西人器数之学，以卫吾尧舜禹汤文武周孔之道”的水平。这个情况，在他实地出洋以后，即开始发生变化。光绪十六年三月十三日记云：

昔郭筠仙侍郎，每叹羡西洋国政民风之美，至为清议之士所抵排，余亦稍讶其言之过当。以询之陈荔秋中丞、黎莼斋观察，皆谓其说不诬。此次来游欧洲，由巴黎至伦敦，始信侍郎之说，当于议院、学堂、监狱、医院、街道征之。

他所看到议院的情形是：

下议院之人，皆由民举……议院人无早暮，皆得见君主……凡议院坐次，宰相、大臣及与宰相同心之官，皆居院长之右；其不同心者居左；其有不党者，则居前横坐。世爵不在议院及各国公使入听议者，皆坐楼上。余于前月尝往听一次焉。（光绪十六年七月二十二日）

泰西诸大国，自俄罗斯而外，无不有议院……议院者，所以通君民之情者也。凡议政事，以协民心为本。大约下议院之权，与上议院相维制；上下议院之权，与君权、相权相维制。英国有公、保两党，公党退，则保党之魁起为宰相；保党退，则公党之魁起为宰相。两党互为进退，而国政张弛之道以成。（十八年二月十八日）

他所看到学堂的情形是：

西洋各国，教民之法，莫盛于今日。凡男女八岁以上不入学堂者，罪其父母。男固无人不学，女亦无人不学，即残废聋瞽喑哑之人亦无不有学。其贫穷无力及幼孤无父母，皆有义塾以收教之。（十七年正月初三日）

院中男女孩凡三百馀人。有厨房，有书库，有浴室，有饭厅，有读书堂，有讲经堂，有做工所，有演艺场，有洗衣所，有男孩卧室，有女孩卧室，秩然不紊。……听诸孩奏乐，年皆不过十岁左右，而按之乐谱，悉协宫商。……

其教导皆用女师，亦颇爱诸孩，有如其子。聪颖之孩，常有成学业以去者；其次则出为兵丁，为乐工，为画师，为木匠，为裁衣……。於戏！至矣尽矣，毫发无遗憾矣！吾不意古圣先王慈幼之道、保赤之经，乃于海外遇之也。（十八年七月十八日）

他所看到监狱的情形是：

……（狱囚）作工，皆有常程……工作之资，悉归本犯，不充公款，俾自购食物，甚有积资者。……各犯日凡三餐，有面包；每七日与肉食二次，每次牛肉约一斤有半。……地下窟室炽炭，以送暖而御寒；虽届冬令，而巷中甚温。此狱每冬炭费三万佛郎。有药室，有病房，以待病者。有书库，以待各犯人愿观书者。凡各学诸艺，以及游历、教门之书，无不有之，亦使之散闷，且警觉改悔也。（十七年十一月二十七日）

他所看到医院的情形是：

西医所长，在实事求是。凡人之脏腑筋络骨节，皆考验极微，互相接受。又有显微镜，以窥人所难见之物。或竟饮人以闷药，用刀剜人之腹，视其脏腑之秽浊，为之洗刷，然后依旧安置；再用线缝其腹，敷以药水，弥月即平复如常。……此其技通造化，虽古之扁鹊、华佗，无以胜

之。(十六年五月二十四日)

他所看到道路的情形是:

铁路告成,车行愈驶,旅客愈多。……当其行驶之时,汽机内蒸气出入,计一秒中往来二十次;蒸气筒外,时闻有极速呼吸之声,蒸气鼓动之力也。轮宽八尺,一秒中旋转五次,每次车行十丈有馀,神速无比矣。……每至一富庶之区,铁路六通四辟,殆如蛛网。数十年来,智能之士,研精经理,日臻美备,殆亦集思广益而成,非一人所能专其功也。夫西人之所以横绝宇宙而莫之能御者,火轮舟车之力为最多……(十六年三月初七日)

所有这些观感,在薛福成思想上产生了深刻的影响,使他的观念发生了很大的变化。日记中关于这方面的记述很多,兹略举数节如下:

余观火轮舟车之迅捷,因念人心由拙而巧,风气由朴而华,固系宇宙间自然之理。自开辟以后不知几何年,古圣人始创为舟车,为弧矢。乃阅四千数百年以迄于今,弓矢变而为枪炮,舟车改驶以火轮。……若再设想四五千年或万年以后,吾不知战具之用,枪炮变而益猛者为何物?行具之用,火轮舟车变而益速者为何物?但就轻气球而论,果能体制日精,升降顺逆,使球如使舟车;吾知行师者，水战、陆战之外，有添云战者矣；行路者，水程、陆程之外，有改云程者矣。此外御风、御云、御电、御火、御水之法，更当百出而不穷，殆未可以意计测也。（十六年正月二十六日）

这是一种新的进化的文明观。薛福成预言的“云战”“云程”，现在早已成为现实，不过叫作“空战”“航程”就是了。

又如：

西俗于养身之道，无论贫富贵贱，皆较华人为讲究。凡稍有身家者，每膳必食兼味，必有牛肉，有洋酒一二品；食毕，有水果，有加非，有雪茄烟；早晚必饮牛奶，或牛肉汤。……大抵洋人性情，好洁好整，好便捷，好示阔气，好有益于身体而却疾病。虽工人、仆御之流，每七日亦必食牛肉一二次，否则谓无以养生也。华民之佣工外洋者，每日可得工资洋银二圆或三四圆；而其自奉甚菲，衣食至为滥恶，意在节啬以蓄馀资，洋人往往嗤鄙之。其意以为：天地之间人为贵，天本予人以自养之权；今华民欲等人道于牛马，则我亦不能以人道待之。美国所以有驱逐华民之政也，虽由贫民之忌人夺其生计，然使华民稍自修饰，不露寒俭之态，其被嫉当不至若是之甚。（十九年四月十五日）

这已经是一种不同于自给自足型社会价值观念的全新的价值观念。

又如：

今之泰西诸国……或以英人而辅法，或以意人而佐德……其间奇勋伟绩，不出于土著而出于羁旅者多矣。至其民之为商为工为农为佣者，不必定居本国；凡可安居乐业者，即适之。一经入籍，即为土著；新籍旧籍，所获权利，并无歧异。即如美国，地多旷土，凡英人、意人、德人往垦辟者，为数不下数十百万。美之官绅待之，与美人一体，并不以英人、意人、德人视之也。……华民所以不能入彼籍者，盖以饮食衣服，依然墨守华风，究不能与西人合而为一。华民之胜于他国人在此，而受侮于他国人亦在此。盖我既自异于彼族，即彼族亦不能不以异类视之也。（二十年二月二十五日）

这种观点与“非我族类，其心必异”的旧观点也是迥然不同的。薛福成在二十二年前送陈兰彬赴美国时，还把洋人看成是“朋淫、腥膻”的异类，认为留学生到外国去，必须坚持固有的“三纲五常”，以免“沦于异族”。事过境迁，现在确实“非复吴下阿蒙”了。

又如：

《春秋左氏传》讥齐侯“不务德而勤远略”……后之不善读书者，将上半句意义抹杀，若谓：不勤远略，即系务德之明证。……由考墨卷出身之士，浸假而秉国钧，遂以此说施之政事，不知其他。……夫惟“不勤远略”，是故琉球灭而越南随之，越南削而缅甸又随之……夫惟“不勤远略”，是故香港、西贡、小吕宋、噶罗巴等处，各有数十万之华民，而不能设一领事……夫惟“不勤远略”，是故商务则无一船越新加坡而西、越小吕宋而南者……出使大臣，或懵然于条约之利病，而不知久远之计；封疆大吏，或惘然于边防之得失，而惟偷旦夕之安。凡此皆由学术之误，以误国家、误苍生也！

这是一种与封闭社会的意识形态完全相反的对外观点，是一种主张向外看、主张走向世界的开放的、进步的对外关系观。同时，它也就是薛福成写作《出使英法义比四国日记》的主导思想。

## 富强之本原

《出使英法义比四国日记》，尤其是其中的续刻部分，有很多篇幅是摘抄交涉案卷，辑录地理资料。其中比较富于研究价值的，则是薛氏《凡例》中所云，“必于洋务关涉者始笔之于书，即有偶读邸钞、阅新报而记之者，亦以其事关时局不能不录”的部分，尤其是那些“间抒议论”的文字。薛氏一八九〇至一八九四年期间对西方观察的心得，主要保存在这些文字里。人们如果只读薛福成的政论文章，不研究他的这些日记，便无从窥见他后期思想从“洋务”到“变法”的递嬗，对他的洋务思想也就谈不到有精深的了解。

著者对《出使英法义比四国日记》进行初步研究后，发现薛福成在出使期间，对西洋富强本原的认识，确实在逐渐加深。光绪十八年闰六月初六日记云：

> 西人尝谓谋国之要有三，曰安民，曰养民，曰教民。所谓养民者何也？……按西国养民最要之新法，条目凡有二十有一：一曰造机器以便制造，二曰筑铁路以省运费，三曰设邮政局、日报馆以通消息，四曰立和约通商以广商权，五曰增使事衙门以保商旅，六曰通各国电线以捷音信，七曰筹国家公帑以助商贾，八曰立商务局以资讲求，九曰设博物院以备考究，十曰举正副商董以赖匡襄，十一曰设机器局以教闾阎，十二曰定关口税以平货价，十三曰垦荒地以崇本业，十四曰开矿政以富民财，十五曰行钞票以济钱法，十六曰讲化学以精格致，十七曰选贤能以任庶事，十八曰变漕法以利转输，十九曰清帐项以免拖累，二十曰开银行以生利息，二十一曰求新法以致富强。

这里比较详细地讨论了所谓“养民”之政，实际上就是西方近代国家充分利用技术文明成果，努力建设资本主义经济的各项措施。这段文字总的精神，和《筹洋刍议》中“西人之谋富强者，以工商为先”的观点，是完全一致的；不过因为了解得比较清楚，介绍得就比较准确，叙述也更为具体了。

十九年六月十四日，薛福成借用出使随员的议论，进一步比较全面地论述了西洋富强之本原，写道：

有一出使随员论西国富强之原……约有五大端。

一曰通民气：用乡举里选以设上下议院，遇事昌言无忌；凡不便于民者，必设法以更张之；实查户版生死婚嫁，靡弗详记，无一夫不得其所，则上下之情通矣。

二曰保民生：凡人身家、田产、器用、财贿，绝无意外之虞；告退官员，赡以半俸；老病弁兵，养之终身；老幼废疾、阵亡子息，皆设局教育之，则居官无贪墨，临阵无退缩矣。

三曰牖民衷：年甫孩提，教以认字；稍长，教以文义；量其材质，分习算、绘、气、化各学，或专一事一艺，终身无一废学者，何也？有新报之流传，社会之宣讲也。

四曰养民耻：西国无残忍之刑，罪止于绞及远戍、苦工，其馀监禁、罚锾而已；监狱清洁无比，又教以诵读，课以工艺，济以医药，无拘挛，无鞭挞；而人皆知畏刑，不敢犯法，几于道不拾遗；父母不怒责其子，家主不呵叱其仆，雍然秩然；男女杂坐，谈笑而不及淫乱，皆养耻之效也。

五曰阜民财：其藏富于民者三要：一、尽地力，谓讲水利、种植、气、化之学；二、尽人力，各擅专门，通工易事，济以机器，时省工倍；三、尽财力，有公司及银号，而锱铢之积，均得入股生息，汇成大工大贾，有钞票及金银钱以便转运，则一可抵十矣。

> 有此五端，知西国所以坐致富强者，全在养民教民上用功。而世之侈谈西法者，仅曰“精制造、利军火、广船械”，抑亦末矣！

以上五点，“阜民财”相当于前面所讲“养民”一条；“保民生”“牖民衷”和“养民耻”，相当于过去仅仅题了一个头却没有展开论述的“安民”和“教民”两条；除此以外，还加了个“通民气”，即自由选举、议会制度、言论自由等等，并且昂然居于“五大端”之首。在这里，薛福成不仅批评了包括自己在内的“侈谈西法者”把“西法”仅仅看成“制造、军火、船械”的错误，而且也纠正了自己一年以前只注重经济问题，比较忽视政治社会等方面的不足。

当然，薛福成洋务思想的核心始终是“重商”。他出国以后，在考察商务、了解商情方面，做了大量的工作，认识也较过去大有提高。

初到英国后，薛福成于光绪十六年三月初六、初七、初八等日，详细记述了轮船、火车、电报的发明史。后来又多次在日记中补记续记，而尤其注意技术发明推广对于经济发展的巨大影响。如同年九月十四日记：

> 英国富强之业，始自乾隆、嘉庆年间创造火轮舟车之后。当其初开铁路时，国人亦相与疑阻，以伦敦—苏士阿摩登海口，往来车运用马三万馀匹，若用汽车，虑妨小民生计也。迨车路开通，用马乃至六七万匹。盖以道途便

利，贸易日繁，火轮车只行干路，其枝路歧出不穷，相距百里内外来就火轮车者，用马愈多也。

这些具体事例，不是身历其境，考古证今，是很难接触到的。

十六年八月初九的日记，从“唐肃宗至德二年（757)与法王查理曼立商人之约”起，记述了英国海外通商的历史。一直写到在中国“以贩运鸦片启衅”；“当此之时，通商船舰三万八千艘，水手二十九万人，其富如此。迄今数十年来，经营开拓，又加倍焉”。此后日记，于贸易史、经济史、技术史时有记载，采撷的范围非常广泛，观察也能逐步深入。如十七年四月初六日记：

其最盛者，美国产业于八十年之内，多至四十三倍；英国于八十五年之内，产业多至六倍；法国于六十年之内，产业多至三倍。……德有二家，共得银二千五百兆两；法有一家，得银一千兆两。诸商之致此巨富，实众工人胼胝辛勤所致也。因此各工人设会，曰“同心会”，又曰“合同会”，计德、美各有六十馀万人，英有八十馀万人，法国人数更多，动辄停工。实非与上为难，不过求工资饶裕，且一日中限定作工四个时辰，以资养息也。

十七年十月十六日记：

西洋之造自来火，始于道光十六年。从前俱用布纸等炭质，击火石引火，此旧式也。以旧式取火，多费时刻，少成货物，即少得银，是费时刻无异费银也。近有人核计，英国全境因易用自来火，一岁能节省英金二千六百万镑。

十八年六月十四日记：

西洋各国之所以致富强者，以工商诸务之振兴也；工商诸务之无阻，以各项公司之易集也。凡事，独立则难支，众擎则易举；势孤则气馁，助多则智周。西洋公司资本之雄，动以数千百万计，断非一人一家之财力所能就。然苟有当办之事、可兴之利，则风声一播而富商立集，股票一出而巨款立致。盖其规画之精，风俗之纯，章程之善，有使人深信不疑者矣。

十八年闰六月二十七日记：

中国欲振兴商务，必先讲求工艺。讲求之法不外二端，以格致为基、以机器为辅而已。格致如化学、光学、重学、声学、电学、植物学、测算学，所包者广。得其精，则象纬、舆图、律历，皆能深造有得；得其粗，则亦不难以一艺名家。……机器能以一日之力，成十日之功；一人之力，代百人之功。如是，则货价必廉，价廉而销售始畅矣。而所以扩商务之用者，则尤有八焉：一曰设专

> 官：如西洋各国，有商部尚书以综核贸易之盈亏，又有商务委员以稽查工作之良窳是也；一曰兴公司……立保护公司之法……；一曰励新法：有能创一艺者，给以凭单，俾得专享其利……；一曰杜伪品……悬明法以禁之，又使诸商公议罚办之规条……；一曰趋时尚……凡物能变新样，必可善价而估……；一曰设赛会……所以广见闻，资仿效，开风气，旺贸易，法至良也；一曰改税制……稍重洋货进口之税则，……稍轻出口税，以减成本而广销流；一曰导商路……多置轮船……

这八个方面，用现代语言来说，就是商业政策、公司组织、专利制度、商品检验、市场信息、商品展览、税收政策和对外贸易，已经概括了现代商业活动的主要内容。

日记中关于各国工业技术的记载也很多。其写大蒸气锤云："其重击，千钧之石可立碎；其轻击，鸡卵而止伤其皮。"其写贝尔试验"德律风"即电话云："就暴斯敦大堂聚集众人，又于十五里外集众亦如之，以德律风传言，互相问答，其应如响；又歌一曲，音调铿锵，如在耳际。"其写新发明之飞机云："麦心工厂现复造飞天机器……两旁张二巨叶，恍如飞鸟之有翼，来往空中，进止自如。"这些"鹅湖居士"眼中笔下的十九世纪西方技术，自有其文化史上的价值，会心的读者是不会放过的。

## “君民共主”好

薛福成在深入考求欧洲工商致富本原的同时，不断思考中国工商何以落后于欧洲这个问题。《出使英法义比四国日记》中，记下了他的一些心得，这也是值得研究者重视的。还在去国途中，船过香港、新加坡，见“洋人借经营商务，辟荒岛为巨埠”，他就有感而曰：

> 夫商为中国四民之殿，而西人则恃商为创国造家、开物成务之命脉，迭著神奇之效者，何也？盖有商则士可行其所学而学益精，农可通其所植而植益盛，工可售其所作而作益勤；是握四民之纲者，商也。此其理为从前四海之内所未知，六经之内所未讲；而外洋创此规模，实有可操之券，不能执中国“崇本抑末”之旧说以难之。

在欧洲过了四年多时间以后，薛福成在光绪二十年二月二十二日写道：

> 西洋各国，工艺日良，制造日宏，销流日广，皆恃得机器为之用也。有机器，则人力所不能造者，而机器能造之；十人百人之力所仅能造者，而一人之力能造之。夫以一人而兼百人之工，则其所成之物必多矣。然以一人所为百人之工，而减作十人之工之价，则四方必争购之

矣。……而谓商务有不隆盛，民生有不富厚，国势有不勃兴者哉？

中国人民之众，十倍于各国。议者谓：若广用机器，不啻夺贫民之生机，使之不能自食其力，故西洋以善用机器为养民之法，中国当以屏除机器为养民之法。然使行是说也，则必有人所能造之物而我不能造者……则其物之为人所争购，必不能与西人之物……相敌也明矣。自是而中国之货，非但不能售于各国，并不能售于本国。自是而中国之民，非但不能自食其力，且知用力之无益，而遂不自用其力。……则商务有不日替，民生有不日困，国势有不日蹙者哉？

是故守不用机器、调剂贫民之说者，此中古以前闭关独治之时势，而非所施于今日也。必也研精机器以取西人之长，仍兼尽人力以收中国之用……且用机器以造物，则利归富商；不用机器以造物，则利归西人。利归富商，则利犹在中国，必可分其馀润以养吾贫民；利归西人，则如水渐涸而禾自萎，如膏渐销而火自灭，后患有不可思议者矣！

这里所说的“机器”，已经不是一八七二年应诏陈言时“制器宜精”的机器了，而是指的近代化机器生产，指的资本主义生产方式。紧接着上面这段议论的第二天所写的日记，便是很好的证明：

近年中国出口货与入口货相准，每岁亏银至三四千万两之多。……大端尽在棉纱棉线……所以然者，以其用机器纺成，工价较轻；匀细洁白，又胜于人力所制者，是以人争购之。以织土布，则工费省而销售速。若不设法拒遏，则洋纱洋线之源源而来者，尚恐日多一日，无穷期也；而中国之织女织妇，恐多束手以待饥寒矣。然遏之固无他法，不外设厂招工，广购机器，自纺洋纱洋线，渐推而至于织布，则风气开而利源溥矣。余是以有用机器殖财养民说也。

薛福成还有一个重要的收获，就是在西洋各国看到了“通民气”“保民生”“牖民衷”“养民耻”的各项政教设施和“阜民财”的关系。除了在上节所引十九年六月十四日的日记中，已经扼要地表达出来之外，《出使英法义比四国日记》对“用乡举里选以设上下议院”，还有多次报道和议论。如十六年七月二十二日记：

西洋各邦立国规模，以议院为最良。然如美国则民权过重，法国则叫嚣之气过重；其斟酌适中者，惟英、德两国之制颇称尽善。

此云“英、德两国之制颇称尽善”，同年十二月二十九日又谓：“地球万国内治之法不外三端，有君主之国，有民主之国，有君民共主之国。”英国就是君民共主之国，“其政权亦在议院，大约民权十之七八，君权十之二三；君主之胜于伯理玺天德者无几，不过世袭君位而已”。从语气看，薛福成是比较欣羡这种“君民共主”的政体的。出国以前，他的政论文章，极少涉及政治。《筹洋刍议·变法》所要变的“法”，无非是商政矿务、考工制器、火轮舟车、兵制阵法，没有说政体改革问题。此固由于薛福成宦海浮沉，明哲保身，深知“大经大法”之不可轻议；但主要还是“洋务派”的立场限制了他，“尧舜禹汤文武周孔之道”约束了他，使他只能在“大经大法”的范围内考虑问题。现在到了“英法义比四国”，耳濡目染，对“君民共主”的情况有了真切的了解，他的观念就和以前不同了，胆子也比以前大一点了。十八年三月二十八日论君主、民主政体之比较云：

民主之国，其用人行政，可以集思广益，曲顺舆情；为君者不能以一人肆于民上，而纵其无等之欲；即其将相诸大臣，亦皆今日为官，明日即可为民，不敢有恃势凌人之意。此合于孟子“民为贵”之说，政之所以公而溥也。然其弊在朋党角立，互相争胜，甚且各挟私见而不问国事之损益；其君若相，或存“五日京兆”之心，不肯担荷重责，则权不一而志不齐矣。

君主之国，主权甚重，操纵伸缩，择利而行。其柄在上，莫有能旁挠者；苟得贤圣之主，其功德岂有涯哉！此其弊在上重下轻，或役民如牛马，俾无安乐自得之趣，如俄国之政俗是也；而况舆情不通，公论不伸，一人之精神，不能贯注于通国，则诸务有堕坏于冥冥之中者矣。

是故民主君主，皆有利亦皆有弊。然则果孰为便？

曰：得人，则无不便；不得人，则无或便。

薛福成虽然认为君主制和民主制各有利弊，但肯定民主之国用人行政可以集思广益，统治者不能肆于民上，而君主之国则或役民如牛马，舆情不通，公论不伸，“诸务有堕坏于冥冥之中者矣”，却是深中腠理，抓住了要害。薛福成作为君主国的臣民，将两种政体作这样的比较，这件事本身就带有显明的倾向性。

中国究竟是实行君主制好，还是实行民主制好呢？薛福成在三天后的日记中继续发表了自己的见解：

> 中国唐虞以前，皆民主也。观于舜之所居，一年成聚，二年成邑，三年成都，故曰“都君”。是则匹夫有德者，民皆可戴之为君，则为诸侯矣……此皆今之民主规模也。迨秦始皇以力征经营而得天下，由是君权益重。秦汉以后，则全乎为君矣。若夫夏商周之世，虽君位皆世及，而孟子“民为贵，社稷次之，君为轻”之说，犹行于其间，其犹今之英、义诸国君民共主之政乎？夫君民共主，无君主、民主偏重之弊，最为斟酌得中。所以三代之隆，几及三千年之久，为旷古所未有也。

最后的结论，还是“君民共主”的制度最好。薛福成沿用传统的观念和手法，把中国历史上的“黄金时代”——夏、商、周三代，说成是君民共主的模范，无非是为了抬高君民共主制度的声望，已经有一点后来康有为“托古改制”的味道了。

身为大清帝国朝廷大臣，却主张改行君民共主的政体；甚至把今之“英、义诸国君民共主之政”，和“三代之隆”相提并论。这时的薛福成，已经有点离开“大经大法”，在思想上开始带有维新变法的色彩了。把一个“主(君)权甚重”,“其柄在上，莫有能旁挠者”的君主专制国，改变为“集思广益，曲顺舆情”的君民共主之国即君主立宪国，这才叫作真正的变法。薛福成从一八六五年开始“筹洋”,“筹”了二十七年，到外国两年多以后，才开始在思想上作出这样的结论。

薛福成的“以工商为先”的思想，以“利归富商”的主张，都说明他所代表的是要在中国发展资本主义的“富商”的利益，而这正是在薛福成身后蓬勃兴起的变法维新运动的社会基础。当他设想“君民共主”的政治制度时，薛福成也极力提倡“富民”的领导作用，并把他在欧洲的观察拿来加以印证。十八年五月十三日记云：

> 西洋各国议院员绅由民推选，大抵皆取器识明练、才辩锋生者，而尤以家道殷实为第一要义，群谓之“体面人”。……盖视此为扬名成业之具，而非为养身肥家计也。议员中资深望重者，可举为宰相及各部尚书，或为伯理玺天德；或有稍玷其声誉者，则终身无再选之理。故近来欧洲之官，以贪墨著者尚少。

十九年四月十六日又记云：

> 中国用人以富者为嫌，西俗用人以富者为贤，其道有相反者。夫登垄断以左右望而罔利市者，谓之“贱丈夫”；中国数千年来，无愚智皆知贱之。……故贬之曰“铜臭”，斥之曰“守财虏”，中国之习俗然也。泰西各国最重议绅。议绅之被推选者，必在殷富之家……至其选为各部大臣及宰相者，非殷实之世爵，即富厚之名人；其意以为彼皆不忧衣食，专顾体面，未有不竭诚谋国者。……且西洋之寒门贫族所以不出人才者，彼自入学读书以后，非极富则不能为上等之学问，非极富则不能交上等之朋友；况复囿于见闻，牵于衣食，其不能开拓胸襟也，审矣。若夫豪杰之士，非以财助之，不兴也。盖有恒产即有恒心者，吾于泰西风俗见之。

看来，出国以后，薛福成的追求，已经由“取西人器数之学，以卫吾尧舜禹汤文武周孔之道”，逐渐变为行“今之英、义诸国君民共主之政”了。

## 非西人所得而私也

作为“洋务派”中的一位学人，薛福成早就反对“以堂堂中国而效法西人，不且用夷变夏乎”的说法；但他真正主张全面向西方学习，也还是出使四国以后的事情。

十六年四月朔的日记，从《筹洋刍议》“假造化之灵，利生民之用，中外所同也”的观点引申开来，正式提倡像赵武灵王改胡服学骑射那样效法西人，云：

> 夫西人之商政、兵法、造船、制器及农渔牧矿诸务，实无不精；而皆导其源于汽学、光学、电学、化学，以得御水御火御电之法。斯殆造化之灵机，无久而不泄之理，特假西人之专门名家以阐之，乃天地间公共之道，非西人所得而私也。中国缀学之士，聪明才力岂逊西人？特无如少年精力，多縻于时文试帖小楷之中，非若西洋亿兆人之奋其智慧，各以攻其专家之学，遂能直造精微。斯固无庸自讳，亦何必自画也？……昔者宇宙尚无制作，中国圣人仰观俯察，而西人渐效之。今者西人因中国圣人之制作而踵事增华，中国又何尝不可因之？若怵他人我先，而不欲自形其短，是讳疾忌医也。若谓学步不易，而虑终不能胜人，是因噎废食也。……巫臣教吴而弱楚，武灵变服以灭胡，盖相师者未必无相胜之机也。

薛福成反对“讳疾忌医”和“因噎废食”两种偏向，正中“用夷变夏”之说的要害。他从文明进化的历史，说明不同的文化从来就是彼此“相师”“相胜”，互相补充，共同进步的，力反封闭隔绝的积习。同年十二月三十日的日记，总结近代泰西三大战事，谓“弱者让于强者，强者让于尤强者，殆必至之势，固然之理”。“是故与其争胜于境外，不如制胜于国中”；也就是说，国家欲求自立，必须引进先进的文明：

然则居今之世而图国是，虽伊、吕复出，管、葛复生，谓可勿致意于枪之灵、炮之猛、舰之精、台之坚，吾不信也。若夫修内政、厚民生、浚财源、励人才，则又筹此数者之本原也。

从这个宗旨出发，薛福成到西洋以后，对日本变法维新的情形十分注意。十七年六月初三日记云：

日本……因尽废诸侯而退德川氏，以全国之权归于国主，陆续与诸国通商，步趋西法，名曰"维新之政"。三十年来，外交之道日益讲求……工艺益兴，商务益旺，有蒸蒸日上之势。盖日本之地，小于中国不啻十倍，而风气之开，先于中国则不止十年，斯所以能转贫弱而渐基富强也。

同年九月朔日又记云：

日本通国肄习洋学者，几于十居四五；往泰西读书学艺者，络绎不绝，拔取医学、矿学、律学者皆有其人；译西书为日本文字者，汗牛充栋；询以西事西学、泰西掌故，无有不知者。惟汉学则微矣，谓其无所用之也。

十月初五日又记：

日本自设工艺学塾以来，仅十有七年；其工艺大学院之设仅十年，造就人材已不少。大学院中董劝之人，皆贵官、爵绅，有二西人赞襄其间。而其工艺之精进，有出人意料之外者。

十七年三月十九日记：

观明治十九年海关册，中国出口运日本货，值银七百十万馀两；日本出口运中国货，仅值银九万五千馀两。迨至去年，日本货进中国口者，增至七百三十八万八千馀两；华货运日本者，只四百八十三万二千馀两。

日本很快就赶到中国前头去了，其原因完全在效法西方。十八年八月朔日记云：

日本步趋泰西，制造一项，更锐意讲求。如大阪制造铜铁等物，东京制造绸缎布匹，横滨制造蜜酒、荷兰水、火柴等物。……出物日精，价复廉贱，欧洲生意转为所夺矣。

在研究日本的同时，薛福成还注意到暹罗变法的情形，十六年九月十八日记云：

数十年来，暹罗宗尚西法，与英法诸国交谊颇亲，国势尚称完固。盖东洋诸国力摹西法者，日本也；南洋诸国力摹西法者，暹罗也。南洋各邦，若缅甸，若越南，若南掌，或亡或弱矣；而暹罗竟能自立，不失为地球三等之国，殆西法有以辅之。然则今之立国，不能不讲西法者，亦宇宙之大势使然也。

薛福成不仅认识了向西方学习的必要，而且在向西方学习方面也切实做了努力。当然，他的注意力始终集中在振兴商务上。他认为“欲振兴商务，必先讲求工艺；讲求之法不外二端，以格致为基、以机器为辅而已”。因此他在西洋四年多的时间内，比较注意了解的主要是科学技术方面的知识和情况。今摘录日记中关于电学的札记数则，以见其一斑：

昔人见云中电光闪烁，常以比作事之速，从未有知取而用之者。……然格致家考察电气，亦已匪朝伊夕。古人始以琥珀摩擦令热，能吸轻物；后人以玻璃、火漆等物摩热，亦能吸轻物。若质巨气足，则见有火星爆出。寻知五金之属，皆善引之。又以瓶内外粘贴锡箔，蓄其气，放之则有光如电，作声如雷，能震人击物。乾隆三十年，美人弗兰林验试，遇雷雨时以纸鸢放诸空际……气随绳下，盛之充瓶；用一铁匙稍近瓶口，则火星跃出，迸然有声。始知向用玻璃、琥珀等物所出之气，实与雷电无殊，电学由

此渐兴。（十六年三月初八日）

天空本有电气，雷亦电气也。是气之为用极广，收之可以镀金银、燃炮火、通文报、代灯烛，皆可以人力制之。……观于电气行所储之电，引以铁物，不必贴近瓶边，即相离四五寸，瓶中火光激射而出。……西人言人之遭雷殛者，乃天空电气偶然相触，死于火非死于击，死于气非死于神。（十七年七月十六日）

同治七年，有德国人名西门斯者，英国人名辉子敦者，查出新理……遂设新法，将平常镙铁造成此“代拿模”（感应电机），可用人力或汽机以运动之，则自生电气；转动愈速，则电力愈大。费省力巨，故其用处愈推愈广：有作电车者，电灯者，又可传力于数十里外者。（十七年十月初六日）

电学有无穷之妙，其大用不外四端：一曰治病……一曰传报，电路以铜丝或铁丝为之……一秒能行二十八万洋里……一曰传声……用吸铁杆，围以包丝细铜丝圈……吸铁杆前端有极薄圆铁皮；人口对此铁皮言语，彼端亦有此同式之器，人耳对此铁皮听之，即闻言语。一曰燃火，地雷水雷，多可用电气放之……可轰敌于数里之外。以上四端，皆实用之载在电学书者也。此外，用以镀金，可饰器皿；用以代炬，可照昏宵；用以运机，可助工艺；用以航海，可得南针。信乎，格致之学之精妙也。（十七年十二月初六日）

空气中有电，即动植诸物亦莫不有电。电之性分阴阳，同则相驱，异则相吸。电之用分干湿，可借其力以运动别物，亦可借其用以大放光明。近三十年来，研究愈精，运用愈妙。……又自电灯盛行，而煤气灯为之黯然减色。如炮台之守御，兵舰之游行，皆用电灯窥伺敌人。……遂用新法以铜线通于别种机器，一经运动，千轮万轴旋转不已……迩来又以电气行车，较之火轮车，无震动、轰炸之患，无风雨迟缓之虞。如日后再用电力以行船，则更妙矣。（十九年三月二十七日）

## 称使才者，并推薛曾

作为一位外交使臣，薛福成的成绩，在清季外交史上，也是比较突出的。可以举出来谈的事情，第一件便是他为了保护广大侨民，经过交涉，为中国取得了在英属各地设置领事的对等权利。

薛福成出国之初，即十分关心海外华侨的境遇。赴欧程中，听前任旧金山领事黄遵宪言，金山华侨每年汇回广东的现款，平均约一千二百万圆。薛氏即在日记中写道：新加坡及南洋各地，华侨人数更多，“其商佣所得之银输回中华者，奚啻数倍于是”；侨汇收入，以抵全国贸易逆差，已经“有赢无绌”，故于侨务决不能忽视。到英国以后，他即注意了解侨情，发现侨民因得不到祖国保护，在各地都面临着困境。如澳洲叭拉辣（Ballarat）等地，“向时金矿最盛，华人约逾三万；今金矿已稀，又加身税，华人艰苦甚矣”。又如南洋诸岛，“工务商务均赖华人为骨干”，而“(种植)园主虐待华工”，“弊端有四：一、违例虐殴；二、令工头纵赌，诱工人输银；三、纵赌为害，年年借欠，永无脱工之日；四、官定条例亦尚平允，园主不肯张挂”。因此，薛福成认为：“保护华民之事，顾可缓乎？”但他查看旧约，则“但有彼在中国设领事之语，而无我在外洋设领事之文，盖因未悉洋情，受彼欺朦”。于是他决定“援照公法及各国常例”，向英国外部提出交涉，并面告英官：“余意颇不惮笔舌之烦，不参游移之见；若英廷未允，必当据理力争，虽至三四至六七不厌也。”结果，经过反复交涉，英国外部只得复照使馆：“英廷愿给文凭与中国所派之领事官，如给与外洋各友邦之领事官同样办理。”

设领以后，从领事的禀报中，薛福成了解到侨胞的另一重痛苦，就是在海外辛苦积蓄了资财，却不敢携资回国。地方上的土豪恶霸，任意诬蔑归国华侨是“汉奸”“海盗”，抢夺他们的钱财，拆毁他们的房屋，或者伪造借契对他们进行讹诈；而地方政府，却不能主持公道，保护归侨的合法利益。为什么会发生这样的情形呢？薛福成详参律例，发现原来在顺、康两朝，曾立下严厉的“海禁”：大陆商民，片帆不准下海；“通海”而后回国的人，立即“正法”。海疆平靖后，康熙帝曾于一七一七年特准以前出洋的华人返回原籍；但十一年后，雍正帝又宣布，至此不归、羁留海外的，都是“甘心异域”的“莠民”，重申前禁。乾隆年间，还发生过皇帝下旨，对回国贸易的华侨陈怡老“严予惩治”的案例，这就是地方土劣得以肆意迫害归国华侨的借口。为了维系人心、保护侨胞，薛福成于一八九二年十一月十一日函请总理衙门奏请朝廷废除旧禁。总理衙门不愿担承“妄议祖宗旧制”的风险，拖了整整半年，才回信要他自己“恭疏具陈”。他于是起草了著名的《请豁除旧禁招徕华民疏》，结果为亲政的光绪皇帝接受，下令刑部修改私出外境的旧例，并饬沿海各省晓谕州县乡村，商民无论出洋久暂，一概允许回国谋生置产，和内地人民享有同等权利。薛福成由是而成了侨民和侨乡感激不尽的“恩官”,“闽粤人尸祝之”(夏寅官《薛福成传》)。

第二件事情是：在出使期间，薛福成还代表中国政府，同英国政府谈判,订立了《续议滇缅界务商务条款》。原来一八八五年英国强占缅甸后签订的《中英缅甸条约》，并没有完全划定中缅边界；在中、缅居民区之间，还夹杂着不少“不华不缅”的少数民族地区。十八年初，薛福成得知“英兵之驻缅者，屡逾野人山，窥伺滇边土司”，觉得如不趁英人蚕食未甚，及早划定中缅边界，日后必然更于中国不利。他一面上疏朝廷，建议主动与英方谈判界务；一面札委销差回国的使馆随员姚文栋，行经印度、缅甸，察访中缅边界的历史和现实情形，以为谈判依据。几经争取，朝廷才算同意了薛福成的建议，并指派他为和英国谈判的代表。

谈判是在艰苦、复杂的条件下进行的。英国原以为中国从来不争边地，中国人也不熟悉国际条约和谈判方法，可以把他们的意图强加给薛福成：不仅想独占有重要战略价值的野人山地区，还指中国境内的车里（西双版纳）、孟连两大土司为缅甸领土，理由是这两个土司在历史上曾向缅王进贡。薛福成据理力争，多次与英外部大臣及副大臣、谈判代表山特生舌剑唇枪，有时一次发言达五刻钟。十八年八月初二日记告山特生之言云：

> 中朝意在必得此地（按指伊洛瓦底江以东的野人山地区），就情、理、势三者而论，英国断无说以拒之。与其费笔墨，烦口舌，到结局时仍不能不与，不如速与之，示若出英人本意，以彰公道而联睦谊。且野人山地，在厄勒瓦谛江以东者四之一，在厄勒瓦谛江以西者四之三；英得其三而中得其一，在英已大占便利。从前中国不勤远略，于边徼瓯脱之地向不介意；今则渐明利害，欲保体面，故于此等事不肯放松。然中国欲自立，则俄、法不能肆意蚕食，英之商务亦不致受损，固英国之利也。英国胡不稍让荒地，以成中国之美，而示他国以榜样……盍亦通盘筹画，轻小利而成大计乎？

从这段话看，薛福成的外交水平和谈判策略都是很不错的。历时一年半，最后终于“刚柔互用，稍稍使就范围”，于光绪二十年正月二十四日，和英国外部大臣签订了边界条款。英国除让出科干等地，并归还车里、孟连两土司全权外，还同意将野人山穆雷江北英国驻兵的昔马地区三百平方英里的地界，穆雷江南既阳江东七八十平方英里的地界，划归中国所有。这在清季数十年外交史上，和曾纪泽赴俄谈判收回伊犁先后媲美，是仅有的两个谈判得比较成功的例子。

薛福成死去，李鸿章闻之痛惜，以为未尽其用，奏称“曾纪泽、洪钧、刘瑞芬，并经出使外洋，著有勤劳；惟薛福成奉使绩效，亚于曾纪泽，过于洪钧、刘瑞芬”。钱基博《薛福成传》也说：“数十年来，称使才者，并推薛、曾云。”

虽然在薛福成去世后，总理衙门在划定滇越边界时，拱手让出车里南界和猛乌、乌得等地；英人又乘机勒索，重新夺去了薛福成好不容易争回的昔马、科干地区，并且为尔后的“片马纠纷”种下了祸根；但直到今天，孟连全境和西双版纳，仍然能够作为云南省的一部分，保留在中国的版图之内，这不能不承认有薛福成的一份劳绩。

薛福成在外交上的这些努力，在总理衙门心目中却成了“多事”“好名”之举。他的好友黎庶昌，曾将总理衙门掣肘的情形写信告诉他，感慨地说：“今日时局，以馈遗敷衍为能，决不喜人办事。使臣在外，尤属无拳无勇，似宜虚与委蛇，以待转圜……”薛福成对总理衙门的颟顸腐败，也深有所感。他在十八年六月二十日的日记中评论道：

> 洋人之恣挟持于中国也，其所由来，非一日矣！……虽设总理各国事务衙门，而堂司各官皆未洞识洋情，因应不能得诀。每遇一事，大抵御之以多疑，示之以寡断……刚者争非所争，柔者又让非所让，而事益不可为。

闰六月初四日又慨乎言之：

> 中国文文忠公而后，总理衙门大臣萃毕生之全力以经理交涉事务者，殆鲜其人。或以官高挂名，或以浅尝自

喜，或骤出骤入，听其自然。一闻《海国图志》《瀛寰志略》两书之名，尚有色然以惊者[①]。或又有一二清流，如李高阳、阎朝邑两相国，皆自谢为“不知洋务”，以终年不一至衙门为高。至于章京，考取之券(卷)皆以小楷，固有居署十年，尚于洋务不甚通晓者。……如是而欲洋务人才之练习，其可得乎？如是而欲办理洋务之不至于歧误，其可得乎？

而总理衙门的表现如此，却又另有更重要的原因。薛福成世故极深，很少留下容易引出麻烦的笔墨。但是在他的日记里，还是可以找到一点蛛丝马迹。如十七年九月十二日记：

户部自阎相去后，库款匮乏……沪关积年存出使经费一百九十万两，从前文文忠公煞费经营，谓此款关系紧要，无论何项急务不得挪动。前月，海军衙门以园工支绌，奏提一百万两作万寿山工程矣！

所谓“园工”，所谓“万寿山工程”，就是为了庆祝慈禧太后“六旬万寿”而举修的颐和园工程。海军经费用到这上面去了，还不够，又从出使经费项下提去一百万两。

十九年五月初五日的日记，又记到了这件事情。薛福成不愧古文名家，他的白描手法，喜怒不形于色而力量自见。这一

① 原注：谓景秋坪尚书。

天日记不长，我们把它全抄如下：

明年恭逢慈禧皇太后六旬万寿，敬备一切庆典，遵旨力崇节俭。户部预为筹款约已备五六百万金。惟各衙门查照乾隆年间迭次庆典成案，实需三千六百万金；今节至三分之一，尚与预筹之款不符。而大典攸(攸)关，责无旁贷。除由户部行知各衙门，再将所需力筹节省请旨遵行外，户部现将岁出岁入各款逐加详核，设法腾挪，移缓就急，挹彼注兹。一俟筹有成数，再行奏闻请旨。

读了这节日记，再想想西方“君民共主之国”“为君者不能以一人肆于民上，而纵其无等之欲”的情形，薛福成写这节日记时的思想活动，也就可想而知了。

# 第十七章　甲午以前的日本观



在第八章中，我们讲述过中国和日本“开国”以前交通往来的历史。日本开国和维新以后，两国之间的交往逐渐多了起来。

日本向西方学习的成效越显著，它对中国的影响就越强烈。顽固守旧的人，继续用“天朝上国”的态度鄙视这个“数典忘祖”的“东夷”；赞成维新的人，则主张中国学习西方，应该走日本的路子。

因为地理和历史两方面的原因，近代中国人到日本去的，要比到欧美去的多得多。在这些人中，有由清廷以国家名义派遣出使和游历的官员，有地方当局为了办理洋务或推行新政资助前往参观考察的人士，也有自费出游的知识分子。他们的观点各不相同，往往摅其感受，发为文章。不管是保守的人也好，进步的人也好，持中间立场的人也好，他们的记载，都或多或少反映了日本近代化的过程，同时也在客观上反映了中国人对近代化问题认识的逐步提高和深化。

本章从甲午(1894)以前的游日记载中，选择具有代表性的几种加以讨论，它们是：

何如璋《使东述略》(1877)

李筱圃《日本纪游》(1880)

傅云龙《游历日本图经馀纪》(1887)

黄庆澄《东游日记》(1893)

## 何如璋《使东述略》

锁国政策的失败，直接导致了日本封建政权——德川幕府的瓦解。一八六七年，执政二百多年的德川家不得不将“大政”“奉还”明治天皇。一八六八年，一批“学习西方”的年轻政治家(年纪最大的岩仓具视四十六岁，而有名的伊藤博文刚刚三十岁)掌握了中央政权，以明治天皇的名义宣布了“五誓”(五条誓词)，其中决定：“广兴会议，决万机于公论”；“打破从来之陋习”；“求知识于世界”。这就是有名的“明治维新”。从此以后，日本开始把学习西方、走向世界定为基本的国策，自上而下地全面推行现代化。

这样做的结果，真是所谓“立竿见影”——在“明治维新”之前十四年，罗森随柏利舰队到日本，看到的情形是：

> 百姓卑躬，敬畏官长；人民肃静，膝跪路旁。不见一妇人面，铺户多闭；因亚(美)国船初至此，人民不知何故，是先逃于远乡者过半。

美国人“于横滨之郊筑一圆路”，“烧试”特地带去给日本人开眼界的模型火车，日本见所未见，“人多称奇”。而在“明治维新”后不到十年，何如璋一行乘中国的“海安”号兵轮到日本时，却只见：

> 日本“春日”舰海军少佐矶边包义来谒。……登其舟，军练而法严，船坚而炮利……东京距横滨七十里，有铁道，往返殊捷。……浃旬中，酬应纷纭，答拜者趾相错也。东人来者，多自言修旧好之意；西人则以中华遣使为创举；各握手问道途，询风土，意殷殷然。

何如璋，字子峨，广东大埔人，光绪七年成进士，入翰林院，以庶吉士授编修。明治维新后，一八七〇年，日本即遣柳原前光出使中国，会谈议约；一八七一年，复派伊达宗城来议订《修好条规》。中国却迟至一八七六年才向外国遣使，最先是郭嵩焘、许钤身(后改刘锡鸿)使英，陈兰彬、容闳使美。一八七六年九月(光绪二年八月)，许钤身由使英副使改使日本，何如璋以翰林院侍讲、加三品衔副之。一八七七年一月，许钤身罢，何升正使，另派张斯桂(鲁生)为副使。此为中国遣使日本之始。

何如璋的《使东述略》，自叙其与副使率从官十馀人(其中有参赞黄遵宪)、跟役二十六人，“自（光绪三年）八月五日出都……十月杪乘轮东渡，历日本内海、外海，冬至前五日乃至横滨；又迟之一月，始移寓东京行馆”，这一段时间内“海陆之所经，耳目之所接，风土政俗”的情况，“就所知大略，系日而记之；偶有所感，间纪之以诗，以志一时之踪迹”。全文约万四千字，附《使东杂咏》六十七首。篇幅虽少，却是罗森以后中国关于日本的第一篇正式报告，因此值得重视。

何如璋的地位和身份与罗森迥然不同。他是朝廷大员、词林学士，思想是传统的思想，文章也是传统的文章。但他却很重视自己担负的使命，也很知道参稽博考、目击身历的重要。《使东述略》结语云：

> 若得失之林、险夷之迹，与夫天时人事之消息盈虚，非参稽焉，博考焉，目击而身历焉，究难得其要领。宽之岁月，悉心以求，庶几穷原委、洞情伪，条别而详志之，或足资览者之考镜乎？是固使者之所有事也。

虽然《使东述略》只是一个初步的报告，“或察焉而未审，或问焉而不详，或考之图籍而不能尽合”，篇幅也很少，但作者能有这样的指导思想，则亦必有可观者矣。

何如璋在《使东述略》中，比较注意介绍日本的基本情况。他的座轮于十月丁未日达长崎港。关于长崎，过去陈伦炯《海国闻见记》把它和萨峒马（即萨摩）、对马说成是“日本三岛”，徐继畬和魏源都承袭了这种与实际不符的说法。何如璋“目击身历”之后，指出“日本三岛”是“西海道”（九州）、“南海道”（四国）和“中央一大岛”（本州），还应该加上“东北一大岛曰北海道”，实际上是“日本四岛”；长崎只是“西海道”岛上的一处港湾，萨摩是“西海道”西南一境，对马则是“西海道”北方海中的小岛，《海国闻见记》完全弄错了。他记长崎地势云：

> 港势斜趋东南，蜿蜒数十里，如游龙戏海，尽处名“野母崎”。北则群岛错布，大小五六，山骨苍秀，林木森然，雨后岚翠欲滴……

翌日登岸，诣华商会馆，询之老者云：

> 中土商此既数百年，画地以居名“唐馆”。估货大者糖、棉，小则择其所无者；反，购海物，间以木板归，无他产也。荷兰船岁亦一二至。吾民流寓，有历数世、长子孙者，既莫辨主客矣。

同时，他还察看了长崎本地人民的生活情形：

> 俗好洁，街衢均砌以石，时时扫涤。民居多架木为之，开四面窗，铺地以板，上加莞席，不设几案。客至席坐……男女均宽衣博袖，足蹑木屐。……其女子已嫁，必剃眉黑齿以示别，近弛其禁矣。

己酉日，留饮会馆，席次谈本年萨摩之乱，记云：

西乡隆盛者，萨(摩)人也，刚很好兵。废藩时，以勤王功擢陆军大将。台番之役，西乡实主其谋。役罢，议攻高丽，执政抑之。去官归萨，设私学，招致群不逞之徒。今春，以减赋锄奸为名，倡乱鹿儿岛，九州骚然。日本悉海陆军赴讨，阅八月始平其难，费帑至五千万。

庚戌日启程出长崎，晚泊平户后港，复记当地史事：

元至元中，范文虎、阿塔海帅舟师十万，以高丽为向导，渡海东伐，克对马、壹岐，乘胜进攻平壶(户)。遇风舟覆，范文虎等弃其众，乘坚舰遁还。考之地势，盖此岛云。

这样，长崎及附近地方的地理、历史、民俗、国政各方面的基本情况，都介绍到了。此后历经日本各地，如周防内海、神户、大阪、西京、纪伊内海、横滨……描写莫不如此。所涉及的范围，远远超过了罗森；而论内容的详细具体，又为后来黄遵宪的《日本国志》开了先路。

尤其值得注意的是，从明治维新到何如璋“使东”，时间不到十年，这不到十年时间中日本发生的巨大变化，在《使东述略》和《使东杂咏》里也颇有反映。如咏取消锁国后之长崎海市云：

东头吕宋来番舶，西面波斯闹市场；中有南京生善贾，左堆棉雪右糖霜。

咏神户诗及注云：

> 极目茅亭海市通，蜃楼层叠构虚空。街衢平广民居隘，
> 半是欧风半土风。[①]

于铁路、火车、电报、邮便、机器造纸等新事物，亦均有诗。咏铁路云：

> 云山过眼逾奔马，百里川原一响来。[②]

咏电气报云：

> 一掣飞声逾电疾，争夸奇巧夺神工。[③]

虽然中国得知西人铁路、电报比日本早，可是日本一见这些“奇巧夺神工”的东西，立刻拿来为己所用；中国却视之为不祥之物，深闭固拒，迟迟不能引进。何如璋的吟咏，即使不算高声赞美，却也没有皱着眉头、扭过脸去，而能够如实地介

---

① 原注：未初到神户口，一名茅渟。海港口南敞，山岭北峙。番楼廛肆，依山附隰约里许。东人所居皆仄隘，通市以来，气象始为之一变。

② 原注：大阪距神户六十里，铁道火轮四刻即至。烟云竹树，过眼如飞……

③ 原注：电气报以铜为线，约径分许，用西人所炼电气。或架木上，或置水中，引而伸之，两头以机器系之。所传之音，傅线以行，虽千万里，顷刻可达。

绍一番，这就很不容易了。

《使东述略》总括日本维新效法西方的情况道：“近趋欧俗，上至官府，下及学校，凡制度、器物、语言、文字，靡然以泰西为式。”其记呈递国书之经过云：

> ……出入皆三鞠躬，王答如礼。……其礼简略，与泰西同。日本前代仪文，尊卑悬绝；其王皆深居高拱，足不下堂，上下否隔。明治之初，参议大久保市藏上表，有曰：“请自今不饰边幅，从事于简易。”后用其议，至易服色，改仪制，质胜于文矣。

这里对于“易服色，改仪制”，也没有加以贬削。明治天皇“西服免冠，拱立殿中”，和何如璋互行三鞠躬礼，日本国家并不因此而示弱。返观中国在和外国通使之初，一再坚持外国使节见皇帝必须跪拜，甚至不惜因此和外国兵戎相见，真是太可笑，也太可悲了。

何如璋不过是一个平庸的官僚，远没有郭嵩焘、曾纪泽之器识；但他也不像刘锡鸿那样以卫道攘夷自命，而是把日本的变化归之于“风会所趋”，用今天的话来说，也就是不以人的意志为转移的历史规律在发生作用的意思。他参加外务省公宴，见“筵馔西式，奏乐亦仿欧洲”，写道：

> 日本虽僻处东隅，汉唐遗风，间有传者，一旦举而废之。初与米利坚通商，继欲锁港拒之，后又仿其法之善

者；下至节文度数之末，日用饮食之细，亦能酷似。风会所趋，固有不克自主者乎？

在总论日本历史时，《述略》讲到过去幕府专政，天皇徒拥虚名，德川氏“据江户传子孙者殆三百年”；后来天皇想夺回政权，“楠氏仗义兵，赴国难，举族捐糜而不克，何其难也！”而近二十年，“强邻交逼，大开互市。忧时之士，谓政令乖隔，不足固邦本、御外侮”，拥护明治天皇的政治势力遂得一举而推翻德川幕府，“强公室、杜私门、废封建、改郡县，举数百年积弊，次第更而张之，如反手然，又何易也！”而后感慨地说：

讵前者果拙，而后者果工耶？抑时事之转移，固自有其会耶？此不可得而知之矣！

当时中国的守旧派，不仅坚决反对在国内兴办洋务、讲求西学，而且也攻击日本的明治维新，把这看成是一场严重的传染病。一八七四年陈其元写的《日本近事记》，把推翻德川幕府说成是奸臣篡夺，“废其前王，又削各岛主之权”；对日本仿行西法尤为不满，谓“彼昏不悟……使国中改西服，效西言，焚书变法。于是通国不便，人人思乱”。这位陈其元居然异想天开，建议清廷派兵跨海征东，去帮助德川氏复辟。何如璋虽然并没有正面驳斥守旧派的议论，但他的观察和记载，事实上澄清了一部分事情的真相。

何如璋也有两次从中国立言的时候。一次谈到和西洋互市，他主张在西北用机器开垦灌溉；“洋布最为输入大宗，亦宜依其法以织”，以堵塞入超漏卮。还有一次则是在横滨见到日本和外国的兵船，从国际形势论及中国亟待自强，曰：

> 欧西大势，有如战国。……各国讲武设防，治攻守之具，制电信以速文报，造轮路以通馈运，并心争赴，唯恐后时；而又虑国用难继也，上下一心，同力合作，开矿治器，通商惠工，不惮远涉重洋以趋利。夫以我土地之广，人民之众，特产之饶，有可为之资，值不可不为之日。若必拘成见、务苟安，谓海外之争无与我事，不及此时求自强，养士储才，整饬军备，肃吏治，固人心，务为虚憍，坐失事机，殆非所以安海内、制四方之术也。

什么“肃吏治，固人心”等等，固然是老生常谈；但他所说中国“有可为之资，值不可不为之日”，却是一句非常中肯的话。

何如璋回国后，任福建船政大臣，在中法战争中失机先逃，丧师辱国，受到惩处，声名扫地。这是后来发生的事情。对他以前的文字，还是不要以人废言了吧。

## 李筱圃《日本纪游》

何如璋在日本驻留了三年，于光绪六年十一月（1880.12）被召回，由许景澄接任。就在何如璋使日最后一年的暮春时节，原来在江西做过官，后来在上海“隐于市”的李筱圃到日本旅游，于四月十六日到使馆拜会了何如璋和张斯桂、黄遵宪诸人。

李筱圃自称他“海外游踪，未携冠服，本不欲投刺公门”。他从上海到长崎，由华商“泰记号”接待；续至神户，神户华商“鼎泰洋布号”“德澄号”“鼎发号”“先得上海号信”，给他预备了“洋楼式”的住处，“几净窗明，颇为轩敞”；续至大阪，有“德兴隆”号东童明辉作陪；到西京，又有“以工书善画客游于此”的浙江人冯雪卿、江宁人王冶梅等作陪。“游踪所至，每即有人相迓者，以先得其号中电报也”。上海“新载生洋行”的洋东步迈司岱，也曾写信给神户和横滨的日本及西洋商行，托为照应。看来他完全是靠商界的关系，以私费到日本旅游，并没有公务在身。大阪“德澄号”“房亦西式，较神户尤宽大”；随后送李筱圃到东京，商号还派专门厨夫照料他的饮食。这些商号的规模和李筱圃的排场，也就可见一斑了。

据李筱圃《日本纪游》记载，此时华商之在日本者，约共五六千人。以前中日通商，只限长崎一港，“同治初年，美国兵船至港，日人拒之不得，始允通商；各国踵至，又开神户、横滨、箱馆等处，共八码头，我华人亦随洋商而往”。从接待李筱圃的情况看，这些商号的生意做得很大，有的“号友”“工书善医，诗亦清逸”，显然不是贩夫估客，而是读书之人。同时，除了“以工书善画客游于此”的文人以外，还有馆于日本世家巨室、“专论诗文”的王漆园等人，说明两国民间的文化往来此时也很活跃。书中还记载，“有宁波人张楚传名锡荣，在上海开‘龙飞马车行’者，云因腿疾，特赴东洋”治疗，这类私人旅行也逐渐多起来了。

李筱圃到日本的时间只比何如璋晚三年。在短短的三年中，日本又有了很大的进步。何如璋初到时，长崎只有一机器厂，“工匠仅数十人，以萨乱经费支绌之故”，东京还不见新式工厂。李筱圃却在东京王子山看到了机器纺纱，“一人之工可当数十人”；又在三田看到了机器造纸，“不须一分时工夫，浆已成纸”。何如璋初到时，各大城市的游观之处还只有些名胜古迹，如长崎孔子庙、大阪丰臣旧垒、西京故宫、楠公神社等处。李筱圃却在长崎看了博物院，在西京、横滨都参观了博览会，东京“博物院共有四处，最盛者曰教育院，入游者并不取资”。

尽管李筱圃看的地方不少，他的文笔也善能状物，但他的观点却是反对维新的。四月十五日，他在东京游了德川氏历代坟茔后，发了一番感慨：

> 德川氏为日本诸侯，号曰大将军，世掌国政历三百年，国王徒拥虚位而已。早年米利坚求通商……国王乘此夺其政，并废藤、橘、源、平各诸侯，收其采地归公，但给岁俸，大权一归于国，曰维新之政。今则非但不能拒绝远人，且极力效用西法，国以日贫，聚敛苛急，民复讴思德川氏之深仁厚泽矣！

“讴思德川氏之深仁厚泽”的日本人确实有的，但那是李筱圃专程去拜谒的“故侯”源辉声（即大河内辉声）一类人。

《日本纪游》记李、源会见情形云：

> 辉声号桂阁，为日本世袭诸侯，封地在西京高崎。今王新政，概废藩封，令各诸侯俱迁往东京，所有采地全行归公……桂阁年仅三十馀，澹泊不仕，以诗文自娱。……笔谈半时许，同游上野博物院，至“小西湖”酒楼午餐。

近年在日本发现的《大河内文书》的《庚辰笔话》中，保存有源桂阁同李筱圃笔谈的原文，文后又有源氏补记陪李筱圃参观“上野美术馆”，并到“小西湖三川屋”小酌一段文字。北京大学王晓秋君正是根据这个旁证才弄清，《小方壶斋舆地丛钞》所辑刊的《日本纪游》的作者(原署“阙名”)，原来就是李筱圃。

被“明治维新”剥夺了世袭爵位和所有采地的旧贵族，不管如何“澹泊”，也是不会讲维新的好话的。还有一些顽固守旧的“遗老逸民”，由于思想意识上的敌意，也对维新持反对态度。《日本纪游》还记述了一个这样的人物：

> 有日本尾张国爱知县人中村道太来，投其友人名关根录三郎号“痴堂生”近诗二册求题。翻阅一过，皆嫉世痛时之语。日本自维新政出，百事更张，一切效法西洋，改岁历，易冠裳，甚欲废六经而不用。遗老逸民，尚多敦古以崇汉学。痴堂盖逸民之贤者，爰拈四绝以贻之。

可惜李筱圃送给“痴堂生”的四首诗没有保存下来，不然倒也是一份有价值的研究资料。

“日本自维新政出，百事更张，一切效法西洋，改岁历，易冠裳，甚欲废六经而不用”，究竟是做对了还是做错了呢？历史早就做了结论。李筱圃自己的某些记载，其实也回答了这个问题。工厂和博物馆不必说了，他由神户乘火车至大阪，“计程七十里，行半个时辰；若非中间搭客、卸客停顿四次，两刻工夫便到矣。……轮路之旁，如有人站立，车过时骤然视之，面目模胡，不辨老少……”这样便利的交通工具，在中国却还没有。不然的话，李筱圃坐在火车上，也不会有如此新奇之感了。中国为什么没有呢？还不是因为没有维新的原故吗？

李筱圃却并没有这样想。他只是在对日本“一切效法西洋”愤愤不平。除了看博物院是为了猎奇，看工厂也许是为了应“号东”“号友”的请托外，他对维新带来的新事物和新气象很少注意，更闭口不予赞美。他自称“虽不敢言壮游，亦聊以扩眼界而已”，所扩的“眼界”，无非是“名妓游会”“男女同浴”“雌雄瀑布”“少妇小姑，招人驻饮”“侍酒劝餐，皆以妇女”等东洋景而已。

但是，正如上面所举的事实所说明的：即使李筱圃在思想上非常反对维新，他所写的《日本纪游》却无法完全回避维新在日本带来的进步。客观规律比人的主观意志强，的确一点也不错。

《日本纪游》有些记述日本文化风俗的地方，也颇有意思。如在东京猿若町观剧一段：

戏园之屋仿佛中华，但坐客之地皆以板隔作方槽，每一槽内可席地而坐四人，上下可容千馀人。戏台甚大，优人但说白而不唱。左首小楼坐弹弦者二人，着大红半臂，偶或大声喝唱三二句，不知何辞，不知何调。右首小楼内有数人击鼓吹笛鸣小钲，亦无音节。大约观者专看伶人之扮演情形，能肖能妙，则喝彩齐声，不计曲词腔调。其所演之戏并非故事，皆出新编，全本可演一月。编成，先将戏名、目录、情节、扮演形状分为数十出，刻作小本出卖。故坐观者，多手一本也。

又有东京博物院展览中国鸦片烟具和落后兵器的一段：

可恨者，有一会中架上置坏竹鸦片烟枪两根，破瓷烟缸两个，中竖一挑烟棒，烟盒烟竿数件，坏铜水烟袋一枝，破钱板一块，破旧篾纸灯笼一个，破帽零星各件，俱极肮脏。又于其所陈军械、刀枪、盔甲、旗帜处，置锈蚀鸟枪数杆，破布九龙袋两个，中插装火药小竹筒十数根，俱标识曰“中国物”……

对此，李筱圃“阅之不胜愤懑”。他大呼日本人“可恨”，说：

我中国连年赴美、法各国赛奇会之物品，西人且加夸奖，岂无工艺珍贵之物以冠他邦？乃独以此为形容，虽鬼蜮之见不足较，而其居心已显然可见，尚足与之论邦交哉！

说日本当局有意夸示中国的落后面，煽动日本人民轻视中国的沙文主义情绪，以图实现侵略中国的“居心”，当然是不错的。但如果在愤懑之馀反而求诸己，找一找中国烟毒流行、武备窳劣的根源，看看如何才能自强，岂不是更有益于国家吗？

## 傅云龙《游历日本图经馀纪》

到十九世纪八十年代中，因公因私出国到西洋和东洋的人渐渐多起来了。所有出国的人，都看到了外国“并心争赴，唯恐后时”的情形。思想进步的人，觉得中国应该急起直追，以求自立于世界；思想保守的人，也感到了外国的威胁，不免要想想应付之方。于是渐渐形成了需要了解外国的舆论，反映到朝廷的政策上，就是决定比较大规模地派员游历外洋。

这一次派员游历外洋，和二十年前斌椿带同文馆学生去“游历”有很大的不同，是颇为郑重其事的。

先是，光绪十年(1884)有御史谢祖源奏请派员游历外洋①。

① 谢祖源原疏未见。薛福成《出使英法义比四国日记》卷三，节录了光绪十一年(乙酉)二月总理衙门会同翰林院、吏部议复谢祖源疏一疏，中有云：“近世士大夫囿于见闻，语及环球各国交际之通例、富强之本计，或鄙夷而不屑道。……是以欲周知中外之情势，必自游历始。……翰詹部属中，如实有制器、通算、测地、知兵之选，坚朴耐劳、志节超迈者，可否请旨敕下翰林院、六部核实保荐，并咨送总理衙门考核，再行奏请发往各国游历。”同卷中还录有丁亥(十三年)四月总理衙门奏定酌拟出洋游历人员章程十四条，可以参看。

十一年二月，总理各国事务衙门议由翰林院、六部核实保荐，提出游历人员名单，报可。十二年十二月，传旨迅保。十三年四月，总理衙门议奏遣员游历章程十四条，朱批“依议”。接着，六部共保荐七十五人。闰四月廿一、廿二两天举行考试，试题是《海防边防论》《通商口岸记》《铁道论》《记明代以来与西洋各国交涉大略》，考取二十八人，兵部郎中傅云龙名列第一。

这二十八名考取的官员，由总理各国事务王大臣接见，“核记载，觇器识”后，再带领引见，最后朱笔圈出一十二名分赴东西洋游历，傅云龙被派往日本、美利加（附坎拿大）、秘鲁（附古巴）和巴西四国。傅氏于光绪十三年（1887）八月出发，先游日本，再游美洲，于十五年（1889）十月十七日回到北京。

一八八七至一八八九两年中，傅云龙在日、美等国采辑了不少资料，编成了《游历各国图经》八十六卷，其中有《游历日本图经》三十卷，用列表和地图的形式，介绍各国国纪、政区、职官、外交、政事、文学、兵制、考工、河渠等方面的情况。这是中国十九世纪末开始向外看，第一次派人出国调查研究的成果，是中国外事人员作出的第一份外国国情报告，具有指标的意义。

《图经》八十六卷的主要内容是图表，傅云龙的游历行程和他本人的见闻和观感，则记述在另外写成的一十五卷《馀纪》里。《游历日本图经》有《馀纪》三卷，分“前编上”“前编下”和“后编”，前编记其准备出国和首游日本的情形，后编则是从美洲返回日本后继续游览和“昼夜排比，随编随印”的经过，从中可见其对日本调查研究的努力和规模。现将《馀纪》所载《图经》篇目照录如下：

凡例；日本经纬表；中国日本月朔表；中国日本较时里差表；晴雨寒暑表；沿海气候表；偏多风方向表；沿海偏盛风表；潮候表；疆域；四至八到表；沿革表；府县分疆表；郡、村系国表；疆域险要；海道险要；港湾测深表；灯台表；昼标表；民设旧灯明台诸标表；暴风信号标表；国都表；宫室表；城市、府县厅至东京里表；府县厅孔道支道表；北海道辟路表；商港系年表；中外名港里表；联约国里表；岛表；山表；火山表；水道；水道分合表；东京神奈川引用水道表；矿泉表；湖沼；瀑布；桥梁；世系表；权臣柄政年表；藩国表；风俗；前代人口表；户口表；北海道土人；北海道屯田兵表；官民地表；地租表；物产；货币表；造币金银料表；造币机器表；货币铸发表；货币出入表；纸币表；通商物值增减表；中国出入日本物值表；日本出入物值系地表；八港税关物值表；银行表；民立银行分类表；商贾数表；商标表；许专卖表；农表；蚕丝表；盐法表；茶表；酒表；糖表；淡巴菰工商表；舟表；车表；瓦斯灯表；渔猎表；矿表；官矿表；官矿工表；官矿售数年表；官矿出入表；民矿金属非金属表；日本官民矿行合表；计里总图；各府县厅图；备荒表；保险表；博物馆、博览会、共进会表；土木费表；日本国债表；岁计出入表；岁计比较表；考工、官工表；工器表；工值表；罪人工表；制度量衡工表；横须贺造船所表；铁道费计里表；铁道资本表；官立铁道局费表；民立铁道会社费表；停车里数表；铁道车数表；铁道计入表；铁道年表；兵制沿革；征兵已未入伍表；征兵分类表；征兵志愿表；征兵身格表；征兵本业表；陆军分管表；陆军人属表；陆军队表；陆军士卒、生徒表；预备、后备士卒合表；预备、后备兵分数表；宪兵表；军马表；海军人属表；海军士卒、生徒表；兵船表；炮台表；职官旧制；官制；官禄表；武官禄表、爵表；有位人表；中国交涉前事；往籍交际条目；交际文；中外订约通商年表；中国使臣表；别国使日本表；使别国表；中国流寓表；别国人在日本表；日本人在别国表；互受勋章表；大事编年表；度量衡比较表；邮便表；电信局数、线路表；刑略；学派源流；日本文表；异字音表；学校合表；已未入学表；小学校师、弟子表；寻常中学校表；寻常师范学校表；专门学校表；杂学校科表；幼稚园表；书籍馆表；日本人留学别国计费表；公学费岁入表；公学费岁出表；艺文志；中国逸艺文志；金石文；印志；刀剑志；金石年表；日本文征。——以上共计一百六十九项内容。

这一百六十九项内容，有一半（八十六项）在傅氏去美洲之前，即已在日本编写完成。从美洲回来后，他从十五年五月三十日开始，继续编写剩下的一半；一面编写、定稿，一面付印、校对。九月初一日结束全部编写工作，九月十七日《图经》三十卷就全部印好了。因为篇幅大，材料多，开始时“旁观者匿笑曰：‘恐非三十年不成也！’”而傅云龙“晨昕为之，有进无退”。《馀纪》自述辛勤执笔的情形，总是“鸡鸣草犹未脱”，“脱稿鸡再鸣矣”。“每至墨枯笔秃，力难可支，辄自责曰：‘期逼矣！’自是，四鼓辄起伏案。旁观者曰：‘何自苦乃尔？’”应该说，这种工作态度是十分感人的。

在抓紧编写定稿的同时，傅云龙对资料的可靠性也极为重视。为了“补视船工、炮工”，他在百忙之中，还抽时间“往还航海六百六十三里”，去实地踏看。所以他有把握说：“其海军图，皆从实测。云龙就实测要隘，躬历目验，非臆说也。”这种不怕艰苦、求真务实的精神，确实值得后人学习。

但是，傅云龙调查掌握了日本“明治维新”二十年来在现代化方面取得巨大成就的大量资料，却没有从中总结出必要的经验和教训。《图经》纯粹是一部资料汇编，《馀纪》中也少见议论。这一点，当然是和傅云龙的思想倾向，以及他“花翎二品衔、直隶即补道、游历使臣”的身份分不开的。

傅云龙到日本，已在李筱圃之后七年，何如璋之后十年，中国驻日使臣经过了许景澄、黎庶昌、徐承祖三任，此时又换上了黎庶昌。何、李去时，日本的铁路建设虽已开始，但通车的线路还只有神户到大阪、横滨到东京短短两条。而据《馀纪》记载，傅云龙在日本各地游历，“去来铁道，皆趁快车”，他还从各地看到“铁轨渐引而伸”，铁路越修越长，越修越密。十三年十二月十日，“访爱知县知事胜间田稔，据云县境铁道已成百二十里，将成之轨百五里”。十四年正月初一，“闻山阳铁道会社议修铁道，由兵库至神户、冈山县之冈山、广岛县之广岛、山口县之赤间关，欲鸠银五百五十万圆”。在编写《图经·日本车表》时，他自述所见铁路工程进展之快：

云龙于光绪十四年冬，游其西京，乘人力车行风雪中，而铁轨断续见崖略耳。今则神户、长崎，渐通渐拓。

但是，他的话却只讲到此处为止。

傅云龙是浙江德清人，在做京官之前，曾周游云、贵、川、鄂、豫、鲁、冀各省，又曾参加修纂《顺天府志》。他的兴趣，主要在舆地之学和金石古籍方面，对政治并不特别关心，更没有提倡维新的见识和勇气。虽然他很愿意出游，也知道中国要了解洋情“不得不以日本为中外之枢纽”，却只是为了解而了解，很少考虑将了解到的好经验拿来运用的问题。他在《馀纪》开篇时交代自己作《图经》的指导思想道：

> 以彼(指日本)学唐而后至于今，已一千二百年有奇，事事以中国为宗。同治七年(1868年，即日本明治元年)，效西如不及；当变而变，不当变亦变。据事直书，按而不断。以为感，可也；以为惩，无不可也。

这就是说，他想使自己对日本的“效西”和“变”，做到无爱无憎，亦爱亦憎，不爱不憎，当一个中间派。

《馀纪》中记游历学校二十馀处，工矿设施亦二十馀处，大多一笔带过，语焉不详。像十三年十月四日参观长崎三菱造船厂，五日又参观三菱会社石炭厂，十月十八日在东京参观帝国大学，在中国经济、文化交流史上，都是十分有意义的事情，我们真希望他当时能够稍微多做一些报道。相反地，他对在日本发现的汉文古籍、唐人写经、金石文物，却不厌其详，记了又记。《馀纪》所载傅云龙游历期间写的十六篇文章，除了两篇游记，五篇应日本人之请而作的题记而外，其馀九篇全是给《唐卷子本论语》《宋本历代帝王绍运图》《高丽古碑》……所作序跋，仅《高丽古碑》碑文和跋即有六千多字，比关于学校、工厂的全部文字还要多；如果再加上在西京智恩院看空海手迹，在大德寺观赏宋徽宗画鸭、仇十洲《汉宫春晓图》之类记载，在全书中所占比重就更大了。

毫无疑问，在日本的唐宋两朝和古代高丽的文献，在文化史上也很有价值，但在中国“值不可不为之日”，不远千里跑到日本去研究唐人写经、宋人画鸭，总使人有一种离题太远的感觉。不知究竟是傅云龙有意这样做呢？还是王大臣们看中了他的书呆子气，特地“考选”他来这样做的呢？[①]

## 黄庆澄《东游日记》

黄庆澄，字愚初，浙江平阳人，于光绪十九年(1893)五月初往游日本，七月初回国。其《东游日记》刻成于第二年，也就是中日开战的甲午年，有孙诒让所作序文，首称：

> 国家自道咸以来，始大弛海禁，与东西洋诸国开榷场，互市海上。校其疆理，多张骞、甘英所未窥者……士

① 光绪十六年总理衙门“保奖出洋游历人员”一疏略云：“兵部候补郎中傅云龙……所著游历日本等国图经八十六卷，纂述较多，征引尚博，实属留心搜辑，坚忍耐劳。……请分别给奖，以示鼓励，……发往北洋差遣委用。”

> 大夫游历外国者，斐然有述，往往著为游记。其佳者奇闻创见，足裨輶轩之采，视唐玄奘、宋徐兢、元丘长春所记录，倜乎远过之矣。

这段话概括了五十年来东西洋游历载记的历史地位和价值，要言不烦，确实是大学者的手笔。接着又讲到黄氏之东游：

> 余友平阳黄君愚初，振奇士也。以学行淹粹，为沈仲复中丞所赏异，修书俾游日本，而我驻日使臣汪芝房编修复佽金以助其行。……日本与我国同文字，其贤士大夫多通华学。邦域虽褊小，然能更其政法，以自振立。愚初之行也，盖欲咨其政俗得失，以上裨国家安攘之略，顾不获久留。其归也，仅携佛氏密部佚经数十册，又为余购彼国所刊善本经籍数种，皆非其初意也。

可见黄庆澄和傅云龙不同，一则他出国不是受朝廷派遣，而是由于沈秉成(时任安徽巡抚)和汪凤藻(一八九二年起继李经方为驻日使臣，李经方则是一八九〇年接黎庶昌第二次使日之任的)的资助；二则他的目的在于“咨其政俗得失，以上裨国家”，“初意”并不在搜求什么佚经善本。

黄庆澄是一位钻研过西学的新派人物。五月十二日，他在长崎寻常师范学校见到一套几何教具，云：“几何形体器具，最便于学算之用。庆澄向习几何时，即闻西人有此器，无处觅购；现得全阅一过，为之一快。”他又曾和汪凤藻、伍光建等多次研究“读洋文之法”，讨论过英文拼法的变例，认为《尔雅》所载“阏逢”“摄提格”等词语，“均系巴比伦古时土音，华人不谙其故，肆意穿凿，殊属无谓”。《东游日记》节录他自己写的《见所见录》稿中有两条，一条是：

> 古今有三界，唐虞以前为一界，夏以后为一界，秦以后为一界。呜乎！自兹而往，其将四矣。

证以其过日本外务省所发的感叹：“噫！天将于地球之上，以轮船、火器，而别开一局乎！”说明他已经有了历史分期的观念和新时代来临的感觉。另一条是：

> 或曰：“基督云，‘驯如鸽，智如蛇’，能斯二者，其可任事乎？”庆澄曰：“未也。”请益。庆澄曰：“勇如虎，仁如驺虞；四者备，可与任事矣。”

说明他懂得一些基督教义，却不认为基督所云都是真理。

以这样一个人，在甲午的前一年到日本，当然是可以看到一些东西的。

黄庆澄和前三人一样，到日本首先是到长崎。这时已在傅云龙来后六年，李筱圃来后十二年，何如璋来后十六年，上距罗森之到日本更已整整四十年。在这四十年中，日本“学西方有成效”，已经学成为一个东亚强国。长崎的情形，也和前人所见大不相同了：

> 长崎街道整洁……虽系通商码头，无嚣尘湫隘之气。……其东为华人暨西人占居之；西则山峦连属，有造船场，有制铁场……县署全仿西式……署内设风雨表，遇大风雨，高竖一红球，先期示众，使知趋避。……日本府县署不理刑案，居民口角细故，均由裁判所判决。……东人户外设邮便箱及邮便收纳箱，以便书札往来及取纳新闻纸之用。……电杆绵亘，各口岸有总局，有支局，电价视中国较廉。……(劝工场)铺设百物，平价估卖，肃有定规；执其业者，男女各半。……庆澄周观学校，统计校长(按指教师)十八人，男女学徒百馀人。……有习华文者，习东文者，习英、法、德文者，习国史者，习外事者，习算学者，习化学者，习光、热等学者，习制造者，习乐者，习画者，习作字者。种种书籍器具，听学徒取用。学堂外有应接所，有会议所，有养病所，有沐浴所。房舍焕烂，规制井井。

最有意思的是他问长崎华商："东人交谊若何?"答云：

> 三十年前，华人旅居者，备承优待；其遇我国文人学士，尤致敬尽礼。今则此风稍替矣!

铁路是每个到日本的清朝人都很注意的东西。四十年前，罗森记载日本人见到火车模型"旋转极快，人多称奇"。四十年后，黄庆澄却看到“日本铁路由东京起，东北达青森湾”，“西达神户”，“未成者惟由三原达门司关之百数十里。据日人云，五年内必能造就，使全国联络矣[①]”。

汪凤藻告诉黄庆澄：日本“维新以来仅二十馀年，虽未能事事尽归实际，然规模粗具，不可谓国无人也”。又告诉黄：“日本办外交之事颇得法。”黄氏写道：

> 庆澄查日相伊藤(博文)氏，曩时曾为西人躬执贱役，游历外洋，借以咨访欧美之底蕴。此外，以只身游泰西，归而与闻国政者，亦不一而足。然则其办外交之事之稍得法也，固宜。

中国此时，“游历外洋”的人也已有不少了。《东游日记》中所记载的，即有：

> 罗君叔羹……通西文，习律例学，曩在西国学校中以法科擢取高等，现在译述西律，尚未脱稿。……
>
> 陶君杏南……通东文。庆澄以译书劝，陶君曰：“译书大不易。”……
>
> 伍昭扆大令(光建)……年才二十七耳，向游学泰西，精通英文，而于中国经、子、史各书，亦复苦心研索，独具宏识……与庆澄纵谈时事及中兴诸公长短，均按切时

① 原注：此以干路言，其支路尚多，不能备列。

势，能窥其隐而观其大。

郑君苏龛[1]……年三十四，根器清峭，胸次广博，尤长孟子之学……现延一泰西女师，从事洋学，盖所志远矣。

王君海如……年五十馀，习西文，晓算学，曩曾受业李氏(善兰)之门……

“饮金”邀黄庆澄东游的汪凤藻，也是在同文馆培养出来后又考列翰林的，可算学贯中西，识通新旧，尤其难得的是深明自然科学，其译著在当时颇得中外人士赞誉。可是，所有这些人，没有一个能够得到日本对伊藤氏那样的重用，不能“与闻国政”。汪凤藻虽然做了出使大臣，也郁郁不得志。六月初一日，他和黄庆澄谈心，说：

我辈身任外事，均世俗所谓“浊流”者。……

今日之谈洋务者，仅可著书而已。坐言起行，戛戛其难。

为什么日本开放得比中国迟，“起行”得却比中国早而出色呢？个中消息，黄庆澄也知道一点。五月二十日，他发表了很长一篇议论，首云：

① 即郑孝胥。此人于四十年后在伪满洲国做了伪官，但当时还不失为一讲求新学的人物。

> 日本自德川末造，美兵逼境，一隅被扰，举国鼎沸，人心皇皇，靡有宁岁。当时开锁分党，曰勤王，曰佐幕，曰攘夷，各执所见，卒乃为背城借一之计，诛杀异议。以一国论，屡战失利，始悟螳臂不可当车，幡然自悔，尽涤宿见，仿行新法；甚至改正朔，易服色，虽贻千万邦之讪议而不之顾。……夫琴瑟不调，则改弦而更张之。豪杰谋国，其深思远虑，非株守兔园册子者所可与语。……嗟乎！古来国家当存亡危急之秋，其误于首鼠两端者，何可胜道，日人其知所鉴矣！

接着便将中国和日本作了一番比较：

> 夫予之东游，虽为时未久，然尝细察其人情，微勘其风俗：大致较中国为朴古，而喜动不喜静，喜新不喜故；有振作之象，无坚忍之气。日人之短处在此，而彼君若相得以奏其维新之功者亦在此。若夫中国之人，除闽粤及通商各口岸外，其搢绅先生则喜谈经史而厌闻外事，其百姓则各务本业而不出里闾。窃尝综而论之：中国之士之识则太狭；中国之官之力则太单；中国之民之气，如湖南一带坚如铁桶，遇事阻挠者，虽可嫌，实可取。为今日中国计，一切大经大法无可更改，亦无能更改；但望当轴者取泰西格致之学、兵家之学、天文地理之学、理财之学及彼国一切政治之足以矫吾弊者，及早而毅然行之，竭力扩

充。勿以难能而馁其气，勿以小挫而失其机；勿以空言而贻迂执者以口实，勿以轻信而假浮躁者以事权。初创之举，局面不宜过大；已成之事，提防不得稍松。从之愈推愈广，以彼之长补吾之短，则不动声色而措天下于泰山之安，以视东人之贻笑外邦者，不大有间欤！盖治天下者，有法有意，此则但师彼之法，而不师彼之意也。虽然，匪言之艰，行之维艰。方今中国当轴诸公，阅历变故，通达洋情，洞语国势者，实不乏人。乡僻下士，何足言此。手记至此，掷笔而起。

这时候，中日国家间的关系已经十分紧张，日本的经验已经成为带忌讳的话题。孙诒让序中即意味深长地说过："夫中外政治得失异同，其精微之故，文字不能宣；其奇伟广远者，又非下士所敢言。"所以，黄庆澄只能说自己的主张是"但师彼之法，而不师彼之意"；只能说"坚如铁桶，遇事阻挠"的"民气""虽可嫌，实可取"；也还得说一说"东人之贻笑外邦"。不然的话，他真怕北京城里那些以"清流"自命的人，也会把他抛到"浊流"里去的。

但无论如何，只要我们知道，在甲午前一年，中国已经有人讲过这么一番话，也就"不可谓国无人也"了。

可惜的是，黄庆澄虽然等于在振臂高呼，他所寄以厚望的"中国当轴诸公"，非但不曾采纳，甚至连听也不曾听见。于是乎，历史的教训，就只能由甲午年间的炮声来大声宣讲了。

# 第十八章　黄遵宪的日本研究





在罗森以后，第一个对日本有研究和了解，并且其关于日本的介绍在国内产生了真正大影响的人，应该算是黄遵宪。

光绪八年(1882)春，黄遵宪由驻日参赞调任驻美国三富兰西士果(旧金山)总领事时，写过这样的诗句：

> 海外偏留文字缘，新诗脱口每争传；草完明治维新史，吟到中华以外天。

这里说的“明治维新史”，指他的著作《日本国志》；“吟到中华以外天”，则说的是他在日本写成的诗集《日本杂事诗》。

《日本国志》是中国人所写的第一部日本通志。它叙述了日本古往今来各方面的情况，尤其是“明治维新”后所发生的巨大变化，可以说是一部“明治维新史”。

《日本杂事诗》专咏日本的国政、民情、风俗、物产，写的确实是“中华以外”的另一个天下。它“写物如绘，妙趣横生，以悲悯之深衷，作婵嫣之好语”(狄平子语)，用的是文学体裁，用意却是想达到让中国人了解日本特别是日本的明治维新这样一个政治目的；在某种意义上说来，也是一部“明治维新史”。诗的小注中，常云“详见《日本国志》”“别详《日本国志》中”，可见作者也是把这两部书视为姊妹篇，希望读者把它们参照着一起读的。

## 不仅仅是诗人

关于黄遵宪，往往只把他看作一位诗人。例如新版《辞海》，在“黄遵宪”名下，就只有“清末诗人”四个字。其实，黄遵宪首先是一个维新运动家，一个启蒙主义者，一个爱国的政治人物，然后才是一位诗人；他的诗，也主要是政治的诗。

黄遵宪确实很能诗。十岁时，塾师令赋“一览众山小”，他起句云：“天下犹为小，何论眼底山”，见者无不推重。他平生也颇以诗自许，《人境庐诗自序》谓己诗“未必遽跻古人，其亦足以自立矣”，但“以奔走四方，驰驱少暇，几几束之高阁”，仅因笃好深嗜之故，始“每以馀事及之”。可见他认为写诗只是自己的“馀事”。逝世前一年，他在给梁启超的一封长信中，回顾自己整个的一生，说：

> 自吾少时，绝无求富贵之心，而颇有树勋名之念。游东西洋十年，归以告诗五曰：“已矣！吾所学屠龙之技，无所可用也！”盖其志在变法，在民权，谓非宰相不可为；宰相又必乘时之会，得君之专，而后可也。既而游欧洲，

历南洋，又四五年归，见当道者之顽固如此，吾民之聋聩如此，又欲以先知先觉为己任，借报纸以启发之，以拯救之，而伯严苦劝之作官……及戊戌新政，新机大动，吾又膺非常之知，遂欲捐其躯以报国矣。自是以来，愈益挫折，愈益艰危，而吾志乃益坚。……再阅数年，加富尔变而为玛志尼，吾亦不敢知也！

这里谈的全是政治，而不是诗。

黄遵宪于清道光二十八年(1848)出生于广东嘉应州一个商人家庭。他的祖上因经商致富，竭力送子孙读书。他出世时，父亲已经进学。他自己二十岁也成了秀才。封建社会一般的地主阶级读书人，不研究实际问题，不关心天下大事，只知盲目搬演封建教条，谋取个人功名利禄。黄遵宪却与众不同,《人境庐诗草》的第一首诗，为他十七岁时所作，就是讽刺食古不化的秀才们的：

世儒诵诗书，往往矜爪觜；昂头道皇古，抵掌说平治。
上言三代隆，下言百世俟；中言今日乱，痛哭继流涕。
摹写车战图，胼胝过百纸；手持井田谱，画地期一试。
古人岂我欺？今昔奈势异。儒生不出门，勿论当世事！

这确实是一首好诗，好就好在它表明了少年黄遵宪的进步观点，是封建社会浑浑噩噩的“秀才”群中难得听到的清醒呼声。

黄遵宪下决心“出门”去接触“当世事”，首先于同治九年到广州，遍读了《万国公报》和江南制造局关于“时务”的书，接着又到香港游历。他看到香港“弹指楼台现”“帆樯通万国”的情形，赞叹道：“人力信雄哉。”但是想起祖国河山破碎，望着边界山头迎风猎猎的龙旗，又不禁自问“六州谁铸错”，一腔悲愤，“洒泪纵横”。

经过这次“出门”，黄遵宪的眼界开阔了。“乌知今日裨瀛大海还有大九州”，“要抟扶摇羊角直上九万里”。回到广州时，他特地去凭吊了虎门抗英的遗迹，在战台祠庙前，心情久久不能平静。“驱鳄难除海大鱼”，“谁似伏波饶将略”？他意识到祖国正处在危急存亡之秋，有志之士应该投袂而起。

于是，他于同治十三年间继续“出门”北上。在烟台、天津和北京，他先后认识了丁日昌、张荫桓、陈兰彬、郑藻如、李鸿章等讲时务、办外交的人。这些人都对这个有才华、有见解的青年青眼相看，跟他“抵掌当世务”：谈到中国对外关系发生了从古未有的变化，“七万里戎来集此，五千年史未闻诸”；谈到在西方影响下开始出现的新鲜事物，“考工述物搜奇字”“借筹幸辟同文馆”；谈到列强环伺，咄咄逼人，“今年问周鼎，明年索赵璧”；也谈到了外交工作的重要性，“海疆东南正多事”，“和戎难下绝秦书”。黄遵宪深深感到了个人对国家的责任：“国耻诚难雪，何仇到匹夫。”“荷戈当一兵，吾亦从杀贼。”从小就有的“树勋名之念”和求报国之心，在他的身上很自然地结合起来了。

黄遵宪在京师以拔贡身份参加光绪二年顺天乡试，成了一名举人。但由于上述多方面的影响，他弃去了“登进士、入翰林”的“正途”，投身外交界。就在他中举的同一年即一八七六年，清政府开始向东西洋国家派驻使节，何如璋任首任出使日本大臣。黄遵宪接受何如璋的聘请，随何赴日本担任使馆参赞，从而开始了他“游东西洋十年”和“历宦四十年”的政治生活。

## 草完明治维新史

从光绪三年(1877)十二月起，黄遵宪在日本度过了四年多。这时候，上距美国柏利舰队的访问不过二十来年，“明治维新”也刚刚开始十来年，但是要革新、要进步的潮流已经席卷全国，日本的面貌已经发生了深刻的变化。正如梁启超、薛福成替《日本国志》作序时说的那样，日本是“以祸为福，以弱为强”，“富强之机，转移颇捷，循是不辍，当有可与西国争衡之势”了。这个情况，在黄遵宪的头脑中，造成了深刻的印象。

毛泽东在论述一八四〇至一九一九年时期的历史时说过：“那时的外国只有西方资本主义国家是进步的，他们成功地建设了资产阶级的现代国家。日本人向西方学习有成效，中国人也想向日本人学。”黄遵宪便是主张向日本学习的中国人的最早的代表。《日本国志》的凡例中说：“日本变法以来，革故鼎新，旧日政令，百不存一。今所撰录，皆详今略古，详近略远，凡牵涉西法，尤加详备，期适用也。”这正是黄遵宪写书介绍日本的目的。

在向西方学习这件事情上，日本的起步并不比中国早。现在把日、中两国与西方关系史上的大事，列成一张比较表如下：

| 事件 | 日本 | 中国 |
| --- | --- | --- |
| 欧人之初来通商 | 葡萄牙(南蛮)人始至种子岛(1543) | 葡萄牙(佛郎机)人始至澳门(1535) |
| 传教士开始东来 | 耶稣会士、西班牙人方济各(Francisco)，东来日本(1549) | 耶稣会士、意大利人利玛窦(Matteo Ricci)东来中国(1581) |
| 全面锁国和厉行海禁 | 德川幕府全面锁国，严禁人员船只出海，违者处死(1635) | 康熙皇帝重新“禁海”，出海留居外国者，“解回立斩”(1717) |
| 最早译述西学者 | 杉田玄白等译成《解体新书》(1774) | 徐光启等译成《几何原本》(1606) |
| 最早前往西方者与其记述 | 渔民津太夫漂流到俄国(1793年)，十一年后由欧洲回国，其见闻被别人记述成《环海异闻》一书(1807) | 水手谢清高因海难被“番舶”救起，十四年中遍历海外，归国后其见闻经人笔录成《海录》一书(1820) |
| 最早研究西方的著作 | 新井白石(1657—1725)审讯潜入日本的意大利教士，写成《西洋纪闻》《采览异言》 | 魏源(1794—1857)审讯鸦片战争的英国俘虏，写成《英吉利小记》，并辑入《海国图志》 |
| 初次来使求通商被拒绝 | 俄国派使臣拉克斯曼到日本要求通商，不许(1792) | 英国派使臣马戛尔尼来中国要求通商，不许(1793) |
| 被迫开放 | 美国舰队以“立即开战”逼迫日本立约开国通商(1853—1854) | 英国发动鸦片战争，压迫中国订约开放五口通商(1840—1842) |

从这张表上可以看到，两国过去跟西方的接触的水平是非

常接近的；令人奇怪的是，后来的发展却是如此不同。日本人接受西学不比中国早，起步以后却走得快得多。其中奥妙，一直成为研究者感兴趣的问题。黄遵宪在百年前，当然不可能对这个问题作出全面的科学解答；不过，《日本国志》和《日本杂事诗》，仍然在一定程度上接触并解释了这个问题。

（一）两书都着重说明日本民族特别善于学习。《日本国志·邻交志序》说日本：

> 中古以还瞻仰中华，出聘之车冠盖络绎，上自天时、地理、官制、兵备，暨乎典章制度、语言文字，至于饮食居处之细、玩好游戏之微，无一不取法于大唐。近世以来结交欧美，公使之馆衡宇相望，亦上自天文、地理、官制、兵备，暨乎典章制度、语言文字，至于饮食居处之细、玩好游戏之微，无一不取法于泰西。

《日本杂事诗》写古代中国文明影响及于日本者近四十首，写近代西洋传入日本的新事物的也有近四十首。日本人能够如此锐意学习外国先进文化，与日本民族背的历史包袱比较小是有关系的。黄遵宪指出过："持中国与日本较，规模稍有不同。日本无日本学，中古之慕隋唐，举国趋而东；近世之拜欧美，举国又趋而西。……若中国旧习，病在尊大，病在固蔽，非病在不能保守也。"这正和当代日本进步史学家井上清的看法相同。井上清说：

（日本）和美索布达米亚、埃及、印度和中国的人类文明发祥时代比较，落后了二千年到四千年……日本人贪婪地学到了朝鲜、中国、印度以及后来的欧洲的先进文明，就使得日本历史的发展异常迅速。……日本经常是模仿先进的文明，这件事似乎应以自卑的口气加以叙述。但是……吸收先进文明这件事，恰恰证明了日本人的生活能力。（《日本历史》）

（二）从两书都可以看出："明治维新"主要是一次自上而下的改革。《日本杂事诗》叙述日本天皇自"源、平[①]以还，如周之东君，拥虚位而已"。《日本国志·国统志论》论"明治维新"的口号"尊王攘夷"时说："前此之攘夷，意不在攘夷，在倾幕府也；后此之尊王，意不在尊王，在覆幕府也。"这就说明"明治维新"的改革矛头，针对的不是"拥虚位"的天皇，而是拥实权的幕府。从上而下的做法，破坏和折腾较少，经济和文化的发展也就较快。尽管由于政治民主化落后于经济现代化，"维新"后的日本仍然是一个专制国家，并不能满足人民的根本要求，但在一个时期内却确实取得了较快的进展。正如美国的"日本通"赖肖尔所说：

（日本人相对迅速地取得成功的）另一个重要因素是，

① 源、平：一一六七年，平清盛任太政大臣，独揽政权；一一八〇年，源赖朝举兵推翻平氏，自任"征夷大将军"，建立幕府统治。

整个这次巨大的变革，在日本人思想当中是可以接受的。这并不是因为他们新学了一些外国的概念……而是因为他们自己古老的天皇统治制度能够接受这一变革。由于利用了本国的思想，无疑减轻了这次剧烈变革可能造成的痛苦和创伤。(《日本人》)

(三)两书都突出提到了教育的作用，也就是日本知识分子在引进先进文明上的作用。《日本杂事诗》云："化书奇器问新编，航海遥寻鬼谷贤。学得黎鞬归善眩，逢人鼓掌快谈天。""欲争齐楚连横势，要读孙吴未著书。缩地补天皆有术，火轮舟外又飞车。"都是写留学生和新式学校的。《日本国志·学术志》详述日本学西方的情况：

明治元年，海外留学者五十人；二年，至百五十人；至五年，大抵千馀人。……争延西人为之教师。明治六、七年间，各官省所聘、府县所招，统计不下五六百人。……今之当路诸公，大率从外国学校归来者也。

这些"当路诸公"，也就是明治维新的核心领导人物，大都是到欧美留学、考察归来的青年人和中年人，如大久保利通、岩仓具视、木户孝允等当时只有四十来岁，山县有朋、伊藤博文等只有三十来岁，都和中国的康、梁、黄遵宪"锐意改革"时的年纪差不多。井上清特别指出过这一点，他说：

> （日本的明治维新）对于外国文化……是由知识分子通过书本来学习的。直到现在为止，这仍是日本吸收外国文化的主要的甚至是唯一的方法。（《日本历史》）

黄遵宪第一个把明治维新时期日本人学西方的情况和经验教训介绍到中国。后来的事实证明，这在中国近代史上发生了很大的影响。



## 变法与民权

一八八二年从日本到美国后，黄遵宪进一步接触了资产阶级的政治主张和政治制度，渐渐开始形成了关于“变法”“民权”的政治思想。当时民主革命之说开始盛行，黄遵宪“初闻颇奇怪，既而取卢梭、孟德斯鸠之说读之，心志为之一变，知太平世必在民主”（见《新民丛报》）。当然，在很长一个时期内，他的“太平世”还只是一个模糊的远景。由于历史和时代的局限，他总是怀疑人民独立自治的能力，“仍欲奉主权以开民智，分官权以保民生”，也就是想要学日本那样，奉一位“明治天皇”来实行自上而下的“变法”。他还只是一个君主立宪论者。

在美国，黄遵宪对资产阶级民主较之封建制度的优越性，以及资产阶级民主自由的局限性和虚伪性这两个方面，都有了从感性到理性的认识。一八八四年美国选举总统，他写了一首长诗叙述这件事情。诗中首先肯定了美国资产阶级革命取得的一些成果：

红黄黑白种，一律平等视。人人得自由，万物咸遂利。
民智益发扬，国富乃倍蓰。泱泱大国风，闻乐叹观止。

即以总统选举来说，也“究竟所举贤，无愧大宝位”。但是，选举的黑幕重重，丑态百出，例如两党互相进行人身攻击：

彼党讦此党，党魁乃下流；少作无赖贼，曾闻盗人牛；
又闻挟某妓，好作狭邪游；聚赌叶子戏，巧术妙窃钩；
面目如鬼蜮，衣冠如沐猴；隐匿数不尽，汝众能知不？

不由得使他慨叹：“至公反成私，大利亦生弊”，“倘能无党争，尚想太平世。”这些认识进一步加深了他的君主立宪主张。但平心而论，这种对外国事物有批判、有分析、既不全盘肯定也不全盘否定的态度，在当时毕竟是难能可贵的。

作为一位外交官，黄遵宪尽忠职守，做了不少事情。比如，刚到旧金山时，得知当地政府为了排华，以住处“不卫生”为借口，逮捕了数千名华人。他立即要求到关押处看望，见到那里十分污秽拥挤，便严词质问美方：“此处卫生，顾右于侨居耶？”(《清史稿·黄遵宪传》)当地政府只好将关押的华人全部释放。他痛苦地直抒自己的胸臆：“呜呼民何辜，值此国运剥”；“有国不养民，譬为丛驱雀。”(《人境庐诗草·逐客篇》)就这样，他从外交工作的实践中，同样得出了自己国家确实需要变革的结论。

回国以后，黄遵宪将《日本国志》定稿付诸刊行，然后于一八九〇年随薛福成赴英任参赞，“游欧洲，历南洋，又四五年”。在这段时间中，他认为英国的君主立宪政体最宜中国仿效，主张中国“上自朝廷，下至府县，咸设民选议院，为出政之所”；但同时也仍然主张向日本学习，因为“日本已开议院矣，进步之速，为古今万国所未有”。他在伦敦将《日本杂事诗》订成定本，随后又到新加坡担任了几年总领事，一直到甲午中日开战后才回国。

甲午之战，变法维新的日本，打败了顽固守旧的清朝，对中国人是一次极大的震动。黄遵宪的书立即受到了人们重视。袁昶对黄氏说：“此书早布，省岁币二万万。”(指向日本赔款二万万两事，见钱仲联《人境庐诗草笺注·年谱》)黄遵宪自己的思想，这时也起了一个飞跃。他看到李鸿章等人竭力经营的北洋海军全军覆没，写下了《东沟行》《悲平壤》《哀旅顺》《哭威海》《马关纪事》《降将军歌》等许多首爱国诗篇，歌颂“躬蹈烈火沉重渊”的邓世昌等抗日英雄，痛斥了“手书降表黄龙笺”的叶志超一流败类；指出：“有器无人终委敌”，光有坚船利炮并不能免于败亡。第二年，他就参加了文廷式、康有为在京发起的“强学会”，以实际行动投入了中国的维新运动。

《日本杂事诗》和《日本国志》，都曾经特别提到报纸鼓吹文明开化的作用。维新派在上海创办《时务报》，黄遵宪也捐款相助。这时候，年轻的光绪皇帝下决心学明治天皇，希望找到自己的伊藤博文、木户孝允，于光绪二十二年九月下旨召见黄遵宪。光绪问黄遵宪："泰西政治，何以胜中国？"黄遵宪答："泰西之强，悉由变法。臣在伦敦，闻父老言，百年以前，尚不如中华。"光绪乍听颇感惊讶，随即点头表示理解；第二年(也就是戊戌前一年)便派黄遵宪到湖南，先任长宝盐法道，后署按察使(臬台)，和巡抚陈宝箴一道试行新政。

这时的湖南，可以说是维新运动的"实验省"。主持省政的陈宝箴、黄遵宪、江标、徐仁铸等，都是有名的新派人物。他们邀了梁启超来湘主讲时务学堂。谭嗣同也回省协助工作，创设南学会。一时湖南出现了许多新事物。而黄遵宪在新政诸人中，所任实际工作最多。陈三立(伯严)《散原文集》内《先君行状》云：

> ……时务学堂、算学堂、湘报馆、南学会、武备学堂、制造公司之属，以次毕设。又设保卫局，附迁善所，以盐法道黄君遵宪领之。又属黄君设课吏馆，政定章程。……黄君遵宪来任盐法道、署按察使，皆以变法开新治为己任。……(政变后)荡然俱尽，独矿务已取优利得不废；保卫局仅立数月，有奇效，市巷私沿其法……

"保卫局"便是后来的警察局。黄遵宪在《日本国志》中详细介绍过日本和西洋的警政，认为"欲治国安人，其必自警察始"，主张裁撤中国的衙役、汛兵，易以警察，作为推行新政的基层组织。《日本杂事诗》注中，也称警察为"西法之至善者"。可见黄遵宪在湖南的维新实践，充分借鉴了他考察日本新政的收获；《日本国志》和《日本杂事诗》二书，也不是徒托空言的文章，而是意欲见诸行事，亦能见诸行事的。

但黄遵宪在湖南又是一个新政的宣传家。《日本杂事诗》的定本即是在长沙刻印的。《湘报》上刊载过黄氏在“南学会”的一篇演说，其中直指封建帝王为：

> ……所谓“生于深宫之中，长于妇人之手”，骄淫昏昧，至于不辨菽麦，亦靦然肆于民上，而举国受治焉，此宜其倾覆矣！……所求于诸君者，自治其身，自治其乡而已矣。以联合之力，收群谋之益，由一府一县推之一省，由一省推之天下，可以追共和之郅治，臻大国之盛轨矣。

这样的言论，出自君主专制国家一省大吏之口，确实很不平常。难怪当时反对变法的顽固分子，破口大骂黄遵宪是“乱臣贼子”“罪大不可逭”。其实，这不过反映了黄遵宪进一步明确起来了的“民权”观念，也就是他后来在诗中流露的“人言廿世纪，无复容帝制”的思想罢了。这种思想和君主专制本来是尖锐对立的。

## 劫馀惊抚好头颅

戊戌这一年是黄遵宪政治生涯的顶点。正月，光绪皇帝向翁同龢索取《日本国志》。二月，枢臣进《日本国志》一部，但光绪接着又要了一部。四月，下诏定国是：“国家振兴庶政，兼采西法，今将变法之意，布告天下……”正式宣布实行变法。二十六日上谕：“黄遵宪着该督抚送部引见。”不巧黄遵宪在长沙喝多了白沙井的凉水，得了痢疾，进京时绕道上海医治，以致迁延。光绪皇帝深知学习日本、联络日本的重要，认定黄遵宪是出使日本的最佳人选，于六月二十三日任命黄氏为出使日本大臣，接连三次下诏，令他“攒程迅速来京”。据《黄公度——戊戌维新运动的领袖》(作者正先，载一九三六年《逸经》杂志第十期)一文云：

(此时)光绪正以谭嗣同、杨锐、刘光第等为章京，军机大臣之职则拟以公度任之，俾得总领中枢，实施新政。复虑公度官衔不高，不足以当军机大臣之任，特简公度出使日本以提高其资格，兼使在外作外交上之联络。预计公度留日本半载，所办之事已有头绪，即调之返京也。

这一说法虽出自稗官，要亦不失为一种解释，说明光绪何以如此迫不及待催黄氏进京。黄遵宪也极其愿意赶快进京，施展他平生的抱负。“病中泣读维新诏，深恨锋车就召迟。”

如果光绪皇帝真的成了中国的明治天皇，康有为、黄遵宪等人成了中国的木户孝允、伊藤博文，中国历史也许另有一种写法。然而世道就是那样无情，顽固派绝不会自动退出历史舞台。当变法损及他们宁愿继续享有的特权时，他们就狰狞毕露地向维新派举起了屠刀。八月，慈禧太后发动政变，光绪成了瀛台之囚，六君子血染菜市口。顽固派掌握政权后，立即将黄遵宪“开缺”，接着又旨令两江总督到黄遵宪在上海的住处中“查看”康梁是否匿居其内，上海道蔡钧派兵围守，实际上已经把黄氏“监护”起来了；仅仅是因为不敢树敌太多，特别是考虑到黄遵宪是日本已经正式表示接受的出使大臣，有国际影响，才予以“从宽处理”，将他“放归”。所谓“放归”，就是放逐归家，等于现在的“开除公职”。黄遵宪“劫馀惊抚好头颅”，从此躲进他在家乡构筑的“人境庐”，只能过诗人“蛰居吟咏”的生活了。

黄遵宪有诗才，能写诗，但他所追求的本来并不是诗。“穷途竟何世？馀事作诗人”，这就是他的自白。可是，从这以后，他却只能够做一个诗人了。从五十岁到五十八岁，他在“人境庐”里写下了几百首诗。其中有一些是自遣自排的作品，如：

> 天下英雄聊种菜，山中高士爱锄瓜。无心我却如云懒，偶尔栽花偶看花。

从貌似淡忘中仍然使人感觉得到“英雄失路，托足无门”的悲哀，然而更多的仍旧是观点鲜明的政治诗：

> 十七史从何处说，百年债看后来偿。

*

> 箧藏名士株连籍，壁挂群雄豆剖图。

*

> 四亿万人黄种贵，二千馀岁黑甜浓。

他始终在紧跟着历史的潮流，关心着天下的大事；尽管自己名列株连黑籍，却始终对未来抱有信心，相信四亿万人民是一定会从“二千馀岁黑甜浓”的迷梦中醒来的。

戊戌年的倒行逆施，到庚子年终于吃到了苦果。搞“自天下降愚黔首”的人，弄到“党人狱起又黄巾”，结果是“皇京一片变烟埃”。黄遵宪早已被夺去了政治生命，但他觉得个人处境只不过区区小事。“一身网罗不足惜，巢倾卵覆将奈何?”他痛斥昏庸误国的衮衮诸公“断狱总应名国贼”；谴责顽固反动的慈禧太后“揖盗开门终自误，虐臣衅鼓果何心”；对“老来失计亲豺虎”、一味主张利用沙俄牵制日本的李鸿章也深致不满。

《黄公度——戊戌维新运动的领袖》文中还介绍了黄遵宪“放归”后继续钻研西学的情形：

> 乡居无事，常浏览汉译声、光、电、化、生物、生理诸学，辄延请梅州黄圹乐育医院德、瑞国籍医生，讲解人体构造，解剖猪羊鸡犬以供实验。闻其未完之著作《演孔篇》，参考书目有培根、达尔文等书云。

辛丑以后，朝不保夕的清廷，不得不稍微放松党狱和文网。黄遵宪仍然蛰居嘉应，但又开始和梁启超、严复等人书信往还，讨论起中国的前途和政治来了。他说：“中国之进步，必先以民族主义，继以立宪政体，可断言也。……虽然，或以渐进，或以急进，或授之自上，或争之自民，何途之从而达此目的？则吾不敢知也！”光绪皇帝学明治天皇的失败，使他终于考虑到中国的变革也许应该采取另外一条道路，也就是“急进”的、“争之自民”的道路。他心目中的理想人物，已经开始由加富尔变成玛志尼。可惜这时他既老且病，身体越来越不行。光绪三十一年（1905）正月，他还扶病写信给梁启超说：“一息尚存，尚有生人应尽之义务。……孔子所谓君子息焉，死而后已。未死，则无息已时也。”可是二月二十三日，他就不幸去世了。据说他病笃时，自叹“生平怀抱，一事无成，惟古近体诗能自立耳，然亦无用之物，到此已无可望矣！”对于只能作为一个诗人而“自立”，他到死也是不甘心的。

黄遵宪留下的最后一首诗是《病中纪梦述寄梁任父》。诗中一唱三叹，仍然念念不忘“变法”，不忘“民权”：

> 呜呼专制国，今既四千岁。岂谓及余身，竟能见国会？以此名我名，苍苍果何意？人言廿世纪，无复容帝制。举世趋大同，度势有必至。怀刺久磨灭，惜哉吾老矣。日去不可追，河清究难俟。倘见德化成，愿缓须臾死。

他没有能够“缓须臾死”，中国在人民没有当家作主之前，也根本不可能“见德化成”；于是，黄遵宪只好在寂寞中死去。其实，西太后早已在政治上杀死了他；他完全可以说是以身殉戊戌变法，只不过比谭嗣同缓死了七年。

竟作人间不用身，尺书重展涕沾巾。政坛法界俱沉寂，岂独词场少一人？

狄葆贤（平子）这首挽诗对黄遵宪的评价，似乎是比较全面的。终黄遵宪的一生，在爱新觉罗王朝的“人间”，尽管他念念不忘国家的富强，又确实算得上一个先知先觉，却仍然只能成为“不用之身”。只有他留给后人的著作，提供了值得重视的历史经验，总算足以使他永垂不朽。其中，《日本国志》和《日本杂事诗》，占有一份重要的地位。正如黄遵宪自己在咏这两部书的诗句中所云：

千秋鉴借《吾妻镜》，四壁图悬人境庐。

在中国如何甩脱“二千馀岁黑甜浓”的封建包袱，迅速走上现代化的发展道路这个问题上，黄遵宪和他这两部书确实是可以作为千秋鉴戒的。

## 千秋鉴借《吾妻镜》

日本古称其关东地区为“吾媛（妻）国”，《吾妻镜》即日本史书《关东新鉴》之别称。“千秋鉴借《吾妻镜》”这句诗的意思是：日本历史的经验教训，应该成为我们千秋的鉴戒。用它来形容《日本国志》和《日本杂事诗》两部书，确实是十分恰当的。

《日本国志》凡四十卷，都数十馀万言。它实在可称为中国关于日本的一部空前的著作。除了系统介绍日本的天文(历法、纪年)、地理、国统（历史)等基本情况外，其时代的价值尤在邻交、职官、学术、食货、礼俗诸志。作者对日本的近代化有深刻的观察和分析，从中引出了不少可供借鉴的结论。如《国统志》述明治元年大久保利通疏请日皇降等威、去繁文一节，云：

> 中世以还，天子深居九重。民之视君，尊如帝天；君之视臣，贱如奴隶。至将军窃政，犹作威作福，妄自尊大。卒之君臣乖隔，离德离心，效已可睹矣！夫普天率土，莫非王臣，此而以帝号自娱，以示天无二日之尊，犹之可也。今天下万国，正不知几人称帝，几人称王，乃盛仪卫、修边幅，与井底蛙何异？

这不能不认为是对中国封建朝廷的一番针砭。又如《礼俗志》介绍日本集会、结社和政党时，论曰：

> ……世界以人为贵，则以人能合人之力以为力，而禽兽不能故也。举世间力之最巨者，莫如联合力。何谓联合力？如炽炭然，散之数处或数十处，一童子得蹴灭之；若萃于一炉，则其势炎炎不可向迩矣。
>
> ……余观泰西人之行事，类以联合力为之，自国家行政，逮于商贾营业，举凡排山倒海之险，轮舶电线之奇，无不借众人之力以成事。其所以联合之，故有礼以区别

之，有法以整齐之，有情以联络之，故能维持众人之力而不涣散。其横行世界莫之能抗者，恃此术也！尝考其国俗，无一事不立会，无一人不结党；众人习知其利，故众人各私其党。虽然，此亦一会，彼亦一会；此亦一党，彼亦一党；则又各树其联合之力，相激而相争。……

《邻交志序》论实行开放政策实于国家有益，尤多精义：

余闻之西人，欧洲之兴也，正以诸国鼎峙，各不相让，艺术以相摩而善，武备以相竞而强，物产以有无相通，得以尽地利而夺人巧。自法国十字军起，合纵连横，邻交日盛，而国势日强，比之罗马一统时，其进步不可以道里计云。……一统贵守成，列国务进取；守成贵自保，进取务自强：此列国之所由盛乎？……日本一岛国耳，自通使隋唐，礼仪文物，居然大备，因有礼义君子之名。近世贤豪，志高意广，竞事外交，骎骎乎进开明之域，与诸大争衡。向使闭关谢绝，至今仍一洪荒草昧未开之国耳，则信乎交邻之果有大益也！

在中国维新派的文字中，《日本国志》当之无愧地占有很重要的地位。因为它的论点是建立在对日本和整个西方资本主义国家具体情况的分析研究之上的，所以就比泛泛而谈的政论有着更大的说服力，更能够在中国知识界起到启蒙的作用。

《日本杂事诗》成书比《日本国志》早，定本比《日本国志》

迟。这些诗写于黄遵宪东渡后最初两三年内，"时值明治维新之始，百度草创，规模尚未大定"。黄氏自谓当时所交多日本旧学家，微言讥刺，咨嗟太息，充溢于耳，故"新旧同异之见时露于诗中"。光绪五年冬，《日本杂事诗》由同文馆以聚珍版印行，王韬也在香港印了第二种本子，均分作上下两卷，共诗一百五十四首。但是，随着他对明治维新的进一步了解，黄遵宪的思想感情渐渐起了变化。他"阅历日深，闻见日拓，颇悉穷变通久之理，乃信其改从西法，革故取新，卓然能自树立。故所作《日本国志》序论，往往与诗意相乖背"。及至光绪八年"游美洲，见欧人，其政治学术竟与日本无大异"。光绪十六年到伦敦后，又"时与彼国穹官硕学言及东(日本)事，辄敛手推服无异辞"。这使得黄遵宪更加相信日本"改从西法，革故取新"是正确的，而自己诗中的某些"微言讥刺，咨嗟叹息"是不恰当的了。于是，他对一部分诗篇做了较大的修改，删掉了好几首，又加写了几十首，定本共诗二百首，光绪十六年所写自序中说：

> 嗟夫！中国士夫，闻见狭陋，于外事向不措意。今既闻之矣，既见之矣，犹复缘饰古义，足己自封，且疑且信；逮穷年累月，深稽博考，然后乃晓然于是非得失之宜，长短取舍之要，余滋愧矣！

戊戌年间，黄氏在长沙刊印了这个定本，在后记中追述了《杂事诗》以前的八种版本，然后写道："今此本为第九次刊印矣。此乃定稿，有续刻者当依此为据，其他皆拉杂摧烧之可也。”充分体现了一个真理追求者敢于面对现实，扫除偏见的真正的勇气。

对《日本杂事诗》原本和定本作比较研究的人，最早要算周作人。他在《日本杂事诗》一文中，举了两个例子。其一为原本卷上第五十咏新闻纸诗云：“一纸新闻出帝城，传来令甲更文明；曝檐父老私相语，未敢雌黄信口评。”定本改作：“欲知古事读旧史，欲知今事看新闻；九流百家无不有，六合之内同此文。”注也改过了，强调新闻纸使人不出户庭而能知天下事，“其源出于邸报，其体类乎丛书，而体大用博则远过之”。周氏说：

> 以诗论，自以原本为佳，稍有讽谏的意味，在言论不自由的时代或更引起读者的共鸣。但在黄君则赞叹自有深意，不特其除旧布新意更精进，且实在以前的新闻纸亦多偏于启蒙的而少作宣传的运动，故其以丛书(Encyclopedia)相比，并不算错误。

其二为原本卷上第七十二论诗云：“几人汉魏溯根源，唐宋以还格尚存；难怪鸡林贾争市，白香山外数随园。”注云日本人做汉诗，“大抵皆随我风气以传移”。定本却完全改过，作：“岂独斯文有盛衰，旁行字正力横驰；不知近日鸡林贾，谁费黄金更购诗?”注仍如旧，但在末尾加了一句：“近世文人变而购美人诗稿，译英士文集矣!”周氏说：

日本人做汉诗，可以来同中国人唱和，这是中国文人所觉得顶高兴的一件事，大有吾道东矣之叹。……这种意思，定本却全改了。……上文所举出的两例，都可以看出作者思想的变换，盖当初犹难免缘饰古义，且信且疑，后来则承认其改从西法，革故取新，卓然能自树立也。

……杂事诗一编，当作诗看是第二着，我觉得最重要的还是看作者的思想，其次是日本事物的纪录。……定稿编成已四十六年(按周氏此文写于一九三六年)，记日本杂事的似乎还没有第二个，此是黄君的不可及处，岂真是今人不及古人欤！

# 第十九章　康有为的不懈追求





毛泽东说过："自从一八四〇年鸦片战争失败那时起，先进的中国人，经过千辛万苦，向西方国家寻找真理。洪秀全、康有为、严复和孙中山，代表了在中国共产党出世以前向西方寻找真理的一派人物。"在毛泽东举出的这四个代表人物中，只有康有为有亲历西方的记述传世，这就是他的《欧洲十一国游记》。

《欧洲十一国游记》的第一编《意大利游记》，光绪三十一年(1905)初版时，卷首有个"总目录"，十一国的排列次序为意大利、瑞士、澳(奥)地利、匈牙利、德意志、法兰西、丹墨(麦)、瑞典、比利时、荷兰和英吉利，此外还有三种附录。但光绪三十三年(1907)接着出版《欧洲十一国游记》的第二编，却是总目录中排序第六的《法兰西游记》。在康氏生前，《欧洲十一国游记》中的其他各种，并未与世人见面。本章在论述康氏游记时，引证亦只能以意法二记为限。

康有为自称："考政治，乃吾之专业也。"这两部游记，实际上是康有为的两篇政治考察记，也是他继续向西方寻找真理的心得。不过，历史是那样的无情，康有为在戊戌以后，被历史潮流推向了反面，他主观上也许仍然在寻找真理，客观上却越来越和真理背道而驰。为了研究这两部游记，必须溯及康有为在一九〇七年以前的整个政治活动和政治观点，溯及康有为"向西方寻找真理"的整个过程，这本来便是本书最重要的任务和目的。

## 洪水猛兽——思想导师

距今九十年前，几乎中国所有赞成维新的人，都把康有为当作自己思想上的领袖和导师；也几乎所有主张守旧的人，都把他骂做洪水猛兽、乱臣贼子。

在当时南京路矿学堂里，有个瘦小的青年学生，在如饥似渴地读着康有为一派人物著译的新书。有次翻开《天演论》，他立刻为"赫胥黎独处一室之中，在英伦之南，背山而面野……"这样一个新鲜世界所吸引，可是也立刻受到了"老辈"的呵斥：

> "你这孩子有点不对了，拿了这篇文章去看去，抄下来去看去。"一位本家的老辈严肃地对我说，而且递过一张报纸来。接来看时，"臣许应骙跪奏……"，那文章现在是一句也记不得了，总之是参康有为变法的……（鲁迅《朝华夕拾》）

这个青年学生，就是鲁迅。

稍晚些时候，在偏僻的湖南湘乡“东山学校”，又有个年纪更轻、身材却很高大的学生，也在油灯下一遍又一遍地诵读康有为和康有为大弟子梁启超的文章。后来他在叙述自己这一段学生生活时说：

> ……我写得一手好古文，但是我无心读古文。当时我正在读表兄送给我的两本书，讲的是康有为的变法运动。……这两本书我读了又读，直到可以背出来。我崇拜康有为和梁启超，也非常感谢我的表兄……（斯诺《西行漫记》）

这个青年学生，就是毛泽东。

现在，再把“本家的老辈”要鲁迅“抄下来去看去”的许应骙的“文章”，“抄”一段在下面：

> ……今之以西学自炫者，绝无心得，不过借端牟利，借径弋名。……今康有为逞厥横议，广通声气，袭西报之陈说，轻中朝之典章，其建言既不可行，其居心尤不可测。

鲁迅和毛泽东是当时的新青年，许应骙则是地地道道的老顽固；双方都旗帜鲜明，观点明朗。——在十九世纪至二十世纪之际，中国知识分子不同阶层和不同集团对康有为的评价，竟是如此的水火和冰炭！

鲁迅和毛泽东喜欢康有为，是喜欢康有为一派人物所介绍的“在英伦之南，背山而面野”的新世界的新道理。许应骙“参”康有为，是“参”他“袭西报之陈说，轻中朝之典章”。由此可见，主张学习外国实行变法，就是康有为既得到新派青年热烈拥护，又被守旧顽固分子切齿痛恨的主要原因。

康有为(1858—1927)，名祖诒，广东南海人，出生于一个世代读书为官的大家庭。他五岁即从叔伯读唐诗，能诵数百首；六岁开始受“四书五经”；十一二岁起即广泛涉猎文史，并喜阅邸报，渐知朝廷政事；试为诗文，颇有“奇气”；唯不喜学做应科举考试的八股制艺，因而受到诸叔伯的诘责。康有为十四岁和十五岁时，两次考秀才，都没有考取，却“益好为纵横之文”。一八七四年，他始见《瀛寰志略》及从日本传入的《地球图》诸书，是为接触“西学”之始，因而更加厌弃八股，于一八七六年起从广东著名学者朱次琦研习经史典籍三年。熟读深思之后，他感到旧学无法解决现实政治问题和自己思想上的苦闷，遂于一八七八年辞朱氏归，入本乡西樵山中，钻研释老二氏之言，企图从佛教和道教的理论中求得解答，仍然没有找到自己的归宿。一八七九年冬月初游香港，见“西人治国有法度”，一个不同于自己所熟悉而厌倦的旧世界的新天地，给了他以深刻的印象，从此开始访求西学之书，尝试找寻新的道路。这时，康有为年二十二(虚岁)。

一八八二年，康有为到北京应顺天乡试，还是没有考上举人。已经有了“世界开新逢进化”(《苏村卧病写怀四首之二》)

思想的他，对这一挫折并不十分在乎；而在归途经过上海时，发现了“江南制造局译书所”出版的各种西学书籍，却大喜欲狂，尽量购置。这些“西书”，不过是一些启蒙性质的读物，但毕竟是当时了解西方国情、政治，以及近代天文、物理、化学、生物各科知识的唯一津梁。康有为就是靠阅读这些书，开始研究西方的政治理论和社会科学的。

康有为的思想非常活跃，能够“举一反三”，悟出书本上没有写到的道理；同时他又十分大胆，能够“坐言起行”，有一分认识就做一点实践。一八八三年，他在家乡组织“不裹足会”，首先不给自己的女儿同薇、同璧裹足，对封建陋俗发起冲击。

中法战争爆发以后，清政府妥协求和，承认法国“保护”越南。继而福建水师马江战败。康有为受了很大的刺激，在诗中倾诉了自己满腔悲愤：“山河尺寸堪伤痛”，“贾生痛哭欲如何”，更加热切地探索救国之道。后来他在《进呈〈日本明治变政考〉序》中，向光绪皇帝叙述自己在中法战争前后注意从日本接受变法图强的信息的情形道：

> 昔在……琉球被灭之际，臣有乡人，商于日本，携示书目。臣托购求，且读且骇，知其变政之勇猛，而成效之已著也。臣在民间，募开书局以译之；人皆不信，事不克成。及马江败后，臣告长吏，开局译日本书，亦不见信……

这时的康有为，在封建士大夫最重视的科第出身方面，简直还毫无资格。尽管他已经从译书所和日本所出的书上，知道了西方国家“变政之勇猛”和“成效之已著”，希望中国也能够如法试行；但“民间”和“长吏”都不相信他，使他不能够“有为”。

一八八八年，康有为再次赴京应顺天乡试，又不第。可是他却利用在京的机会，做了一件十分大胆的事：以“布衣”上书光绪帝，极陈外国相逼、中国危险之状，请取法泰西，实行改革，提出“变成法”“通下情”“慎左右”三点建议。他认为：“马江败后，国势日蹙，中国发愤，只有此数年闲暇”，“过此不治，后欲为之，外患日逼，势无及矣。”这就是他的“一上皇帝书”。

按照清朝体制，专折奏事是高级官员的特权；地位较低的官员，只能呈请大吏、堂官代奏；“布衣”上书，等于庶民干政，虽然不算犯罪，也是冒险的事情。一上皇帝书，结果“九门深远，格不得达”，根本没有到达光绪帝左右。但这封书稿，却很快流传开来，使京师和全国各地关心时局的知识分子，都知道广东出了个不怕杀头建言变法的康有为。梁启超和陈千秋，便是被康有为上书的名气所吸引，才相约投到康氏门下，献贽称弟子的。顺便说一句，这时的梁启超少年得志，已经是个举人；康有为却屡试不第，还没有中举。照《儒林外史》介绍的规矩，“老友不和小友序齿”，本应该是康有为称梁启超为师。他二人能够一反流俗，在万木草堂中师弟相称，确实显示了一种新的风貌。

一上皇帝书失败，康有为深感“虎豹狰狞守九关，帝阍沉沉叫不得”，一度曾萌去国之志，想赴美洲讲学，或往巴西殖民；但终于还是“或劝蹈海未忍去，且歌《惜誓》留人间”，决定留在国内从事改革。他估量形势：“眼中战国成争鹿，海内人才孰卧龙?”打算先以讲学方式发现和积蓄人才，同时进一步进行理论的和舆论的准备。

一八九〇年，康有为开始在广州讲学，陈千秋、梁启超先后及门。其明年，开学堂(万木草堂)于长兴里，“讲中外之政、救中国之法”，又有麦孟华、徐勤等人从学。这些人后来都成了康的重要干部。一八九二至一八九三年，讲堂学者更众。康氏的讲学，杂糅经史，贯通中西，并和著书立说紧密结合。一八九一年，师弟协力刻成《新学伪经考》。据梁启超云：

> 此说一出，所生影响有二：第一、清学正统派之立脚点根本摇动；第二、一切古书皆须从新检查估价。此实思想界之一大飓风也。(《清代学术概论》)

一八九八年刊行《孔子改制考》，一八八五年又写了《人类公理》一书。

《新学伪经考》大旨谓：清代正统学派——“汉学”所依据的经典，大部分是为王莽“新”朝服务的刘歆所伪造，只能叫“新学伪经”。《孔子改制考》大旨谓：除掉刘歆伪经之外，真正的六经，也是孔子“托古改制”的创作，而“改制”则是一种政治改革和社会改造。书中借用公羊家春秋“三世”之说，大言“通三统，张三世”：“三统”者，谓夏、商、周三代随时因革，宣传变革的历史观；“三世”者，谓人类社会当由“据乱世”入“升平世”再入“太平世”，宣传进化的社会观。康氏以“三世”之说解释《礼运·大同篇》，谓“升平世”为小康，“太平世”为大同。后于一九〇二年著《大同书》描述自己理想的社会，如：“无国家，全世界置一总政府，分若干区域”，“无家族，男女同栖不得逾一年，届期须易人”；“设公共宿舍、公共食堂，有等差，各以其劳作所入，自由享用”；“死则火葬，火葬场比邻为肥料工厂”。梁启超谓：

> 若以《新学伪经考》比飓风，则此二书者，其火山大喷火也，其大地震也。（《清代学术概论》）

梁启超将康有为这几部著作对传统学说、传统观念的打击，比作飓风、火山、地震，是一点也不过分的。这几部书虽然没有打出“西学”的旗号，但明显看得出“西学”对康有为思想的影响。一八九〇年“万木草堂”开学时，康有为为诗示诸门人，尾联云：

> 群龙无首谁知吉？自在乾元大统长。

《大同书》第三章《初设公议政府为大同之始》中，提出公政府不设总统、不立总理，只设并无实权的议长，并引《易经》：“见群龙无首，吉”“乾元用九，天下治也”为证，亦即本诗之意。后来康氏还在《中国不能逃中南美之形势》一文中说：“夫共和之义，欲人人之自治也；故见龙无首，实为乾元之上治。”又在《忧问》一文中说：“群龙无首之义，必如瑞士之公议内阁，立议长而不立总统，乃为至公。”这些话说明康有为思想和方法已经接受了西方资产阶级民主的观念；也就是说，康有为在这时候就已经走上了向西方寻找真理的道路。

有为虽著《大同书》，然秘不示人。谓今方“据乱”之世，只能言小康，不能言大同，言则“陷天下于洪水猛兽”。正如梁启超所评：“自发明一种新理想，自认为至善至美，然不愿其实现，且竭全力以抗之遏之，人类秉性之奇诡，度无以过是者。”这一点暴露了康有为世界观和方法论的深刻矛盾。

一八九四年，康有为在广东讲学的影响越来越大，给事中余晋珊奏劾他“惑世诬民，非圣无法，同少正卯，圣世不容，请焚《新学伪经考》，而禁粤士从学”。这个封建官僚的政治嗅觉是比较灵的。他从康有为考伪经、谈改制的学术论文中，嗅到了政治火山即将爆发的气息，预感到了地震飓风、洪水猛兽的威胁。

## 公车上书

中国人要求变法自强，既是西方国家“带”出来的，也是西方国家“逼”出来的。

正如康有为自己所说的那样：琉球被灭，引起了他对日本的注意；马江战败，促使他“告长吏”译日本之书。但是，更强烈、更大的刺激还在后头：甲午(1894)之役，维新不过二十五年的小日本，居然打败了千年守旧的大中华；马关和约，中国被迫割台湾、赔款二万万两，等于国家三年的全部收入。胶州事起，德国强租青岛，瓜分危险更迫在眼前。正是在这种“山河已割国抢攘”的形势下，康有为连续二次、三次、四次、五次上皇帝书，同时创办《万国公报》，组织“强学会”，掀起了轰轰烈烈的维新运动。他的历次上皇帝书，以及所写《日本明治变政考》《俄大彼得变政考》《突厥削弱记》《波兰分灭记》《法国革命记》《德国变政考》《英国变政考》等著作，充分利用对西方政治历史和现状的知识，利用李提摩太（Timothy Richard）等西人提供的资料，提出了一个全面学习西方变法图强的纲领。

《戊戌履霜录》是一本彻头彻尾站在守旧立场，百般诋毁戊戌新政和康有为的书。它也承认新政之始萌芽，是由于“日难初平，德衅旋发于胶”，得以使康有为“托名忠爱，鼓煽公卿”的结果。

有为于光绪十九年（1893，三十六岁）终于考取举人以后，二十一年（1895）“公车”入都，参加会试。恰好《马关条约》签订的消息传到北京，各省举人群情激愤。有为立即派梁启超到广东籍举人中发动联名上书，并串联其他各省举人共一千三百馀人在松筠庵开会；自己用一天一夜时间，起草了这封一万八千多字的（二）上皇帝书，在上面签名的各省举人计六百零三人。夏历四月初八日，有为等投书都察院，请求代奏，实际上是一次集体请愿。都察院借口皇帝已在和约上盖印批准，拒不接受。但松筠庵大会的消息早已传遍全城，书稿为美国驻京公使田贝(Charles Denby)向有为索去之后，立刻不胫而走，“刻遍天下”。据梁启超《戊戌政变记》所说，光绪皇帝事实上是看到了这封万言书的，“康有为之初承宸眷，实自此始”。

万言书首先尖锐地指出了国家大祸临头，“举人等栋折榱坏，同受倾压。故不避斧钺之诛，甘犯冒越之罪，统筹大局，为我皇上陈之”。接着提出四项请求，即是：“皇上下(罪己)诏鼓天下之气，迁都定天下之本，练兵强天下之势，变法成天下之治。”书中明言：前三项“皆权宜应敌之谋，非立国自强之策”；中国失败的根本原因在于“法度”已经完全腐朽败坏，“凡百积弊，难以遍举……即无外衅，精华已竭，将有他变”，欲谋挽救，只有从根本上弃旧图新，实行变法。“当以开创之势治天下，不当以守成之势治天下；当以列国并立之势治天下，不当以一统垂裳之势治天下”。书中语重心长地说：

> 方今当数十国之觊觎，值四千年之变局，盛夏已至而不释重裘，病症已变而犹用旧方，未有不暍死而重危者也！

对“四千年之变局”的认识，过去王韬、郭嵩焘、曾纪泽诸人早就有了。尤其是郭嵩焘，已经看到了“政教”为西洋富强之根本，舍本逐末地办一点洋务，搬运一点坚船利炮，引进一点制造工艺，并不能挽救国家的危亡。但是，他们并没有看到“本朝”的“法度”即政治已经完全腐朽败坏到即使没有“外衅”也难于避免“他变”的程度，更没有也不敢提出从根本上(改)变法(度)的主张，没有也不敢提出把西方国家当作变法的榜样。历史的担子，就是这样落到了康有为等人的肩头。

万言书详细列举了变法的内容：“富国之法有六，曰钱法，曰铁路，曰机器轮舟，曰开矿，曰铸银，曰邮政。”并一一举泰西为例，如“德之克虏伯、英之黎姆斯，著于海内，皆民厂也——宜纵民为之，并加保护”。

“养民之法，一曰务农，二曰劝工，三曰惠商，四曰恤穷”。又一一举泰西为例，如“鸟粪可以肥培壅，电气可以速长成，沸汤可以暖地脉，玻璃罩可以御寒气，刈禾则一人可兼数百工，播种则一日可以三百亩……”。

为了富国养民，必须改革教育，不能再以八股取士。仍举泰西为例，云：

> 今地球既辟，轮路四通，外侮交侵，闭关未得，则万国所学，皆宜讲求……尝考泰西之所以富强，不在炮械军器，而在穷理劝学。彼自七八岁人皆入学，有不学者，责其父母，故乡塾甚多；其各国读书识字者，百人中率有七十人；其学塾经费，美国乃至八千万；其大学生徒，英国乃至一万馀；其每岁著书，美国乃至万馀种；其属郡县，各有书藏，英国乃至百馀万册……

万言书接着指出“教、养之事，皆由国政”，归根结蒂，变法就是要变国政。“中国大病，首在壅塞”，就是政府脱离了人民，政治不顾及民意。康有为拿西洋和中国作比较：

同此兴作[①]，并为至法。外夷行之而致效，中国行之而益弊者，皆上下隔塞，民情不通所致也。

为了“谋及庶人”，书中建议国家设置“议郎”，“略分府县，约十万户而举一人，不论已仕未仕，皆得充选”，“并准其随时请对，上驳诏书，下达民词。凡内外兴革大政，筹饷事宜，皆令会议于太和门，三占从二，下部施行。所有人员，岁一更换”。——这显然就是西方国家的议会制度。

万言书在最后给皇帝举了两个外国的例子：“近日土耳其为回教大国，不变旧法，遂为六大国割地废君，而柄其政。日本一小岛夷耳，能变旧法，乃能灭我琉球，侵我大国。前车之辙，可以为鉴。”

“公车上书”，是康有为“向西方寻找真理”的第一份正式宣言。上书后数日，会试榜发，康有为中了进士，旋授工部主事。他不愿到职，于五月十一日三上皇帝书，“言变法之先后次第”，紧接着又于闰五月初八日第四次上书，正式提出“设议院以通下情”的主张。“是时守旧大臣，已有妒嫉康之心，复阻格不为代奏。”由于同情维新观点的老臣、帝师翁同龢的推荐，光绪帝才非正式地见到康的上书。这个长期被慈禧太后压制、自己颇思有所作为的青年皇帝，开始接受了维新派的观点。

光绪二十一年六月，康有为在京师创办《万国公报》(旋改

① 按指上述富国、养民诸法。

名《中外纪闻》)，作为宣传变法的舆论机关。七月，又“开强学会于京师，以为政党嚆矢”，有文廷式、沈曾植、杨锐、袁世凯等数十人参加。这些活动，得到了英、美、日本驻京公使和在华人士的支持，同时也立即受到了守旧势力的打击。十二月间，强学会即被政府封禁。而康有为于八月杪已离京，经上海回广州，继续编写《日本明治变政考》等书。翌年秋，再到香港、澳门，在澳门筹办《知新报》。又明年(1897)，到广西组织“圣学会”，撰成《日本书目志》。十一月，胶州事发，遂“万里浮海，再叩阙廷”，第五次上皇帝书，正式揭开了戊戌变法的序幕。

梁启超说得好：“吾国四千馀年大梦之唤醒，实自甲午战败、割台湾、偿二百兆以后始也。我皇上赫然发愤，排群议、冒疑难，以实行变法自强之策，实自失胶州、旅顺、大连湾、威海卫以后始也。”中国人下决心拜西方做老师，是这个老师不断打学生，不断进行侵略的结果。康有为适逢其会，充当了“四千馀年大梦”的唤醒者、“变法自强之策”的创制人。

## 以日为师，以法为鉴

康有为是戊戌变法的旗手。他打着奉戴光绪皇帝实行变法的旗帜，想效法日本，自上而下地革旧图新，使中国走上近代化的道路。

康有为历次的上皇帝书，往往是一脱稿便举国传抄、人人传诵，实际上是一篇篇进行广泛宣传鼓动的文章。其中最重要的，是第二和第五两次上书。第五书更加发扬了康有为大声镗鞳、振聋发聩的风格，用极其尖锐的言辞，促使光绪皇帝和国人猛醒：

夫自东师辱后，泰西蔑视，以野蛮待我，以愚顽鄙我。昔视我为半教之国者，今等我于非洲黑奴矣！昔憎我为倨傲自尊者，今则侮我为聋瞽蠢冥矣！按其公法，均势、保护诸例，只为文明之国，不为野蛮；且谓剪灭无政教之野蛮，为救民水火。故十年前吾幸得无事者，泰西专以分非洲为事耳。今非洲剖讫，三年来泰西专以分中国为说……胶警乃其借端，德国固其嚆矢耳！……甚则如土耳其之幽废国主，如高丽之祸及君后；又甚则如安南之尽取其土地人民而存其虚号，波兰之宰割均分而举其国土。马达加斯加以挑水起衅而国灭，安南以争道致命而社墟：蚁穴溃堤，衅不在大。职恐自尔之后，皇上与诸臣，虽欲苟安旦夕、歌舞湖山而不可得矣！且恐皇上与诸臣，求为长安布衣而不可得矣！

书中引《尚书·仲虺之诰》“兼弱攻昧，取乱侮亡”之言，列举国内外形势，以说明“吾既自居于弱昧，安能禁人之兼攻？吾既日即于乱亡，安能怨人之取侮？”通篇既体现了康有为对西方情形的了解，更表现了康有为向西方寻求真理的用心。其说云：

欧洲大国，岁入数千万万；练兵数百万，铁船数百艘；新艺新器，岁出数千；新法新书，岁出数万；农工商兵，士皆专学；妇女童孺，人尽知书。而吾岁入七千万，偿款乃二万万，则财弱；练兵、铁舰无一，则兵弱；无新艺新器之出，则艺弱；兵不识字，士不知兵，商无学，农无术，则民智弱；人相偷安，士无侠气，则民心弱。以当东西十馀新造之强邻，其必不能禁其兼者，势也：此仲虺“兼弱”之说可畏也。

大地八十万里，中国有其一；列国五十馀，中国居其一。地球之通自明末，轮路之盛自嘉、道，皆百年前后之新事，四千年未有之变局也。……公卿台谏督抚，皆循资格而致，已既裹足未出外国游历，又以贵倨未近通人讲求……夜行无烛，瞎马临池，今日大患，莫大于昧……用是召攻：此仲虺“攻昧”之说可惧也。

自台事后，天下皆知朝廷之不可恃……即无强敌之逼，揭竿斩木，已可忧危。况潢池盗弄之馀，彼西人且将借口兴师，为我“定乱”……此仲虺所谓“取乱”者可惧也。

有亡于一举之割裂者，各国之于非洲是也；有亡于屡举之割裂者，俄、德、奥之于波兰是也；有尽夺其政权而一旦亡之者，法之于安南是也；有遍据其海陆形胜之地而渐次亡之者，英之于印度是也。欧洲数强国，默操神算，纵横寰宇，以取各国……公卿士庶，偷生苟活，候为欧洲之奴隶，听其犬羊之封缚……此仲虺所谓“侮亡”之说尤可痛也。

……皇上远观晋、宋，近考突厥，上承宗庙，孝事皇太后，即不为天下计，独不计及宋世谢后签名降表、徽钦移徙五国之事耶？

接着，康有为向光绪列陈三策：上策是请光绪像彼得大帝那样痛下决心变更旧法，像明治天皇那样“武步泰西”实行新政；中策是“大集群才而谋变政”；下策是“听任疆臣各自变法”。他痛切地说：

凡此三策，能行其上，则可以强；能行其中，则犹可以弱；仅行其下，则不至于尽亡。……否则沼吴之祸立见，裂晋之事即来，职诚不忍见煤山前事也！

面对“万寿无疆”的至尊天子，直言他会要亡国，会要落得徽钦二主和崇祯皇帝那样的下场，“求为长安布衣而不可得”，这是需要很大勇气的。康有为确实表现了足够的勇气。

这封书交到工部，工部大臣害怕闯祸，不敢代奏。“然京师一时传抄，海上刊刻。”见到传抄刻本的人，“莫不嗟悚”。给事中高燮曾抗疏荐之，光绪对康有为早有印象，此时即拟予召见，但被成例所阻(清朝成例，非四品以上官不能召见)，只好命王大臣传有为到总署问话。这时已是戊戌正月，光绪随即命令，自后康有为如有条陈，即日呈递，无许阻格。这使得康有为情绪异常高涨，他便于正月初八日第六次上书，吁请光绪效法明治，大举维新，起用新人，开制度局，全面推行西法；此外如“广遣亲王大臣游历以通外情，大译西书、游学外国以得新学……皆宜先行者”。书中的警句是：

能变则全，不变则亡；全变则强，小变仍亡。……今祖宗之地既不守，何有于祖宗之法乎？夫使能守祖宗之法，而不能守祖宗之地；与稍变祖宗之法，而能守祖宗之地，孰得孰失，孰重孰轻，殆不待辨矣。

紧接着，康有为又把李提摩太所译《泰西新史揽要》《列国变通兴盛记》，和自己所编《日本明治变政考》《法国革命记》等书，陆续送呈光绪阅览。这些介绍西学详情的书，都有鲜明的政治目的；他是在用事实进行宣传：大清帝国必须以日本为榜样，以法国为鉴戒。在进呈《日本明治变政考》时，他写道：

彼与我同文，则转译辑其成书，比其译欧美之文，事一而功万矣。彼与我同俗，则考其变政之次第，鉴其行事之得失，去其弊误，取其精华，在一转移间，而欧美之新法，日本之良规，悉发现于我神州矣。

在进呈《法国革命记》时，又写道：

民愚不知“公天下”之义，则已耳；既知之……安有以一人而能敌亿兆国民者哉？则莫若立行乾断，不待民之请求迫胁，而与民公之，如英之威廉第三后诸主然，明定宪法，君臣各得其分。……而惜路易十六不能审时刚断也，徘徊迟疑，欲与不与，缓以岁月，靳以事权，遂至身死国亡，为天下戮笑，几没其贤也，岂不哀哉？

康有为向西方寻找真理，很少在纯粹学理上花费时间和笔墨，而总是和中国实际政治改革的需要密切结合在一起。他把法国大革命“君后同囚，并上断头之台”，“巴黎百日，而伏尸百廿九万”等情形描写得淋漓尽致，固然是为了敦促光绪皇帝“不待民之请求迫胁，而与民公之”，“明定宪法，君民各得其分”，同时也确实暴露了潜藏在他心里的对人民革命的恐惧。他说：“盖民性可静不可动也。一动之后，若转石于悬岩，不至于趾不止也。”“时势所趋，民风所动，大波翻澜，回易大地，深可畏也。”康有为在戊戌失败后，逐渐堕落成了保皇主义者和复辟主义者，于此已见其滥觞矣。

## 神农尝百草

戊戌四月，光绪帝终于下决心变法，遂于二十三日下诏明定国是。诏书有云：

试问今日时局如此，国势如此，若仍以不练之兵，有限之饷，士无实学，工无良师，强弱相形，贫富悬绝，岂真能制梃以挞坚甲利兵乎？……即以中国大经大法而论，五帝三王不相沿习，譬之冬裘夏葛，势不两存。用特明白宣示：嗣后中外大小诸臣，自王公以至士庶，各宜努力向上，发愤为雄……博采西学之切于时务者，实力讲求，以救空疏迂谬之弊。

这是第一次以中国国家元首名义，正式宣布把学习西方、改行新政定为国策，可以明显地看得出康有为的影响。皇帝于诏定国是后，随即召见康有为于颐和园之仁寿殿，历时至九刻钟，为向来召见臣僚所未有。据《戊戌政变记》，在召见中——

皇上曰：国事全误于守旧诸臣，朕岂不知？ 但朕之权不能去之，且盈廷皆是，势难尽去，当奈之何？

康曰：请皇上勿去旧衙门，而惟增置新衙门；勿黜革旧大臣，而惟渐擢小臣，多召见才俊志士……委以差事，赏以卿衔，许其专折奏事……彼守旧大臣，既无办事之劳，复无失位之惧，则怨谤自息矣……

上然其言。

可见康有为和光绪也是考虑到了用“赎买”的方式照顾官僚阶级的既得利益，以求减少改革的阻力和困难的。问题是，即使是这样温和、妥协性质的改革，也得不到顽固守旧势力的允许和容忍。在光绪诏定国是、召见康有为的同时，老谋深算的慈禧已经命她的心腹荣禄为北洋大臣，总统三军，把兵权掌握在自己手里；并将翁同龢开缺回籍，切断康有为的“天线”；又示意京官大肆攻击康“居心叵测”，使光绪不得不在重用他时有所顾忌。在“百日维新”期间，光绪只来得及将康有为上书(包括进呈各书)中的各项建议，草成几十道推行新政的上谕，陆续公布。到八月初六日，顽固派便发动了政变，幽光绪皇帝于瀛台，杀谭嗣同等六君子于菜市口，宣布旧法照旧施行，新政全部作废。

康有为没有被杀，是由于他接到光绪的明谕，迅速赴上海督办官报，于初五日晨出京，初六日上午在天津乘英国“重庆号”轮船南下。是日凌晨，奉命逮捕康有为的军队便包围了他在京城的住处，将其弟广仁捕去杀害了。清廷大搜京津陆海，通电全国缉拿，谓“康有为进丸毒弑大行皇帝，着即行就地正法”；并谓梁启超“与康有为狼狈为奸”，命“一体严拿惩办”。

康有为得英人保护逃往香港，梁启超则避入日本使馆设法东渡，两人都逃出了网罗。但在慈禧太后心目中，这两个“首恶”是非“必办”不可的，于是连续发布“上谕”，重赏购买两人的脑袋。有一道“上谕”是这样宣布的：

> ……不论何项人等，如有能将康有为、梁启超缉获，送官验明实系该逆犯正身，立即赏银十万两。万一该逆犯等早伏天诛，只须呈验尸身确实无疑，亦即一体给赏。此项银两，并着先行提存上海道库；一面交犯，即一面验明交银，免致展转稽延。

于是，康梁二人只能托足海外，过着政治流亡者的生活。

光绪二十四年(1898)九月，康有为应日本友人之招往居东国；二十五年(1899)二月，由于清廷多次提出交涉，不让有为留居日本，日本外务省赠以旅费，劝请离境，遂横海赴加拿大，随即在温哥华华侨中开始组织“保皇会”；九月，还香港；二十六年(1900)正月，移居新加坡，领导南洋各地保皇活动；二十七年(1901)复移居槟榔屿；二十八年(1902)再迁居印度大吉岭；二十九年(1903)秋再回香港；三十年(1904)初夏，乘船经印度洋入地中海，作欧洲十一国之游。

从戊戌去国到始作欧洲十一国之游的六年间，康有为主要是在英国的亚洲属地上度过的。他仍然寄希望于光绪皇帝重掌政权，时时刻刻都在关心着国内的时局，等待着东山再起的机会。凭良心说，康有为确实是一个热爱祖国的人，是一个有强烈的历史责任感的人；但他同时又是一个大大的历史唯心主义者，是一个总是企图以个人意志代替历史规律的主观主义者，是一个把自己看成救世主而把群众看作群盲的自我中心主义者。这六年之中，康有为写了不少的诗。像《闻意(大利)索三门湾以兵轮三艘迫浙江有感》：

> 凄凉白马市中箫，梦入西湖数六桥；绝好江山谁看取？涛声怒断浙江潮。

表现了他对祖国的一片深情。而在听到义和团蜂起时所写的：

> 北京蛇豕乱纵横，南海风涛日夜惊；衣带小臣投万里，秋来绝岛听潮声。

则反映了他对群众斗争的恐惧和敌意。在癸卯初夏所作《生民二章》之二：

> 尧舜君民愿，艰难险阻身。明良思会合，肝胆尚轮囷。
> 欲铸新中国，遥思迈大秦。吾能不拯溺，四万万生民！

虽然仍旧以拯救“四万万生民”的先知先觉自任，决心铸造出一个能够超迈“大秦”即欧洲的新中国，但是把希望完全放在“尧舜”身上，并且认为实现“尧舜之治”是君主和人民一致的愿望，这就站到同提倡“驱除鞑虏，恢复中华，建立民国，平均地权”的资产阶级民主革命派相对立的立场上去了。

在写《生民二章》的差不多同时，为了和孙中山的革命主张相对抗，康有为发表了他的《答南北美洲诸华侨论中国只可立宪不可行革命书》，宣传君主立宪制度，反对民族民主革命，遭到了孙中山、章炳麟等人的批判。

正是在这样的背景下，康有为开始了他的欧洲十一国之行，主要目的是为了“考政治”，想用欧洲各国的政治历史和现实，来说明立宪有利进化、革命带来破坏的道理，进一步和革命派进行论战，以求扩大保皇派的思想影响。他在《欧洲十一国游记序》中，为自己的十一国之游大作宣传，道：

> 夫中国之圆首方足，以四五万万计，才哲如林而闭处内地，不能穷天地之大观；若我之游踪者，殆未有焉。而

独生康有为于不先不后之时，不贵不贱之地，巧纵其足迹、目力、心思，使遍大地，岂有所私而得天幸哉？天其或哀中国之病，而思有以药而寿之耶？其将令其揽万国之华实，考其性质色味，别其良楛，察其宜否，制以为方，采以为药，使中国服食之而不误于医耶？则必择一耐苦不死之神农，使之遍尝百草，而后神方大药可成，而沉疴乃可起耶？……

虽然，天既强使之为先觉以任斯民矣；虽不能胜，亦既二十年来昼夜负而戴之矣。万木森森，百果具繁，左捋右撷，大嚼横吞，其安能不别良楛、察宜否、审方制药，以馈于我四万万同胞哉？方病之殷，当群医杂沓之时，我国民分甘而同味焉，其可以起死回生、补精益气，以延年增寿乎？

康有为认为自己二十年来“负戴”了“为先觉以任斯民”的责任，是一位“耐苦不死之神农”；说他的欧洲十一国之游是为了“遍尝百草”，寻找能够医治中国沉疴的“神方大药”；认为四万万同胞只要服下他在《欧洲十一国游记》中开出的药方，就“可以起死回生、补精益气，以延年增寿”，铸造出一个“迈大秦”的新中国，事实果真如此吗？

## 《意大利游记》

《欧洲十一国游记》至今还只出版了《意大利游记》和《法兰

西游记》两种。本节先介绍《意大利游记》。

康有为于光绪三十年(甲辰，1904)二月六日从香港出发到槟榔屿，以事小滞，四月十二日再从槟榔屿至锡兰，换船西行，五月二日夜抵达意大利的巴连的诗(布林迪西)，然后历游奈波里(那不勒斯)、邦渒(庞贝)古城、斐苏斐(维苏威)火山、罗马、佛罗练士(佛罗伦萨)、斐呢士(威尼斯)、美兰(米兰)等地，十四日离意入瑞士境，在意大利停留的时间不到两个星期。

康有为在意大利停的时间不长，看的东西却不少，发的议论尤其多。他的“游记”，实际上是借题发挥，充分运用他过去间接得到和此次直接得到的历史、地理知识，纵论外国尤其是中国的政俗；既继续宣传中国必须有选择地学习西方，在各方面实行变法，同时又着意宣传革命不如立宪的观点，推销他的保皇主张。

《意大利游记》中，有好几段长篇议论，都是精华与糟粕杂陈，真理与谬误互见。如《奥古士多宫》一节，叙二八八年罗马皇帝地克里生裂国为四，导致罗马灭亡，“至今欧洲各国，尚自分裂争战无已”，云：

> 或谓人道必以竞争，乃能长进；中国之退化危弱，由于一统致然；西欧之政艺日新，由于竞争所致。是则诚然。然欧人经千年黑暗战争之世，苦亦甚矣。今读《五代史》，五十馀年之乱杀，尚为不忍，而忍受千年之黑暗乱争乎？今中国迟于欧洲之治强，亦不过让之先数十年耳。

> 吾国方今大变，即可立取欧人之政艺而自有之。岂可以数十年之弱，而甘受千年之黑暗乎？……中国号有文明，皆进于汉唐宋一统久安之世。即今西欧学艺之长进日新，亦在百年来弭兵息战之时。……竖儒乃不审时势，致欲分中国为十八国，以望竞争之效……呜乎，其为罗马、印度哉！



肯定保持统一是中国国家和中华民族的根本利益所在，这是康有为正确的一面。认为中国只要下决心“大变”，“即可立取欧人之政艺而自有之”，也还是六次上皇帝书的一贯精神。但是，离开欧洲各个民族国家产生和发展的历史条件，机械地将欧洲和中国相提并论，抽象地去比较“分”与“合”究竟哪样好，却是不够科学的。特别是因为，当时有些主张推翻清朝的革命者，的确在宣传南方各省脱离清廷“独立”，宣传十八行省“自治”（这种宣传的正确与否是另一问题，兹不具论），康有为的这番话，是针对革命派而发的，那就更加不对了。

在《罗马宫室不如中国秦汉时》一节中，康有为说他以前听说古罗马的建筑妙丽，倾仰甚至，“及此游也，亲至罗马而遍观之”，乃知古罗马之建筑，实不如《三辅黄图》和《汉书》所述秦汉盛时。惟其“石渠、剧场之伟大，亦自惊人；然比之万里长城，则又不足道矣”。接着又有一大段议论：



> 今欧人之文明皆本于罗马，大学皆学罗马之语言文字；不忘其祖，宜盛称之。若以我之文明较之，则渺乎在

下矣！而我国人耳食而未尝亲游者，徒惊今日欧美之盛美，而误信其所出之罗马，乃亦同而尊仰之，则大谬矣。甚矣！吾国人今日之不自立，乃忘己而媚外也！故吾国人不可不读中国书，不可不游外国地，以互证而两较之，当不致为人所恐吓，而自退于野蛮也！

“不可不读中国书，不可不游外国地，以互证而两较之”，这确实是向外国学习的正确的态度。康有为不愧为老资格的维新领袖，他承认“今日欧美之盛美”，也承认今日中国之落后。比如在《意大利国民政治》一节中，他说：“意国二十年来，机器之进步亦大矣。同治十年时，其蒸汽力一百三十二万吨；至光绪二十年，已增五倍馀，为五百五十二万吨。此则过于我国者矣，吾国所宜最急务也。”同时他又反对妄自菲薄，反对数典忘祖，表现了一个中国人的尊严和自信，这是和那些“忘己而媚外”的人完全不同的。——但值得注意的是，康有为在这里颇有指桑骂槐的意思。这在《罗马四百馀寺之至精丽者》一节中，讲得更加露骨。他从欧洲人信仰基督，论及中国应该尊崇孔子，奉孔为教，进而大肆攻击革命派，把革命派骂做少正卯。其言曰：

今欧洲新理，多皆国争之具，其去孔子大道远矣。一二妄人，好持新说，以炫其博。……乃辄敢攻及孔子，以为媚外之倡。……吾昔者视欧美过高，以为可渐至大同；由今按之，则升平尚未至也。孔子于今日，犹为大医王，

> 无有能易之者。……今若有人焉，言伪而辨，学非而博，日以非圣为事，必当正两观之诛，万无可赦者也。

矛头所向，就十分清楚了。

在游罗马元老院旧址后，康有为写了一节《议院之制必发生于西》的文字，企图从地形的不同来说明中西政体的区别。其中有云：

> ……而中国亘古乃无议院政体、民举之司者，国民非不智也，地形实为之也。……然欧洲数千年时之有国会者，则以地中海形势使然；以其海港汊沍纷歧，易于据险而分立国之故也。分立，故多小国寡民，而王权不尊，而后民会乃能发生焉。……既有广土众民，则必君权甚尊，而民权国会，皆无从孕育矣。况我中国之一统，已当黄帝尧舜之时。盖古号九州为中国者，在大江以北太行以南，旷野数千里，地皆平陆，无险可守。故为一统之早之远，在万国之先。……盖不待秦汉以后，万里山河，纯赖帝制；而君权之巩固，已自神农、黄帝来矣。……假令罗马而一统至今，则英伦三岛，亦中国之琼台耳，滇黔耳！为罗马之郡县，奉罗马之政法，何从而有国会？何从而与王争？何从而渐进渐精，而成今日之立宪政体乎？……物无两大，有其利者必有其害。中国万里，数千年已享一统之乐利。欧洲列国分立，经黑暗中世，千年战争，惨祸酷矣；乃得产此议院以先强，则有其害亦有其

利。然中国苟移植之，则亦让欧人先获百年耳，何伤乎？天道后起者胜也。

“天道后起者胜”，应该说是一种辩证的、进化的历史观。康有为的思想就是这样的驳杂，方法又是这样的出奇。他的历史眼光是锐利的，往往能够深入奥窍，发人所不能发。但是，他总要使学理的议论“服务”于自己的政治目的，常常凭着他所自傲的一条“广长之舌”，随意地塑造出一些“历史规律”来。明明是牵强附会，却又说得头头是道。照他的“地形政治论”，虽然也承认世界大地必行议院政体，“英得伏流之先，故在大地最先强；欧美得其播种之先，故次强”，这是正确的一面；但又把中国的“君权必尊”，归之于天生之理。既然地形是“无可易”的，那么中国的君主制度也就是“无可易”的，只需要从欧洲把议院制度“移植”过来，就一切都美满了。——这就是他“馈于我四万万同胞”的“神方大药”。

康有为开始向西方寻找真理，远在他作欧洲十一国之游以前。他寻找真理，是因为“欲铸新中国”；但这个“新中国”，不过是他用自己的政治理想“铸”出来的虚幻的影子。在这个“新中国”里，应该有光绪皇帝这样的“尧舜之君”，有孔子（在当今就是他自己）这样的“大医王”“大教主”。这个“新中国”需要“移植”西方的议院政体，但尤其需要发扬“孔子之大道”（实际上就是康有为自己的“通三统，张三世”等一套理论）。很显然，这和中国人民所追求的新中国是完全不同的。

康有为从自己阶级的、个人的政治理想出发，在向西方寻找真理的路上确实跨过大步，确实超过了王韬和郭嵩焘诸人，但是时代的潮流在奔腾向前，坚持保皇的康有为很快就落伍了，最后竟走到了与中国人民革命对立的地步去了。

《欧洲十一国游记第一编·意大利游记》，便是康有为正在跨越从真理到谬误的界限时的作品。

康有为想当“大医王”，当“耐苦不死之神农”，去遍游世界，遍尝百草，“审方制药，以馈于我四万万同胞”，用心良苦。可是他的“神方大药”，无非是《答南北美洲诸华商论中国只可行立宪不可行革命书》一样的货色，已经不是鲁迅、毛泽东代表的中国知识青年所感兴趣的了。

## 《法兰西游记》

《意大利游记》光绪三十一年(1905)出版后，保皇派和革命派的斗争更趋激烈。不仅“南北美洲诸华商”，而且在海内外广大阶层群众中，倾向革命的人都越来越多。孙中山的革命组织，也在这一年扩大成了中国同盟会。因为斗争紧张，《欧洲十一国游记》的写作计划大受影响，原定接着写下去的瑞士、奥地利、匈牙利、德意志等国游记，都未能按计划完成。是年七月二十二夜，康有为由德赴法，二十三日晨到巴黎，再游法都。他的《法兰西游记》，初版于光绪三十三年(1907)三月六日发行。这本书共分四个部分：(一)法兰西游记；(二)法国之形势；(三)法国创兴沿革；(四)法国大革命记。实际上只有第一部分是游记；第二部分是法国概况；第三部分是法国小史；

第四部分则是借叙述法国大革命，竭力宣传“只可行立宪不可行革命”的理论，是康有为大开历史倒车的一次鲜明的表态。在此以后，原定的丹麦、瑞典、比利时、荷兰、英吉利等国游记，则根本未见刊行。《欧洲十一国游记》，实际上只能算还没有完成的书。

《法兰西游记·法国大革命记》的主题思想，和九年前进呈给光绪阅览的《法国革命记》是完全一致的，很可能就是用九年前的旧稿补充改削而成。所不同的是，九年前的康有为，是用“大革命”这个怪物，去吓唬光绪皇帝，劝他“立行乾断，不待民之请求迫胁，而与民公之”；九年后的康有为，则是用“大革命”这个怪物，来吓唬全国人民，要大家不要听革命派的话，不要跟革命派走。同为一事，时隔九年，九年前还有一些积极因素，九年后却完全成了反面教材。

鲁迅毕竟是一位与时俱进的伟大人物。他对康有为的评价是画龙点睛、入木三分的：

> 原是拉车前进的好身手，腿肚大，臂膊也粗。这回还是请他拉，拉还是拉，然而是拉车屁股向后。这里只好用古文：“呜呼哀哉，尚飨”了。(《花边文学·趋时和复古》)

本节拟对《法兰西游记》主要是《法国大革命记》略予剖析，以见康有为“拉车屁股向后”的姿势：

(一)书中大肆渲染法国大革命的恐怖和破坏，如谓：

（西一七八九年）八月十九日，开革命法院，选酷吏主之。大索官商民家，有嫌疑于抗革命者皆捕杀。……自八月三十至九月一日，按户搜形迹可疑者囚至巴黎，日五千人。以屠者三百人为一团，每屠者杀百数十人。……尚以行刑迟烦，置囚于大漏舟而沉之，名曰“革命宣礼式”；或对缚合年男女投水中，名曰“革命结婚刑”。凡台刑、水刑死者一万八千馀，此外死者三万馀。河流皆臭，二百里间水赤。鸟雀集啄人尸，鱼含毒不能食。舟夫拔锚多获尸。尸投海者，沙鱼海兽食焉。

又谓：

异党屠尽，则同党相屠；疏者屠尽，则亲者相屠。人人互相猜忌，人人自图保卫；究则无同无异，无亲无疏，不保不卫，一无所得，只有尽上断头台以为结果而已。其究也，合数十百万革命者之流血，以成就罗伯卑尔（罗伯斯庇尔）之专制民主；合数千万良人之流血，以复归于一拿破仑之专制君主。然则所以大流血残忍无道者，果何为哉？

（二）书中也说道：“法国何为而起大革命也？法封建僧寺之贪横，税敛刑法之苛重，民困苦不聊生，其可骇可悲，实中国人所未梦想者也。”“此平等之会所由起，自由之说所由倡，革命之变所由生也。”甚至还说：“若使吾中国而有十万淫暴之诸侯，占国地三分有一；有一专横之僧寺，举中国平民不得任权要之职。——则鄙人必先奋笔焦舌而倡自由，攘臂荷戈而诛民贼。革命乃吾国自有之义，岂复待译书之人？已先卢骚、福禄特尔而力为之矣。”

但是，笔锋一转，康有为却竭力替中国的封建君主制度说起好话来，如说“全国数百年永免丁役，且定制后世不得加税”；“日本之税三十而一，美税二十二而一，英税二十而一，……而吾中国税千分而一”；“自亲王、宰相，不得妄杀一人”；“科举选补之用吏多属汉人，将镇皆可起徒走而致，公卿皆可从科举而得”……因而得出结论：“我之大革命，盖在秦世；我之享自由，盖自汉时。”既然中国人民早就享受自由、平等了，中国也就当然不需要进行什么革命了。

（三）但康有为此时还不愿意公然站在和革命主张对垒的立场。他想把他和革命的分歧，说成只是一个方法问题，或者只是一个认识问题：

> 吾观今谈革命之人，非无至诚义热、救国为心者；亦颇有文学之士，不察知中外，从其煽动者。皆因目击国弱，积愤牝朝，无所发纾，郁极生变。盖中国甫当开关，未经阅历，盲者试步，非有真知，人云亦云，以为舍此无由，故不得已而出此也。其忧国之心，亦可原矣。

然后再用“先知先觉”的口吻，劝导别人：

鄙人八年于外，列国周游，小住巴黎，深观法俗，熟考中外之故，明辨欧华之风，鉴观得失之由，讲求变革之事，乃益信吾国经三代之政、孔子之教，文明美备，万法精深，升平久期，自由已极，诚不敢妄饮狂泉，甘服毒药也。凡万国政俗之初更，志士学人，阅历必浅，既寡书传，又未亲游。但愤于积弊，耻于国弱，发愤太过，张脉怒兴，故未及深思，轻为举发。故皆欲先行破坏，而后徐图建设之功。即法之卢骚、福禄特尔诸人，亦不无阅历短浅、轻于言论之咎。……我中国平等自由已甚，与法全反。立宪之后，恐更有加重征税、密增法律之事。吾恐革夙昔自由之命，而国人一切举动，益不得自由耳！有慕法之革命自由者，其深思明辨之。

(四)康有为认为，中国的君主制也不是十全十美的，“但于物质、民权二者少缺耳。但知所缺在物质、民权，则急急补此二者可也”。

在物质方面，康有为完全承认欧洲比中国进步。书中写道：“自华忒(瓦特)之后，机器日新；汽船铁路之交通，电、光、化、重之日出；机器一日一人之力，可代三十馀人，或者可代百许人。于是器物宫室之精奇，礼乐歌舞之妙，盖突出大地万国数千年之所无，而驾而上之。”

在民权方面，康有为十分推崇欧洲的议院制度政教修明。书中说：欧洲各国“立法出自议院公众之论；民讼皆有陪审辩护之人。人民皆预闻国政，有选举议员之特权；国王皆隶于宪法，无以国土人民为私有。医院、公园、聋盲哑校、博物院、藏书馆都邑相望，公馆壮丽，狱舍精洁，道路广净，为民之仁政备举周悉”。

康有为认为，欧美在这两方面确实可以为中国之师，“此新世之文明乎，诚我国所未逮矣。今且当舍己从人，折节而师之矣”。只要“取其长技，择其政律，斟之酌之，损之益之，断之续之，去短取长，一反掌间，而欧美之新文明皆在我矣”。

康有为的根本悲剧，就是他从不肯反躬自问地想一想：他自己和梁启超、谭嗣同、黄遵宪等人在戊戌年间，不是曾经想向欧美日本“取其长技，择其政律，斟之酌之，损之益之，断之续之，去短取长……”，并且还确实这样做过一阵子的吗？但结果并不是他们“一反掌间”，把“欧美之新文明”都拿了过来；而是顽固派“一反掌间”，把“六君子”和他们的整个计划，全都送上了菜市口。既然如此，想把“欧美之新文明”“移植”于中国的志士仁人，除了走上革命的道路，用暴力“破坏”主要由顽固派掌握的政权，还有什么别的办法呢？孙中山原来不也曾上书李鸿章，希望这位“中堂”能够在中国引进“欧美之新文明”，事实教育了他，才使他下决心“驱除鞑虏，恢复中华”的吗？

历史的车轮，在中国大地上迅猛前进。近代中国的知识分子，被开放的潮流“带”上或者“逼”上了向西方寻找真理的道路。这是一条艰难的、曲折的、有时颇容易使人迷失方向的道路。康有为在这条路上大显过身手。他在戊戌前的言论，影响了举国上下整整一代人。但是,“民者，冥也”(《意大利游记·斐苏斐士火山》)的思想害了他,“为帝王师”的思想害了他，使他在戊戌后选择了错误的方向。他仍然以学西方的老前辈自诩，但他只准人向西方学一点“物质”文明，学一点“民权”初步，不准人学习“平等自由”的学说，尤其不准人学习革命的道理。在这些方面，他变成了向西方学习的反对者。这一点，在《法兰西游记》中看得格外清楚。他想拉转历史的车轮，改走君主立宪的道路，结果却是历史的车轮把他冲倒,“康有为的时代”很快就过去了。

一九〇五年以后，康有为继续游历欧美各国，其纪游诗，时有佳作，但思想越来越反动，谈不到任何积极的影响了。后来他反对辛亥革命，参与张勋复辟,“觐见”废帝溥仪，一直是“拉车屁股向后”了。他最后的论著《共和平议》序云：

> 吾两年居美、墨、加，七游法；吾居瑞士，一游葡，八游英，频游意、比、丹、那，久居瑞典。十六年于外，无所事事；考政治，乃吾专业也。于世所谓共和，于中国宜否，思之烂熟矣！

当共和制度已经在中国建立起上十年之后，康有为却还要大家来考虑“共和于中国宜否”的问题，所得到的反应当然只有寂寞，于是他就在寂寞中“呜呼哀哉，尚飨”了。

# 第二十章　启蒙思想家梁启超





作为戊戌时期主张学习西方、变法维新的宣传鼓动家，梁启超实在是太有名了。郭沫若自传中有一段写到他的话说：

> 梁任公的地位，在当时确实不失为一个革命家的代表。……在他那新兴气锐的言论之前，差不多所有的旧思想、旧风习都好象狂风中的败叶，完全失掉了它的精采。二十年前的青少年……可以说没有一个没有受过他的思想或文字的洗礼的。他是资产阶级革命时代的有力的代言者。

梁启超能够取得这样的历史地位，主要是由于他经过康有为的介绍，以"新兴气锐"的姿态，走上了向西方寻找真理的道路。他用以批判一切旧思想、旧风习的武器，完全是从近代西方文化思想武库中搬过来的，这确实是梁启超的一大功绩。但是，梁启超向西方学习真理很多，在中国寻求真理不够；武器拿到了手中，靶子却未能对准。他宣传了资产阶级民主对于封建专制的巨大优越性，却又害怕革命的暴烈行动，顾虑共和政体不适用于中国。他是一个从思想到行动都充满着矛盾的人。

在学习西方的问题上，梁启超的经验是重要的，梁启超的教训也是深刻的。现在我们就来讨论：梁启超是怎样走上向西方寻找真理的道路的，他从戊戌至癸卯流亡国外时期的一些主要活动和言论，以及这些活动和言论的积极的影响和消极的影响。

## 决然舍去旧学

梁启超(1873—1929)，广东新会人。生而颖异，四五岁时即就祖父和母氏学读“四书”和诗经；六岁后就父读，受中国略史、五经卒业；八岁学为文；九岁能缀千言；十二岁考取秀才；十七岁中举；随后又到广州学海堂肄业，专攻训诂词章。这时候的梁启超，“不知天地间，于括帖、训诂、词章之外，更有所谓学也”。

然而，正当他在“少年科第”路上“春风得意马蹄疾”时，外部世界的信息却突然吸引了他的注意。一八九〇年，梁启超会试下第归粤，道经上海，偶然在书坊见到一部《瀛寰志略》。“读之，始知有五大洲各国；且见上海制造局译出西书若干种，心好之，以无力不能购也。”这个聪明而敏感的十七岁少年从此知道了：在十三经、廿二史所说的“四夷八荒”之外，还有一个如此广大的、多样化的世界；知道了在世界上还有这样一些“西书”，还有所谓“西学”。他的思想立刻为之一变，决心要探求自己过去所不晓得的新知识和新道理。

启超回到广州，学海堂的同学陈千秋(通甫)告诉他：南海康先生上书请变法不达，新从京师归来，“其学乃为吾与子所未梦及，吾与子今得师矣”。两人立即修弟子礼，往谒有为。

关于“康梁”的初次见面，梁启超《三十自述》中有一段十分生动的叙述：

> 时余以少年科第，且于时流所推重之训诂词章颇有所知，辄沾沾自喜。先生乃以大海潮音，作狮子吼，取其所挟持之数百年无用旧学，更端驳诘，悉举而摧廓清之。自辰入见，及戌始退。冷水浇背，当头一棒。一旦尽失其故垒，惘惘然不知所从事。且惊且喜，且怨且艾，且疑且惧，与通甫联床，竟夕不能寐。明日再谒，请为学方针。先生乃教以陆王心学，而并及史学、西学之梗概，自是决然舍去旧学……

其实，当陈、梁二人联袂往谒时，康有为自己懂得的“西学”并不多，不外制造局及西教会所译各种，“皆初级普通学，及工艺、兵法、医学之书，否则耶稣经典论疏耳，于政治哲学，毫无所及”。但康氏“以其天禀学识，别有会悟，能举一以反三，因小以知大，自是于其学力中，别开一境界”，而能使得梁启超、陈千秋“一见大服，遂执业为弟子，共请康开馆讲学，则所谓‘万木草堂’是也”(见梁氏《康南海先生传》及《清代学术概论》)。

把康有为对青年的吸引力全部归之于他的“天禀”，是一种历史唯心主义的解释。事实真相就在于：即使康有为所接触的西学“皆初级普通学及工艺、兵法、医学之书”，但这些书所介绍的新的知识、新的观念和新的方法，仍然有强大的生命力，足以使康有为的学问和思想“别开一境界”。

一八九一至一八九三年，梁启超“学于草堂者凡三年”。在这三年中，他深入接触并且实际参加了康有为著书立说的活动。这既是一种学术活动，也是一种推动社会政治改革的宣传活动。康有为著《新学伪经考》，他协助校勘；康有为著《孔子改制考》，他担任分纂；康有为开始写《大同书》，“秘不以示人”，唯有他和陈千秋得读，“读则大乐，锐意欲宣传其一部分；有为弗善也，而亦不能禁”。在这三年中，梁启超把自己锻炼成了一个关心天下、关心世界的人才，成了一员宣传社会政治改革的健将。

一八九四年即近代史上有名的甲午年。是年，梁氏在京师，战事起，惋愤时局，时有所吐露，“顾益读译书，治算学、地理、历史等”，决心从“译书”中寻找救国的道路。一八九五年和议成，康有为发动“公车上书”，接着在京师组织“强学会”，成为变法维新运动的起点；启超奔走宣传，并担任学会书记。会中于译出西书，购置颇为齐备；他“居会所数月……得以馀日尽浏览之，尔后益斐然有述作之志”矣。

“强学会”开办不久，即被清政府封禁。维新派又准备在上海开设报馆，把“强学会”的事业继续下去，梁启超去专任撰述。他有“训诂词章之学”的根柢，有从“万木草堂”学到的“史学、西学之梗概”，又有一杆“笔锋常带情感”的健笔，于是从丙申(1896)七月开始，一篇接着一篇新兴气锐、精彩有力的宣传变法维新的文章，就连续在上海《时务报》上发表出来了。这些文章，确实起到了郭沫若所说如“狂风扫败叶”的巨大作用，梁启超的名声也很快传遍了中国。

光绪二十三年(1897)十月，在湖南推行新政的陈宝箴、黄遵宪和江标，聘梁启超任“时务学堂”中文总教习，唐才常等为分教习。是时，谭嗣同也在湖南，“湘中同志称极盛”。梁氏欣然前往，每日主讲四小时，夜则批答诸生札记，每条或至千言，往往彻夜不寐。这些批语，“皆当时一派之民权论，又多言清代故实，胪举失政”；“其论学术，则自荀卿以下汉唐宋明清学者，掊击无完肤”。“诸生归省，出札记示亲友，全湘大哗”。叶德辉等著文驳议。湖南的辩论风气空前高涨，实际上成了戊戌前夜全国思想文化斗争的一个中心。

康有为上皇帝的万言书，在戊戌(1898)年春天得到了光绪的重视，中国的“百日维新”开始了。梁启超到北京，“多所赞画奔走”。四月，他破格得到皇帝召见。五月十五日，上命赏给六品衔、办理大学堂译书局事务。六月二十九日，所拟译书章程十条，得旨允行，并命拨给开办及常年经费。七月初十日，请设立编译学堂，给予学生“出身”，并书籍报纸免税，得旨允行。……一时间，北京城里似乎弥漫着同三十年前日本京城差不多的空气，中国的“明治维新”似乎已经开始了。礼部主事王照，甚至上折请皇帝亲自游历日本及各国。千百年来的“祖宗成法”，似乎会要彻底改变了。值得注意的是，在新政似乎推行得很顺利，维新派人士都似乎在入参机要各据要津时，梁启超却担负了“办理大学堂译书局”这个看起来比较闲冷的工作。他是认真地把介绍西学看成救时救国的要务的。

八月初六日，慈禧太后发动政变，光绪被囚。康有为先一日离京，卒得英国保护逃往香港。谭嗣同对启超道："不有行者，无以图将来；不有死者，无以酬圣主。今南海之生死未可卜，程婴、杵臼，月照、西乡[①]，吾与足下分任之。"于是启超避入日本使馆，嗣同则"横刀向天笑"，为中国的改革而献出了一腔热血。

戊戌九月，梁启超到了日本，开始了政治流亡生活。这个极力主张译读西书、效行西法的人，从此有了直接接触和研究西方社会、文化、政治、经济的机会。同时，他也没有忘记他自己肩上担负着程婴和西乡(隆盛)的使命，仍然积极协助康有为进行反对慈禧复辟、保卫光绪皇位的宣传工作。后来他旅行北美、澳洲，都是为了这个目的。

## 西学和变法

从光绪二十二年到二十四年三年(实际上是两年)中，梁启超宣传维新、宣传变法，所依据的主要是经康有为介绍入门后他自己广泛涉猎的"西学译书"。

梁启超在二十二年开始发表的长篇政论《变法通议》，第一章《论不变法之害》一开头，就运用了"始知有五大洲各国"以

① 月照、西乡都是日本"勤王"运动中的人物。西乡即西乡隆盛，为"维新三杰"之一。月照是一个僧人，因参加倒幕，被追捕，为了不连累保护他的西乡，赴水而死。

来所扩充的世界知识：

> ……印度，大地最古之国也；守旧不变，夷为英藩矣。突厥地跨三洲，立国历千年；而守旧不变，为六大国执其权分其地矣。非洲广袤三倍欧土，内地除沙漠一带外皆植物饶衍，畜牧繁盛；土人不能开化，拱手以让强敌矣。波兰为欧西名国，政事不修，内讧日起；俄、普、奥相约，择其肉而食矣。……今夫日本，幕府专政，诸藩力征，受俄德美大创，国几不国；自明治维新，改弦更张，不三十年，而夺我琉球，割我台湾也。……大地既通，万国蒸蒸日趋于上；大势相迫，非可阏制，变亦变，不变亦变。……是故变之途有四：其一如日本，自变者也；其二如突厥，他人执其权而代变者也；其三如印度，见并于一国而代变者也；其四如波兰，见分于诸国而代变者也。吉凶之故，去就之间，其何择焉？……彼犹太之种，迫逐于欧东；非洲之奴，充斥于大地。呜呼！夫非犹是人类也欤？

梁启超对世界形势的认识，跟过去王韬、李圭、郭嵩焘、曾纪泽诸人比较起来，又有了很大的发展。最主要的有两点：第一，他已经有了一个比较明确的发展和进步的历史观，肯定了“凡在天地之间者莫不变”这个前提，认为“大地万国，上下百年间，强盛弱亡之故”，完全在于能否自觉地适应“变”的规律。“变而变者，变之权操诸己，可以保国，可以保种，可以保教；不变而变者，变之权让诸人，束缚之，驰骤之，呜呼，则非吾之所敢言矣”。第二，他已经不只是在日记里自语自言，和朋友们互相讨论；也不限于向朝廷陈述意见，对国事贡献方针；而是向整个知识阶级大声疾呼，让大家都来看清“大地万国”的历史和现状，从中得出中国必须变法才能自强的结论。

第一点是康有为首先做到的。在这一点上，康有为是梁启超的老师。第二点却是由梁启超最早开始做的。他是中国近代启蒙时期最大的宣传鼓动家，也是把世界(历史、地理、文化、思想)知识普及到一般读书识字群众中去的最著成效的启蒙教育家。

《变法通议》第二章《论变法不知本原之害》指出：中国自同治以来，“讲求洋务三十馀年，创行新政不一而足，然屡见败衄，莫克振救”，根本原因在于“变法不知本原”。接着举出了一件事实以说明问题：

> 昔同治初年，德相毕士麻克语人曰：“三十年后，日本其兴，中国其弱乎？日人之游欧洲者，讨论学业，讲求官制，归而行之；中人之游欧洲者，询某厂船炮之利，某厂价值之廉，购而用之。强弱之原，其在此乎？”

梁启超指出的“本原”，同郭嵩焘二十年前所谓“大本大原”是一个意思，亦即明谓西人政教应为学习仿效之根本，而不应该把主要注意力放在搬运坚船利炮、制造技术上面。本章之结论为“一言以蔽之曰：变法之本在育人才，人才之兴在开学校，学校之立在变科举，而一切要其大成，在变官制”，也就是要改革政治制度。文中引证了许多事实和外论，据梁氏原注，分别“见去年七八月间上海、香港各报所译西文报中”，“见七月上海某日报”，“见李提摩太所著《西铎》，以乙未年刻于京师”，“见去年《万国公报》”，“见《时务报》第八册”，都是当时介绍西学的新书新报，可见其浏览之广泛。

在《变法通议》中，梁启超提出了三条变法的总纲：“一曰教；二曰政；三曰艺。”“其分目十有八：一曰学堂；二曰(变)科举；三曰师范；四曰专门；五曰幼学；六曰女学；七曰藏书；八曰纂书；九曰译书；十曰文字；十一曰藏器；十二曰报馆；十三曰学会；十四曰教会；十五曰游历；十六曰义塾；十七曰训废疾；十八曰训罪人。”并且提出：“非尽取天下之学究而再教之不可，非尽取天下蒙学之书而再编之不可。”——这是一个大规模地全面地改革“政教”的纲领，其中心内容则是要引进西学、学习西方。《论译书》一章，论述至为精详，曰：

> 西人致强之道，条理万端，迭相牵引，互为本原；历时千百年以讲求之，聚众千百辈以讨论之，著书千百种以发挥之。……然则苟非通西文、肄西籍者，虽欲知之，其孰从而知之？……而欲参西法以救中国，又必非徒通西文、肄西籍遂可以从事也……其于西书亦然，深究其所谓迭相牵引、互为本原者，而得其立法之所自，通变之所由，而合之以吾中国古今政俗之异而会通之，以求其可行。

这就是说，需要让读通了中国书的成熟的人才兼通西学；因而必须在“使天下学子，自幼咸习西文”之外，再“取西人有用之书，悉译成华字”。本章开列现时“当译之本”，包括所谓“章程之书”、“学堂定课之书”、“律意之书”、“农书”、“矿书”、“工艺书”、“商务书”、“希腊罗马名理诸书”及各类史书、各国年鉴等等。事实上，当时已译之上列各类书籍，梁启超几乎无一不曾涉猎。

丙申年间，梁氏曾著《西学提要》，缺医学、兵政两门未成；“而门人陈高第、梁作霖、家弟启勋，以书问应读之西书，及其读法先后之序”，乃为《西学书目表》一书，将二十馀年来中国所译西书的书目，除去谈基督教义的以外，汇为三卷，附中国人言西学之书一卷，札记一卷。其序例云：

> ……海禁既开，外侮日亟。曾文正开府江南，创制造局，首以翻译西书为第一义，数年之间，成者百种。而同时，同文馆及西士之设教会于中国者，相继译录，至今二十馀年，可读之书，略三百种。昔纪文达之撰《提要》，谓《职方外纪》《坤舆图说》等书，为依仿中国邹衍之说，夸饰变纪，不可究诘。阮文达之作《畴人传》，谓第谷天学，上下易位，动静倒置，离经畔道，不可为训。今夫五洲万国之名，太阳地球之位，西人五尺童子皆能言之。若两公，固近今之通人也，而其智反出西人学童之下。何也？则书之备与不备也。……智愚之分，强弱之原也。今以西人声

光化电农矿工商诸学，与吾中国考据词章帖括家言相较，其所知之简与繁，相去几何矣！……故国家欲自强，以多译西书为本；学子欲自立，以多读西书为功。此三百种者，择其精要而读之，于世界蕃变之迹，国土迁异之原，可以粗有所闻矣！

光绪二十三年春间，梁启超在上海主《时务报》笔政时，计划联合同志，创办“大同译书局”，“以东文为主，而辅以西文；以政学为先，而次以艺学”。决定“首译各国变法之书，及将变未变之际一切情形之书，以备今日取法；译学堂各种功课，以便诵读；译宪法书，以明立国之本；译章程书，以资办事之用；译商务书，以兴中国商学，挽回利权”；“中国人所著或编辑之书，有与政教艺学相关、切实有用者，皆随时印布”。

是年冬，梁启超到湖南后，翌年发表《论湖南应办之事》一文，又提出“必以广民智为第一义”，建议全省书院改课时务，“授以东西史志各书，使知维新之有功；授以内外公法各书，使明公理之足贵”；同时，还建议在全省绅士、官员中提倡西学，“各国约章、各国史志及政学、公法、农、工、商、兵、矿政之书，在所必读；多备报章，以资讲求”。如果说，译书是为了介绍西学，这些措施则是为了推广西学，二者正是相辅相成，梁启超视为当务之急的。

因此，在百日维新期间，梁启超被光绪皇帝破格起用，负责“办理大学堂译书局”。惜乎维新的幼芽不幸被守旧的石板压杀，梁启超的译书计划归于幻灭；当然，同时幻灭了的还有清朝复兴的希望。

## 日本之学

光绪二十四年秋，梁启超逃脱守旧派的屠刀，“割慈忍泪出国门，掉头不顾吾其东”，流亡到了日本。用他自己的话来说，就是“以国事东渡，居于亚洲创立行宪政体之第一先进国，是为生平游他国之始”。

梁启超和康有为一样，出国完全是因为政治原因，出了国也还要继续进行政治活动。初到日本一年多时间内，“师友弟子眷属来相见者，前后共五十六人”，绝大多数都是他的同志；横滨侨商“同志相亲爱者亦数十人，其少年子弟来及门者以十数”。二十四年十月，他取得侨商资助，于横滨创办《清议报》，作为宣传机关。二十五年(1899)七月，复与同人共设高等“大同学校”于东京，吸收国内留学生，培养预备干部。梁启超自己也抓紧学习日文，努力通过日文继续接受西学。这一年他作《论学日本文之益》一文，云：

既旅日本数月，肄日本之文，读日本之书。畴昔所未见之籍，纷触于目；畴昔所未穷之理，腾跃于脑。如幽室见日，枯腹得酒，沾沾自喜，而不敢自私。乃大声疾呼，以告同志曰：我国人之有志新学者，盍亦学日本文哉！日本自维新三十年来，广求智识于寰宇，其所译所著有用之书，不下数千种；而尤详于政治学、资生学(即理财学，日本谓之经济学)、智学(日本谓之哲学)、群学(日本谓之社会学)等，皆开民智、强国基之急务也。吾中国之治西学者固微矣，其译出各书，偏重于兵学、艺学，而政治、资生等本原之学，几无一书焉！夫兵学、艺学等专门之学，非舍弃百学而习之不能名家；即学成矣，而于国民之全部无甚大益，故习之者希，而风气难开焉。使多有政治学等类之书，尽人而能读之，以中国人之聪明才力，其所成就，岂可量哉！……学英文者，经五六年而始成……而学日本文者，数日而小成，数月而大成，日本之学已尽为我有矣……夫日本于最新最精之学虽不无欠缺，然其大端固已粗具矣。中国人而得此，则其智慧固可以骤增，而人才固可以骤出。如久餍糟糠之人，享以鸡豚亦已足果腹矣，岂必太牢然后为礼哉？且行远自迩，登高自卑，先通日文，以读日本所有之书；而更肄英文，以读欧洲之书，不亦可乎？

这一段话，把他自己借学日文以通西学的目的和手段都介绍得很清楚了。同年冬所作《汗漫录》，又自述云：

自居东以来，广搜日本书而读之，若行山阴道上，应接不暇；脑质为之改易，思想言论，与前者若出两人。每日阅日本报纸，于日本政界学界之事，相习相忘，几于如己国然。

在这里，梁启超承认自己到日本以后，思想上发生了极深刻的变化。这个变化，一言以蔽之，就是进一步西化——资产阶级化。由于这个变化，梁启超对西方社会、政治、文化的了解大大加深了，进一步接受了西方的哲学思想和价值观念。在向西方学习的意义上来说，这当然是一个大的进步。但是，他在接受西方观念的同时，也无批判、无分析地接受了西方资产阶级对中国、对中国人、对中国革命，以及一般地对民族革命和社会革命的错误看法。

这一年，他在《清议报》上发表的《商会议》《论商业会议所之益》等论文，提倡在华侨社会中“采泰西地方自治之政体”，欲使戊戌年功败垂成的政治理想行之于海外。文中引“西方天演家之言曰：世界以竞争而进化，竞争之极，优者必胜，劣者必败”。又云：

> 我华民所至各国，动见驱逐，不以平等之人类相待。虽各国私意苛政，深可愤恨，然亦我民有以自取焉。彼其言曰：“支那人贪鄙龌龊，风俗败坏；倘来者日多，则其恶俗将如传染之病，遍于国中，悉成秽土。”彼之厄我，盖有词矣！

而在代神户侨商致日本公众的一封信件中，更公然承认：

> 一曰：支那下等社会之人，多未经教育，若行杂居，恐害于日本之风俗及卫生也。……以上所据，虽非无一

> 理，然大抵有此诸弊者，惟劳动工人为然耳。若商业之人，其实情与此相反……即使间有恶习，然以日本法律之严明，警察之整肃，以法治之，何难之有？

这里流露的鄙视“劳动工人”的思想，当然和梁启超“少年科第”的出身有关，但也是在不知不觉中接受了西方“商业之人”的观点的结果。

一八九九至一九〇二年四年间，梁启超在《清议报》和《新民丛报》上发表了大量的文章，继续介绍西学，宣传康有为派的政见。在抨击以慈禧太后为首的守旧派，和以李鸿章、张之洞为代表的“中学为体、西学为用”的主张时，他的文锋仍然是那样的尖锐。但是，他的文章的积极意义，已经逐渐由鼓动国内的政治改革，转移到宣传西方的学术文化方面来了。吾人固不能因梁氏政治态度之渐趋保守，而否定其在近代启蒙运动中的巨大功绩；亦不能因为他在文化思想史上的贡献，而讳言其政治上的“退坡”。梁氏所作《康南海先生传》后，曾略缀数语，谓：

> 英国名相克林威尔，尝呵某画工曰：“Paint me as I am!”盖恶画师之谀己，而告以勿失吾真相也，世传为美谈。吾为康南海传，无他长，惟自信不至为克林威尔所呵。

我们对于梁氏，亦应如此。

梁启超在这四年中所发表的重要论文，差不多都从标题即可看出其强烈的倾向性，即是主张将西方的学说移植于东方，借世界的潮流以推动中国。诸如：

《论中国与欧洲国体异同》

《论近世国民竞争之大势及中国之前途》（以上一八九九年）

《立宪法议》

《立法权论》

《论今日各国待中国之善法》（以上一九〇〇年）

《十九世纪之欧洲与二十世纪之中国》

《霍布士（Hobbes）学案》

《斯片挪莎（Spinoza）学案》

《卢梭（Rousseau）学案》（以上一九〇一年）

《近世文明初祖倍根、笛卡儿之学说》

《天演学初祖达尔文学说及其事略》

《法理学大家孟德斯鸠之学说》

《乐利主义泰斗边沁之学说》

《进化论革命者颉德之学说》（未完）

《亚里士多德之政治学说》

《近世第一大哲康德之学说》

《泰西学术思想变迁之大势》

《生计学学说沿革小史》

《格致学沿革志略》

《政治学学理摭言》

《地理与文明之关系》

《历史与人种之关系》

《斯巴达小志》

《雅典小志》

《匈加利爱国者噶苏士传》

《意大利建国三杰传》

《世界第一女杰罗兰夫人传》

《论民族竞争之大势》

《论政府与人民之权限》

《新民说》(以上一九〇二年)

这些文章，纵论世界时局和潮流，评述西方史事和人物，有的仍然针对中国现状，有所为而发；更多的却是以“开民智”为目的，意不在直接进行鼓动，而是通过介绍西方近代思潮、政治理论、历史哲学和价值观念，以“陶铸国人之精神，冶炼国人之灵魂”。因为他讲的道理为“当时人人所欲言而迄未能言”(郑振铎语)，而又“笔锋常带感情”，“很能打动一般青年人的心”(周作人语)，这些文章在当时确实拥有最众多的读者和最广泛的影响。

梁启超对西方政治学、经济学、哲学、社会学及其他学问的了解，正如他自己所承认的，完全要归功于读日本书。在《乐利主义泰斗边沁之学说》一文后，梁氏列举参考书目，除边氏原著外，还有陆奥宗光译《利学正宗》、中江笃介译《理学沿革史》、纲岛荣一郎著《西洋伦理学史》《主乐派之伦理说》、山边知春译《伦理学说批判》、竹内楠三著《伦理学》、田中泰麿译《西洋哲学者略传》、杉山藤次郎著《泰西政治学者列传》、小野梓著《国宪泛论》、冈村司著《法学通论》、有贺长雄著《政体论》，共十一种，全都是日本人的著译。

当时日本对西方哲学社会科学的译介，真可以说是不遗馀力。英人颉德(Benjamin Kidd)之《泰西文明原理》一书，于一九〇二年四月出版；当年冬天，梁启超就根据日文译文，撰写并发表了《进化论革命者颉德之学说》一文(未完)。他还撰述了《东籍月旦》一文，系统介绍日本关于西学的译著，仅在已经发表的“伦理学”和“历史”(未完)二章中，所介绍的书籍即达七十二种。其叙论云：

> 我中国英文英语之见重既数十年，学而通之者不下数千辈；而除严又陵外，曾无一人能以其学术思想输入于中国。……直至通商数十年后之今日，此事尚不得不有待于读东籍之人，是中国之不幸也；然犹有东籍以为之前驱，使今之治东学者得以干前此治西学者之蛊，是又不幸中之幸也。

我们也可以说，梁启超“割慈忍泪出国门”，是中国之不幸也；而他“掉头不顾吾其东”，使“日本之学尽为我有”，促进了中国知识青年思想上的启蒙，是又不幸中之幸也。

## 从真理再向前跨

在梁启超之前到西方去的人当中，容闳留学最久而未志于文事，王韬助译汉籍而未译西书；只有郭嵩焘曾经接触比耕

（培根）、嘎尔戴希恩（笛卡儿）及希腊先贤的学说，但也只是个人有所认识，没有做什么传布。能够“以其学术思想输入于中国”的，的确非梁启超和梁氏一再提到的严复莫属了。严复留学时亦写有日记，郭嵩焘《伦敦与巴黎日记》曾予摘录，可惜至今尚未发现。本书格于体例，未能对严氏作出评介，实为莫大之憾事，希望将来能有所补救。

梁启超所最推崇也最着力介绍的西方思想家，是他所称的“十贤”：哥白尼、倍根、笛卡儿、孟德斯鸠、卢梭、富兰克林、瓦特、亚当·斯密、伯伦知理、达尔文。其述倍根实验派之学说有云：

> 倍根以为人欲求学，只能就造化自然之迹而按验之，不能凭空自有所创造；若恃其智慧以臆度事理，则智慧即为迷谬之根源。譬如戴青眼镜者，所见物一切皆青；戴黄眼镜者，所见物一切皆黄。一切物果青乎哉？果黄乎哉？常人妄思，以为五官所感触之外物，一与其物之原形相吻合；不知其相吻合者，吾之精神耳，非物之本质也。此种妄想，为人性所本有；百般误谬，由此生焉。

其述笛卡儿怀疑派之学说有云：

> 笛卡儿以前，宗教之焰极张。……古学复兴以来，学者视希腊先贤言论如金科玉律，莫敢出其范围，此皆束缚思想自由之原因也。笛卡儿起，谓凡学当以怀疑为首，以

一扫前者之旧论；然后别出其所见，谓于疑中求信，其信乃真。此实为数千年学界当头棒喝，而放一大光明以待来哲者也。……

然则所恃以破疑之术奈何？曰：凡遇物皆疑之。而其中必有不容疑之一物存，曰“我”相是也。当其怀疑也，而心口相商曰：“我疑之。”疑之者谁？我也。知我之疑者谁？亦我也。疑也者，思想之一端也。我自知我之思想，而当我思想之之时，即我自知我思想之时。我与思想为一体：此天下之最可信凭而为万理鹄者也。

笛卡儿乃立一案曰：“我能思故，是故有我[1]。”以是为一切真理之基础。此事存于我精神中，与外物毫无所预。

其述孟德斯鸠“三权分立”之政体论，则有云：

凡专制之国，必禁遏一切新奇议论，使国民陨然不动，如木偶然。其政府守一二陈腐主义，有倡他义者，则言为畔道、为逆谋。何也？彼其宗旨，固以偷一时之安为极则也。以故，务驯扰其民若禽兽然，时时鞭挞之，使习一二技艺，以效己用。民既冥顽如禽兽矣，则其中有一极狞恶而善威吓者，则足以统御之。不宁惟是，乃至不必以人为君，而治之有馀……

① 此语通译为：“我思故我在。”

> 孟氏谓立法行法二权，若同归于一人，或同归于一部，则国人必不能保其自由权。……如政府中一部有行法之权者，而欲夺国人之财产，乃先赖立法之权豫定法律，命各人财产皆可归之政府，再借其行法之权以夺之。则为国人者，虽起而与之争论，而力不能敌，亦无可奈何。故国人当选举官吏之际，而以立法、行法二权归于一部，是犹自缚其手足而举其身以纳之政府也。又谓司法之权，若与立法权或与行法权同归于一人，或同归于一部，则亦有害于国人之自由权。盖司法权与立法权合，则国人之性命及自由权必致危殆，盖司法官吏得自定法律故也。

这些西方自由资本主义时期的政治理论和哲学思想，介绍到开始变革的封建社会里来，应该说是有积极意义的。但是，梁启超也介绍了一些宣扬个人主义、资本主义甚至帝国主义的东西。如《霍布士学案》有云：

> 霍布士曰：人人本相仇视者也，各人皆求充己之愿欲，而他人之患，曾无所撄于其心。人人如是，欲其毋相斗焉，不可得也。故邦国未建，制度未设之前，人相吞噬如虎狼。然吞噬不已，胜捷必归于强者。强者之胜，乃自然之势，合于义理，而无容异议者也。由此论之，则谓强权为天下诸种权之基本可也。……众互相争，以强凌弱，是自然之势，即天定之法律也。

梁氏评称："霍氏之哲学理论极密，前后呼应，几有盛水不漏之观。其功利主义，开辨端、斯宾塞等之先河；其民约新说，为洛克、卢梭之嚆矢。虽其持论有偏激，其方法有流弊，然不得不谓有功于政治学也。"虽不是毫无保留，赞许之情却跃然纸上。

在梁启超著书为文时，马克思主义已经出现于欧洲。梁氏在《乐利主义泰斗边沁之学说》一文中，也介绍过"麦喀士之社会主义"，云"麦喀士谓今日社会之弊，在多数之弱者，为少数强者所压伏"。

麦喀士者，马克思也。

在马克思主义者看来，不要说霍布士的功利主义，就是培根、笛卡儿、"天赋人权""三权分立"，统统属于资产阶级的意识形态，是不应该全部照抄、机械搬运的。但是，其时马克思主义还没有传来东方，中国共产党的诞生还是二十年后的事情，这些自由资产阶级的观念，用来反对封建专制、迷信落后和闭塞保守，还能够发挥一定的作用。梁启超自己也看到了这个"时间差"，他在《十九世纪之欧洲与二十世纪之中国》一文中写道：

> 西人有言："十八世纪者，十九世纪之母也。"故吾愿今日自命维新党者，勿遽求为欧洲十九世纪之人物，而先求为欧洲十八世纪之人物，吾亚其将有瘳。

他是这样想的，也是这样做的。

但是，十八世纪的资产阶级的思想武器，拿到二十世纪初中国人民的反帝反封建斗争中来，就未免显得陈旧和无力了。这在康梁一八九八年以后的实际政治活动和政治言论中，看得尤其清楚。

现在试以梁启超一九〇二年发表的长篇政论《新民说》为例来略加剖析。该文之主旨在说明："今日中国第一急务"在"新民"，而"新民"的含义则在提高"民德、民智、民力"；必须先使中国人民取得"可以为一国国民之资格"，然后才能使中国自立于今日之世界。在该文"就优胜劣败之理以证新民之结果而论及取法之所宜"一节中，梁氏写道：

> 凡地球民族之大别五，闻其最有势力与今世者谁乎？白色种人是也。……
>
> 白人之优于他种人者，何也？他种人好静，白种人好动；他种人狃于和平，白种人不辞竞争；他种人保守，白种人进取。以故，他种人只能发生文明，白种人则能传播文明。……其勇猛果敢、活泼宏伟之气，比诸印度人何如？比诸中国人何如？……白种人所以雄飞于全球者，非天幸也，其民族之优胜使然也。

这完全是照搬西方资产阶级的白人优越论。本文用白人优越论的观点，"举吾国民所当自新之大纲小目，条分缕析，于次节详论之"。这些纲目，按照梁启超的次序和说法是：

一、中国人缺乏公德心。"享权利而不尽义务，人人视其所负于群者如无有焉。人虽多，曾不能为群之利，而反为群之累。”

二、中国人无国家思想。“其下焉者，惟一身一家之荣瘁是问。”“其贤者，亦仅以尧、跖为主，而自为其狗。”“联军入北京，而顺民之旗户户高悬，德政之伞署衔千百。”

三、中国人无进取冒险之性质。一部十七史之列传，无有如哥仑布、马丁路德、克林威尔之人；“借有一二，则将为一世之所戮辱而非笑”。

四、中国人无权利思想。“有权利而不识有之之为尊荣，失权利而不知失之之为痛苦。”

五、中国人缺乏“不自由毋宁死”之精神，习为古人之奴隶、世俗之奴隶、境遇之奴隶、情欲之奴隶。

六、中国人缺乏自治之能力。

七、中国人保守性质太强。其原因一曰大一统而竞争绝；二曰环蛮族而交通难；三曰言文分而人智局；四曰专制久而民性漓；五曰学说隘而思想窒。

八、中国人无自尊心。“我中国人格所以日趋于卑贱，其病源皆坐于是。”

九、中国人不能群。其原因：一曰公共观念之缺乏；二曰对外之界说不分明；三曰无规则；四曰忌嫉。

十、中国分利之人多，生利之人少。

十一、中国人无毅力。“义和团之起也，吾党虽怜其愚，犹惊其勇……而何以联军一至，其在下者惟有顺民旗，不复有一义和团；其在上者惟有二毛子，不复有一义和团也？”

十二、中国人无义务思想。

十三、中国人缺乏尚武精神。

就这样，梁启超开列了中国人民的一大堆缺点。他用西方的真理标准和价值观念，来衡量中国的“民德、民智、民力”，结论是中国人根本不行。虽然他的本意在唤起国人自觉，怀着一种“恨铁不成钢”的感情；但是他把专制统治在人民身上造成的恶果，说成是人民群众不争气，甚至把这些说成是专制统治得以长期存在的原因，这就把是非弄颠倒，使自己的立场滑到历史唯心主义方面去了。在该文《论合群》一节结束时，梁启超万分感慨地说：

> 吾闻彼顽固者流，既聒有辞矣，曰：“今日之中国，必不可以言共和，必不可以言议院，必不可以言自治。以是畀之，徒使混杂纷扰、倾轧残杀，以犹太我中华，不如仍因数千年专制之治，长此束缚焉，驰骤焉，犹可以免滔天之祸。”吾恶其言！虽然，吾且悲其言，吾且惭其言。呜呼！吾党其犹不自省不自戒乎？

于是，梁启超的“脑质为之改易”了。他仍然主张改革，主张变法；然而他所设想的改变，不是依靠四万万人民起来打碎封建专制枷锁，自己掌握自己的命运；而是由少数像他这样的先知先觉，自上而下地来改造和教育四万万人成为“新民”。这当然是一个根本的错误，但这却是康有为、梁启超壬寅、癸卯以后组织保皇会的指导思想。

从真理再向前跨半步，就会变为谬误。梁启超在学习西方、改造中国问题上的表现，最生动、最清楚地说明了这一点。

## 夏威夷和澳洲之行

《新大陆游记》是梁启超光绪二十九年(1903)到北美旅行的游记。他于正月廿三日自日本横滨首途，二月初六日抵加拿大温哥华，四月十六日由加拿大满地可(蒙特利尔)到美国纽约，以后历游哈佛、波士顿、华盛顿、费城、必珠卜(匹兹堡)、先丝拿打(辛辛那提)、纽柯连(新奥尔良)、圣路易、芝加哥、舍路(西雅图)、钵仑(波特兰)、旧金山、罗省技利(洛杉矶)，九月初十日复由钵仑至温哥华，十二日离加，廿三日回到横滨。

梁启超的这次旅行，完全是一次政治旅行，其任务为促进北美"中国维新会"(即保皇会)的建设。

四年之前，也就是一八九九年的冬天，梁启超即拟前往美国，结果因清政府阻挠，走到夏威夷就停止了。关于这次事件，《饮冰室文集类编》杂文卷《复金山中华会馆书(庚子)》的按语讲得很清楚：

> 去年秋冬之交，因美属金山大埠华人致电敦请往美，遂于十一月由日本首途。道经檀香山，拟小住一月，即便前往。总署闻之，惊惶失措，遂移檄驻美使臣伍廷芳，令其阻止登岸。

那一次梁启超于光绪二十五年十一月十八日即西历一八九九年十二月二十日从日本出发，“航太平洋，将适全地球创行共和政体之第一先进国”。他因“昔贤旅行，皆有日记，因效其体，每日所见所闻所行所感，夕则记之，名曰《汗漫录》，又名曰《半九十录》，以之自证，且贻同志云”。因为美国没有去成，《汗漫录》也只写到抵夏威夷檀香山后十天就中止了，现存约九千字，篇幅虽少，但作为《新大陆游记》的前奏，却是值得重视的。其记抵檀香山后情形云：

……舟将及岸，忽闻岛中新有黑死疫病。经过旅客，不许登岸。而埠中华人，不许越雷池一步。余之登岸也，埠中同志无知者，一人独行，言语不通，甚苦之，于是投亚灵顿客寓中暂居。是日（1899.12.31），即往见日本领事斋藤君……

（西历一千九百年正月）一日，寓亚灵顿旅馆。岛中同志来访者十馀人，相见咸惊喜出意外。……

二日，复往见日本领事斋藤氏，相偕往晤本岛外务大臣蓦士蔑氏。吾邦领事某，闻余之来，惊惧失措，移文外务请放逐；即不尔，亦请监察，不许有举动。外务辞以无名。盖檀岛近已归美属，一切从美例，凡足迹踏本岛之地者，即应享有本岛人一切之自由权，非他人之可侵压也。……

四日，数日以来，埠中乡人纷纷咸集，询问国事，日不暇给。

中国人旅居此岛者，凡二万人之间，而热心国事、好谈时局者，殆十而七八……

七日，檀岛政府以防疫故……禁止集会，虽礼拜堂、戏院，亦一概停止。故余到此经一来复之久，不能得演说之地，殊为怅然。是日同志十馀人，集于保皇会总理黄君之宅，共议论国事。

正如《汗漫录》所记，夏威夷的华人是“热心国事、好谈时局”的。还在一八九四年，即梁启超来此之前五年，孙中山就在檀香山组织了兴中会，进行革命活动。孙中山那时还不甚知名，梁启超很可能还没把他看在眼里。但事实证明，革命比改良有更强的生命力。十七年以后的事情，就不是梁启超所能逆料的了。

梁启超在夏威夷淹留了半年，看样子他在那里并没有取得多大成就。庚子(1900)六月，他得到自立军起事的消息，动身经日本返上海，“遽闻汉口之变，志不遂，遂折而南，由香港而星加坡而槟榔屿而印度，绕澳大利亚洲一周，辛丑(1901)四月经菲律宾复至日本”(《新大陆游记》)。

梁启超到新加坡，是为了会晤避居当地的康有为。澳洲之行，便是他二人会商的结果。当时澳洲雪梨(悉尼)侨商已建立保皇会组织，有会员二百五十人，并且创办了机关报——《东华日报》。雪梨保皇会想请康梁旅行澳洲，以壮声势；康梁也想在澳洲扩大组织，筹集款项。大约其时适无从新加坡到澳洲的轮船，梁氏遂经槟榔屿到锡兰岛（时属印度)科仑坡启程赴澳，开始了他所谓的“绕澳大利亚洲一周”的旅行。

此次澳洲之行，梁氏本人只留下了一些诗作，并无纪游文字。丁文江《梁任公先生年谱长编初稿》光绪二十七年辛丑(1901)项下，也只引用了《新大陆游记》的一句话，说：“先生这次游澳的详细情形，很少材料可以参考。”

但是，在悉尼密昔尔图书馆保存的一九〇〇年和一九〇一年的《东华日报》上，却有不少有关梁氏游澳的记录。台湾《传记文学》杂志第三十八卷第一、第四两期，刊有刘渭平氏《梁启超的澳洲之行》长文，录载了《东华日报》上的许多文字，极可宝贵。

《东华日报》上的第一篇报道，题为《梁孝廉卓如先生澳洲游记》，署名“随行书记罗昌[①]载记”，《传记文学》所载系全文，约三千馀言，兹节录如下：

> 西十月七日(1900)，先生自槟榔屿首途游澳洲。……廿五日乃抵西澳洲之非厘文度(Freemantle)埠……舟未抵岸，已有西报馆访事登舟问讯。须臾泊定，乡人咸集，握手欢极……
>
> 廿六日，先生乘汽车往巴扶(Perth)埠，遍拜乡人。廿七日晚在长老会会堂演说，集听者数百人，遂议开西澳保皇会……同人咸激爱国之心，知皇上因救民而蒙难，莫不

① 罗昌为康有为之婿，留美学生。梁氏不善英语，故偕罗昌同行，赖以传译。

淬厉奋发，思拯国危。书名入会者，踊跃争先……

十一月一日，在遮炉顿(Geraldton)长老会会堂演说。该处华人不过三十馀，是夕咸集倾听。演说后，邝君(按名亮)首倡开保皇会，在座之人无一不入会者……

十日，舟抵黑列(Adelaide)……华人叶君寿华等偕西人议院首领、议绅数辈到船奉迎……

十四日上午十点钟，先生到域多利省之美利畔(墨尔本)埠，阖埠名望绅商五十馀人迎于车站。……(十五日)在戒酒会馆演说，张卓雄牧师为主席，听者千二三百人。十六日，雪梨埠保皇会总理刘君汝兴、欧阳君万庆来迎先生于美利畔……(十七日)新宁、开平二邑请宴，宴毕遂公举保皇会总理、值理各员……(二十日)先生之宗亲梁忠孝堂合族父老请宴……二十一日四邑会馆请宴，其晚各值理开捐保皇会会份，一席之间立捐七百馀镑。

廿三日，先生游孖辣(Ballarat)埠……(廿四日)先生出游矿务学堂……次往织绒局……晚间复在西人礼拜堂演说……欧阳君、刘君次第皆演焉。

此外，一九〇〇年十二月一日的《东华新报》，还报道了梁氏在墨尔本市政厅的演说，主要说明保皇会主张改革中国政治之两大原则，一为“设立议院，仿同英国律例”，二为“洞开中国门户，与天下万国通商”。梁氏在演说时，并分发一小册，内列六款：

> 第一款为设立皇家书信馆，广开新闻纸馆；第二款为各人自有独立之权；第三款为免除厘金；第四款为设巡捕署，筑铁车路，开五金各矿，考究农业；第五款为审案规制务要更改；第六款为设立议院，选各国有才能者充当官职。

这就是康有为派的政治纲领，即全面推行西方的代议制民主，将中国的门户对西方彻底开放。应该指出，当时孙中山的革命宣传和组织，还没有及于澳洲，故梁氏在这里似乎得到了比在夏威夷为多的支持。

罗昌所记梁氏游踪止于墨尔本。此后，一九〇一年一月下旬的《东华日报》，又陆续刊出署名“庞冠山载笔”的《梁启超先生坑上[①]游记》，全文约三千六百字，其中载有梁氏一九〇〇年十一月二十五日在坚连尼士(Glen Innes)向全埠华侨二十人所作演讲，词云：

> 今日小弟出游外国，乃承皇上密诏出外求救……中国自甲午败于日本，赔巨款，割台湾。皇上处忧积虑，知非变法维新，无以自强……太后复出垂帘听政，幽皇上于瀛台，诛逐忠良。我中国居地球大地，虽英、俄莫与京也……今因守旧，凡有百姓谋食外洋，莫不被人窘逐……我同胞每恨官府不善，王家不善，其实历来为王家、官府所压制。皇上变法，首及民权；盖洞悉子民受害，欲子民有

① 旧时澳洲华侨称南威尔士州中部山谷地带为“坑上”。

> 权，则官府不敢肆无忌惮也……望列位同胞体念皇上如此爱民之盛心，务宜各发天良，以答君恩于万一也。

于此可见当时康梁宣传侨众之一斑，盖虽着重于自强、民权，而坚奉光绪皇帝为变法之领袖，与孙中山“驱除鞑虏，恢复中华，建立民国”的主张背道而驰了。

文中还有一节，叙及澳洲侨领与西人对梁氏之评价，节录如下：

> ……该院管理西人闻先生驾临，乃出院前迎接，握手为礼，请进客厅坐，问先生春秋几何及新政等事。鲍炽（澳洲华人牧师）为先生介绍，既以先生之年若干答之，继言：“光绪皇帝爱民睦邻，仁德著于寰宇；前年改革政治，先生即居维新领袖之列，为皇上所重用者也。嗣因奸臣不喜新政，酿祸滔天，以致先生有此游历外国之举也。”西人再言：“光绪皇帝用贤行政，锐志维新；先生之盛名，我西人闻之稔矣。今蒙辱临，三生有幸焉。”

《坑上游记》还记录了梁启超在南威尔士州（原称乌修威省）天架（Tinga）、贪麻（Tamworth）各埠的活动，至一月二十四日（礼拜四日）结束。之后《东华新报》二月六日又续载游记一段，未著撰人姓名。

梁启超在澳期间，大部分时间均寓于悉尼。一九〇一年三月十三日《东华新报》有《孝廉著书》新闻一则，报道梁氏“在本埠著《中国近十年史论》一书”。四月十七日又报道梁氏于“办理公务、练习英文之暇，近数礼拜，晚在本报馆楼上，取是书逐节而演说之，同志诸人列坐环听”。

梁启超二十九岁的生日，也是在悉尼度过的。《东华日报》报道了本埠保皇会同志设宴庆贺的情形。稍后并刊出梁氏小像，英文标题作：“The Hon Leong Che Tchau，The 2nd. Leader of the Chinese Empire Reform Association”（《维新派名义上的第二号领袖——梁启超》），并附像赞，对梁氏颂扬备至。

梁氏离澳后，《东华日报》于五月八日刊出了他的“辞行小启”，五月十一日又刊登了雪梨保皇会总理吴济川《赠梁任公先生回国七绝四首》和梁氏《和吴济川赠行即用其韵》，均不见于《饮冰室全集》，兹各录其一，以见当时海外维新派知识分子的思想与情趣：

> 公推人杰志峥嵘，冒险当年出帝京；价换头颅金十万，民权演说发文明。（赠诗之二）
>
> 年来志气尚峥嵘，欲挈民权朝玉京；君看欧罗今世史，几回铁血买文明。（和诗之二）

梁启超熟看过“欧罗今世史”，知道文明和民权需要“铁血”才能换来，可惜他只是在作诗的时候才这样说罢了。

## 新大陆

《新大陆游记·凡例》云："兹编本游历时随笔所记。"其关于英属加拿大的一部分内容，曾以《海外殖民调查报告书》为题，发表于《新民丛报》。大概原来是打算随写随发表的，"丛稿盈尺"。梁氏"返日本后，以两旬之力重理之"，面目已和原稿颇有不同。

《游记》第一节，首叙四年前蓄志游美不成之经过，提到了"西历一千八百九十九年腊月晦日之夜半，扁舟横渡太平洋"时所作的《二十世纪太平洋歌》。这首长歌《新大陆游记》并未收录，却可以从《饮冰室文集》中读到。诗中讲自己到新大陆去的目的，是"誓将适彼世界共和政体之祖国，问政求学观其光"。讲到新大陆被发现以后，数世纪以来，"世界风潮至此忽大变，天地异色神鬼瞠；轮船铁路电线瞬千里，缩地疑有鸿秘方。四大自由塞宙合，奴性销为日月光；悬崖转石欲止不得止，愈竞愈剧愈接愈厉卒使五洲同一堂"。讲到当前世界上的形势是："物竞天择势必至，不优则劣兮不兴则亡……尔来环球九万里上一砂一草皆有主，旗鼓相匹强权强；惟馀东亚老大帝国一块肉，可取不取毋乃殃。"最后寄托自己的希望："我有同胞兮四万五千万，岂其束手兮待僵？招国魂兮何方，大风泱泱兮大潮滂滂；吾闻海国民族思想高尚以活泼，吾欲我同胞兮御风以翔，吾欲我同胞兮破浪以扬。"

应该说，诗中梁启超的情绪还是饱满的，思想也还是积极的。

但在写了这首长歌后不久，在自澳洲归日本的舟中，他又写了一首题为《举国皆我敌》的诗：

> 举国皆我敌，吾能勿悲？……众安混浊而我独否兮，是我先与众敌。……积千年旧脑之习惯兮，岂旦暮而可易？先知有责，觉后是任；后者终必觉，但其觉匪今。……眇躯独立世界上，挑战四万万群盲。

一方面“欲我同胞兮御风以翔”，一方面却又把四万万同胞看成是“四万万群盲”，这难道不是不可调和的矛盾吗？正因为梁启超的思想上存在着深刻的矛盾，所以他才会一面大声疾呼：“必取数千年横暴混浊之政体，破碎而齑粉之”，一面又反对“内乱”，说“内乱”是“最不祥物”；一面痛骂专制政权的“数千万如虎如狼、如蝗如蝻、如蜮如蛆之官吏”，一面又认为在中国实行改革，“一切事舍官莫属”；一面大力宣传“国之强弱，悉推原于民主”，一面又说“今日民义未讲，则无宁先借君权以转移之”；一面“日与人言西学”，一面又说“今日非西学不兴之为患，而中学将亡之为患”……

关于这一点，梁氏本人在给严复的一封信中有很坦率的自白：

> 启超于学本未尝有所专心肆力……当其论此事也，每云必此事先办，然后他事可办；及其论彼事也，又云必彼

事先办，然后馀事可办。比而观之，固已矛盾……抚以自问，亦自笑其欺人矣。然总自持其前者椎轮土阶之言，因不复自束，徒纵其笔端之所至，以求振动已冻之脑官，故习焉于自欺而不觉也。

既承认了“自欺”，也承认了“欺人”，承认了自己论点“固已矛盾”；但梁启超把它归因于“于学本未尝有所专心肆力”和“不复自束，徒纵其笔端之所至”，就未免仍旧有点“自欺欺人”了。

梁启超的根本矛盾在于：他重视向西方学习，从西方理论武库里拿来了思想武器，可是却没有真正掌握中国实际政治发展的方向，没有看准并且对准中国革命的真正的靶子。他要“挑战”的不是民族民主革命的大敌帝国主义、封建主义，而是“四万万群盲”。这就难怪他只能向“皇上”“激发天良”，而在心中不可避免地会产生一种“举国皆我敌”的孤臣孽子的感觉。

在专制蒙昧主义面前，梁启超是“一个革命家的代表”；在四万万人民群众面前，他却变成了一个害怕革命、害怕“内乱”的读书人。正跟明明自己对一切事情都很热中，偏偏要自号为“饮冰室”一样，梁启超一生都在以折中的态度掩盖思想的矛盾，又以过正的议论来求得态度的折中——这就是著者研究梁启超的一点心得。

《新大陆游记》(以下简称《游记》)这本书也不例外。这是一本精华与糟粕互见的书。所谓精华，是作者仍然在以下三个方面宣传了有积极意义的东西：

(一)宣传了资本主义制度对于封建专制制度的巨大优越性，宣传了美国革命独立后短短一百馀年中的突飞猛进，这就等于用事实继续宣传了在中国实行变革的必要性。

美国是一个后来居上的新兴的资本主义国家。梁启超第一次从东方来到美国，对于美国建国一百馀年来所取得的巨大进步，确实深有所感。《游记》第八节叙述：

> 纽约当美国独立时，人口不过二万馀(其时美国中一万人以上之都市仅五处耳)。迨十九世纪之中叶，骤进至七十馀万。至今二十世纪之初，更骤进至三百五十馀万……今欲语其庞大、其壮丽、其繁盛，则目眩于视察，耳疲于听闻，口吃于演述，手穷于摹写，吾亦不知从何处说起。

《游记》第九节记美国各大公司，资本总额合“上海、香港通用银九十万万元有奇……其气象之伟大，真不可思议，不可思议！”第十节记美国工业进步，“一八六〇年英国所产工业品之全额每人平均九十五元，其年美国所产之工业品之全额每人平均不过五十九元”，而“一九〇〇年美国每人平均百七十一元有奇，英国则每人平均百二十元耳”。第十五节记大企业家摩尔根，其所控制之铁路“足以绕地球四周而有馀”，其资本“当中国政府二十年之岁入”。第二十八节记太平洋海底电线告成，有线通信十二分钟即可环绕地球一周，莎士比亚在三百年前的梦想已经成为现实。第三十四节记横贯美洲大陆的“大北铁路”修成后，“数千里之荒原，不十年间，而千数之大村落、百数之大城市弹指涌现，岁岁产七千万石以上之小麦供给世界市场，其馀物产亦称是。至今全世界农业制度最完美之区，惟此为称首”。

梁启超兴致勃勃地介绍了美国的建设成就，他的结论很明确：

> 成功自是人权贵，创业终由道力强。（《游记》第二十七节《独立纪念日》）

主观上不赞成革命、共和的梁启超，客观上却不能不承认革命、共和是“创业”“成功”的保证，而为之大唱赞歌，这件事情本身就是革命、共和的强大生命力的明证。

（二）继续介绍了资产阶级的一些主义和理论，以及经济、政治、社会方面的情况，对当时闭目塞听的国人继续起了启蒙的作用。

八十年前的“新大陆”，对于正在经历戊戌政变后黑暗时期的中国人来说，确实是一个新的世界。《游记》介绍的那里的情况，许多是足以使人们深思猛省的。

游华盛顿时，作者见到“全都中公家之建筑，最宏敞者为国会（即喀别德儿），次为兵房，次为邮局，最湫隘者为大统领官邸”。“观此不得不叹羡平民政治质素之风，其所谓平等者真乃实行，而所谓国民公仆者真丝忽不敢自侈也。於戏，倜乎远矣!”

作者论述美国政治，介绍了美国的地方自治和地方分权，并引卢梭、波伦哈克的话，说这种不同于中央集权的政体，是实行民主共和的要素之一。接着又介绍了美国的两党政治，结论是“美国卒以此两者之相竞争相节制相调和，遂以成今日之治”。在另一章中，又愤慨地提到“现时中国政府”(指戊戌政变后的清政府)之“摧锄新党”。一贬一褒，用意十分明显。

《游记》以整整一节叙述了“前世与今世之交”新出现的一大“怪物”——托辣斯，列举了它的十二利和十弊。作者既看到了托辣斯对于劳动者和小生产者的危害，也指出了企业联合、资本集中对于发展生产的巨大作用，是不可避免的趋势。梁启超的根本思想仍然是要“冲破”阻碍资本主义大生产发展的封建专制制度。

在华盛顿、波士顿、费城等地，作者访问了美国独立战争和建国的历史遗迹。他在记述“新世界石”时，歌颂了初到美洲的一百零一位英国人“苦英苛政”、追求自由独立的精神。在游览一七七五年四月民兵和英军交战的战场时，又作诗云：

> 生命固所爱，不以易自由。国殇鬼亦雄，奴颜生逾羞。
> 当其奋起时，磊落宁他求?　　……　　……
> 谓是实天幸，人谋与鬼谋?谓是某英雄，只手回横流?
> 岂识潜势力，乃在丘民丘。　　……　　……

这里仍然强调了人民群众(丘民)的“潜势力”作用。作者和从根本上敌视人民群众的西太后、袁世凯之流，毕竟是完全不同的。

(三)从一定的角度揭露了资本主义社会和资产阶级国家的弊病。

《游记》对美国的许多方面提出了批评，有一部分批评接触到了资本主义制度的弊病，即使到今天也依然是正确的。

在纽约，梁氏写道：“天下最繁盛者宜莫如纽约，天下最黑暗者殆亦莫如纽约。”他罗列了纽约贫民窟脏乱、死亡率高、犯罪者多、性关系乱等黑暗面，归结到一点：美国的贫富过度悬殊，“譬之有百金于此，四百人分之，一人得七十元，所馀三十元以分诸三百九十九人，每人不能满一角，但七分有奇耳……”

梁氏在研究美国资本主义的同时，还接触了美国的社会主义运动。第十五节称：“余在美洲，社会党员来谒者凡四次。……其来意皆甚殷殷，大率相劝以中国若行改革，必须从社会主义着手云云。”极力鼓吹资本主义的梁启超，当然不可能对社会主义有真正的认识。他以为这些意见“太不达于中国之内情，不能与之深辩”。但是，他并没有把社会主义当成洪水猛兽，而说：“吾所见社会主义党员，其热诚苦心，真有令人起敬者。”“若近来所谓国家社会主义者，其思想日趋于健全，中国可采用者甚多……”

《游记》继续向中国读者介绍了马克思的学说，第十五节说社会主义者“于(德国人社会主义之泰斗)麦克士之著书，崇拜之，信奉之，如耶稣教人之崇信新旧约然”。梁氏把社会主义当成一种“迷信”，又说社会主义“以极专制之组织，行极平等之精神，于中国历史上性质，颇有奇异之契合”，这些看法当然只能是错误的。但他意识到社会主义是对资本主义的否定，“观于纽约之贫民窟，而深叹社会主义之万不可已也”，又不能不使人佩服他毕竟是很有远见的。

上述三方面，可算是《游记》的精华。但是，《游记》也确有一些糟粕。在著者看来，主要有以下几点：

作者在批判资产阶级民主和共和制的弊病时，没有首先肯定资产阶级民主共和总的说来要比君主制进步得多这一前提。第二十二节批评美国总统选举不一定能选出优秀人物，说什么：“共和政体，实不如君主立宪者之流弊少而运用灵也。”当然，他讲的君主立宪制，是英国那样的政体，也是资产阶级民主制。但英国式的资产阶级民主，怎么能比美国式的资产阶级民主“流弊少而运用灵”呢？梁启超纵有生花妙笔，也写不出一个道理来。

作者总是牵强附会地攻击暴力革命，吹嘘英国式的“和平过渡”。第七节云：“以名义论，则加拿大者，君主国之一附庸也；中南美诸国者，则独立之共和民主国也。以实际论，则加拿大人所获之自由、所享之幸福，以视中南美诸国如何？”第四十三节又云：“彼法兰西，以革命求自由者也。乃一变而为暴民专制……彼南美诸国，皆以革命求自由者也。而六七十年来未尝有经四年无暴动者，始终为蛮酋专制政体，求如美国之自由者，更无望也。”其实，当时中南美诸国并没有建立起真正的资产阶级民主制，法兰西共和国的自由也并不比美国少。至于说到美国，本文前引梁氏咏民兵战地的诗，恰好证明美国的自由是美国人民革命的果实。作者又一次犯了他向严复坦白承认过的那种错误。

《游记》以很大篇幅叙述美国的华人社会，作为史料，弥足珍贵。但在批评自己同胞的缺点时，却颠倒是非因果，不把责任归之于封建统治、帝国主义，而一味谴责群众“愚昧落后”。第四十节列举所谓“中国人性质不及西人者多端”，如“西人行路，身无不直者，头无不昂者；吾中国则一命而伛，再命而偻，三命而俯。相对之下，真自惭形秽”之类。作者的心情也许是“恨铁不成钢”，但叙述的态度显得那样超然、冷静，就难免使人反感。其实，这也不过是他在《新民说》中发表的理论的“具体化”罢了。

梁氏自云“自美洲归来后，言论大变，前所深信之破坏主义与革命的排满主义，至是完全放弃”（丁文江《梁任公先生年谱长编初稿》）。到一九〇五年发表《开明专制论》以后，他就完全站到反对民族民主革命的立场上去了。——但这已经不属于本书的范围，且待以后如果别有机会时再来详说吧。

# 第二十一章　第一部女子国外游记

中国妇女的启蒙和觉醒是特别艰难的，她们走出国门和走向世界就更加艰难了。在二十世纪以前到欧美的中国人中，妇女为数极少，其中称得上观察者的知识妇女更少，能够用著述表明自己思想和见解的则绝无仅有了。

本章所介绍的单士厘，便是这绝无仅有的一人。

单士厘始出国在一八九九年（光绪二十五年），其出国载记有《癸卯旅行记》三卷，《归潜记》十二篇（附有其夫钱恂及子钱稻孙之文字）。《癸卯旅行记》为一九〇三年从日本经朝鲜、中国东北、西伯利亚至欧俄八十天旅行的日记。《归潜记》则成书于一九一〇年，内容主要为记述意大利和古希腊罗马的艺文，以及关于中西文化史的研究。前者有一九〇四年日本"同文印刷舍"排印本，后者则只有家刻本。二者均已收入《走向世界丛书》，标点出版。

## 从闺房走向世界

中国知识妇女之前往泰西，不知始于谁氏。一八九六年梁启超记江西康女士云：

> 女士名爱德，江西九江人，幼而丧父母，伶仃无以自养。昊格矩者，美国学士有宦籍者之女公子也，游历东方。过九江见之，爱其慧，怜其穷，挈而西行，时女士才九龄耳。既至美，入小学、中学……最后乃入墨尔斯根省之大学，以发念救众生疾苦因缘故，于是专门医学……女士之适美也，实母昊格矩，至是既卒学，复从其母归于中国，盖年仅二十有五云。

康女士之适美，当在一八七〇至一八八〇年之间，迟于容闳；而其得以至美，入小学、中学，最后大学卒业，情形与容闳颇相仿佛。惜其无另一《西学东渐记》传世，数及一九一一年以前身历远西而有亲笔记载的女子，便只能推单士厘了。

单士厘(1858—1945)，浙江萧山人，出身于一个文化教养程度极高的家庭。其外父家先人官至礼部尚书，舅父许壬伯的著作多达十馀种；父亲单思溥，字棣华，也有文名。她在《和张甥菊圃戊寅除夕诗原韵》诗中自称“家世馀黄卷”，注云：“余家世代清贫，而书籍不少。”也可以说，就是这“不少”的书籍成就了她不太平常的一生。

单士厘幼年失母，随舅氏读书，受到了如同“母慈师严”般的照料，得以在闺中涉猎子史、玩习文词。后来她有“不能见母幸见舅”的诗句，表示对为自己提供了“读书灯下音四壁”的环境的舅父的感激。

大概是由于舅家钟爱、择配很严的关系，单士厘到二十九岁才结婚，这在大家闺秀中是极为少见的。晚婚使她有了更多的读书和写作的机会，更幸运的是婚后的情况也仍然如此。

单士厘的丈夫为钱玄同的长兄（比玄同年长三十三岁）钱恂（1854—1927）。恂字念劬，自号积跬步主人，“好治小学暨韵学”，是一个思想开通、于旧学新知都有了解的人物。钱恂青年时即随薛福成等人出使欧洲，后来又到过日本，于一九〇七至一九〇八年先后做到出使荷兰和意大利的大臣（公使）。他身为清朝的外交官，思想上却接受了资产阶级民主观念的影响，曾于清末秘密加入光复会，并以实际行动参加辛亥革命，当了民国政府的顾问。就是到了晚年，钱恂的思想也还能与时俱进，对保守顽固势力持批评态度。这一点，在鲁迅日记里也能看出一点痕迹[①]。

婚后两人感情很好，单士厘曾在诗中怀念新婚远别的丈夫：“栏外几枝红芍药，怜他何事号将离。”丙申（1896）除夕又有寄外诗：“矍铄高堂健，嬉游稚子欢；遥怜游宦客，谁与话团圞。”钱恂对妻子耽娴卷帙、浸淫文史的习惯和趣味，也很

① 《鲁迅日记》一九一三年九月二十八日记有钱念劬在祭孔时“大声而骂”情事。

表示理解和同情。单士厘后来在《马哥博罗事》一文中，回忆钱恂“二十年前初次从西欧归来，为予道元世祖时维尼斯人马哥博罗仕中国事”的情形，说这使得她“艳羡马哥之为人”，对远西山川文物不胜向往，终于在十九年后“亲履维尼斯之乡，访马哥之故居，瞻马哥之石像，既记游事，并记马哥父子叔侄来华之踪迹及行事大略”。从这件事情，即可见单士厘之所以能成为清季唯一有国外旅行记传世的妇女，盖亦不是偶然的了。

像单士厘这样有才学、有见识的女子，在中国历史上虽不数数见，毕竟还是有的。但因为她们不幸身为女子，每每只能在狭小的闺房里度过一生，最多留下几首“寻寻觅觅，冷冷清清，凄凄惨惨戚戚”的诗词，让后人一洒同情之泪。即使如此，正统封建礼法的维护者们，还要不时对她们横加指摘，什么“与德、容、言、工四者何涉焉”，什么“以妇人而自炫才学，其薄命也宜矣”……连蔡文姬、李清照等千年一遇的才女，也不能幸免。

但是，到二十世纪初，坚冰毕竟开始融化。单士厘虽然出身闺秀，又成为了“朝廷命妇”，却也能听到像“维尼斯人马哥博罗仕中国”之类的事情，在闺房里多少能够呼吸到外边广阔天地的气息了。这既是单士厘个人的幸运，更重要的还是时代的推移所使然。

一八九八年钱恂到日本任湖北留日学生监督，见到日本向西方学习的成效，“自经历英法德俄而后，知道德教育、精神教育、科学教育均无如日本之切实可法者”（《癸卯旅行记》），于是命堂弟幼楞留学日本；并陆续将两个儿子、一个儿媳、一个女婿都带到日本留学，使自己的家庭成为中国第一个有女学生到日本留学的家庭。《癸卯旅行记·自叙》称：

回忆岁在己亥(光绪二十五年)，外子驻日本，予率两子继往，是为予出疆之始。嗣是庚子、辛丑、壬寅间，无岁不行，或一航，或再航。往复既频，寄居又久，视东国如乡井。今癸卯，外子将蹈西伯利之长铁道而为欧俄之游，予喜相偕。十馀年来，予日有所记，未尝间断，顾琐细无足存者。惟此一段旅行日记，历日八十，行路逾二万，履国凡四，颇可以广见闻。录付并木[①]，名曰《癸卯旅行记》。我同胞妇女，或亦览此而起远征之羡乎？跂予望之。

钱恂的题记则云：

右日记三卷，为予妻单士厘所撰。以三万数千言，记二万数千里之行程，得中国妇女所未曾有。方今女学渐萌，女智渐开，必有乐于读此者。故稍为损益句读，以公于世。

这些文字，不仅道出了单士厘出国和写作的原委，也能告诉我们钱单夫妇感情志趣融洽无间、相得益彰的仪型风范。

① 并木是东京一处印刷所的名字。

在国外，单士厘广泛接触了所在国家的社会和文化，并和外国知识妇女交上了朋友，如东京学校女干事时任竹子、女教师河原操子、爱住女学校校长小具贞子等。她的日语讲得很好，能会话，能笔译；对欧洲现代语文和拉丁、希腊古文，也多能通解。在《彼得寺》文中，她自称："予两旅罗马，瞻游此寺无虑二三十次。"此时的单士厘，已是孙儿绕膝，早入老年，却依然对寺中"歌路刹埤"（Chorea chapelle，唱诗小教堂）的音乐极感兴趣，"恒率孙辈伫门外听之，不觉神往；孙辈侍听，亦自有一种静肃气"。这不禁使人联想起曾皙所向往的情景：

> 莫春者，春服既成，冠者五六人，童子六七人，浴乎沂，风乎舞雩，咏而归。

此种阔大自由、平等和谐的气象，在几千年封建礼法"尊卑长幼"观念笼罩下的家族关系中，确实十分罕见。如果不是到了罗马城中，这位钦差大臣的二品夫人，恐怕也不便率孙辈久立寺外，听得"神往"的吧。

## 启蒙女性

单士厘到日本，比秋瑾早五年，比何香凝也要早。这是中国妇女从启蒙运动中开始觉醒的时代，是何香凝深思冥想、秋瑾慷慨悲歌的时代。单士厘并没有被卷入革命的漩涡，但她在走向世界的道路上，却迈出了自己的步伐。这一点，从《癸卯旅行记》一开头就看得很清楚。她离开东京后，先赴大阪参观日本“第五回内国博览会”，于述及教育馆时发表了下面的议论：

日本之所以立于今日世界，由免亡而跻于列强者，惟有教育故。即所以能设此第五回之博览会，亦以有教育故。馆中陈列文部及各公立私立学校之种种教育用品与各种新学术需用器械，于医学一门尤夥；更列种种比较品，俾览者得考见其卅年来进步程度。……

……要之，教育之意，乃是为本国培育国民……故男女并重……女尤倍重于男。中国近今论教育矣，但多从人材一边着想，而尚未注重国民。故谈女子教育者犹少；即男子教育，亦不过令多材多艺，大之备政府指使，小之为自谋生计，可叹！况无国民安得有人材？无国民且不成一社会！中国前途，晨鸡未唱。观彼教育馆，不胜感慨。

从大阪到京都，单士厘见到日本游览处所陈设朴素，不似欧美“动以千万金相夸，陈列品无非珠钻珍奇”，又“益知日本崇拜欧美，专务实用，不尚焜耀。入东京之市，所售西派物品，亦图籍为多，工艺为多，不如上海所谓‘洋行’者之尽时计(钟表)、指轮(戒指)以及玩品也”。她虽然自谦道“予知家事经济而已”，但观察入微，议论中肯，固于维新时务具有真知灼见，远非以时计、指轮为摩登时髦的夫人小姐可比矣。

类似这样赞美维新、批评守旧的言论，书中所在多有。如批评俄国不用“格勒阳历”（即通行的公历），实际上是批评了中国反对"改正朔"的守旧论调：

> 世界文明国，无不用格勒阳历；一岁之日有定数，一月之日有定数，岁整而月齐，于政治上得充分便利，关会计出入无论矣。凡学校、兵役、罪惩，均得齐一。故日本毅然改历，非好异也，欲得政治齐一，不得已也。予知家事经济而已，自履日本，于家中会计用阳历，便得无穷便利。闻外子述南皮张香涛之言曰："世人误以'改正朔'三字为易代之代名词，故相率讳言。不知此三代以前之事耳！汉兴，承用秦历；代易矣，而正朔未改也；太初更历，正朔改矣，而代未易也。……何讳之有?"诚名论也。

但单士厘又不是一个数典忘祖的人。她深受中国传统文化的熏陶，深知中国的精神文明确有不可抹杀的优越性。比如在谈到"女学"即女子教育时，她认为中国女子注重两性道德，这是为西方妇女所不及的；中国的缺点在于完全没有认识到女学的重要，以为"妇德"就是"一物不见、一事不知之谓"。她说：

> 论妇德，究以中国为胜，所恨无学耳。东国(日本)人能守妇德，又益以学，是以可贵。……西方妇女，固不乏德操，但逾闲者究多。在酬酢场中，谈论、风采、琴画、歌舞，亦何尝不表出优美？然表面优美，而内部反是，何足取乎？

…………

而女德云者，初非一物不见、一事不知之谓。……中国女学虽已灭绝，而女德尚流传于人人性质中。苟善于教育，开诱其智，以完全其德，当为地球无二之女教国；由女教以衍及子孙，即为地球无二之强国可也。

现在社会上有极少数人，实际上并不懂多少“西学”，却接受了西方资产阶级颓废派“性解放”“性自由”的影响，追求“荡检逾闲”的生活方式。他们(或她们)连表面上“谈论风采”的优美也表不出来，内在的道德情操当然更谈不上优美。对于他们（或她们)来说，听听八十年前这位思想解放的妇女的话，也许不无裨益。

思想认识如此，在家庭和社会实际生活中，单士厘也能够突破封建的藩篱，进行启蒙的工作。参观大阪博览会时，她与丈夫携带子妇同行，大雨竟日，却步行参观不辍，至晚始归寓所。是日记云：

中国妇女，本罕出门，更无论冒大雨步行于稠人广众之场。予因告子妇曰：“今日之行，专为拓开知识起见；虽踯躅雨中，不为越礼，况尔侍舅姑而行乎?”

从日本出发赴俄期间，单士厘曾绕道回硖石乡间省视数日。这几天的日记，可见其处处以移风易俗为己任，亦可见国外生活对她的影响，如：

六日　晚，乘月率朝日婢步行至东南湖母舅家，距予家不足三里。中国妇女，向以步行为艰。予幸不病此。当在东京，步行是常事。辛丑寓居镰仓，游建长寺则攀树陟巅，赏金泽牡丹则绕行湖堧，恒二三十里。……此硖石为幼年生长地，今已老(是年单士厘四十七岁)，乡党间尚不以予为非，故特以步行讽同里妇女。

八日　伯宽之友顾、金二君，欲见予，谈日本女学事。论乡曲旧见，妇女非至戚不相见。予固老矣，且恒与外国客相见；今本国青年，以予之略有所知，欲就谈女学，岂可不竭诚相告？乃偕伯宽接见……

十三日　李君兰舟家招饮，其太夫人率两女、一外孙女接待。席间谈卫生事，因谆戒缠足，群以为然。

这些记载，生动地刻画了一位蔑视封建礼法、提倡文明开化的启蒙女性可敬可亲的形象。

## 以国民自任

对于落后的封建中国来说，当时西方资本主义国家的技术、社会和文化是进步的。“日本人向西方学习有成效，中国人也想向日本人学。”(毛泽东)在这个意义上，日本的技术、社会和文化也是比较进步的。但是，资本主义国家要剥削落后民族，要侵占和掠夺殖民地，要扩张势力范围。它们的帝国主义政策和沙文主义思想，又是完全反动的。单士厘的可贵之处在于：她不仅看到了资本主义国家技术、社会和文化的进步性，也看到了资本主义——帝国主义国家国外政策以及与之相适应的国内政策的反动性，并且以满腔爱国热情，对这种反动政策进行了口诛笔伐。

从长崎到海参崴的航程中，轮船曾在朝鲜釜山停泊避风。单士厘等上岸游观，见“密树一山，为日民万馀群居地。有驻兵约一大队，有临时宪兵队，有领事，有警察……一望而知为日本之殖民地，且已实行其殖民之政矣！”沦为殖民地的朝鲜的人民处境又如何呢？《癸卯旅行记》云：

> 彼朝鲜土人，除运木石重物及极劳极拙之事外无他业。见土人运木者，横负长五六尺之大木于背，喘步市街，几不知市街尚有他人他物者。……船上佣彼苦力数十辈事搬运，事毕，以舟渡之归。舟小人多，不能容，日本人捽其发捺入舟底……

在海参崴登岸后，入境旅客必须接受世界上最严厉的检查，而“遇东方人尤严，盖无方寸之包不开视，甚至棉卧具亦拆视，一盆栽之花亦掀土验之”。铁道进入中国东北境时，“由俄入华，其关权应在华而不在俄；然今日关权，乃在俄不在华”，中国人在本国领土上仍须接受俄人检查。由满洲里车站经越国界进入俄境时，检查之严又“无异海参崴”。因为钱恂是外交官，单士厘等人得以免受检查。但目睹这些情形，她仍然十分气愤，写道：

> 中国妇女，闭笼一室，本不知有国。予从日本来，习闻彼妇女每以国民自任，且以为国本巩固，尤关妇女。予亦不禁勃然发爱国心，故于经越国界，不胜概乎言之。

癸卯年正是日俄战争爆发的前一年，当时中国东北全境都是俄国的势力范围。单士厘记俄国侵占和经营哈尔滨的情形云：

> 予等所栖者名旧哈尔宾，土名香坊，旧为田姓者“烧锅”所在。五年前，俄铁路公司欲占为中心起点，乃逐锅主而有其地。……续见（秦家冈）冈地爽垲，濒江而不患水，尤占形势，于是于冈建都会（即新哈尔宾）。今划入界内者一百三十二方华里，已建石屋三百所，尚兴筑不已，盖将以为东方之彼得堡也。……俄人在哈尔宾“购地”，固以己意划界，不顾土宜；以己意给价，不问产主……

至于俄人在东北的侵略罪行，单士厘写道：“自以海兰泡之杀我男妇老幼三千馀人于一日，为最著称。……辛、壬以来，被杀一二命，见公牍于三交涉局者以百数，不见公牍者不知数。至于毁居室、掠牲畜、夺种植，更‘小事’矣……”就在单士厘等到哈尔滨的前一日，又“有俄兵刃杀一解饷华官之仆于途，并伤二同行人”。而俄人肆虐，又往往有卖国的官吏、土豪为虎作伥。在哈尔滨，就有一个“满洲世职恩祥”：

恩祥恃其世官之焰，本鱼肉一方；自俄人来此，更加一层气焰。每霸占附近民地，以售于俄人，冀获微价。……俄人利用之，故土人畏之，官宦又媚之。

最使单士厘对清政府卖国行为印象深刻的，是宁古塔副都统讷荫“合率属官员铺商等建”献给“大俄国东海滨省巡抚迟公”的一座“功德碑”。这个迟怯苛夫，于庚子年间率兵侵占中国领土宁古塔，干尽了坏事。作为宁古塔地方长官的讷荫，不仅不抵抗侵略，反而以建碑的方式向敌人献媚乞怜。碑文无耻地恭维俄国军队镇压中国人民的“功绩”道：

……公乃统节制之师，雕戈电举；拥貔貅之众，铁骑风驰，竟以八月初旬据塔。……其始则军容甚盛，阚若雷霆；其终则恺泽旁流，沛如雨露。……欣此日干戈已戢，俾环海群登衽席之安；冀将来和睦恒修，幸吾辈共享升平之福也。

读了这座“丰碑”上的“新镌汉文”以后，单士厘愤极而出以冷嘲，曰：“讷荫满洲世仆，其忠顺服从，根于种性。见俄感俄，正其天德，但文字非其所长也!”数日后，车过牡丹江，迤南即宁古塔城。《癸卯旅行记》追述了顺治十一年俄兵犯宁古塔，为中国都统沙尔呼达所败，浙人吴兆骞侍亲荷戈，记宁古塔事颇为详尽的一段历史，无限感慨道："今亦时异势殊矣！南望增叹。不知撰碑之讷荫，尚在塔城否也?"

在横过西伯利亚大陆时，单士厘清楚地感到，俄国在中亚和远东经营的铁路，正如巨蟹之螯，目的物是我北中国。她在海参崴遇见任中国驻海埠商务委员李兰舟，其人曾在未有铁路之时，"万里长途，三马敝车，冰雪奔驰"，旅行西伯利亚，"较缪君祐孙之仅至伊尔库次克者过之，盖中国一人而已"。李氏告诉钱恂，他曾于乙未岁(1895)条陈总署，"言俄人志在接路中国地上"，请政府注意利害，及早对策，结果却是"可以无庸置论"，"一语扫空"。关于讷荫建献俄人的石碑，李氏也曾录告北京政府，"引为国民之大辱"，政府也不予置答。

钱恂的另一位旧友李佑轩，此时任哈尔滨俄国铁路公司高级职员。某日休假，李乘马车入市至饭店进餐，并令车夫就食，"可谓毫无过失"。而擅作威福的俄国警察，"怒车之驻于肆门也，捽车夫殴之"；"李君闻声趋出，向警役用俄语申说"，该警察竟连李也打了一顿。"以铁路公司之高等华员，且善俄语，竟以一车夫就食之故，大受警辱。"

为了处理中俄交涉纠纷，"奉、吉、黑三省各设一交涉局于哈，例以候补道府司之"。这些中国官"惟恐失俄欢，仰达尼尔(俄国总监)鼻息惟恐不谨"。钱恂曾因事到交涉局，见门外用木笼囚禁着好几个荷校(即戴枷)的中国"犯人"，有一俄国车夫正在"用华语毒詈此荷校人，作极村辱语。一中国所谓'二爷'者出，笑靥向车夫，怒目视荷囚"。钱恂把这件事情告诉了单士厘，单士厘说："(此'二爷')真不愧为(交涉)局中人矣！”冷冷一句话，充分表现了她对卖国官员的失望和鄙视。

入俄以后，单士厘历述：“俄商之不得自由贸易”，“俄学生之不得自由读书”，西伯利亚大监狱“待遇囚徒之残忍举世无双”，西伯利亚的流放犯人多达五十万；俄国的新闻事业不发达，原因是“政府对报馆禁令苛细”，“执笔者既左顾右忌，无从着笔，阅者又以所载尽无精彩而生厌”；俄国的宗教气氛极浓，原因是专制政府“务欲使人迷信宗教，则一切社会不发达与蒙政治上之压迫损害，悉悉诿于天神之不佑，而不复生行政诉愿、行政改良之思想”。尤其使她感到可笑的是，明明情况不妙，偏要粉饰太平：

> 譬如水旱偏灾，发帑移粟，乃行政者分内事。而在俄国则必曰：“此朝廷加惠穷黎”，“此朝廷拯念民生”。一若百姓必应受种种损害，稍或不然，便是国政仁厚。此俄之所以异于文明国也！

从接受启蒙、追求进步开始，就必然产生对制造愚昧和不公正的专制制度的不满，产生对侵略扩张的帝国主义政治的不满。单士厘虽然少谈政治，却能毅然“以国民自任”，在日记中留下了很多颇有政治意义的记载，值得后人仔细玩味。

## 介绍西国艺文

单士厘深受文化熏陶，极具审美能力。她个人的兴趣，始终是在艺文学术方面。《癸卯旅行记》中有一节关于托尔斯泰的介绍，在中国恐怕要算是最早的：

托为俄国大名小说家，名震欧美。一度病气，欧美电询起居者日以百数，其见重世界可知。所著小说，多曲肖各种社会情状，最足开启民智，故俄政府禁之甚严。以行于俄境者，乃寻常笔墨；而精撰则行于外国，禁入俄境。俄廷待托极酷，剥其公权，摈于教外（摈教为人生莫大辱事，而托澹然）；徒以各国钦重，且但有笔墨而无实事，故虽恨之入骨，不敢杀也。曾受芬兰人之苦诉：欲逃无资。托悯之，穷日夜力，撰一小说，售其板权，得十万卢布，尽畀芬兰人之欲逃者，借资入美洲，其豪如此。

《归潜记》十二篇，《彼得寺》和《新释宫》两篇详细介绍了罗马圣彼得大教堂的建筑和罗马有关史事，旁及罗马之神话故事，极富文化史的价值。其尤妙在皮里阳秋，娓娓叙来，而褒贬自见。如叙寺藏“耶稣受拭之巾”云：

当耶稣自肩十字架登山受钉，中道喘息。妇人威隆尼加怜之，出巾拭其汗。一拭，而耶稣神貌即留巾上不去。……此巾为约翰七访得，于七〇七年藏彼得寺，后移圣灵寺。罗马贵族六人，各持一钥，非六人齐集，巾不得出。……一四四〇年复移彼得寺。有西文著名游记言：“此巾吾亲见之，确无可疑为耶稣受拭之巾，必毗山丁美术，其麻织绘工，确是七八世纪之物。”两用“确”字，可知其所以“确”矣！此巾每年于圣木曜节、好金曜节、东日节出示信徒，倏悬墙柱数秒种。人苟得一见，云可免七千年之罪，真子孙百世之业矣！

《景教流行中国碑跋》《景教流行中国表》《摩西教流行中国记》《马可博罗事》等篇，为中西交通史和宗教史研究论文。如述景教流行中国碑文中“弥施诃”一词云：

弥施诃者，希伯来字为Meshiha，叙里亚字为Mesiha，希腊译为Christos，腊丁译为Christus。《新约》约翰一章四十一、四章二十五，皆言弥赛亚即基督，配译最相吻合。厥义为受圣膏者，谓受抹膏礼于耶和华者，基督一人而已；基督之神，必先亲受抹膏礼于耶和华而后成圣也。碑文“景尊弥施诃”，即今通称之耶稣基督。钱氏《廿二史考异》引《至元辨伪录》“迭屑人奉弥失诃，言得生天”,即此。洪氏钧言：详《西游记》“迭失头目”注。今洪著《西游记注》不传，无从参证。

《罗马之犹太区——格笃》《义国佩章记》《奥兰琦——拿埽族章》《宝星记》等篇，记述西国礼俗典章，而尤以《罗马之犹太区——格笃》为有深意。其述罗马迫害、歧视犹太人之情形云：

保罗二(一四六八)迫令犹太人喀尼乏尔节日竞走于群

民嘲讪之中……驱驴于前，犹太人逐驴后，仅许围一缕布于腰下，四肢尽裸。犹太人后为水牛。牛后为野马。凡不以人类视犹太人也。

……今虽不用此例，而犹太人尚于节之第一土曜，往嘎毕都行敬礼于马鞍。盖纪念往事，而谢马之娱罗马民以代己也。

单士厘明白表示：她写这篇的目的，是为了“以示亡国遗黎受辖于白人治权下之情况”。在正文之后，又特别加了一行话：“此格笃记，阅者宜细心味之。数百年后，吾人当共知之。”这无非是暗示同胞，如果中国还不力疾自强，保国保种，犹太人的惨况就会落到中国人的头上。在谈艺文、述史事的时候，她依然没有忘记国家和人民，始终保持了一个启蒙者的良心和激情。

《归潜记》最有价值的是《章华庭四室》和《育斯》两篇，为中国介绍希腊——罗马神话之嚆矢。

《章华庭四室》从介绍乏氏刚（梵蒂冈）收藏的古希腊石雕开始。四室一室一雕，为劳贡（Laocoon，拉奥孔）、阿博隆（Apollon，阿波罗）、眉沟（Mercure，墨耳库里）和俾尔塞（Persee，珀尔修斯）等神与英雄的雕像。以四位神人的故事为经，穿插叙述了金苹果、特洛伊之战、木马计、大蛇丕东、达夫奈化月桂、奥林匹亚山、百眼怪、九位缪斯、奥德赛、潘、美神、黄金雨、美杜萨等有名神话。其叙美杜萨（梅窦思）云：

梅窦思者，福尔希(海中神之一)第六女也，与其两妹共有三皋尔拱(Gorgos)之称。……或谓三人但有一目一齿，公而用之，齿利胜野豕之牙。或谓口鼻无缺，且艳丽，但有毒，见者辄迷。雕画像多从后说……海神讷都诺者，雷神育斯之弟，好色不亚其兄。知梅窦思之美也，变为鸟，攫之飞，止于女战神密讷尔佛之庙。梅窦思即与庙神较美。神恶之，悉改梅发为蛇，俾损色；又变梅目力，俾见者成石，不为所迷云……

《育斯》一篇专论 Jupiter(今译朱庇特，罗马之最高神，在希腊称宙斯)及诸神世系，兼及神话之起源、希腊神话流传罗马后之转变、古代之神庙、神职与仪式、神话与宗教、育斯崇拜为多神至一神所自始……实可谓为近代中国重要的神话学论文，在神话学史上有很高的价值。

## 文和诗

《癸卯旅行记》和《归潜记》的文学性也是很不错的。除了这两部作品以外，单士厘还有许多首在国外生活时期写下的诗，其中也不乏佳什，可与二书参读。现在我们从单氏游记和诗作中，各举几个例子，以见这位前辈女作家的文笔，亦可进一步觇其学识。如《癸卯旅行记》卷下四月十九日一则：

黎明，知将过色楞格河桥，特起视之。四山环抱，残月镜波。予幼时喜读二百数十年前塞北战争诸记载，其夸耀武功，虽未足尽信，然犹想见色楞格河上铁骑胡笳之声，与水澌冰触之声相应答。今则易为汽笛轮轴之声，自不免兴今昔之感。然人烟较昔为聚，地力较昔为任，则又睹今而叹昔。凡政教不及之地，每为国力膨胀者施其势力，亦优胜劣败之定理然也。

天明，渐渐从山缺树隙望见水光，知为世界著名之第一大淡水湖，所谓贝加尔湖者矣。自过上乌的斯克，浓树连山，风景秀丽，殆迈蜀道。而此夷彼险，但有怡悦，无有恐怖。因想苏武牧羊之日(武牧羊于北海，海即贝加尔湖)，虽卓节啮雪，困于苦寒，而亦夫妇父子，以永岁月，亦未始非一种幽景静趣，有以养其天和也。……

环湖尽山(峭立四周，无一隅之缺)，苍树白雪，错映眼帘。时已初夏，而全湖皆冰，尚厚二三尺(湖面拔海凡千五百六十英尺)，排冰行舟，仿佛在极大白色平原上，不知其为水也。

又如《归潜记·彼得寺》篇中，叙寺前方尖柱竖立时的情形：

一五八六年，(教皇)息司朵五命丰丹那移此柱于寺前。植立此柱时，需人八百，马百五十，卷绳器四十六具。丰丹那云，重量九十六万三千五百三十七罗马磅云。未移柱之前，息司朵五入彼得寺，礼大弥撒，盛祝丰氏及众工人福，并命："柱升时，不得有人语，语者死。"迨柱缓缓而升，升至中途，忽然不动，众正屏息间，忽闻大声曰："润其绳！"工人先未受此指示，闻言，又不敢问，惟亟润绳。绳润上引，柱动而植。当时实一工人，见引绳几断，亟而狂呼耳，按命令应处死。无如柱赖以立，督工者大发慈悲，不忍加刑，乃谓此声发自上帝耶和华，众工亦默喻无言。

单士厘的海外诗，保存在她自订诗集《受兹室诗钞》中。这部诗集并未刊行，因单士厘于去世前一年手抄一本，赠给罗振玉的侄女罗守巽，罗氏珍藏不失，得以保存至今。总计诗一百八十三题，二百九十九首，海外部分约占四分之一。如在日本所作《日光山红叶》：

> 欲画秋容着色山，天将奇丽难荆关。霞烘霜染轻千卉，岩际松间见一斑。有客停车怜畹晚[1]，阿谁题句寄溪潺。旧游回首增惆怅，相落吴江鹤梦闲。

清词丽句，写景关情。《汽车中闻儿童唱歌》：

> 天籁纯然出自由，清音嘹呖发童讴；中华孩稚生何厄，埋首芸窗学楚囚。

① 著者所见诗原缺一字，"怜"字为著者拟加，特此说明。

从日本的新式儿童教育，联想到“中华孩稚”的命运，正好和《癸卯旅行记》卷上二月十八日一则参看：

……国所由立在人，人所由立在教育。有教必有育，育亦即出于教，所谓德育、智育、体育者尽之矣。教之道，贵基之于十岁内外之数年中所谓小学校者……

在单士厘的诗中，和她的文中一样，启蒙思想是和国民意识的觉醒交织在一起的。例如《游俄都博物馆》诗：

只今新世代，主义益繁广；欧美竞文明，宜思所以抗。
露虽非立宪[①]，民志借开旸；运游饶眼福，学界无尽藏。

《乙巳秋留别陆子兴夫人》，是赠予嫁给中国驻荷兰公使陆徵祥的一位欧籍妇女的，诗云：

俊眼识英才，于归我国来；神明仰华胄，未许谤衰颓。

《庚子秋津田老者约夫子偕予同游金泽及横须贺》诗中，更对中国妇女寄予希望：

① 句中“露”字系日语称俄罗斯为“露西亚”之省文。

寄语深闺侣：疗俗急需药。勐学当斯纪，良时再来莫。[1]

正因为单士厘深爱吾国吾民，有“未许谤衰颓”的强烈爱国心，所以她才会痛惜“中华孩稚生何厄”，亟呼“吾华妇女可不勉旃”。真正的爱国心，和真正的民族责任感和历史责任感是完全一致的。这道理，又岂是“见俄感俄”的讷荫之流所能懂得的呢！

从国外归来后，单士厘继续潜心文史，从事著述。钱恂逝世后，她曾依次子穟孙寓居沈阳。一九三六年穟孙亡后，由长子稻孙迎至北京奉养，仍笔耕不辍。所著《清闺秀艺文略》，对于研究清代妇女生活和思想很有价值。因为无力刊行，七十多岁的单士厘竟亲自手抄数部，分赠国内外图书馆。她在写给女友“夏穗嫂”（夏曾佑夫人）的诗中自叙著作此书的情景云：

闺阁姓氏资考核，伏案终朝户不出。师承无自苦茫然，单独生涯岁逾七。赖有良朋素志同，道义文辞互相匹。历年酬唱解烦忧，蔗境怡怡忘苦疾。能将镇静免乱离，存问不辞寒凛冽。

单士厘活了八十七岁。逝世前三年，八十四岁的她还写了一首忆幼侄钱三强的诗，题为《庚辰端节家宴，忆三强侄时在巴黎围城中》：

① 原注：英人论十九世纪为妇女世纪，今已二十世纪，吾华妇女可不勉旃。

今岁天中节，阶兰等二雏。一家兼戚党[1]，四代共欢娱。
不尽樽前话，难忘海外孤。烽烟怜小阮，无计整归途。

可见这位老太太直到衰龄暮景，仍然关心世界情事，关心被困亲人，不失启蒙时代先进妇女的本色。

一九四五年单士厘卒后，钱稻孙有《追讣》一篇，其中谈到单士厘“一生著述，凡十一种”：

其经刊印者，《癸卯旅行记》三卷，《家政学》二卷，《家之宜育儿简谈》一卷，《正始再续集》五卷；其刊而未竟者，《归潜记》十卷，《清闺秀艺文略》五卷；其未刊者，有《受兹室诗钞》《发难遭逢记》《懿范闻见录》《噍杀集》，唯《懿范闻见录》之稿俱在，《受兹室诗钞》已不全，他二种更因寄递失佚不归。

不要说有这么多著作，就凭编入《走向世界丛书》的两种国外载记，单士厘的名字也就足以长留天地间了。





① 原注：长孙外姑增田夫人同座。

# 年表

| | |
|---|---|
| 前400 | （希腊古史Ctesias记述“赛里斯”人，义为“产丝之国”之人） |
| 前140—前124 | 张骞通西域 |
| 97 | 班超遣甘英通大秦，为安息西界船人所阻 |
| 166 | （大秦王安敦遣使自日南徼外献象牙、犀角） |
| 226 | （大秦商人秦论到交趾，交趾太守遣谒孙权） |
| 280—290 | （大秦王遣使贡献） |
| 635 | （大秦景教“上德”阿罗本到长安） |
| 643 | （拂菻王波多力遣使，唐太宗具国书回报） |
| 667—742 | （拂菻来使） |
| 751 | 杜环随高仙芝西征，怛逻斯之役为大食军俘虏，被带至西海 |
| 762 | 杜环回至广州 |
| 1081—1091 | （拂菻王灭力伊灵改撒遣使至宋） |
| 1218 | 耶律楚材奉成吉思汗诏赴行在，至布哈拉等地 |

| | |
|---|---|
| 1220—1224 | 长春真人丘处机西行，至撒马尔罕，渡阿姆河而还 |
| 1220—1230 | 巴琐马生于汉八里(北京) |
| 1245—1247 | (卡尔皮尼奉教皇英诺森四世命来谒蒙古大汗) |
| 1253—1255 | (鲁布鲁克奉法王路易九世命来谒蒙古大汗) |
| 1259 | 常德奉元宪宗命往伊儿汗国 |
| 1275—1292 | (马可·波罗来东) |
| 1278 | 巴琐马西行 |
| 1287 | 巴琐马奉伊儿汗阿鲁浑命出使欧洲，见教皇及英法诸王 |
| 1289—1328 | (蒙特科尔维诺的约翰修士由教皇派至北京任大主教) |
| 1308—1336 | (安德鲁到中国传教) |
| 1321—1338 | (奥德里克〔旧译和德理〕来游中国) |
| 1338—1346 | (马里诺利奉阿维尼翁教廷命至北京呈递国书) |
| 1340(？) | 汪大渊“附船东西洋而游”，曾抵阿拉伯海 |
| 1405—1430 | 三保太监下西洋 |
| 1582 | (利玛窦至澳门，翌年入肇庆) |
| 1584 | 《山海舆地全图》出版 |
| 1610 | (艾儒略至澳门，数年后至北京) |
| 1623 | 《职方外纪》出版 |
| 1650 | 南明永历王太后欲遣使罗马教廷，庞天寿请行，不果 |
| 1654 | 郑推信(玛诺)随西洋教士赴罗马 |

| | |
|---|---|
| 1671 | 郑玛诺回国，在北京教会供职 |
| 1681 | 黄、沈二青年随西洋教士往葡萄牙、法国 |
| 1682 | 樊守义生于山西绛州 |
| 1693 | 沈姓青年回国 |
| 1707 | 樊守义随艾若瑟(Jos. Ant. Provana)往欧洲，途经南美巴西 |
| 1720 | 樊守义归国，翌年作《身见录》 |
| 1723 | 马国贤(Matheo Ripa)返欧，率四青年及一中国教师同往 |
| 1732 | 马国贤于那不勒斯建立“中国学院” |
| 1753 | 樊守义卒 |
| 1765 | 谢清高生于广东嘉应州 |
| 1782 | 谢清高航海遇难，为“番舶”救起，“遂随贩焉” |
| 1792 | (英王乔治三世遣马戛尔尼使华) |
| 1796 | 谢清高返粤，寓居澳门 |
| 1804 | 斌椿生(汉军正白旗) |
| 1818 | 广州一王姓青年至美国康州康威尔城“国外布道学校”入学 |
| | 郭嵩焘生于湖南湘阴 |
| 1820 | 杨炳南于澳门见谢清高，笔受其自述成《海录》一书 |
| 1824 | 林鍼生于福建闽县 |
| 1828 | 王韬生于江苏甫里 |

| | |
|---|---|
| | 容闳生于广东香山之南屏镇 |
| 1835 | 容闳入澳门马礼逊学校(Morrison School)预备班就学 |
| 1837 | 黎庶昌生于贵州遵义 |
| | 何如璋生于广东大埔 |
| 1838 | 薛福成生于江苏无锡 |
| 1839 | 曾纪泽生于湖南湘乡 |
| 1842 | 《海录》出版 |
| | 李圭生于江苏江宁 |
| 1845 | 徐建寅生于江苏无锡 |
| 1847 | 林鍼“受外国花旗聘舌耕海外” |
| | 容闳赴美留学 |
| | 张德彝(德明)生于北京(汉军镶黄旗) |
| 1848 | 黄遵宪生于广东嘉应 |
| | 王韬至上海，于“墨海书馆”得识麦都思、艾约瑟诸西人 |
| 1849 | 林鍼回国，作《西海纪游草》 |
| 1854 | 容闳毕业耶鲁大学，回国 |
| | 罗森随柏利舰队前往日本，其《日本日记》于香港《遐迩贯珍》发表 |
| 1856 | 郭嵩焘至上海观火船、洋器，访问“墨海书馆” |
| 1858 | 康有为生于广东南海 |
| | 单士厘生于浙江萧山 |

| | |
|---|---|
| 1860 | 容闳随洋教士至南京太平军中考察 |
| 1862 | 张德彝考入北京同文馆 |
| | 郭栋臣赴意大利那不勒斯“中国学院”入学 |
| | 王韬因上书太平军，逃亡香港 |
| 1864 | 斌椿由赫德延请入总税务司办理文案 |
| 1865 | 李圭应好博逊(H. E. Hobson)聘入宁波海关任职 |
| 1866 | 斌椿率同文馆学生游历欧洲，有《乘槎笔记》《海国胜游草》《天外归帆草》；张德彝与焉，作《航海述奇》 |
| 1867—1870 | 王韬应理雅各招赴英，作《漫游随录》 |
| 1868 | 曾纪泽于南京督署侍父国藩看大地球仪 |
| 1868—1870 | 志刚偕蒲安臣出使欧美，有《初使泰西记》；张德彝随行(因故先行回国)，作《再述奇》 |
| 1870—1871 | 张德彝随崇厚往法国递国书，目击巴黎公社起义，作《三述奇》 |
| 1872—1875 | 容闳组织幼童赴美留学 |
| 1873 | 梁启超生于广东新会 |
| 1874 | 郭栋臣回华传教 |
| 1876 | 郭嵩焘、刘锡鸿出使英法，黎庶昌、张德彝随行，诸人均有记述 |
| | 李圭赴美参加美国开国百年纪念费城万国博览会，有《环游地球新录》 |
| 1877 | 郭嵩焘《使西纪程》成书，旋毁板 |

| | |
|---|---|
| | 刘锡鸿改使德国，其《英轺私记》成书 |
| | 何如璋使日，有《使东述略》及杂咏；黄遵宪随行，始作《日本国志》、《日本杂事诗》 |
| 1878 | 曾纪泽出使英法（有日记），郭嵩焘返国 |
| | 刘锡鸿返国 |
| | 黎庶昌专任驻法参赞，常居巴黎，所作《莼斋杂录》后编入《西洋杂志》 |
| 1879 | 徐建寅由李鸿章派往德国考察工厂，定购铁甲船，有《欧游杂录》 |
| | 康有为始游香港，“见西人治国有法度” |
| | 王韬应邀游日本，作《扶桑游记》 |
| | 黄遵宪《日本杂事诗》在北京、香港同时出版 |
| 1880 | 曾纪泽兼使俄国 |
| | 黎庶昌调任驻日斯巴尼亚（西班牙）参赞，常居马德里 |
| | 何如璋返国 |
| | 李筱圃游日，作《日本纪游》 |
| 1881 | 黎庶昌出使日本 |
| | 留美幼童撤回 |
| 1882 | 黄遵宪赴美，任驻旧金山总领事 |
| | 徐建寅返国 |
| | 曾纪泽出使日记开始在沪刷印 |
| | 康有为过上海，得见制造局所译西书 |
| 1886 | 曾纪泽返国 |

| | |
|---|---|
| 1887—1889 | 傅云龙出国游历，著游历各国图经 |
| 1890 | 薛福成出使英、法、义、比四国，有日记 |
| | 黄遵宪随薛赴英，任参赞 |
| | 梁启超于上海始见西学之书 |
| | 曾纪泽卒 |
| 1891 | 郭嵩焘卒 |
| 1893 | 黄庆澄游日，作《东游日记》 |
| 1894 | 薛福成归国，卒 |
| 1897 | 王韬卒 |
| 1898 | 戊戌政变，康有为、梁启超流亡海外 |
| 1899 | 康有为由日本往加拿大，旋往香港 |
| | 梁启超往美洲，行抵檀香山而止 |
| | 单士厘旅居日本 |
| 1900 | 梁启超游澳洲 |
| 1901 | 徐建寅卒 |
| 1902 | 容闳流亡美国 |
| 1903 | 单士厘由日本经西伯利亚往欧俄，有《癸卯旅行记》 |
| 1903 | 李圭卒 |
| | 梁启超作北美之游，有《新大陆游记》 |
| 1904 | 康有为始游欧洲，首行意大利 |
| 1905 | 康有为游法国，其《意大利游记》出版 |
| | 黄遵宪卒 |
| 1907 | 康有为《法兰西游记》出版 |

| | |
|---|---|
| 1909 | 容闳《西学东渐记》英文原著在纽约出版 |
| 1912 | 容闳卒于美国康州哈特福德城 |
| 1919 | 张德彝卒 |
| 1927 | 康有为卒 |
| 1929 | 梁启超卒 |
| 1931 | 国人始见《巴琐马西行记》之英文译本 |
| 1937 | 阎宗临于罗马国立图书馆得见樊守义《身见录》抄本 |
| 1945 | 单士厘卒 |

# 后记



“我的杯很小，但我用我的杯喝水。”（Mon verre n’est pas grand, mais je bois dans mon verre. )这是法国诗人缪塞的名句，也是我很喜欢的一种态度。真正能够不用别人的杯喝水吗，其实也未必尽然；不过有这么一点儿洁癖，就不那么容易随着大流去吃大户罢了。

我一九八〇至一九八四年间为《走向世界丛书》每种撰写叙论时，将观察和论述的角度从“书”转移到“人”，另行系列写作，自林鍼至单士厘人各一章，再加上补叙史事的前三章，成了这样一册书。书名就叫作《走向世界》，英译则用上了杨宪益先生帮忙代拟之名——*From East to West*，正好和“自西徂东”配对。为了使它比较像一部讨论文化史的书，又给加上个副题“中国人考察西方的历史”——这便是我的杯和水了。

杯确实很小，水也只有半杯。它们保存在我的心里，却已经差不多三十年。至于起意将其呈献出来，则不过是近两年来的事情。首先蒙三联书店范用、戴文葆、沈昌文、秦人路诸君不弃，李一氓、钱锺书、李锐、黎澍、曾彦修、李普、朱正各位师友殷勤鼓励；中华书局李侃君路过长沙时，又建议将拙著交由中华书局出版；而“三联”诸君也慷慨地原谅了我的失诺，同意将它让给了“中华”。钱锺书先生破例为这本书写了序言，更加使我衷心感激。

现在，这一小杯水总算呈献在大家面前了。杯子是不是合乎规格？杯中之水是甘还是苦呢？老实说我自己也不十分清楚。忆昔梁任公书康南海传后有云：

> 英国名相克林威尔，尝呵其画工曰：“Paint me as I am!”盖恶画师之谀己，而告以勿失吾真相也。

此则犁然有当于吾心，虽不能至，向往之矣！

三十年来尤其一九七九年恢复工作以后，有不少朋友先后支持过我的研究和写作；我的助手杨向群，为它牺牲了不少休息时间；陈令定同志帮忙誊清全部手稿，认真负责；老友张志浩、杨赞先昕夕过从，时加慰勉；内子朱纯全力支持我完成这一业馀计划：大家珍贵的情谊都使我难忘。尤其是亡友李长恭，二十多年前我们曾在旧书店里、故纸堆中一道寻觅过中国人最早走向世界的信息，反右一别，竟成永诀。我愿将这杯水权充一盏迟熟的村醪，供在亡友的灵前，既奠逝者，且励来兹。

锺叔河　一九八四年四月

**图书在版编目(CIP)数据**

走向世界/锺叔河著．—长沙：岳麓书社，2021.4

ISBN 978-7-5538-1405-6

Ⅰ.①走… Ⅱ.①锺… Ⅲ.①文化史—研究—西方国家—近代
Ⅳ.①K103

中国版本图书馆CIP数据核字(2020)第190962号

ZOUXIANG SHIJIE

**走向世界**

作　　者：锺叔河

责任编辑：李缅燕

特约编辑：王　平　鄢　蕾

责任校对：舒　舍

封面设计：格局创界文化传播

封面摄影：李　锋

插图制作：唐　巍

图文排版：刘晓霞

岳麓书社出版发行

地址：湖南省长沙市爱民路47号

直销电话：0731-88804152　0731-88885616

邮编：410006

版次：2021年4月第1版

印次：2021年4月第1次印刷

开本：889mm×1194mm　1/32

印张：19

字数：417千字

印数：1—3 000

ISBN 978-7-5538-1405-6

定价：148.00元

承印：雅昌文化(集团)有限公司

如有印装质量问题，请与本社印务部联系

电话：0731-88884129